云南省博士后定向资助

昆明理工大学国际学院基金资助

作为文化的标识

哈尼梯田景观符号研究

Signs of Culture

A Study on Hani Terraced Field and Landscape Symbolism

郑佳佳 著

中国社会科学出版社

图书在版编目(CIP)数据

作为文化的标识：哈尼梯田景观符号研究／郑佳佳著 . — 北京：中国社会科学出版社，2023.4
ISBN 978 - 7 - 5227 - 0634 - 4

Ⅰ.①作… Ⅱ.①郑… Ⅲ.①哈尼族—梯田—民族文化—研究—中国 Ⅳ.①K285.4

中国版本图书馆 CIP 数据核字(2022)第 134743 号

出 版 人	赵剑英
责任编辑	王莎莎
责任校对	张爱华
责任印制	张雪娇

出　　版	中国社会科学出版社
社　　址	北京鼓楼西大街甲 158 号
邮　　编	100720
网　　址	http://www.cssbw.cn
发 行 部	010 - 84083685
门 市 部	010 - 84029450
经　　销	新华书店及其他书店
印　　刷	北京明恒达印务有限公司
装　　订	廊坊市广阳区广增装订厂
版　　次	2023 年 4 月第 1 版
印　　次	2023 年 4 月第 1 次印刷
开　　本	710×1000 1/16
印　　张	20.5
插　　页	2
字　　数	345 千字
定　　价	128.00 元

凡购买中国社会科学出版社图书，如有质量问题请与本社营销中心联系调换
电话：010 - 84083683
版权所有　侵权必究

目 录

导 论 ·· 1

第一章　作为景观的哈尼梯田景观标识 ·· 44
 第一节　景观标识及其分类 ·· 45
 第二节　公共标识景观 ·· 53
 第三节　旅游标识景观 ·· 66
 第四节　程式化表现的展演景观 ·· 84
 第五节　片段式呈现的生活景观 ·· 98
 小　结 ··· 111

第二章　景观标识设立的认知与实践 ·· 113
 第一节　信息传递的认知 ·· 114
 第二节　文化信息的加工 ·· 130
 第三节　形式对内容的僭越 ··· 144
 小　结 ··· 161

第三章　景观标识的阅读与理解 ··· 163
 第一节　表层的引导与内涵的缺位 ······································ 163
 第二节　导致误解的视觉陷阱 ·· 174
 第三节　通往文化理解的尝试 ·· 187
 小　结 ··· 202

第四章　景观标识对村落的影响 ··· 204
 第一节　景观标识的进入与传统村落的显现 ························· 205
 第二节　内部信息的外部化表述张力 ··································· 217

第三节　他者的进入与时空格局的改写 ………………… 235
　　小　结 …………………………………………………… 251
第五章　梯田世界的变化与知识传播的创新 ………………… 254
　　第一节　梯田知识生产的延时性 ………………………… 254
　　第二节　梯田信息传递的不确定性 ……………………… 269
　　第三节　梯田知识传播的创新原则 ……………………… 284
　　小　结 …………………………………………………… 296
结　语 …………………………………………………………… 298
参考文献 ………………………………………………………… 304
后　记 …………………………………………………………… 321

导　论

一　研究缘起

仓颉造字，使得"天雨粟，鬼夜哭"[1]，天地和鬼怪歇斯底里的反应揭示着他们的忌惮，文字的发明与运用使人们进入了人类社会发展的新时代。匍匐在大自然脚下的人类因为创造了文字而使艰辛劳动时间中获得的点滴知识能够汇聚成溪流，汇聚成大江大河，最终汇聚成知识的海洋。人们曾经尝试结绳以记事，然而那些粗陋的符号远不足以表现深邃的思想、难以传递复杂的信息。也因此，文字出现前的人类社会历史时期被笼统地称为"史前史"（prehistory）。人类的思想世界因语言得以更清晰的显现，人们运用文字实现了信息的跨时空传递，实现了知识与文化信息的积累、传播及交流。现代社会中，语言文字不仅对保存生产生活实践中的知识依然重要，而且对多元文化间的交流沟通意义重大。多种形式的语言手段有助于信息的传达、思想的交流、文化的交融。常见的各类标识正是特定文化向来自其他地方文化的人群展开信息传递的方式之一。

2015年1月，我与同学们跟随带队老师马翀炜教授奔赴云南省红河州元阳县箐口村进行田野调查实习。箐口村位于世界文化遗产红河哈尼梯田核心区，是作为元阳梯田第一张"名片"得以建设和开发的哈尼村寨。在进村的第一时间，我就发现尽管这个民族村落的四处都设立着各种各样的多语景观标识，但是标识上的语言文字内容却错误百出。不正确的"箐口民俗村"译文[2]奇怪地影射着"军事"的意味；村中的指向标识很直接地将"村口"按

---

[1]　刘安等：《淮南子全译》，许匡一译注，贵州人民出版社1993年版，第420页。
[2]　箐口村被译为 The military of Hani folk – custom cultural exhibition。

作为文化的标识：哈尼梯田景观符号研究

字面译写为"village mouth"。

其实，标识错误并不仅限于外文，同样见于汉语。表示水力驱动的"冲击"被写为"舂击"，"勐弄土司署"的"署"被错写为"暑"。中文标点符号在多数情况下被写为英文标点符号。此外，也许为了"加深"中外友谊，男女公厕的中英文标识也不相对应，男厕被译为women，而女厕则被译为men。这些错误似乎非常不起眼，但倒过来说，这些内容确实也并不是要很高的语文水平才能准确表达的。

为此，带着"标识错误是否已在梯田景区常态化"的问题，我跑遍梯田景区的各大小景点收集景观标识文本，同时我也到中外游客频繁造访的村寨和集市详细记录各类标识牌，整理后的材料显示梯田景区及周边的标识错误率竟惊人地高达90%。更为值得注意的是，人们对这类原本不该出现的错误似乎持一种无所谓的态度。村民无所谓，小商铺小饭馆无所谓，大公司无所谓，甚至于政府相关部门也对我的疑惑含糊其辞。

如果说村民和一些小商贩对这些错误无所谓的话，那么，家大业大的、管理着梯田4A景区的云南世博元阳哈尼梯田旅游开发有限责任公司以及致力于梯田旅游发展的政府相关部门同样也对标识上的各类错误采取"无所谓"的态度，就非常令人不解了。当然，更为令人困惑的还在于，当我把这样的问题拿到学界来言说的时候，也有学者付之一笑。因为这类标识错误实在太多，几乎已经成为生活中的常态。也正是因为学界一些人类似冷漠的态度反而激起了学习以不把常识理所当然视为常识的人类学专业的我的极大惊讶。当不断犯错成为常态的时候，并不意味着这种犯错就是合理的。如果真的把不断犯错成为常态视为合理的，那就真的不仅会令人惊讶，而且要令人愤怒了。

不论人们持有什么样的观点，错误的标识难以清晰而准确地传递信息是不争的事实；传递错误信息造成不良影响似乎也是不言而喻的。与许多现代人麻木不仁相反，哈尼族先民在远古的时候就深刻认识到了信息传递错误可能会带来的严重问题。箐口村陈列馆内就记录着这样一个故事：

> 相传远古的时候，牛是天神阿皮梅烟最关爱的动物之一。一天，阿皮梅烟派牛到人间传话：人，三天吃一次饭。牛却传成了：人，一天要吃三次饭。从此，人们从早到晚忙着做吃的，一生辛苦劳碌。阿皮梅烟知道后大怒，就罚牛到人间为人们拉犁和耙田。

导 论

牛误传信息，害得人们终生劳碌还难以填饱肚子，故而被天神惩罚，这类故事也记录在《元阳民俗》里。相传，有一次天神派牛下凡人间传话"青草要人栽，稻谷遍地长"。可当牛来到人间，却把天神的话传错了，说成是"青草遍山长，稻谷要人栽"。说出去的话收不回，人们必须辛苦地劳作才能吃上粮食。因此，天神知道后，便惩罚牛到人间给人们拉犁种地。① 无独有偶，哈尼创世史诗《窝果策尼果》中也有类似的误传信息的记载。传说远古时候既没有森林也没有庄稼，为了存活下去，哈尼先祖三兄弟商量着到天神优姒那里讨要树种和谷种：

  三哥讨种子："天神优姒啊，世上没有老林种，树木不会长；没有庄稼种，五谷不会生。没有老林和庄稼，野物和人不会活，请你给我三把老林种，请你给我七把庄稼种！"

  优姒去问烟沙："阿波阿波，下头来了一个人，踩着象骨进我家，来要七把老林种，来讨三把庄稼种，给他呢是不给他？"

  三哥要讨七把庄稼种，庄稼多了人好过，三哥只讨三把老林种，不给野物比人发，天神优姒听错了，大神烟沙也顺着答："给他，给他！"
……

  可惜三把庄稼种，只生出三百三十种庄稼，——不然哟，亲亲的兄弟，讨得七把庄稼种，哈尼就多多地得吃啦！②

纵然传错信息的"使者"受到了惩罚，但信息被传错给人类带来的影响并不会因此减轻。哈尼人或许本来可以过上更轻松的日子的，可惜"三天吃一次饭"的旨意被传错了，哈尼先祖"七把谷种、三把树种"的恳求也被传错了，以至于他们只能付出更多汗水才能收获庄稼、才能填饱肚子，哈尼人因为口信传错而"受累"。

  口耳相传确实容易带来信息传递不准确的问题。文字在人类文明发展中

---

① 元阳县民族事务委员会：《元阳民俗》，云南民族出版社1990年版，第18页。
② 云南省少数民族古籍整理出版规划办公室：《云南少数民族古典史诗全集》（上卷），云南教育出版社2009年版，第367—368页。

的作用毋庸置疑。哈尼族对于文字的渴望清晰地在迁徙史中得到了表达——在迁移途中遗失文字后,"从此哈尼再没有文字,世世代代受人欺压;从此哈尼再没有老书,先祖的古今靠什么来传……哈尼成了只会说不会写的可怜人"①。诚如哈尼人自己所言,没有文字是不幸的,但如果有了文字而又不能正确地使用文字,从而造成信息的误传,这就更是不幸的和可怜的。

事实上,从古至今,不论东西方,信息的传递以及传递的准确与否是极为重要的。在信息社会中,由于交往的频率、范围、深度乃至方式都发生着显著变化,人们对信息的传递以及信息传递的准确性更加重视。现代社会各类标识的设立因提供多种地方信息而具有促进文化交流与交融的功用。因此,作为最常见的信息传达与深化理解的手段,标识及其相关问题就理应得到重视。

从根本上说,标识信息传递出现错误并不会因其常见而成为人们必须理所当然地加以接受的问题。标识信息传递错误这一现象也不可能由于广泛出现在不同文化和社会中而成为人们必须奉若行动基础的常识。"敢于否定被普遍接受的观念"②是人类学的重要价值。这就要求专业学者努力向常识发出追问。人类学家之所以不断对常识提出挑战,是因为常识往往深深嵌在"我们通过感觉获取的经验"中,而这些事实"限制并塑造了我们获取知识的途径""以科学和理性为由蒙蔽世人"。③ 此外,找"事"(发现问题)和说"事"(分析问题)的本事的不足经常被认为是中国社会科学健康发展的软肋④,因此,不断提升发现问题和分析问题的能力也就显得更为重要。民族志研究者往往需要深入地方人群中去,在日积月累的接触中"变成"当地人,随着对当地人文化全貌的掌握和深入,能够从一些小空间中提取重要的洞见,甚至提出大问题。⑤ 因此,深入探讨那些被人们习惯于认定为小之又小的东西也潜

---

① 云南省少数民族古籍整理出版规划办公室:《云南省少数民族古籍译丛(第6辑)哈尼阿陪聪坡坡》(汉文、哈尼文对照),云南民族出版社1986年版,第45页。
② [美]麦克尔·赫兹菲尔德:《什么是人类常识——社会和文化领域中的人类学理论实践》,刘珩等译,华夏出版社2005年版,第6页。
③ [美]麦克尔·赫兹菲尔德:《什么是人类常识——社会和文化领域中的人类学理论实践》,刘珩等译,华夏出版社2005年版,第1页。
④ 高丙中:《汉译人类学名著丛书总序》,载[美]詹姆斯·克利福德、乔治·E. 马库斯编《写文化——民族志的诗学与政治学》,高丙中等译,商务印书馆2006年版,第5页。
⑤ [挪威]托马斯·许兰德·埃里克森:《小地方,大论题——社会文化人类学导论》,董薇译,商务印书馆2008年版,第3页。

在地意味着获得发掘出大问题的可能,标识为何不能较好地完成信息的传递、加深人们的相互理解,为何不能有效地协助文化的传播与交融,这些问题的提出本身就是具有重要的反思常识、追问常识的意义的。

哈尼人的传说故事告诉我们,信息传递不好是要受到惩罚的。对于准确传递信息,古人到今人确实都应该是一样重视的。为什么现代社会中肩负传递信息重任的标识出现问题就没有"变为牛"的惩罚了呢？当今的信息社会不是更应该注意信息的传递吗？哈尼梯田景观标识的信息传递错了真的没事吗？与标识有关的这一系列问题的关键究竟在于什么？各类标识中的"低级错误"极有可能是在标识设立过程中工作人员犹如那头错传信息的牛一样粗心大意的结果。[①] 也许,错误传递信息造成的坏结果远不止于"变成牛",就是变为牛了也可能不自知。错误传递信息造成的未能很好地呈现哈尼梯田的文化、未能更好地铺设文化理解的桥梁、未能吸引住更多的游客、未能更好地发展经济等的结果都是存在的,只是这些结果是隐藏着的,从而不被重视。

从文化人类学的视野看,景观标识的建立从根本上讲就是一种新形式的文化书写行为。当人类学家在思考以何种方式来"写文化",即如何更加真实、更加深刻地呈现某一区域某一民族的文化,在反思这一书写过程中书写者扮演何种角色,未来的阅读者对书写又带来怎样的影响的时候,他们是特别重视文化书写的重要性的。[②] 然而,这样的书写和阅读其实还都是"圈内"的书写和阅读,这些文化书写对于大众的影响往往是间接的。真正大气魄的、直接在大地上书写文化的以及真正面向大众进行文化呈现的形式之一就是景观标识的建立。

形制不同、材质各异以及内容繁简不同的景观标识的出现都是在大地上书写文化的结果。建立景观标识这一行为就是在对当地社会文化及自然景观等进行言说,其目的也是让潜在的读者即游客能够通过对这些言说的接受去

[①] 工作人员的语言水平、认真程度都是标识牌内容出错的直接原因。比如,老虎嘴景区外的景点标识牌对这一片区的梯田面积的解说存在矛盾,中文部分介绍说老虎嘴片区的梯田面积为850多公顷,但英文解说则是950多公顷。可能是工作人员直接将坝达景区英文解说内容复制粘贴到老虎嘴景区的英文解说版块时,忘了将坝达的950多公顷更换为老虎嘴的850多公顷。

[②] 参见〔美〕詹姆斯·克利福德、乔治·E. 马库斯编《写文化——民族志的诗学与政治学》,高丙中等译,商务印书馆2006年版。

作为文化的标识：哈尼梯田景观符号研究

理解当地的文化。从这个意义上说，各类景观标识就成了书写当地社会文化的一种文本。在这个文本中，公共标识、旅游标识、文化展演等都在有意识地书写当地文化，而在游客眼中的日常生活的片段则是村民无意识地在面向游客书写自己的文化。因而，对这个文本的理解，对这个文本中的书写错误的指认，对这个文本对当地产生的或好或坏影响的分析，以及对这个文本的阅读者如何通过这个良莠共存的文本去理解或误解当地的文化等的探讨，就成为人类学分析新的文化书写现象的一个重要的任务。

书写红河哈尼梯田文化的景区各类标识的大比例出错对于呈现梯田的文化、通过旅游发展促进当地社会经济发展不利。如果最有可能展开明确表达、明晰接受的文字信息都容易出现问题，那么，通过生活场景、人的日常行为表达的信息就更可能出现不明确、不明晰的问题了。也就是说，人们仅凭进入民族村寨后的短时间观察是难以从村民的日常的和展演的场景中获得准确而深入的文化理解的，人们需要获得更为明确的阐释。同时，由于文字记录能够跨越时空，因此文字记录发生的错误也容易随之固化并造成更为深远的影响。在这个意义上，就更应该严肃对待景观标识可能存在的错误等问题。

围绕景观标识展开对哈尼梯田（核心区）以及生活在当地的哈尼族的研究与调查，能够使我们对哈尼族文化形成更加深刻的认识、理解与把握，这也符合人类学对小型社区当地的生产生活、人与自然关系等多个范畴进行历史、社会、文化及生态意义解读的传统。更多的是，深入研究哈尼梯田景观标识的系列问题在现实中既能够引导我们对梯田文化对外传播，尤其通过景观标识系统传播建立更加细致和全面的理解，同时又能够协助当地进行正确的信息传递，实现很好地呈现哈尼梯田的文化、更好地铺设文化理解的桥梁、吸引住更多的游客从而更好地发展地方社会经济。深入研究哈尼梯田景观标识的系列问题的理论价值在于通过对景观标识如何形成与设立、村民如何理解、村民的文化是否得到很好的呈现、游客通过景观标识接收信息会产生什么样的理解等问题的探寻，从梯田标识的错误出发，深刻讨论当代社会普遍的通过标识符号来达到信息交流目的等问题，从而揭示符号生成的社会条件及目的，深化对跨文化理解之实现的认识。基于此，非常有必要对哈尼梯田的景观标识展开专门研究。

二 研究意义

自本选题提出后,学界前辈与同人不断提示笔者,对景观标识的理解是否会成为一种"过度阐释",或许村民根本不在乎其存在。在研究调查中,我发现即便那些较为缺乏跨文化交流基础和条件的村民都在尽力想办法充分表明自身以及他们所根植的梯田文化,并试图在扩大的社会交往中获得发展机遇。面对这些现实,哈尼梯田各族主人对信息传递、意义传达的高度重视不言自明。此外,关于哈尼梯田的一些最新研究发现也为本研究的开展给予了极大的鼓励。在对核心区域哈尼族村寨进行多年实证调查并结合其他地区哈尼族村寨的深入研究基础上,马翀炜提出了"村寨主义"这一新的理论范式,村寨主义类型的乡村社会秉持村寨利益为最高原则。[①] 这意味着哈尼梯田核心区的哈尼村寨成为一个个利益整体。景观标识与村民的关系也就同时需要从村寨整体去考察。陌生的外来游客常常因标识的引导不断进入哈尼村寨中,这样的格局无疑会引起村寨的相应变化。从这个宏观的预设出发,标识的创立对村民赢得实际的经济收益与扩大交往空间、对村落社会文化空间中发生的更深范畴的文化交流与交融都具有深远的影响。标识系统的设立,在于引导外部的人群不断走向地区(民族)文化的深处并在领略差异性、独特性价值的过程中对内部的文化拥有者建立清晰且不断完善的认识,在你来我往的互动中以实现共同的文化理解的各类行动达成普遍性价值的探寻。

1. 现实意义

哈尼梯田景观标识的人类学研究对于哈尼梯田当地进行准确的、清晰的、较好的文化呈现,促进不同文化的交流与沟通,找出现有景观标识系统高比例错误率的原因具有高度的现实意义。世界遗产红河哈尼梯田是人类共同的财富,其价值和意义首先需要被当地充分认识,才能通过多种渠道进行有效的对外表达,从而获得他人的认可。以各类景观标识为线索不断深入红河哈尼梯田核心区,成为了解哈尼族社会变迁的一个重要突破口。红河哈尼梯田是核心区哈尼人民赖以生存的生产资料,也是他们生活了世代的地域,随着社区的开放和信息的流通,哈尼世界得以敞开,哈尼文化逐渐得到外界的认识和理解。在这个过程中,哈尼人民的主体性理应得到不断确认,民族文化

---

① 马翀炜:《村寨主义的实证及意义:哈尼族的个案研究》,《开放时代》2016 年第 1 期。

也更当受到尊重。与此同时，由于不同类型的景观标识信息传递目前几乎在整个世界范围内都能找到踪迹，标识的表达谬误是广泛存在的，因此，哈尼人当前面临的问题在一定程度上也代表了现代背景下世界以及中国各族人民所面临的问题，红河哈尼梯田景观标识可以被视为理解当前社会发展的一个切入点。对哈尼梯田景观标识的深入研究可以为我们提供一个典型的案例，为当代社会所面临的文化信息表达、传递与接收问题提供具有较高参考价值的深层内视。

当今社会全球化、现代化以及信息化等多种时代特征，意味着每一个不断融入世界体系的地区必须高度重视自我文化信息的对外表达以及内部传承。要实现这一既定目标，就需要通过多种传播手段和媒介方式进行信息的传递与表达。从这一视角检视，本书具有较为充分的现实意义，其研究结果将非常具有针对性地用以提高世界遗产地信息表达的精度和效度。对哈尼梯田景观标识的研究，有助于分析社会交往关系的变迁历程，便于保存本土及外部观点，利于有所侧重地记录并反思地方社会的发展。

2. 理论意义

对哈尼梯田景观标识进行人类学研究的理论意义在于全面深入地发现多元文化交流中景观标识承载信息、促使信息流通的重要地位，揭示信息获得正确发送与正确接受的标识路径。在一场规模空前的社会关系与社会结构的变迁过程中，信息的流通使得传统社区告别"边缘化"。对这一议题的深入，首先需要考察地方传统文化的价值与意义、观察相关民族文化事象如何依托语言及其他符号形式向世人的敞开，并从中获取重要的发展机遇。本书选择一个世界遗产作为个案，从景观标识出发，对文化信息的传递与接收、民族文化信息的跨文化表达以及文化理解的实现等展开人类学探索，尝试在理论上分析信息发出者、信息接收者以及村民三方各自的文化信息凸显与流转的逻辑，揭示实践中文化信息之所以出现误传、谬传甚至歪曲且不为人们所足够重视的深层原因。

民族志形式的成果，将对信息开放的中轴线影响进行"深描"，并为跨文化交流研究进行补充与拓展。本书意欲为民族间的跨文化交流建构理论框架、搭建具体路径，这使得研究具有一定的理论参考价值。

三 文献综述

本书旨在以哈尼梯田各类景观标识为切入点，通过对信息的传递与接收、民族文化信息的跨文化表达以及文化理解的实现展开人类学考察，分析标识设立者（发讯者）、以游客为主的标识阅读者（收讯者）以及村民三方各自的信息流转、存在的问题以及问题的发生逻辑，在聚焦这些问题的同时也就意味着对成为遗产的红河哈尼梯田面临的新的各类发展契机、表现出的整体发展态势及相应的问题进行观察与分析。具体而言，针对哈尼梯田景观标识的人类学研究涉及多个层面的问题，包括语言的运用与世界的敞开、全球化背景下的文化信息传播以及旅游目的地的发展研究等。这也决定了本书在充分展开与不断深入之前，有必要对三个领域的研究进行详尽的梳理与评述。首先，由于本书以哈尼梯田（核心区）范围内的梯田生活世界及梯田文化的传达与彰显为研究对象，因此研究综述首先需要包含学界对哈尼梯田核心区的研究综述；其次，又由于绝大多数景观标识的设立与哈尼梯田（遗产）旅游场域的确立有着密切关联，因而也需要将梯田的文化信息传递以及旅游研究作为综述的一个重要组成部分；最后，由于本书主要从符号的视野对研究对象进行人类学的考察、把握、深描及分析，因此民族符号研究也自然而然地构成了研究综述的第三部分。对以下的梳理暗含着地方与世界、传统与现代、行动与表征的纽结几方面。

（一）哈尼梯田核心区研究综述

总体上，哈尼梯田核心区早在20世纪50年代起展开的民族调查中进入了学者的视野，尽管那个时代没有提出"核心区"的概念，但是由于该区域是哈尼族生活聚居区，"民族问题五种丛书"云南省编辑委员会通过系列考察形成的《哈尼族社会历史调查》一书中包含了历史源流、生产生活、行政区划、各支系习俗等主题在内的简要的核心区（元阳县）哈尼族文化信息。[1]其后，哈尼梯田核心区域于20世纪80年代逐步引起了学界的重视。对这一区域的早期研究多数集中在哈尼族史诗、源流、婚姻等传统梯田文化事象主

---

[1] 参见"民族问题五种丛书"云南省编辑委员会（编）《哈尼族社会历史调查》，民族出版社2009年版。

作为文化的标识：哈尼梯田景观符号研究

题上，史军超、王清华等学者形成了数量不容小觑且具有一定影响力的一批学术作品。[①] 此外，元阳县各相关部门编撰出版的《元阳民俗》（1990）、《元阳县志》（1990）、《云南省元阳县地名志》（1992）以及《元阳县志（1978－2005）》（2009）等著作对于了解核心区各类信息也极为重要。这些作品集中地提供了生活在梯田核心区哈尼族的基本情况。

具有广泛影响力的《梯田文化论——哈尼族的生态农业》（王清华，1999）以及《文明的圣树——哈尼梯田》（史军超，2005）两本著作正式揭开了整体性的梯田文化的讨论序幕。由于梯田文化的价值被学界不断论证与肯定，梯田申遗工作在政府部门的组织下开启。学界的研究旨趣也以"申遗"为节点，以史军超为代表的学者们逐渐转向梯田的申遗与保护问题。[②] 同时，以角媛梅为代表的学者们聚焦于梯田景观的研究，探讨梯田景观的构成、特征、功能及启示意义。这类研究开始不断从梯田文化拥有者的文化事象（如节庆）视角展开景观研究。[③] 当这些讨论不断深入之时，当然也有各类学科背景的学者对核心区的水文要素、生态系统、农业管理等专题进行研究，但囿于学科性质以及研究取向等要旨，以下的梳理主要还是针对核心区哈尼村寨的实证研究展开。

自 2003 年云南大学在箐口村启动"云南少数民族调查研究"哈尼族调查基地的建设工作以来，针对哈尼梯田核心区域的研究成果大幅增加。《云海梯田里的寨子》（2009）是云大基地设立后首先出版的学术编著，较为全面地记

[①] 由于篇幅有限，在此不做一一赘述，仅在各项分类中列举部分学术作品。A. 史诗等文学类，如史军超《读哈尼族迁徙史诗断想》，《思想战线》1985 年第 6 期；史军超：《迥异有别的"诗史"——哈尼族迁徙史诗〈哈尼阿陪聪坡坡〉与荷马史诗》，《华夏地理》1987 年第 4 期；《哈尼族神话中的不死药与不死观》，《民族文学研究》1989 年第 2 期。B. 哈尼族源流类：如史军超《哈尼族与"氐羌系统"》，《民族文化》1987 年第 5 期；史军超：《哈尼族的历史分期及文学史分期》，《华夏地理》1989 年第 1 期。C. 传统哈尼文化事象类：如王清华、史军超《云海中的奇婚女性》，云南教育出版社 1995 年版。

[②] 史军超：《中国湿地景点——红河哈尼梯田》，《云南民族大学学报》（哲学社会科学版）2004 年第 5 期；史军超：《红河哈尼梯田：申遗中保护与发展的困惑》，《学术探索》2009 年第 3 期；王清华：《红河哈尼梯田生态及景观的现代修复》，《思想战线》2016 年第 2 期。

[③] 前期研究讨论景观本身，如角媛梅、程国栋、肖笃宁《哈尼梯田文化景观及其保护研究》，《地理研究》2002 年第 6 期；角媛梅：《哈尼文化区的特质——哈尼梯田文化景观》，《云南地理环境研究》2003 年第 1 期；角媛梅、杨有洁、胡文英、速少华：《哈尼梯田景观空间格局与美学特征分析》，《地理研究》2006 年第 4 期。后期研究更多关注了当地村民的生活与文化，如王大琼、角媛梅《哈尼梯田文化景观遗产村寨的节庆文化多样性研究》，《云南地理环境研究》2013 年第 3 期。

载了当时箐口村哈尼族生活与文化事项的各个方面。调查基地专门聘请了箐口村村民坚持记录村寨日志,这项工作自 2004 年 3 月启动后,村内的人生大事、村务事宜、人员流动、生计活动、节日仪式以及休闲活动等都得以记录在案。这些学术成果为进入哈尼梯田核心区域进行研究调查的后来者提供了较为翔实的资料。业已出版的第一本村民日志《最后的蘑菇房》,几乎将一切现代事项嵌入传统村落的过程记载得淋漓尽致。在其中,可以发现非常多的生动事件,比如,书中就记录了"姜文房"及"云大基地"这类外来符号是如何融入村寨时空中的。① 总体说来,发展至后期针对红河哈尼梯田核心区域的研究机构以云南大学为首,研究又多集中在箐口村展开,学者们进行着长期不懈的跟踪研究和深入的系列主题研究。

众多的学术成果几乎覆盖了红河哈尼梯田核心区域民族文化与社会生活的方方面面。云南大学自 2008 年启动第一届民族学/人类学研究生"田野调查"暑期学校以来,各领域的学者、各专业的学生加入马翀炜教授研究团队奔赴箐口村进行哈尼族社会文化调查。这一定期展开的田野调查研究也见证着相当数量研究成果的产生,从资源价值到养老问题,从村寨权力结构到宗教组织、社会结构,从留守、失学儿童到妇女角色与地位,从饮食文化到服饰文化,从民俗展演方式到地方知识,从垃圾处理到文档保护,从生育文化到手工艺品,从礼物交换到日常赊账,从肖像付费到乡村文化构建,这些学术文章中的多数发表在各类核心期刊中。此外,围绕梯田核心区村寨社会结构、宗教仪式、文化变迁、农业转型、审美艺术、传播问题,不断有民族学、少数民族经济、美学、传播学、民俗学等学科的学位论文陆续问世。

由于现代化、工业化、城镇化时代的到来,核心区村寨中传统与现代的纽结状况也被详细记录到学术作品中。比如,村民在手机使用问题上的情形及影响就得到了揭示。作为一种传播媒介,手机在当今社会传播范围是最广的、介入人们日常生活程度是非常深的。在这样的背景下,手机也对少数民族村寨产生了深远的影响。箐口村的哈尼村民们在使用手机时,有着自己的独特语境。由于语境的复杂性和差异性,手机带来了不同的社会活动,成为

---

① 参见马翀炜《最后的蘑菇房:元阳县新街镇箐口村哈尼族村民日记》,中国社会科学出版社 2009 年版。

作为文化的标识：哈尼梯田景观符号研究

"文化表演"的核心。① 虽然旅游开发能够弘扬哈尼族的文化、促进村寨与外界的交流的多种效应，但传统村落及传统文化由于旅游场域的确定也面临着发展与保护之间的矛盾。长街宴是哈尼族"昂玛突"仪式中的重要环节。由于优良的生态环境与梯田生计，长街宴因为食材的野性特征、结构上对肉食的偏重以及特定的禁忌等而成为一种"整体性的呈现"。然而，在旅游开发中，长街宴饮食传统的整体性不断解构，神圣性、社会整合功能等均经历着弱化。与此同时，长街宴更多彰显了作为民族符号标识以及旅游商品的意义。②

需要注意的是，在研究者对梯田核心区投入大量精力展开研究的过程中，核心区的社会与文化也得到了"深描"，包括民俗村里的石头甚至哈尼村寨最为常见的鱼塘等文化事象都得到了十分深入的讨论，这些事象的意义、影响、变迁及当代应对都得到了详尽的分析。箐口民俗村的石头被分为三类：一类指向神圣的村寨社会文化空间的建构，另一类指向圣洁的家屋和村寨空间的建构，还有一类发挥美学清场功能、指向消费文化空间的建构。这类"对物的解读及分类的追问，是针对映射了人—人关系的人—物关系的文化阐释"，具有丰富的文化意义。③ 由于"文化生态系统是文化和自然环境交互作用形成的包括相互制约关系的各种关系的总和"，因此看似不起眼、没有相应仪式活动的鱼塘实际上是整个生态系统的有机组成部分。鱼塘同时作为联结社会关系的场所以及幼子继承制的关系表达存在着，对鱼塘的适度开发就意味着当地人对人与自然关系的恰当处理。④ 这些对传统文化中的具体事项的讨论都不断被放之于时代变化的背景下得以聚焦。

在理解西南少数民族地区发展变化之时，需要认识到"从单质化的刚性社会转型为多样化的弹性社会"的现实。⑤ 近几年来，核心区域村民的诸多文化观念与实践正由于整个区域融入现代进程而处于"变"与"不变"的十字

---

① 孙信茹：《手机和箐口哈尼族村寨生活——关于手机使用的传播人类学考察》，《现代传播》2010 年第 1 期。
② 郑宇、杜朝光：《哈尼族长街宴饮食的人类学阐释——以云南省元阳县哈播村为例》，《西南边疆民族研究》第 15 辑。
③ 马翀炜：《遭遇石头：民俗旅游村的纯然物、使用物与消费符号》，《思想战线》2017 年第 5 期。
④ 马翀炜、王永锋：《哀牢山区哈尼族鱼塘的生态人类学分析——以元阳县全福庄为例》，《西南边疆民族研究》（第 10 辑），云南大学出版社 2012 年版。
⑤ 何明：《中国少数民族农村的社会文化变迁综论》，《思想战线》2009 年第 1 期。

路口，但事实表明，地方与村民很多时候都是随着日常生活的不断演化，而逐渐发展出新的社会文化形态。一方面，民族传统文化的传承可能同时发展成为旅游场域中的民族文化产品——比如，从日常生活及仪式中抽离出来的"村寨歌舞展演不再仅仅只是传承民族传统文化宏大话语的一个部分"，在现代旅游背景下已经成为民族文化产品，同时还是与村民现实生活相关的一个部分，展演的歌舞"意味着它是一种新的文化符号建构活动"。① 另一方面，民族文化产业是由"交往"本质所决定的新的历史进程——比如箐口民俗文化旅游生态村的开发过程就揭示着民族文化产业的实践基础在于文化资本和经济资本的转化，浓缩着多种交往关系的旅游已成为箐口村发展的最重要载体。②

哈尼梯田在新时代里的诸多变化很多时候是极为隐蔽和"润物细无声"的，长期的跟踪研究和细致考察是深入探讨这些变化始末的基本保障，马翀炜、潘春梅、郑宇等学者的研究可以很好说明长期研究的重要性。③ 这些研究发现使我们确信，旅游开发使得村寨的现实生活发生了变化，核心区域在此过程中赢得了发展基础，获取了加入对外交流的直接途径。

遗憾的是，除马翀炜的《遭遇石头》一文专门注意到了内部的社区在与外部世界建立交往关系后进行的自我呈现以及发生的变化外，上述的绝大部分优秀研究作品都并没有将梯田世界、梯田文化的对外呈现作为专门的考察

---

① 参见马翀炜《村寨歌舞展演的路径选择——元阳县箐口村哈尼族歌舞展演的经济人类学考察》，《广西民族研究》2008 年第 4 期。

② 参见郑宇、曾静《民族文化资源向文化产品的转化——以箐口民俗文化生态旅游村为例》，《民族艺术研究》2006 年第 5 期。

③ 由于"博热博扎"这类微小的宗教仪式较为本真地反映出当地社区当下的社会文化状态，箐口的村民通过该仪式对家族、氏族、村社、干部以及姻亲等社会关系进行确认，从而找到本人在社会结构中占有的位置，以此确认生活意义，也才能得到福寿。参见马翀炜《福寿来自何方——箐口村哈尼族"博热博扎"宗教仪式的人类学分析》，《宗教与民族》第 5 辑。在连续三年对箐口村哈尼族的"苦扎扎"仪式的观察基础上，马翀炜、潘春梅指出，日常生产生活方式的变迁，尤其是妇女在现实社会活动中的角色变化，使得仪式的某些内容和意义都迎来了改变。许多妇女之所以参与到"苦扎扎"仪式中，源于女性旨在维护家园，同时也与维系男女合作关系等有关，因而妇女其实发挥着灵魂守护者的作用。参见马翀炜、潘春梅《仪式嬗变与妇女角色——元阳县箐口村哈尼族"苦扎扎"仪式的人类学考察》，《民族研究》2007 年第 5 期。当然，经济人类学也被运用到对箐口哈尼族"昂玛突"仪式的分析之中，仪式中的象征性再分配与互惠对当地社会的影响较为深刻，同时还起到了建构社会生活的作用。参见郑宇《仪式、经济与再生产——以云南省红河州元阳县箐口村哈尼族"昂玛突"仪式为例》，《中南民族大学学报》（人文社会科学版）2011 年第 1 期。

作为文化的标识：哈尼梯田景观符号研究

内容，梯田景区及周边地区大量存在的标识错误更没有引起学者们的注意。学者其实也肩负着协助做好加深外部世界对哈尼梯田的文化理解的责任，但从研究的着力点与关注点现状而言，这一领域的研究还亟待加深与加强。毫无疑问，梯田核心区域的民族文化及生活世界等所呈现的传统与现代、地方与世界的纽结需要得到深入细致的讨论。源源不断的梯田核心区研究作品有必要转换成为另类的"文化传播产品"，使得梯田内部的世界面向外面的世界打开。

（二）文化信息传递及旅游研究综述

红河哈尼梯田对世界的敞开是一个长期的过程。虽然早在19世纪末期就有了法国人路过此地后所做的文字记录①，但是梯田的广为人知则更多起始于20世纪80年代。由于香港《大公报》等媒体的报道，哈尼梯田开始拥有一定的知名度。红河哈尼梯田因法国制片人的作品而在欧洲声名鹊起，又因进入世界遗产名录而声名大振，不但中国游客的客源地日益多元化，就连外国游客也越来越多地来自不同的国家和地区。其实，若没有法国制片人对梯田的拍摄，红河哈尼梯田是否进入世界遗产名录，它都在那里。但是，如果没有这些信息的传播，那哈尼梯田的价值就不会得到世人的承认，也不会由此使哈尼梯田上劳作的人们获得新的发展机会。

显然，语言的运用可以使世界得以敞开。海德格尔认定，人正是因为语言、通过语言，才拥有世界，"语言可以使最亲近的变成对象，也可以使远在天边的到眼前现场"，因此"语言不能只被看作人的能力之一，语言是人的天性。语言与每一个人也与人的社会命运攸关"。② 维特根斯坦将语言的界限与世界的界限等同起来，指出世界是我的世界，表现在语言的界限指示着我的世界的界限这一事实之中，即"我的语言的界限意味着我的世界的界限"。③ 哈贝马斯认为："语言行为能够使听者领会说话者的意图，因为语言具有自我

---

① 法国人亨利·奥尔良19世纪末期在云南旅行时发现，那一时期的梯田民族已经被外界所接触。虽然哈尼族没有自己的文字，但他们大多知道汉字。初到梯田腹地时，沿着山形一层层一级级铺开的像梯子一样的梯田让奥尔良确信他们"在这里欣赏的是一件名副其实的艺术品"。在这几个法国人看来，哈尼族血统纯正，没有任何混血。当然，由于气候湿润，道路湿滑得连牲口都经常打滑，负责帮这行人运送行李的马夫甚至因为工作的难度急得直抹眼泪，要求缩短每一天的路程。参见［法］亨利·奥尔良《云南游记：从东京湾到印度》，龙云译，云南人民出版社2001年版。

② 陈嘉映：《海德格尔哲学概论》，生活·读书·新知三联书店1995年版，第303页。

③ ［奥］路德维希·维特根斯坦：《逻辑哲学论》，贺绍甲译，商务印书馆1996年版，第85页。

关涉的结构，使表达本身能够自我识别。语言不仅揭示出了社会化的个体赖以存在的各种世界的范围，而且强迫主体付出自己的努力。"① 这些洞见充分说明了景观标识在敞开梯田世界时语言运用的重要性。

哈尼人由于没有自己的文字面临着实际的文化信息传播困难。生活在哈尼梯田的当地社会精英通常会强调，哈尼文化的传承真的不容易由普通哈尼人所掌握，甚至有人直接以"大脑硬盘存储量"来比拟传统知识的记忆困难。过去，对于哈尼村民而言，文化的解说与传承在事实上已经交付给了专司祭祀的宗教人员或者对传唱古歌有天赋的族人。现在的很多年轻人越发频繁地利用智能手机等设备来即时性地传播哈尼文化并获取来自外面更大世界的知识与信息。尽管如此，将哈尼文化的内涵进行对外呈现显然是困难的。

需要注意到，哈尼梯田成为热门的旅游目的地并因此设立了大量的景观标识，是发生在现代社会的背景之中的。我们有必要对现代社会的特征，尤其是现代社会中的交往进行理解。现代社会中，人群、物资与信息的流动性大幅提升。因而，共同地域能够带来的归属感将不断大幅降低并逐渐失去约束力，人群对自己所属的共同体的判断更多地超越了地缘认同。麦坎南指出，"人类或已发展出某种新型共同体……但我们还无法应对这样的历史时刻"②。有学者进一步指出，人们之所以结成共同体，是为了"克服我与他者关系中的焦虑……以求得对话中的尊严和价值，实现对自我的超越"③。挪威人类学教授埃里克森为了发现如何消除互联网等现代传媒手段带来的信息社会格局，旨在理解信息社会带来的"意料之外的结果"（unintended consequences），他坚信自己的判断——文化全球化以及政治全球化最终带来的是人文主义的全球化。④

如果说对全球化过程中个性化得以彰显和重视的乐观源自逻辑推理，那么对过度同质化的忧虑也并非空穴来风，按照法国人类学家奥热（Marc Auge）的观点，"Non-places"（无处所）是全球化发展出的一种无聊产物。这种空间对人没有意义，没有记忆价值，因为这一秒它出现在这里，下一秒又可

---

① 参见 ［德］于尔根·哈贝马斯《后形而上学思想》，曹卫东、付德根译，译林出版社 2001 年版，第 45 页。
② Dean MacCannell, *Empty Meeting Grounds: The Tourist Papers*, London: Routledge, 1992.
③ 王作亮：《从"分离"走向"对话"：共同体的价值诉求》，《学术探索》2011 年第 10 期。
④ Thomas Hylland Eriksen, *Tyranny of the Moment: Fast and Slow Time in the Information Age*, London: Pluto Press, 2001, p. 8.

作为文化的标识：哈尼梯田景观符号研究

能复制到世界上的任何其他角落。① 在一些流行观点看来，如果稍不注意，本土的诸多良好"传统"就会旋即被外面的现代"主流"攻陷。且不论传统与现代并非处于决然的对立之中，有一点是明确的，即"为了在全球竞争中开出一条前行之道，为了使自己最终成为公众注意的焦点，商品、服务和标志都必须能激起人们的欲望"②。因此，景观标识作为一种专门用以凸显地方信息的手段，就需要格外注意到是否能够激起人们的关注。

费瑟斯通（Mike Featherstone）指出，学界急需发展出全新水平的观念系统。当前世界上正逐渐显现出来的"第三种文化"是多元文化信息的流通渠道，我们不能把这一整套文化简单理解为民族国家双边相互交流的结果，也不能将其视为同质化的逻辑体现。③ 学界普遍认为，东道主在旅游发展中能够获取自我认同和外部认同，跨文化旅游与交流对东道主族群外部认同的推动和加强也十分明显，东道主的族群文化可以随着国外游客走向世界，在世界范围内获得外部的族群认知。④ 过去，无文字少数民族出于社会分工效率的需要，将文化集中到少数人身上进行传承。今日，"无文字民族合理地运用现代技术实现文化传承的内在调试，不仅证明现代与传统的非对立性（面），而且也达到充分保存和展现自我文化的目标"⑤。哈尼族没有自己的文字，只能按照传统的"口耳相传"的形式将自己的文化进行信息传递，哈尼梯田核心区在新时代面向世界的打开有赖于新的传递形式，也即现代旅游。

现代旅游作为一种文化实践活动，由一系列现代性进程和特征所催生。通过环境和空间的变化，个体从"连续性"中暂时摆脱出来，获得了某种新东西。⑥ 因此可将现代旅游业视为一种特殊的文化信息传递方式。在讨论旅游

---

① Marc Auge, *Non-places: Introduction to An Anthropology of Supermodernity*, trans., John Howe, London: Verso, 1995.
② ［英］齐格蒙特·鲍曼：《全球化——人类的后果》，郭国良等译，商务印书馆2001年版，第75页。
③ Mike Featherstone, "Global Culture: An Introduction", ed., Mike Featherstone, *Global Culture: Nationalism, Globalization and Modernity—A Theory Culture and Society Special Issue*, London: Sage Publications, 1990, pp. 1 – 3.
④ 撒露莎：《旅游场域下中外跨文化交流中的族群意识与族群认同——以云南省丽江市为例》，《中南民族大学学报》（人文社会科学版）2015年第1期。
⑤ 参见罗正副《调试与演进：无文字民族文化传承——以布依族为个案的研究》，博士学位论文，厦门大学，2009年。
⑥ 周宪：《现代性与视觉文化中的旅游凝视》，《天津社会科学》2008年第1期。

业的推进为哈尼梯田带来的发展机遇及系列问题前，需要针对其乡村地区、文化景观、遗产地等区域特征剖析旅游活动。全球化要求某种标准化，故而现代旅游也受到影响，游客的"习惯性要求"和"标准化期待"成为加入旅游业的乡村需要考虑的问题，优美的风景画、别致的风俗画及异族的风情画是理想的乡村旅游产品。① 因此，作为乡村地区的哈尼梯田在推动文化旅游时需要凸显独特的风景、风俗与民族风情，并且处理好标准化以及地方化的问题，这也是哈尼梯田景观标识必须面对的问题，即如何良好地纽结地方与世界、传统与现代。

哈尼梯田是一种世界文化（景观）遗产，加之景观标识主要通过引导人们展开"看"及"阅读"的行动，从而实现信息的传递，这又要求按旅游人类学②的启示对现代旅游中的"凝视"、旅游目的地发展以及具体的梯田旅游研究等领域的相关研究作品进行梳理。谈论作为"景观"的哈尼梯田以及不断成为梯田景观的一部分的哈尼梯田景观标识，我们要考虑到其"可视的"维度。在旅游的语境中，旅游地的诸多地方信息都可能成为旅游者所意欲获取的目标信息。通常情况下，地方信息首先是通过景观流向观者的。景观勾连一定的价值和信息，意义透过凝视（gaze）被传递。中外学界对景观凝视的研究已有诸多成果，从大都市的规划到小村落的设计，从迪士尼乐园到新德里街头，从因纽特人的海狸到马赛人的服装再到泰国南部消逝的部落都得到了较为深入的挖掘分析。厄里较早地向学界宣称"旅游者看到的事物都由符号组成"，因为旅游者看到的这些符号其实都在指向其他事物，这也就意味着，旅游者的凝视将一切景观赋予符号的意义，因而一切景观都可以被认定为文化景观。③ 人们对某一特定景观进行凝视的过程中，一方面，景观以符号形式刺激凝视的行为主体头脑中的意义生成；另一方面，各行为主体与景观又共同构成高一层次的凝视场域，为其他凝视者制造意义。通过对福柯与厄里的理论梳理与辨析，有学者将凝视看作"景观走向标准化和商品化的核心元素"，认为景观迫使旅游地在时间

---

① 彭兆荣：《旅游人类学视野下的"乡村旅游"》，《广西民族学院学报》（哲学社会科学版）2005年第4期。

② 国外旅游人类学研究已有半个多世纪的历史，中国旅游人类学则被认为是在世纪之交才出现的。一般而言，学界的研究主要从旅游目的地社会、游客以及客源地社会等几个不同视角出发。主流学术观点主要分为三种：旅游是一种涵化和发展的形式，旅游是一种现代世俗仪式，旅游是一种上层建筑等。宗晓莲：《西方旅游人类学研究综述》，《民族研究》2001年第3期。

③ John Urry, *The Tourist Gaze*, London: Sage Publication Ltd., 2002, p. 36.

作为文化的标识：哈尼梯田景观符号研究

上和空间上进行符号化构建。① 哈尼梯田景观标识显然需要汲取这些研究发现，不断探索并促使梯田景观及其文化得以符号化。

凝视对旅游地的时空条件具有特殊要求，故而"制造"（producing）与"再现"（representation）成为研究热点。若将行动主体的因素参考进来，那么"旅游凝视"便是一个多利益主体参与互动的复杂系统，并非单向。② 更进一步的，若将最为现实的经济收益因素纳入，那么基本可以认定，符号经济时代既可以促进民族文化的自觉与创新，又可以实现惊人的拉动作用。③ 虽然景观凝视在现代旅游事象中的地位逐渐得到突出，学界对景观凝视并非一味采取赞同之势。④ 为了争取自己的利益，针对自在景观符号的意义解读弹性，各方文化主体对旅游景观符号改造进行意义博弈。这是旅游商业化的必然结果，也导致了共享意义的产生、共享规则的形成。⑤ 具体就红河哈尼梯田来说，旅游者要对当地的民族文化进行解读和体验，生活在核心区的当地村民的日常生活与展演也许会成为文化理解的契机与突破口，日常生活及展演都有可能在有意地指向、引导与凝练之中成为特殊的景观标识。只不过，我们应当警醒无意展演存在的潜在影响。⑥

"可视的"问题指向了人们感官的赋权。学界里有一些学者认同视觉文化的地位，认为视觉文化是世界"图像转向"时代的产物，具有广阔的研

---

① 刘丹萍：《旅游凝视：从福柯到厄里》，《旅游学刊》2007年第6期。
② 参见吴茂英《旅游凝视：评述与展望》，《旅游学刊》2012年第3期。
③ 李巍：《象征符号视野中的民族旅游策划与旅游体验》，《西北民族大学学报》（哲学社会科学版）2008年第4期。
④ 因为在旅游者众多视觉体验的交融结合中，原本相对完整的、系统的族群文化会存在以片段式、符号化的形式表现出来的倾向。参见孙九霞《族群文化的移植："旅游者凝视"视角下的解读》，《思想战线》2009年第4期。况且，凝视终究代表着不对等的权力关系，因此真正的出路在于"走向对话"。参见胡海霞《凝视，还是对话？——对游客凝视理论的反思》，《旅游学刊》2010年第10期。旅游"符号化"甚至已经被认作为一种危机，这种危机可能覆盖到旅游体验、规划设计和旅游产品等方面，其附带的负面影响是游客和社区的交流表层化，所以，有学者建议，建议旅游"符号化"应当改为走向"符号"的旅游。参见杨振之、邹积艺《旅游的"符号化"与符号化旅游——对旅游及旅游开发的符号学审视》，《旅游学刊》2006年第5期。
⑤ 陈岗、黄震方：《旅游景观形成与演变机制的符号学解释》，《人文地理》2010年第5期。
⑥ 罗兰·巴特认为，由于公共场所乃是一系列稍纵即逝的事件，这些事件在一瞬间的变化是多样的，乃至符号在任何具体的受指内容有时间来"捕捉"之前就把自己毁灭了。换言之，如果某门技艺允许风景自己创造出自己，允许其在一种纯粹的意义中出现，那么这种意义便是空的。在这种情况下，空间也就没有了中心性，内容也消失了，没有任何东西能够被人们抓住。参见［法］罗兰·巴特《符号帝国》，孙乃修译，商务印书馆1994年版，第159—163页。

究前景。① 尽管存在着这样一种非常乐观的倾向，总体而言，学界对视觉霸权的警醒与批评之声还是不断传出来。麦克菲尔德告诫大家："感官将继续在民族志研究中处于边缘地位，除非全部人类学以某种切合实际的方式认定有必要对整个感觉指号过程保持警觉。"② 文化不同，人们感知世界的方式也可能变得不同，即便同属于同一文化系统，人群感知世界的方式也会因极大地受制于某一文化要素而彰显出差异。克拉森不无担心地指出视觉可能已经成为一个"感官独裁者"，因为视觉几乎把所有其他感官"从人的想象空间中完全挤走"。③ 强调视觉快感，专注与感性的愉悦，使得视觉文化成为当代中国文化的主流，消费社会的不可阻挡使视觉文化得以不断膨胀。这影响了阅读、语言以及理性的命运。④ 也正因如此，学界不断对视觉至上论展开了严厉的批评，并且提出了普遍的一种新观点，即呼吁触觉、嗅觉、味觉、听觉、视觉的多元一体，并提倡新的多感官结构的形成。这些发展倾向与哈尼梯田所体现出的具体情形是相一致的。在这一地区，各界人士所认识到的问题是，梯田民族文化旅游业的未来还是有待于对游客多种感官的刺激，这些变化趋势也可能反映在标识设立者对标识的认知与实践中。

在景观关涉的凝视及感官讨论之外，旅游场域的确立也决定了哈尼梯田核心区旅游业的推进不可回避旅游目的地形象的营造问题。普遍来说，旅游开发和发展无疑将旅游地的居民推至一种直面以西方价值观念为代表的全球化冲击的境地，机遇与挑战并存的局面使得当地居民在与外来的旅游者的接触过程中，不断了解和理解其他民族的文化，从而激发自己民族的文化自觉。⑤ 通过文化自觉，当地居民就能够更加关注自己的民族文化，进一步树立

---

① 参见陆洋《视觉文化与翻译》，《中国翻译》2003 年第 4 期。民俗学中视觉同样占据了一定的霸权地位：用物象和图像作为媒介，通过象形、指事、声形、会意等视觉"组词"和谐音、形容、比喻、象征等视觉"修辞"手段，形成具象的可视符号进行远距传播和错位传播，是历史和民俗中最具"艺术"精神的文化遗产。邓启耀：《民俗现场的物象表达及其视觉"修辞"方式》，《民族艺术》2015 年第 4 期。

② [美] 麦克尔·赫兹菲尔德：《什么是人类常识——社会和文化领域中的人类学理论实践》，刘珩等译，华夏出版社 2005 年版，第 270 页。

③ Constance Classen, *Worlds of Sense: Exploring the Senses in History and Across Cultures*, London and New York: Routledge, 1993.

④ 周宪：《视觉文化与消费社会》，《福建论坛》（人文社会科学版）2001 年第 2 期。

⑤ 刘韫、沈兴菊：《民族旅游中的权利问题及其思考》，《北方民族大学学报》（哲学社会科学版）2013 年第 1 期。

作为文化的标识：哈尼梯田景观符号研究

好本地的旅游形象并做好当地文化的宣传工作。遗产旅游地向旅游者传递的信息是多方面的，既包括自然、文化等相关信息，也包括这些信息的内涵意义。遗产地旅游形象树立得越好，旅游者了解遗产地旅游资源的可能性越大，获得的深层次体验就越好。毫无疑问，现代旅游活动是一项综合性的活动，旅游资源、旅游业服务水平以及旅游地的环境等各种要素都不断结构化着游客的体验。因此，旅游者对旅游地形象的捕获是一种综合性的、结构性的内容和认识。在检阅关于红河哈尼梯田的电子游记文本基础上，我们发现"原始""淳朴"是游客描述哈尼族的最常用字眼。如果要追踪这些固有的形象是如何产生的，需要理解游客印象的产生及其影响。与此同时，游客的记录文字因为对梯田形象的塑造、梯田信息的传播形成一定影响而成为变换了形式的哈尼梯田景观标识。

一般来说，多数游客在出游之前其实已经对目的地形成了初步的特定印象。更为关键的是，游客对旅游地的印象往往受制于游客的期望。各种旅游资料甚至是道听途说的评价以及游客自己以往的旅游经验，都可能深深地影响着游客获取旅游目的地相关信息的途径和效果。通过不同媒介接收旅游地信息的受众，在对旅游地形象的认知上是存在差异的，这种差异又造成了他们对旅游地的期望和出游动机的不同。同样的信息传播渠道对旅游者旅游动机要素的影响也不尽相同。[①] 这些现象无一不在启示着，不同类型的遗产地展示自我的方式存在着一定的差异。旅游地社区形象塑造的要求人们在高度重视传播渠道、意见反馈、口碑宣传之外，更需要彰显旅游纪念品、标志性建筑塑像等实物传播功能等。[②] 源自哈尼梯田当地村民日常生活中的服饰、建筑等由于逐渐成了哈尼梯田的文化标记物，因此也可以被视为特殊形式的景观标识，但这类标识的成立是以专门的标识介绍、表达与呈现这些标记物的独特之处及相关价值为前提的。

哈尼梯田世界遗产的身份标签呼吁此处对其他世界遗产地的研究个案进行回顾。崀山在申遗成功后依然存在很多问题，尚未反映旅游资源的特色，造成地方性的形象定位不够准确，而且旅游形象口号和视觉识别标识（LO-

---

① 董亮：《信息传播渠道对旅游形象感知的影响——以四川省三个世界遗产旅游地为例》，《西南民族大学学报》（人文社会科学版）2013年第2期。

② 刘国华、王红国：《旅游目的地形象测量：基于国外文献的研究》，《旅游学刊》2010年第6期。

GO）缺乏统一性和强吸引力。因此，旅游形象口号、旅游广告词、广播稿、旅游风光片解说词、旅游解说词、导游词等语言符号的传播也就对问题的改善显得尤为重要。①旅游解说系统研究指出，标识牌解说效度的关键因素包括解说内容、技巧、外观设计以及安置配备。②而遗产地旅游解说系统基本模型需要包括六大要素（是什么 what，为什么 why，谁 who，如何/何时/何地 how/when/where，实施及操作 I&Q，后期评估 so what）。③在对旅游地社区形象的讨论中，学界的关注焦点虽然开始关注到标识重要性但并未形成集中且全面的研究，而已有研究得出的结论也不外类似的发现，这些观点多流于技术分析而缺乏深入的结合社会文化的分析。

基于哈尼梯田乡村地区、文化景观及遗产地等区域特征对相关研究进行述评后，需进一步回溯关于梯田核心区的具体的旅游研究。早在 21 世纪初，学者将元阳县的旅游资源区分为自然观赏性资源、民俗活动性资源、历史文化性资源、游乐参与性资源以及传统公益性资源五类，明确梯田云海是标志性的景观，指出当地民族在历史过程中经历和表现的文化交融、文化整合等都是梯田景观背后深藏着的深层人文内容。④其后，学界的讨论更加紧密地围绕遗产视角展开。为了探寻作为遗产的元阳哈尼梯田旅游开发前景，学者基于瑞士、意大利、秘鲁、菲律宾、越南及印尼等国外梯田旅游开发模式的详细对比，总结出这些梯田旅游区在发展过程中取得成功的经验。⑤相对于指向核心区民族村寨的社会文化研究，此类旅游研究主要提出了一些构想，探讨了某些方面的可行性路径。遗憾的是，有时甚至会在问题讨论时表现出局限性，指出"旅游发展到哪里，就意味着哪里的梯田将受到政府和旅游企业的

---

① 陈志军、杨洪、刘嘉毅：《基于崀山游客旅游形象感知的形象重塑和传播研究——博客 + 文本挖掘法视角》，《中南林业科技大学学报》（社会科学版）2015 年第 9 期。
② 潘植强：《标识牌解说效度对游客地方认同感和忠诚度的影响作用》，《旅游学刊》2016 年第 4 期。
③ 罗颖：《世界遗产地旅游解说系统规划与构建研究——基于安阳殷墟的调查数据》，《地域研究与开发》2011 年第 4 期。
④ 成功经验主要有三：一是注重利用周边城镇和社区调解旅游季节差，二是以地方文脉为支撑的多样化产品开发，三是良性运作的梯田管理及保护机制。参见黄惠焜、甘万莲《文化生态旅游景区总策划——以元阳为例》，《思想战线》2002 年第 5 期。
⑤ 王浩、叶文、薛熙明：《遗产视角下的元阳哈尼梯田旅游开发——基于国内外梯田旅游发展模式的研究》，《旅游研究》2009 年第 3 期。

作为文化的标识：哈尼梯田景观符号研究

重视和保护"且"威胁传统生计的问题都将得到政府和企业的解决"①，与实际情形并不相符。事实上，如何保障并提升当地社区与村民的利益、改善外来者与地方的关系，特别是如何科学合理地分配与使用水资源等已经成为当地政府、旅游管理机构、从业者甚至游客都亟待找寻答案的问题。现有的梯田旅游研究中，针对用以呈现文化、促进文化理解的景观标识的专门研究依然是缺失的。

近二十年以来，文化消费在公众日常生活支出的比例不断增大，尤其是随着民族文化旅游业不断发展，传统民族文化获得了前所未有的专门性呈现机遇。正是由于交通及信息流通的便利条件，过去处于社会边缘地带的一些地区及其文化越来越多地引起人们的注意，然而这种关注更多地停留在了笼统的甚至模糊的印象层面。这类情况在红河哈尼梯田并不少见，由于梯田世界中生态系统的重要价值得到凸显，更多人开始将这一地区与"原生态"连接了在一起。事实上，"原生态"是他者想象，是中心与边缘二元对立的产物。原生态要让位于活生态，因为活生态是万物互动、互为主体的生活环境，是富于弹性的开放系统，是一个开放的连续体，可以体觉、可以感知。②"互动""开放"能够为发展注入动力，生活在他者头脑中的"原生态"地域的村民并不会因为要刻意保持这种"死生态"而专门抵制现代事物。景观标识作为互动、开放的见证，也应注意避免死气沉沉地呈现文化。

在地方向世界敞开的过程中，要真正突破刻板印象等诸多问题，要建立良好的旅游秩序以尊重多主体性，从而促进文化交流与理解，也就意味着来自"内部"以及"外部"的人们都必须深入梯田的社会内部运作结构、文化的整体的丰富意涵中去，因此也意味着景观标识需要竭尽全力将这些具有较高价值的内部信息进行对外的呈现。

（三）符号研究综述

景观标识无疑也是一种文化符号。对景观标识的理解，包括对景观标识错误产生的原因等的分析都需要从符号学研究中展开。人是"双层符号"③，

---

① 张爱平、侯兵、马楠：《农业文化遗产地社区居民旅游影响感知与态度——哈尼梯田的生计影响探讨》，《人文地理》2017年第1期。
② 纳日碧力戈：《万象共生中的族群与民族》，中国社会科学出版社2015年版，第5页。
③ [美]诺伯特·威利：《符号自我》，文一茗译，四川教育出版社2011年版，第9页。

人能够运用符号，人本身也是符号。仅从这一意义，研究人们设立、接受与理解景观标识这一问题就必须探寻并梳理符号研究的重要发现。景观标识运用文字、图片、图形、标记等并将之复合为具有符号意义的系统，通过特定的媒介与渠道展现梯田文化的独特价值，这也决定了需要对构建标识的符号以及使标识成为文化符号的行为进行思索。

红河哈尼梯田景区在进行标识系统配套工作的过程中，借哈尼族的动物崇拜凸显民族文化标记，螃蟹、青蛙、鱼、鸡等成为景区的标志，要么悬挂在陈列馆内外，要么刻写在数量繁多的标识牌上，使得游客在注意到这些不断重复出现的标记时即便不清楚其文化意涵，也开始将这些动物形象视为该地区的一种代表性关联符号。可以说，当代文化迅速冲进一个"高度符号化时代"，因此"21世纪的世界急盼人类对它取得一个符号学的理解"。[①] 学者们认为"社会和文化的本质是符号，而符号的灵魂是意义"[②]。维特根斯坦认为意义研究的第一步就是研究人的活动；卡西尔坚持"我们应当把人定义为符号的动物（animal symbolicum）来取代把人定义为理性的动物"[③]。人类发明和运用各种符号，从而创造文化。

谈论符号时，符号、信号、载体、媒介是人们经常涉及的概念。符号就是"我们为了了解别的东西才了解的东西"（皮尔士语）。"符号是用来携带意义的，意义必须用符号才能表达。"[④] 也就是说，意义的表达以及传递有赖于符号。"信号是符号性程度最低的符号……信号处于解释的最底层——识别层。"[⑤] 也就是说，信号本身既是一种符号，同时又构成了符号，只不过，信号成分并不足以解释符号。符号必须有赖于一定的载体才能被人感知，而这种感知也需要依赖媒介才得以传送。[⑥] 在这个意义上，符号需要载体的物质外形，但也离不开视觉、听觉、触觉等多感官媒介，否则符号无法为人们所感知。

---

① 赵毅衡：《符号学的一个世纪：四种模式与三个阶段》，《江海学刊》2011年第5期。
② 纳日碧力戈：《从皮尔士三性到形气神三元：指号过程管窥》，《西北民族研究》2012年第1期。
③ ［德］恩斯特·卡西尔：《人论》，甘阳译，上海译文出版社2003年版，第34页。
④ 赵毅衡：《当代符号学前沿译丛主编序》，载［意］苏珊·彼得里利、奥古斯托·蓬齐奥《打开边界的符号学——穿越符号开放网络的解释路径》，王永祥等译，译林出版社2015年版。
⑤ ［意］苏珊·彼得里利、奥古斯托·蓬齐奥：《打开边界的符号学——穿越符号开放网络的解释路径》，王永祥等译，译林出版社2015年版，第2页。
⑥ 赵毅衡：《"媒介"与"媒体"：一个符号学辨析》，《当代文坛》2012年第5期。

作为文化的标识：哈尼梯田景观符号研究

事实上，学界对符号的概念也有比较不同的认识。最具影响力的是索绪尔（Ferdinand de Saussure）的能指—所指二元符号以及皮尔士（Charles Peirce）的对象—被解释项—解释项三元指号。他们二人都被视为现代符号学之父，但20世纪70年代以来，皮尔士的指号学对符号学界发挥着更多影响。皮尔士的指号事实上相当于将索绪尔的所指概念分解为对象与解释项，解释项可以被视为既是一个符号又是一个可以生成新的符号的符号成分。从解释项到另一个解释项可以无限延展，这种极具开放性的符号观念能够协助人们理解"整个意义生成过程的宇宙"。① 当然，由于任何符号都可以不断引出新的符号，从而呈现无限衍义的可能，指号学也就面临着"符号发出者如何让大部分接收者的解释落在某一点上的问题，也就是说，如何让接收者大致上接受发出者的意图意义？这就牵涉到发送者如何利用语境的预设安排"②。落实到哈尼梯田，若将景观标识视为符号，那么景观标识也需要通过巧妙安排并使接收者按照既定方向对标识传递的信息进行解读。

皮尔士传统的符号学被称为指号学（Semiotics），是为了区别于索绪尔传统的符号学（Semiology）。索绪尔的符号分为"能指"（signifier）和"所指"（signified），人们可以通过"所指"认识概念以及其指向的表象，通过"能指"认识语音。皮尔士的指号涉及征象、对象、释象三个要素，它们交流互动、生成社会语义，在先的社会语义成为在后的认知对象。③ 索绪尔的符号与皮尔士的指号核心区别在于全等关系和蕴涵关系。④ 语言符号的全等关系是公式化的、抽象的，自然指号的蕴涵关系是具体的、现实的。若为了追求效率、效益，仅采取全等的符号观，那么约定俗成可能会遮蔽现实生活。少数民族地区的人文资源是动态的指号体系，也是可以再生产的文化资本。⑤

皮尔士的指号解释理论可以运用到人们对景观的接纳与阐释之中去，人

---

① ［意］苏珊·彼得里利、奥古斯托·蓬齐奥：《打开边界的符号学——穿越符号开放网络的解释路径》，王永祥等译，译林出版社2015年版，第4页。
② 赵毅衡：《意图定点：符号学文化研究中的一个关键问题》，《文艺理论研究》2011年第1期。
③ 纳日碧力戈：《万象共生中的族群与民族》，中国社会科学出版社2015年版，第5页。
④ 希腊罗马时代区分sign（自然指号）和symbol（语言符号）。亚里士多德把自然指号看作"物象"（sign of the thing）和"心印"（print in the mind）的相合一致，具有全人类的普适性；语言符号主要由"能指"（signifier）和"所指"（signified）构成，属于约定俗成。指号多用蕴涵关系：p⊃q（如果p，则q），而符号用全等关系p≅q（p全等于p）。参见纳日碧力戈《心智生态、民族生态与国家共和》，《中国民族》2013年第8期。
⑤ 纳日碧力戈：《艺术三维》，《内蒙古大学艺术学院学报》2012年第1期。

导　论

们型塑他们身处的环境的过程，其实也是他们认知一整套指号意义并形成特定的生活生存方式的过程。① 遗憾的是，罗兰运用指号学对城市景观进行研究，他注意到了标识牌，但并未对景观标识的内容进行系统化的分类，因此也难以在符号研究较为雄厚的理论基础上开拓出新的理论对话空间。此外，欧洲学者布洛马特的《民族志、超多样性与语言景观》一书，在对土耳其社区、梵蒂冈等田野点的长期观察基础上，将语言景观从标牌延伸到历史空间的问题之上，并引入复杂性、流动性的因素谈超多样性的秩序，最后结论是共时性研究要追到历史研究去。② 布洛马特拓宽语言景观内涵并赋予其较深刻的社会文化意义的尝试是值得肯定的，但他所关注的指号学领域（semiotic scope）及标识牌（signs）不足以说明哈尼梯田正不断呈现的现象及问题。

本书中的景观标识涉及多种符号概念分类，不论景观标识在各类不同的具体情形中究竟属于"处于解释的最底层"的信号，还是索绪尔全等式的符号，抑或是皮尔士开放式的指号，我们均以"符号"统称之。拉康确信："人的生存和存在从根本上来说是在符号宇宙中确定的。符号的特性就是它是他者所不是的东西。"③ 景观标识的符号特性使它区别于其他事物而成为标识设立者借以向游客等"他"者传递意义的系统。景观标识本质上是意义的传达、接收与理解，指向来自不同社会文化背景的人群之间的交流以及他们构成交流共同体的过程。

拉比诺曾感叹说"仅凭愿望是催生不了交流的"④。人们的交流沟通确实并非仅仅依靠愿望就可以实现。交流沟通的发生，特别是意义的传递，都难以回避对语言，特别是文字的运用。一旦使用语言，就牵涉到概念系统。这个概念系统是我们思考和行为的依据，"建构了我们的感知，构成了我们如何在这个世界生存以及我们与其他人的关系"，交流正是基于这个系统得以进行的，可问题在于这个概念系统"不是我们平时能够意识到的"，所以就经常需要借另一种事物来帮助我们理解和体验当前的事物，在这个意义上，"人类的

---

① Michelle M. Metro-Roland, *Tourists, Signs and the City: The Semiotics of Culture in an Urban Landscape*, Burlington: Ashgate, 2011, p. 140.

② Jan Blommaert, *Ethnography, Superdiversity and Linguistic Landscapes: Chronicles of Complexity*, Bristol: Multilingual Matters, 2013, pp. 107—111.

③ ［德］格尔达·帕格尔：《拉康》，李朝晖译，中国人民大学出版社 2008 年，第 46—47 页。

④ "Desire alone does not yield conversation"，参见 Paul Rabinow, *Reflection on Fieldwork in Morocco*, Berkeley and Los Angeles: University of California Press, 1977, p. 26.

作为文化的标识：哈尼梯田景观符号研究

思维过程在很大程度上是隐喻性的"。① 在很多情形下，哈尼梯田的世界正是由于各式各样的标识的设立而不断得到了对外展开，这些标识大量使用了语言文字、图片图形等，因此需要梳理语言这一最为稳定的符号系统的运用与世界的敞开之关系。

索绪尔将语言看作音义结合的符号系统，认为"语言本身就是一个整体、一个分类的原则"②。语言的运用使世界得以敞开。古今中外各家对语言与世界二者究竟处于何种关联中，有着自己的见解。孔子有言，"名不正，则言不顺；言不顺，则事不成"，足见语言与世界的密切关系。西方哲学在古代以本体论为中心，研究存在什么，世界的本质是什么，在近代以认识论为中心，研究思维与存在的关系，人的认识的来源、途径、能力、限制。在20世纪初出现语言转向（Linguistic turn）之后，哲学以语言的意义为中心，研究主体间的交流和传达问题。③ 古代和近代哲学家也重视语言，但在过去的哲学观念里，思想反映世界，语言表达思想，语言意义来源于世界。故而语言仅仅是思想的载体，是交流的工具。语言转向后的观念中，语言不单纯是交流手段，在很大程度上，语言等同于思想。由于语言和世界结构相同，所以可以从研究语言的结构推知世界的结构。也就是说，只有通过研究语言才能研究思想和世界。景观标识中大量使用了语言文字，因此完全可以借用学界现有的发现对景观标识背后的梯田当地村民、标识设立者甚至游客的思想世界进行探索。

语言转向后，学界对语言与世界关系的认识得到了明确，故而研究视角也产生了相应变化。过去的研究片面注重语义分析，这种做法的局限在于割裂了语言的自我指涉功能。直至奥斯汀的"言语行为理论"，语言作为一种集命名与行事为一体的双重结构才得以充分认识。说话就是做事，成为一种被普遍接受的观点。语用学的后起之势，为语言注入了"经验研究"这一新生力量。作为系统探讨语言的第一人，亚里士多德指出，口语是内心经验的符号，文字是口语的符号。④ 由于"经验"被强调，出现了一种担心——各个

---

① [美] 乔治·莱考夫、马克·约翰逊：《我们赖以生存的隐喻》，何文忠译，浙江大学出版社2015年版，第1、3页。
② [瑞士] 费尔迪南·德·索绪尔：《普通语言学教程》，高名凯译，商务印书馆1980年版，第16页。
③ 徐友渔：《20世纪十大哲学问题》，《社会科学战线》1995年第5期。
④ 陈嘉映：《语言哲学》，北京大学出版社2003年版，第8页。

民族的口语和文字都是不同的，那么潜在的问题就是各民族的经验不同而引得他们无法沟通。① 实际上，虽然各个民族的语言有不同的约定，但由于内心经验对我们所有人来说是相同的，好比即便人们不能听懂别的语言中的"幸福"这个词语，但并不妨碍他对幸福本身的追求，这一点对于讲着不同语言的人来说是共通的。所以，由这种相同的内心经验所表现出来的对象也应当是相同的，也正因如此，人们才能借语言进行沟通与交流。基于此，即便没有自己的文字的哈尼文化也可以借用别的语言、文字对自己世世代代以来依靠哈尼哈巴（古歌）之类的口头表达传承下来的民族文化与思想进行表达与呈现。更进一步说，景观标识也就因借用别的语言文字而能够使哈尼文化与使用不同语言、文字的文化进行沟通、交流。

《圣经》的《旧约》里，有一个关于巴别塔的故事，说的是一开始世界上所有人的语言都是相同的，他们商议着打算修一座直通天顶的塔，上帝担心如果人类真的做成了这件事，只怕以后就没有什么做不成的，所以决定变乱人们互相之间的口音，使他们语言不通从而放弃修建巴别塔的事业。其实，就算声音因人而异，意义却是同一的。也因此，人们设想可以存在这样一种共同的科学语言，它似乎能够让人类像上帝一样获得对世界的最终认识。② 从这个意义而言，哈尼梯田的景观标识透过其他语言与文字指向哈尼的特殊性，目的在于唤起人们对普遍性的理解，并期望人们在此基础上获得对世界的更全面而深层的认知。

在海德格尔那里，命名并不是简单地把一个约定的符号加到一个已知的物体上去。③ 不论是否因约定俗成而进行命名，奥古斯丁告诉我们，说话就是

---

① 事实上，学界确实存在着对思维不同而带来的忧虑，人们担心来自不同语言背景的人群无法沟通。语言人类学的讨论最能够体现这类争议。萨丕尔和沃尔夫提出"语言相对论"，认为不同语言的分类方法引导其使用者依照特定方式进行思考。该理论的提出基于三组对比，即（1）德语区分词性，英语具有第三人称，可这在缅甸布朗族的语言里是不存在的；（2）英语将时态分为过去、现在和未来三种，但霍皮人的世界观只分为"已呈现的"和"未呈现的"两类；（3）英语的将来时在西班牙语、葡萄牙语中表现为将来虚拟语气等多种使用方法。也就是说，不同的语言勾连不同的思维方式，文化不同，语言不同，则思维不同。为了避免人们对这个理论的理解和运用走向极端，即认为来自不同文化背景的人根本无法对话，学者对语言相对论进行了修正，指出：语言并不会紧紧地束缚住思想，因为社会和文化变迁能促进语言和思维二者的改变。参见纳日碧力戈《语言人类学》，华东理工大学出版社 2010 年版，第 16—23 页。
② 陈嘉映：《语言哲学》，北京大学出版社 2003 年版，第 11 页。
③ 参见陈嘉映《海德格尔哲学概论》，生活·读书·新知三联书店 1995 年版，第 300 页。

作为文化的标识：哈尼梯田景观符号研究

用音节清晰的言语给出一个指号（sign）。在语言人类学的视域里，"语言是一种社会指号，既反映群体和个人的分类方式和思维特征，也反映情感和价值观，还反映行为方式和生活方式"①。尽管如此，可语言只不过是众多指号中的一种。少数民族在历史上所经历的一切事物，都有可能转化成为某种指号。展开跨越族际、跨越文化的交流，如果要追求较为全面的深入理解，就需要克服片面的符号把握，② 实现彼此尊重的指号把握，这要求参与者能够将对方历时的、立体的、生动的、充满事实和勾连的社会文化背景尽量了解完整。而这一目标往往又不能在较短时间内实现，这就引来了信息传播、交流沟通的难题，景观标识恰可以为人们省去短时停留与不能深入交流的苦恼，可以借准确、明晰的语言文字帮助人们实现高效的深入理解。但前提在于，标识设立者应尽力从指号的角度对梯田文化进行把握，克服片面、追求全面。

文字、口头语言、绘画、音乐等多种形式的语言都在协助人们理解世界、表达思想，因此信息接收者的接收方式是多元化的，可以听、可以看、可以读，也可以用"心"领会。当下，"读解/阅读"（reading）似乎取代了"观看"（seeing），成为说明视觉图像的主要实践方式。③ 我们不可否认，社会变迁势必会引起信息传递方式的变迁。④ 与此相应，不同的语言符号及信息传递方式将召唤出不同的主体感官及不同参与度。景观标识有其相应的主体感官，但也并不能故步自封，应对更多的感官渠道及媒介形式进行探索。

然而，不仅是时代的变迁，社会文化的不同也会引起作为信息接收主体的感官变化。更何况，科技的进步和发展也是不容忽视的一大因素。麦克卢汉认为，人们对现实的感知要依赖信息的结构。"每一种媒介的形式都与感官的安排或比率相联系，这就要产生新型的知觉形态。"⑤ 媒介被分为"冷"与

---

① 纳日碧力戈：《语言人类学》，华东理工大学出版社2010年版，第3页。
② 在戈夫曼看来，由于人们会有一种自我适应的能力，他们会根据自己的信念来接受暗示。因此舞台表演语境中存在广泛的符号误传与误读，参见［美］欧文·戈夫曼《日常生活中的自我呈现》，冯钢译，北京大学出版社2008年版，第79页。
③ 曹意强：《后形式主义、图像学与符号学》，《美苑》2005年第3期。
④ 在过去，由于乡土社会中的人是在熟人里长大的，所以乡下人问门外人是谁时，这个敲门人回答的"我"字几乎起不到什么提示作用，人们关键还是得靠"听"对方的"声气"来辨人。可以想象，这个场景转换到一个大都市中，仅凭一句"我呀"，也许很难再让门内人为你开门了。参见费孝通《乡土中国》，人民出版社2008年版，第12页。
⑤ ［加］埃里克·麦克卢汉、弗兰克·秦格龙编：《麦克卢汉精粹》，何道宽译，南京大学出版社2000年版，第3页。

"热"两类,包括广播电台、照片、电影在内的"热"媒介信息丰富,允许使用者较低的参与程度;而包含电话、卡通、电视的"冷"媒介信息较少,允许使用者比较高的感官参与度。难怪麦克卢汉运用自己的理论轻松解释了为何不同受众对尼克松和肯尼迪究竟谁能取得竞选胜利有着截然不同的判断。这启示着我们对哈尼梯田核心区景观标识这一媒介进行探讨时,一方面既要结合游客的不同反应与关注内容,区分不同信息种类关联的特定感官,从而区分不同感官的参与度异同;另一方面也需要从游客的强烈反应反向追踪,从而确定并拓展景观标识的内容分类——诚然,标识牌由于语言文字的表述是哈尼梯田景观标识的基本类型,那么当地人日常生活中具有民族特性标记意味的"物"、行动及其展演也需要被纳入考察之列。

语言文字诞生前,人们采用特定的物以及特定的行动方式记录信息、传达意义。比如,少数民族部落之间曾经有过约定,一旦收到对方的铜钱就表示需要立刻派人去营救。后来,如果明明可以面对面说话,或者可以通过文字书写交流想法,人们却还采用以前那种约定好的记号,此时反而可能引起误会。费孝通也指出:"因为我们所要传达的情意是和当时当地的外局相配合的,如果用文字把当时当地的情意记了下来,如果在异时异地的圜局中去看,所引起的反应很难尽合于当时当地的圜局中可能引起的反应。"① 在哈尼梯田,语言的使用也需要考察场景,充任景观标识的文字、物及行为对世界敞开也具有场景性的特征。不同类型的标识对于敞开哈尼梯田世界有不同的场景效用。

考察景观标识的设立意义,也应当紧密结合语言的特性。"语言既是反映事物的一种方式也是作用于事物的一种方式",这种两面性反映了语言的"概念"意义成分以及"人际"意义成分。② 杜威明确指出,社会意味着联合,(人们)因共同交往和行动走到一起,只为了更好地实现因共享而增加并巩固的经验形式。因此,有多少因相互交流和参与而增加的善意,就有多少联合。③ 种种研究迹象表明,以交往为趋向的行为使人们得以社会化和主体化。这些努力最终为跨文化沟通和交流的展开确立了信心,提供了理论支撑。红

---

① 参见费孝通《乡土中国》,人民出版社2008年版,第13页。
② 参见[英]韩礼德《作为社会符号的语言:语言与意义的社会诠释》,苗兴伟等译,北京大学出版社2015年版。
③ John Dewey, *Reconstruction in Philosophy*, New York: Henry Holt and Company, 1920, p. 205.

作为文化的标识：哈尼梯田景观符号研究

河哈尼梯田通过各类景观标识向外界介绍和阐释哈尼文化，这在现实上具有满足人们不断扩大交流、交往之需求的意义。

要将红河哈尼梯田的民族文化信息以语言等符号形式进行准确而生动的传递，需要参考到时代、社会、科技等诸多因素。如果说这些因素出自外部的客观，那就还需要参考出自民族内部的需求。如果我们按照卡西尔的理念，人既然是符号的动物，那么人在生活世界中运用并创造的一切事物，就几乎都可以被理解为是具有文化寓意的符号。在这样的思想关照下，要去梳理所有关涉民族符号的研究也变得遥不可及。在这里，我们只能选择一些具有代表性的研究加以述评。当然，以往的符号研究由于有各自不同的理论诉求与待解决的问题，并未对现代社会中这类广泛存在的标识，特别是旅游中以标识手段促进理解的符号进行聚焦的研究，而标识问题的研究又没有很好地学习并运用符号学。在这里，结合符号研究的视野对景观标识展开专门研究就获得了较为深厚的理论基础。

哈尼梯田区域除了采取在游客访问最多的地方设立用以解释梯田景观的语言文字解说标识之外，也试图形成一些标记地方特性的符号。通常而言，当地通过运用异质性的文化符号从而搭建桥梁，使当地民族文化得以进入主流社会。比如，在推进箐口村的旅游开发过程中，政府有关部门兴建了图腾柱广场借以吸引游客的关注和兴趣。[①] 在哈尼族的传统文化中，不存在图腾柱，但由于图腾柱的树立，图腾柱广场周围的螃蟹、田螺、牛等多种塑像因此获得了外人的注意，他们有意识地找寻这些符号在哈尼族的文化中的特殊意蕴。其实，与哈尼族一样，很多民族在进行符号建构的过程中，可能会做出相差不多的举措，这些举措对于民族符号化历程具有多重其实意义。首先，从根上而言，如果一个民族群体没有民族标志，他们会为了加强民族群体的区别性特征而创建民族标志。[②] 最能够代表"我们"的到底是什么，这是需要人们进行磋商、达成共识的——台湾嘎色闹部落的"原住民"几经讨论，最终选择蜻蜓作为部落符号，这一重要元素便贯穿部落故事墙的设计和制作

[①] 参见马翀炜《文化符号的建构与解读——关于哈尼族民俗旅游开发的人类学考察》，《民族研究》2006 年第 5 期。

[②] 参见陈东旭、唐莉《民族旅游、民族认同与民族性的构建》，《贵州民族研究》2014 年第 6 期。

之中。① 其次,传统民族符号的含义不断得到解释。比如作为一种藏族符号的海螺,就被解释为藏族初民对生存繁衍的企盼,这一符号蕴含着生命本源及转化的内涵。② 再次,民族符号的确立对于民族形象的塑造与强化有较大的促进作用。在德昂族的案例中,即使族人表现出对妇女藤篾腰箍的认识和解释不够自觉,但是藤篾腰箍最终作为德昂族的民族形象标志得以强调,也正是这一符号使得德昂族在多民族地区树立了自己鲜明的民族形象。③ 复次,并非实体事物方可充任民族符号。"陕回"族群就依靠在新的村落中移植故乡地名而将自我的文化符号刻写在大自然中,以此勾动族群记忆。④ 最后,成功的民族符号往往转变为一种特殊的社会资源、社会财富,促进社会发展。比如湘西的巴代文化,其内涵在当下虽然被隐去,但转变为一种民族文化符号,亦成为资源和财富服务于社会发展。⑤ 总体上,多数情况下内部世界对自我的民族符号的认识可能多半停留在日用而不知的状态中,往往都是在接受外部世界的刺激之后民族符号才得以有意识的形成,其内涵也不断得到明确。景观标识需要向外部世界对本族符号内涵及意义进行正式阐释,换言之,若民族符号尚未得以明确,景观标识的呈现也会变得模糊而含混。梳理至此,完全可以肯定景观标识对于一个不断与外界搭建新的交往关系的民族是极为重要的。

四 研究方法与研究思路

(一) 研究方法

1. 参与观察法

在红河哈尼梯田核心区域的哈尼村寨进行长期田野工作,紧紧围绕景观

---

① 参见邱韵芳《蜻蜓、故事墙与部落会议:嘎色闹的"活力部落"之路》,载芭乐人类学官方网站 http://guavanthropology.tw/article/6456,2015 年 8 月 24 日。
② 尹伟:《藏族民俗文化中海螺的民俗符号解读——以口承语言民俗为参照》,《青海民族研究》2010 年第 1 期。
③ 参见魏国彬《德昂女人藤篾腰箍的考察与文化阐释——以云南保山市潞江坝德昂族村寨为例》,《民族艺术研究》2011 年第 2 期。这区别于西江苗族服饰被有意设计以对公众进行展示的多义性阐释个案。参见周莹《意义、想象与建构——当代中国展演类西江苗族服饰设计的人类学观察》,博士学位论文,中央民族大学,2012 年。
④ 参见樊莹《族群如何记忆——六盘山泾河上游"陕回"族群的民族学研究》,博士学位论文,兰州大学,2010 年。
⑤ 参见麻三山《隐藏在记忆里的文化符号——湘西苗族巴代文化研究》,博士学位论文,中央民族大学,2010 年。

作为文化的标识：哈尼梯田景观符号研究

标识展开对村民、设立者以及游客三方人群的观察。首先，村民方面，深入当地村民的生产生活中，对他们的日常生活进行整体观察的同时，重点观察并了解其信息传递惯习，尤其要针对报喜、报忧、代话等众多有关信息传递的实际生活事项与信息传递场景，还原其信息传递的认识和实践之变迁；其次，标识设立者方面，观察涉及标识设置的各级、各类信息发出者（包括标识牌制作的发令者和实施者）其工作流程与指导思想脉络，特别对他们在红河哈尼梯田核心区进行的现场工作和研讨展开细致观察，以把握他们对景观标识、信息传递、符号意义、形象塑造、地方发展等问题的认识、规定与实施；最后，游客方面，全面掌握游客在进入目的地前、旅游中以及离开哈尼梯田后，构建旅游目的地信息与认知的过程及特点，据此对游客进行综合分类，再从中挑选具有代表性的典型进行跟踪观察，进一步了解其旅游行为中涉及的各层面交往需求，把握文化理解的基石。此外，景观标识虽然一经固定就会在相对长的时期内保存下来，但依然不排除有遭到损害或由于特殊原因进行替换的可能，因此还需要采取影像方式将其记录在案，通过长期观察确保对任何细微变化的敏锐感知。

2. 访谈法

在对标识设立者（信息发出者或发讯者）、游客（信息接收者或收讯者）以及村民的访谈中，掌握三方各自的信息流转特点，发掘群体甚至具体到某个体对语言与世界关系的认知，解析其对世界遗产地（或旅游目的地）形象与发展的感知与评介，考察其跨民族、跨语言、跨文化的交流实践，从而理解各方更为整体的世界观构架以及知识体系的传播与共享逻辑。对于原先并非信息发出者而后来主动发展成为此类人群的个体，还要尽力回溯其生活史，发现并深入解读其观念转变的契机。同时，由于景观标识的设立者以及信息接收者都存在认知的变化，可以重点选择一些个案加以追踪，使得不同人群对信息以及语言的认识过程较为全面地展现。

3. 话语分析

民族志描述原本就应当具备阐释性，此研究恰又涉及大量的话语材料，所以采纳的研究方法从根本上应该能够满足阐释社会话语流（the flow of social discourse）的需要，故而计划一方面对红河哈尼梯田的景观标识系统（包括景区周边大众设置的标识）进行整理归纳，形成语料库；另一方面对访谈中报道人采取的话语进行深入分析。鉴于社会话语一去不复返的特性，尽量采取音频记录方式,从具体场景中抢救话语并将其固定下来。通过具体场景的话语分析,综合信息发出者、接收者以及村民在各种场合中的行为与观点,挖掘其深层认知,通过收集标识文本并进行话语分析,详细对信息出现的谬误进行归类,由此寻找其表层原因。大量的话语材料分析后,有助于对标识牌现象展开深层探讨。

4. 文献研究

进行相关文献梳理,从哈尼梯田核心区研究、文化信息传递及梯田旅游研究、民族符号研究方面对本书的问题进行学术定位,推进分析哈尼梯田景观标识研究框架的构建;在进入写作阶段之后,研读哈尼史诗、云南民族史等多种文献,结合散见于各类研究作品中跨文化交流的资料,获取丰富知识,加深写作的历史厚重感,同时也确保更多地从历史的视角考察哈尼梯田景观标识的设立与梯田多民族、多维度文化的呈现;在框架设计与本书写作、修改的过程中,结合调查中发现的问题不断深入理解各种相关理论,特别是符号学理论,将理论的拓展与对话作为坚持不懈的努力目标。

(二) 研究思路

本书将以红河哈尼梯田景观标识为切入点,围绕涉及该事项的标识设立者(发讯者)、游客(收讯者)及村民(文化拥有者)展开实证研究。通过文献回顾,梳理涉及标识符号、紧密关系旅游目的地以及哈尼梯田的研究,初步推论并构建自己的理论框架。在理论分析的过程中,充分利用田野调查中专门针对标识设立者、游客及村民三者获取的各类资料,结合前人在梯田文化、民族文化、文化交往、旅游发展、符号运用等面向的研究发现,分析信息表达和传递逻辑,探索旅游语境中搭建新的交往关系的共同体的构建。

在标识设立者、游客及村民三类群体中,标识设立者的构成类型是较为多样化的,政府各级相关部门、景区管理机构以及实际负责标识设立的单位或个人都是当前大量存在的发讯者。不管其具体成员为谁,应逐渐挖掘标识设立者对景观标识、信息传递、符号意义、地方发展等问题的总体认识,了解清楚他们的当前规定、具体实施方案以及实际行动,全面分析标识内容受到表述制约的经济的、社会的及文化的原因;对于原先并非标识设立者而后来主动发展成为此类人群的个体,还要尽力回溯其生活史,发现其观念转变的契机。标识设立者过去的、现有的以及计划中的标识设立工作都应得到有

作为文化的标识：哈尼梯田景观符号研究

意识的对比，标识文本内容的形成与呈现亦不容疏漏，详尽记录有助于宏观的梯田文化呈现得以落实。

本书考察的标识接收者以游客为主，对于生活在红河哈尼梯田区域的各族村民而言，组成最为复杂的游客是陌生的他者。对游客等收讯者应采取结合访谈、跟踪调查等方法，通过对中外游客的分类，重点了解各类游客获取红河哈尼梯田各种类别相关信息的不同方式，还原景观标识这一信息传递方式在游客构建地方信息资源时的地位、影响与局限。同时，应意识到游客对梯田这一旅游目的地的感知差异也在极大程度上揭示不同信息传递方式的具体效应，也要关注游客不同的文化背景、不同的文化理解需求，并将这些因素与其对梯田文化的认知进行联系。游客的各种细节性感知与他们对梯田的再现或思考都应得到记录和讨论，因为这些材料对于文化理解的最终实现意义重大。

当地村民是真正意义上的哈尼梯田的主人，他们是生活在梯田的各族人民，通过世代的努力创造并维系着世界文化遗产的存在。在研究过程中，深入当地村民的生产生活中，着重了解他们对信息重要性的认识，通过对接收和发送信息的具体场景观察并解读他们的实际行动，掌握他们传递信息的惯习及变迁历程；具体追踪与标识牌设立工作有着直接关系的村民，考察他们对自我文化的理解与表达是如何被转述与加工的、他们的意见在最终的表述中发挥了怎样的影响；同时也可以通过对比哈尼梯田核心区域不同村寨的发展路径和现状，结合村民们对自己的村寨及他人的村寨的不同评价，将标识创设为村寨带来的影响进行全方位分析。主动参与和关注景观标识，甚至主动承担文化呈现与阐释工作的村民应得到重点关注，他们因对文化交往交流进行的思索与实践以及他们因此而获得的收益应得到展现与讨论，村民以及他们所根植的梯田文化在现代语境中所拥有的新机遇、新认知以及新行动，对于新的交往关系的搭建具有重要的启示意义。

与此同时，还需要认识到，由于红河哈尼梯田作为人类共同财富的价值和意义不断得到更广范围的认可，因而与该区域有着密切联系而并非世居在此的人群，可能会主动寻求成为"村民"的契机，这类人群以外来的投资者为代表，当然，也存在当地村民向外流动后最终回归本地并努力成为梯田和哈尼文化发讯者、标识设立者的情况。

综上，应努力对标识设立者（发讯者）、游客（收讯者）以及村民等各类人群的语言交流、身体活动、符号活动展开观察，深入把握他们与他人、他物进行的互动，将他们在互动中达成文化理解、确定自我地位、塑造地方形象、发展地方社会的逻辑过程进行还原和分析，了解交往共同体如何通过信息的流转建立和传播共享的价值和意义体系。

五 田野点概况

红河哈尼梯田文化景观是中国第45项世界遗产，该区域设立了多种标识用以呈现及阐述哈尼梯田文化景观的基本信息、内涵、特征、价值及意义。作为外来游客访问首选地的哈尼梯田核心区是景观标识较为集中的地区，也是本书展开田野调查的主要区域。

哈尼梯田位于中国云南省东南部红河哈尼族彝族自治州境内的哀牢山南段，主要分布在元阳、红河、绿春及金平四个县。为实现"加强哈尼梯田的保护管理和开发利用，促进经济社会协调发展"的根本目的，《云南省红河哈尼族彝族自治州哈尼梯田保护管理条例》（2012，以下简称《条例》）获得云南省人民代表大会常委会批准。《条例》明确规定，哈尼梯田是"以哈尼族为代表的各民族开垦和耕种的水稻梯田，以及相关的防护林、灌溉系统、民族村寨和其他自然、人文景观等构成的文化景观"[①]。哈尼梯田的规模宏大，总面积达百余万亩，元阳梯田在集中连片的规模、梯田层数以及构筑梯田的山坡陡峭度等多个因素上具有突出的代表性。因此，元阳县是哈尼梯田的核心区，包含着坝达、多依树、老虎嘴三个片区的连片梯田以及82个村寨，世界遗产区及缓冲区总面积为461.04平方公里（其中遗产区面积为166.03平方公里）。梯田通常从山脚延伸至海拔两千多米的山巅，生活在该区域的"各族人民利用'一山分四季，十里不同天''山有多高、水有多高'的特殊地理气候"，共同开创了这个农耕文明奇观。[②] 哈尼梯田鲜明的自然景观及人文景观特征是梯田核心区哈尼梯田景观标识所竭力讲述的要点。

由于本书重点考察景观标识的设立者、村民以及以游客为主的标识接收

[①] 根据《条例》，实行重点保护的梯田包括四个范围：①元阳县境内坝达（箐口）、多依树、勐品（老虎嘴）片区；②红河县境内甲寅、宝华片区；③绿春县境内腊姑、桐株片区；④金平县境内阿得博、马鞍底片区。

[②] 参见"红河哈尼梯田文化景观"，红河州世界遗产管理局"红河哈尼梯田网"官方网站 http://www.hhtt.cn/web.php/article/content/archive_id/1653，2015年9月7日。

者各方对标识的认知以及相关行动逻辑,观察地方社区因景观标识的设立而形成的变化,追踪问题标识的不利影响,探究标识传递错误信息的深层原因及意义,故而田野点主要围绕集中设立哈尼梯田景观标识的地点进行选择,以下的田野概况主要包含了哈尼梯田区域内景观标识较为集中的核心区元阳县,也包含了哈尼梯田核心区中景观标识最集中的民族村寨。下面将对哈尼梯田核心区元阳县及箐口、大鱼塘、普高老寨等民族村寨的基本情况进行介绍。

(一) 元阳县

元阳县位于云南省南部,红河南岸,哀牢山脉的南段,距离省会昆明284公里,距离州府蒙自91公里。元阳县东、西及南面分别与金平县、红河县及绿春县接壤,北面则是与个旧市、建水县及蒙自市隔红河相望。元阳县境内全为山地,无一平川,面积达2212.32平方公里,最高海拔2939.6米,最低海拔144米,耕地面积37.22万亩,人均耕地仅0.83亩,森林覆盖率为44.5%。全县辖14个乡镇、138个村委会(社区)、984个自然村。世居哈尼、彝、汉、傣、苗、瑶、壮七种民族,总人口442868人,少数民族人口占总人口的89.44%,哈尼族243437人,占总人口的54.97%。[1] 总体来说,由于土地肥沃、雨量充沛、气候湿润、资源丰富,元阳县可以说是祖国南疆一块开发潜力很大的宝地。[2] 当然,元阳县同时也是集边疆、山区、民族、贫困四位一体的国家扶贫开发工作重点县。因此,地理环境、生态资源、行政区划、民族构成等多方面内容都正不断成为且理应成为哈尼梯田景观标识向广大中外游客传递的梯田核心区的基本地方信息。

景观标识还应当包含一定的哈尼梯田地方历史信息内容。元阳因地处红河上游元江之南,故得此名。元阳开发较早,历史悠久。自明洪武十五年(1382)起,在今日元阳西部及南部(三猛)地区,置纳楼茶甸长官司,隶属临安府。[3] 纳楼茶甸第九副长官司辖"三江八里"("三江"即红河、藤条江、黑江,"八里"即永顺里、乐善里、安正里、崇道里、敦厚里、复盛里、

---

[1] 参见"元阳县情介绍",元阳县人民政府网 http://www.yy.hh.gov.cn/mlyy/yygk/201707/t20170713_35188.html,2017年3月3日。

[2] 云南省元阳县志编纂委员会:《元阳县志》,贵州民族出版社1990年版,第1页。

[3] 云南省元阳县志编纂委员会:《元阳县志》,贵州民族出版社1990年版,第2页。

导 论

太和里、钦崇里），疆界东至交趾（越南），西至石屏云台里，南至元江直隶州，北至临安纸房铺。据记载，临安府治下的十土司和十五掌寨中，分布在当今元阳县境内的有纳更、稿吾卡、纳楼、勐弄、宗哈瓦遮、五亩和五邦，其中纳更、稿吾卡、勐弄、宗哈瓦遮为哈尼族土司，纳楼为彝族土司，五亩、五邦为傣族土司。① 民国 2 年（1913），中华民国政府主张废除土司制度，整个民国时期，元阳分属建水、蒙自、个旧三县。1950 年 1 月，建立新民县。1950 年 9 月 20 日，改称新民办事处。1951 年 5 月 7 日，经政务院批准，新民办事处改为元阳县。1952 年，全县工农业总产值 833.31 万元。1978 年以后，元阳人民从传统的小农经济思想束缚下解放出来，逐步树立商品经济的新观念。1985 年，全县农业总产值 6273.31 万元。②

景观标识的设立背景与核心区的旅游业开发紧密相关，景观标识的设立规模与游客数量的增长成正比。自 20 世纪 90 年代元阳县对外开放以来，不断迎来来自世界各地的游客与友人。2001 年，元阳县启动哈尼梯田的世界遗产申报工作，这一年全县共接待游客 8.21 万人次，实现旅游收入 1394 万元；时至 2008 年，元阳县全县共接待游客 58 万人次，旅游创收 39590.91 万元；而当被列为世界文化遗产两年之后，即 2015 年，全县接待的国内外游客数量达 159.16 万人次，旅游总收入达 208997.43 万元。③ 在 15 年的时间里，哈尼梯田核心区接待的游客数量增加了近 20 倍，该区域的旅游收入提高近 150 倍。2013 年，红河州旅游产业发展大会召开并确立了以"梯田魂、古城韵、福地灵、异域情"为主要元素，构筑产业强、产品精、业态新、品牌响、服务优的红河国际旅游文化走廊的旅游发展思路。哈尼梯田旅游在整个红河旅游发展中占据的重要地位不言而喻。当下，哈尼梯田比历史上的任何其他以往时刻都需要大范围设置景观标识，用以揭示与呈现梯田文化，有效促进旅游业的发展并使之能够在更大程度上推动当地社会的发展。

元阳县第三产业在全县生产总值中所占的比重得到快速提升，旅游业的推进得到高度重视。元阳县财政总收入首次突破十亿元大关，全县实现生产

---

① 宋恩常：《元阳县哈尼族情况琐记》，载《民族问题五种丛书》云南省编辑委员会《哈尼族社会历史调查》，民族出版社 2009 年版，第 80 页。
② 参见云南省元阳县志编纂委员会《元阳县志》，贵州民族出版社 1990 年版。
③ 资料来源：元阳县旅游发展委员会。

· 37 ·

作为文化的标识：哈尼梯田景观符号研究

总值151022万元，其中第三产业总值占全县生产总值的39.6%。① 元阳县按照"保护世界文化遗产，展示哈尼梯田风光，传承优秀民族文化，创建国际精品文化旅游品牌"的发展思路，以"红河哈尼梯田文化"为主题，以着力把元阳县建设成红河州的旅游品牌，打造成国内外知名的旅游胜地为目标，大力加强旅游基础设施建设，加大梯田生态资源的保护。不同的发展主题都表现在相应批次的景观标识之中。

红河哈尼梯田的世界遗产申报历程大致可被分为三个阶段：（1）前申遗时期（1980年代—1999）。该期间内作为几类外来人员的关注对象（摄影师为主的艺术工作者的审美对象、媒体的报道对象以及学者的研究对象），哈尼梯田不断得到宣传，逐渐走入外界的视野。（2）申遗时期（2000—2013）。2000年1月红河州政府组建专门的遗产申报机构。2002年"红河哈尼梯田"被国务院列入中国申报世界文化遗产预备清单。2013年申遗成功，最终成为"人类的共同遗产"。漫长的申遗过程中，政府与学者共同努力，全方位地向联合国教卫科文组织展示与论证哈尼梯田的独特价值。2007年，被批准为中国国家湿地公园。（3）后申遗时期（2013年至今）。2014年被评定为4A景区，下一步目标为评定5A景区。哈尼梯田文化旅游区"全国知名品牌创建示范区"项目于2015年3月正式获国家质检总局批准筹建。在北京举办的中国旅游大会上，哈尼梯田获得2015年"中国旅游金途奖""最美乡村"等殊荣。2016年，元阳红河哈尼梯田进入区域品牌价值百强榜，品牌价值达26.09亿元。2017年6月，云南省公布特色小镇创建名单，元阳哈尼梯田的哈尼小镇被列为五个国际水平特色小镇之一。正当哈尼梯田赢得越来越多的认可与荣誉的同时，景观标识在理论上也应当呈现一种与整个区域的发展机遇相匹配的不断发展态势，做到越来越好地呈现梯田、呈现梯田的人民。

梯田景区的管理经历着更迭，这意味着景观标识的主要设立者也经历着不断地变化。在过去，梯田景区的管理部门为政府及其下属管委会。20世纪90年代进行旅游开发以来，元阳县旅游局、新街镇政府等多个政府部门是红河哈尼梯田旅游开发的职能部门。这些职能部门的下属管委会负责早期哈尼梯田的旅游管理工作。后期，景区的开发与管理转由专业机构负责。为充分发挥政府主

---

① 参见《2008年元阳县情概况》，元阳县人民政府网 http://www.yy.hh.gov.cn/mlyy/yygk/201707/t20170713_35184.html，2010年6月8日。

导　论

导和市场调节两个作用，采取政府引导、市场运作的方式，元阳县于2008年引进云南世博集团负责哈尼梯田旅游的合作开发并签订了合作协议，成立了云南世博元阳哈尼梯田旅游开发有限责任公司，为哈尼梯田文化旅游资源的开发打下坚实的基础。2008年11月27日，世博元阳公司在元阳县工商局正式登记注册成立，与元阳县旅游局签订旅游开发经营权转让协议，合约期50年。公司自此接管梯田核心区的景区管理与开发。公司的注册资本金8700万元，其中云南世博旅游控股集团有限公司占66.67%的股份，元阳县国有资产经营管理有限公司占33.3%的股份。世博元阳文化旅游公司是元阳县首家引进的文化旅游企业，专业进行元阳哈尼梯田旅游开发及旅游产业链开发的文化旅游公司。世博元阳文化旅游公司（以下简称为SY公司）的发展愿景是："早日把元阳哈尼梯田景区打造成哈尼文化展示中心和传播基地，建成国内一流、世界知名的优秀景区。"不同的认知、不同的实践都可能造成景观标识设立工作的显著不同。

长期以来，哈尼梯田并不易于通达。即便到了2008年，也就是启动了哈尼梯田世界遗产申报工作的第八个年头，整个元阳县的交通仅有贯通南北的100公里三级路面。今天，在面对越来越多到来的游客，提升梯田景区可及性的实际需求势在必行，大幅改善梯田核心区交通状况的工作成为地方政府亟待发力的大事。2016年9月29日，旨在贯通哈尼梯田极大片区连接元阳、绿春、金平、红河四个县的"元绿""蔓金"高速公路开工；2016年12月9日，元阳哈尼梯田机场试验段工程开工。不足三个月内连续举行的高速公路和梯田机场开工仪式意味着一个崭新时代的到来，这也为作为面向大众的文化书写的景观标识的设立提出了新的要求。

元阳县旅游事象在元阳梯田的长足发展意味着旅游资源及项目的日益多元化。梯田核心区的老虎嘴景点、坝达景点、多依树景点三片风格迥异的梯田由于在不同天气条件下呈现出各具特色的景观特点。越来越多的地方文化内容进入景区规划的视野，未来计划推出的线路包含了梦幻梯田观光游、写意梯田艺术游、哈尼民俗认知游、穿越梯田生态游、村寨生活体验游、山地湿地康体游、节庆主题文化游等。同时，箐口村、大鱼塘村以及普高老寨作为展示哈尼文化的窗口，被建成为具有示范意义的民俗文化村落，大量的多语标识被设立到了村中。

哈尼梯田核心区不断向外界进行敞开的过程中，元阳县丰富多元的民族文化不断得到了凸显和重视。哈尼梯田启动申遗工作以来，元阳县积极组织非物质文化遗产的申报,目前全县已拥有国家级、省级、州级等多级文化传承人,建立了30多个县级民族文化传承基地。《哈尼哈巴》《哈尼四季生产调》《祭寨神林》等文化事象被列入国家级非物质文化遗产保护名录,《彝族民歌》等被列入省级非物质文化遗产保护名录。这一切都昭示着哈尼梯田的主人及其开创的文化都到了空前的呈现与展示自我价值的机遇,而景观标识就是其价值呈现的一种专门渠道,考察标识的现状、问题也相当于部分地考察了价值呈现的现状与问题。

(二)哈尼梯田核心区主要旅游村寨

本书在保证尽力全面触及梯田核心区内各村寨的同时,主要选取了核心区内在民俗展示、饮食文化及居住特色三个方面具有代表性而且标识设立较为密集的民族村寨作为主要观察的田野点,同时,其他一些具有独特历史文化背景以及新近获得较多外界关注的村寨也有所触及。

箐口村是一个坐落在哀牢山区大山深处半山腰上的哈尼族小村子,隶属红河彝族哈尼族自治州元阳县新街镇,位于元阳梯田景区入口处,是游客进入梯田核心区的必经之站。截至2016年1月,村内共238户人家,人口为1078人。箐口村几乎是被裹挟着迅速进入哈尼梯田申报世界文化遗产以及旅游开发等种种现代事项之中的。2002年2月25日箐口民俗文化村管理委员会成立,管委会系元阳县旅游局下属单位,工作人员多为箐口村村民。管委会负责管理旅游设施、维护村内卫生并收取门票。2003年9月底专门成立文艺队,负责为游客表演哈尼族传统舞蹈。2004年被国家旅游局命名为"全国农业旅游示范点",2008年被云南省旅游局列为首批旅游特色村。2009年,由著名舞蹈家杨丽萍指导的原生态农耕文化节目《元阳梯田》正是在箐口村寨脚下的梯田里进行了实景演出。作为哈尼梯田首张哈尼村寨名片的箐口村在哈尼梯田核心区中是最早迎来了系列建设与改建工作的哈尼村寨。箐口民俗村共设有哈尼民俗文化展示点7个,于2002年建成哈尼文化陈列馆、文化广场及水碓、水碾和水磨等民族文化、农耕用具展品设施。村内民居改造为民族传统特色建筑,展现地方风情。村口建设了图腾广场,螃蟹、青蛙、水牛、田螺等雕塑指向哈尼族的原始崇拜。箐口村是梯田景区内开发历史最长的重要民俗文化展示村落,由于展示民俗文化本身就要求对多个哈尼文化事象进行解说与阐释,这就决定了箐口村的景观标识设立历程最长,其内容最为层叠、更迭次数最多。显然，箐口村必须成为考察景观标识的首选田野点。

大鱼塘村位于箐口村南面，同样是隶属元阳县新街镇土锅寨村委会的一个哈尼族村寨，村内共91户人家，人口为397人（土锅寨村委会2015年人口信息数据）。自2004年大鱼塘文化生态旅游村建设工作通过验收后，村里的旅游业得到突飞猛进的发展。大鱼塘紧邻景区环线旅游公路，交通的便利使更多游客选择在此品尝哈尼美食。截至目前，民俗村内共开设了6家农家乐（其中含哈尼饮食文化传承中心等两家红河州五星级乡村客栈），配套有哈尼民俗文化展示点7个。2014年，大鱼塘村成为国家民族事务委员会命名的首批中国少数民族特色村寨。这一年，全国共340个少数民族村寨被列入首批特色村寨名单，其中云南省有41个少数民族特色村寨入选，元阳县的大鱼塘村与红河州其他4个村寨（弥勒县红湾村、泸西县城子古村、红河县作夫村及红河县龙甲村）一道作为首批特色村寨得以命名挂牌。2016年10月，第九届"汉语桥"世界中学生中文比赛选手来到大鱼塘村体验农耕生活、学习民族舞蹈。与箐口较为相似，近年来大鱼塘村同样迎来了来自全国各级各类专家及领导的考察，人们对旅游开发进程中民族村寨的各类发展问题进行了多议题、多领域的探讨。大鱼塘村紧随箐口村其后得到开发，目前村中的农家乐已经在游客接待方面获得成功，考察这个以展现哈尼饮食文化为主的村落中各类景观标识的设立也是必需的。

重点关注的第三个村寨是以客栈众多著称的普高老寨。普高老寨距离新街镇23公里，属新街镇多依树村委会，位处梯田景区旅游环线的东南角。相对箐口村及大鱼塘村，普高老寨的旅游开发起步相对晚。由于地处多依树景点下方的优势，清晨时分笼罩着蘑菇顶的云雾随霞光的倾泻而不断散去，影影绰绰的哈尼村寨剪影更加赢得了人们的青睐。因此，普高老寨不断成为诸多意欲在多依树景区欣赏观看和拍摄日出、体验民族村寨风情的游客们理想的下榻处。尽管普高老寨并没有像箐口、大鱼塘两个民俗村一样获得诸多荣誉称号，但在这个仅有159户人家、人口仅为810人的哈尼族村落中，却开设有32家青年旅社及客栈，单日住宿接待能力约为780人次（2017年7月数据）。当旅游旺季来临之时，村内的接待能力依然无法满足游客的实际需求，因此与之临近、位于景区观景台另一侧的胜村黄草岭村新增的诸多客栈也成为游客们的热门选择。当前，普高老寨村内解决了饮用水的困难，配置了路灯，建盖了多个公共厕所。游客的接踵而来，使得普高老寨被纳入景区的民俗村寨系统得以开发，截至目前，共设有哈尼民俗文化展示点4个，建有活动广场 1 个。由于游客在村中的停留时间较长，因此景观标识重点对"哈尼村寨的选址"进行了文化解说。普高老寨是当前哈尼梯田核心区中村民与外来游客间的接触最为频繁甚至发展到了日常化的一个村落，将该村纳入主要田野点并由此处展开各类人群对景观标识的认知及实践的追踪极为重要。

除此之外，景观标识相对密集的勐弄土司署（攀枝花乡勐弄村）、宗瓦司署（新街镇多依树下寨）及多年来闻名海内外的老虎嘴①自然也是重要的田野考察点，而目前暂时没有设立更多标识的但属于新近出名的普朵下寨及坐落在特殊形制的梯田边的垭口村等多个地点同时也需要被纳入本书的关注视野之内，因为这些村落能够为我们提供一种标识即将成规模设立前的社区状态的认识与理解，并能够在后续的长期追踪中为我们揭示出更深刻的标识设立逻辑。

六　核心观点

哈尼梯田世界里的各族人民都面临着不断扩大的社会交往现实，为了提供新的行动秩序基础，协助外来他者对被公认的、不可替代的、具有突出意义的梯田文化景观进行文化释读，标识的设立呈几何级数倍地增长。文字标识使景观价值以及传统村落在一定程度上得以凸显，这类语言景观见证并影响着当地的社会变迁。可是，标识表述的高比例谬误、人们对标识的习惯性忽视以及偏离预设的误读是最为常见的问题。这类现象同时广泛存在于其他社会文化之中，意味着以研究常识为己任的人类学需要对标识问题投以专门关注。

哈尼梯田由于生活在此区域的哈尼族、彝族等多个民族"再生产整个自然界"②的实践活动的开展而得到开创和塑造，劳动等生命活动赋予了梯田维持人们生存需要的价值。哈尼梯田被联合国教科文组织列为世界文化遗产后，梯田由于其人的本质力量在大地上的显现的实质而对全人类都具有普遍性价值。在旅游场域以及遗产语境的确立背景下，各类标识纷纷得以设立，旨在为来自不同文化背景的人群提供行动基础以避免陷入无序且"失范"的危险，旨在展示梯田所蕴含的丰富的自然、社会、历史、文化内涵，旨在协助人们建立对梯田文化的审美、释读与尊重。这些标识由于实践保存普遍性价值的

---

① 老虎嘴位于攀枝花乡勐品村旁，由于多数游客自中午就进入景区等候梯田日落，大批村民被吸引进入景区从事临时的食品及旅游商品买卖。

② 《马克思恩格斯选集》第一卷，人民出版社 2012 年版，第 57 页。

诉求不断扩充梯田景观的内容而成了名副其实的景观标识，是直指"初次创作"产品即梯田的"二次创作"。

在哈尼梯田核心区的现实状况里，政府、机构、旅游从业者是最为常见的标识设立者，他们通过标识的设立进行着知识的生产，游客等标识接收者通过阅读标识展开着知识的接受，设立者与接收者之间传递的知识关涉生活在梯田当地的各族人民所持有的梯田文化。可是，标识设立者的认知与实践有其局限性，标识设立过程中当地村民的参与度较低、主体地位有待提高，深刻洞见梯田文化意涵的学术成果也暂未顺畅地转化为标识呈现的内容。因此，景观标识在现实中难以全面、准确且深入地呈现梯田景观的价值与内涵，他者也因此在理解梯田文化时面临重重困难，进而无法对梯田各族人民产生清晰的认识。哈尼梯田现有的景观标识并非真正意义的文化书写，尚未成为促进文化理解、增强交流交往、建设文化自信的指示性符号，难以发挥纽结地方与世界、传统与现代、行动与表征的重要功能。深刻剖析景观标识作为知识生产、知识传播的符号系统存在的问题以及问题产生的逻辑，探讨符号的纽结能力在通往文化理解过程中的行为表现及作用影响，重新考察交往共同体的构成是具有重要意义且亟待实施的议题。

第一章　作为景观的哈尼梯田景观标识

　　红河哈尼梯田文化景观于2013年6月被联合国教科文组织列入世界文化遗产名录，成为我国第45项世界遗产。"在过去的1300年里，哈尼族发展出复杂的沟渠系统，以确保水源从茂密的山顶树林里流向各级梯田。他们同时创造了一套完整的农耕体系，牛、鸭、鱼、鳝类都包含于其中并共同支撑着红米这一梯田主要农作物的生长。梯田的当地居民崇拜太阳、月亮、山脉、河流、森林以及包括火在内的其他自然现象……正是基于特殊的源远流长的社会和宗教结构之上，这个梯田土地管理系统极富弹塑性，人与环境之间非凡的和谐关系从视觉和生态方面都得到了充分阐释。"[①] 这是联合国教科文组织对红河哈尼梯田文化景观特有价值及意义的高度总结。

　　具有人类普遍价值的哈尼梯田的景观也是独特的。在申报世界遗产的过程中，当地旅游产业也在逐步发展。面对大量来自世界各地的游客，具有丰富文化内涵的梯田景观要以怎样的方式进行呈现才能使哈尼梯田文化的传承获得更多的外部动力，使哈尼梯田的丰富文化资源转化为旅游的产品，从而使当地的经济得到发展……便成为哈尼梯田保护与发展的最为重要的任务。

　　要想很好地将独特的哈尼梯田景观进行呈现，就自然需要对景观本身进行文字标识，以使景观能够通过这类指示标识的引导而得到呈现。而这些文字标识本身也成为哈尼梯田大地上新的景观。但是，这些引导指示性的符号，即新的文字景观标识的出现又是在什么意义上使传统社会的景观转化为旅游者眼中的景观？随着旅游的发展，具有不同文化背景的游客与村民之间又因为景观的生产而产生了哪些新的社会交往关系？当地的生活又在此过程中产

[①] 参见联合国教科文组织（UNESCO）网站 http://whc.unesco.org/en/list/1111，2016年9月7日。

生了哪些变化？具有怎样的意义？这些变化对于旅游发展又会产生哪些影响？等等诸多问题都是必须深刻思考的。正是基于此，在已经嵌入了各类文字景观的新的景观世界中，这些景观是怎么组成的？各自具有怎样的作用？又在整体上获得了怎样的意义？等等问题也就成为进一步思考的必要前提。那么，这个已经形成为一体的景观在旅游视域中是可以分为哪些类别的？这些不同类别的景观之间具有怎样的关系？等等就是认识当下的哈尼梯田景观呈现中存在的诸多问题，以及分析出现这些问题的社会文化原因并最终找到可能的解决方法等问题都是必须加以认识和研究的。

第一节 景观标识及其分类

红河哈尼梯田被归为世界文化景观遗产。理解景观的实质，认识呈现景观的景观标识的重要意义对于哈尼梯田景观研究都是非常重要的。因而，在厘清景观概念以及界定哈尼梯田景观的基础上进行景观与景观标识关系的分析，进行景观标识的分类也就成了对各种不同类别的景观标识的意义与问题等展开深入研究之前的首要任务。

一 景观

按照汉字释义，"景"乃形声字，本义为"日光"，"观"同样属形声字，本义为"仔细看"。"景""观"二字复合在一起，也就意味着仔细观看日光下的某物。现代汉语词典将"景观"一词解释为"某地或某类自然景色""可供观赏的景物"两个义项。不论人造或自然，景观指向了一定的分类系统（如沙漠景观、森林景观），某种特定的景观也必然具有特定的类型意义。西方语境中的"Spectacle"及"Landscape"等词都可以对译为中文的"景观"。但事实上，Spectacle 较之 Landscape 具有了更加明显的为了吸引消费而人为制造幻象的意味。德波就曾指出，当代资本主义社会已经发展到了一个独特的景观（Spectacle）阶段，即进入了景观社会。在德波看来，在这个以消费为引导的社会中，人们生活中的一切细节几乎都已经被分离并异化成景观的形式。[①] 吸引眼

---

① 参见［法］德波《景观社会》，王昭风译，南京大学出版社 2006 年版，第 1—8 页。

作为文化的标识：哈尼梯田景观符号研究

球从而使消费能够得以实现是极为重要的，至于景观（Landscape）所包含的深刻的文化意义则是完全被忽视的。红河哈尼梯田文化景观的国际通用英语名称之所以要选择"Landscape"一词，其实就是特别强调这些景观本身是包含了丰富的文化意义的。

不同时期、不同学科背景中景观的界定方式不同，其概念也有着不同的内涵，现代意义上的景观是融合了诸多学科相关概念的一种综合。不论是地理学中的"某个地理区域的总体特征"，还是生态学中的"人类生活环境中的空间的总体和视觉所触及的一切整体"，学界对景观的研究旨趣确实已不断深化和多样化，超越了单一地对"地形""地貌"的关注，而更多地赋予了景观以文化的意义。景观当然可以切分为文化景观与自然景观两个基本范畴，文化景观是"居住在其土地上的人的集团，为满足某种实际需要，利用自然界所提供的材料，有意识地在自然景观之上叠加自己所创造的景观"①。

长期致力于哈尼梯田景观研究的学者对哈尼梯田文化景观进行了明确界定。"哈尼梯田文化景观是在人为调控下对自然生态系统有意识地干预、调节而形成的文化景观，由森林景观、哈尼聚落景观以及梯田景观构成。"② "哈尼梯田是哈尼人依自然生态系统建构的农业生态系统，是高山森林、中半山村寨、低山梯田的三位一体的生存空间和景观格局。"③ 事实上，要对哈尼梯田景观建立深刻的认识和客观的评价，既需要对梯田景观的结构进行归纳，也需要对景观中人类活动的作用进行分析，回溯"景观"的实质是无法回避人类活动之影响这一重要面向的。

一般而言，景观是指因人类活动影响而塑造出来的大地的外貌。由于景观的实质就是人的本质力量在大地上的显现，因此"大地的景观从来都不仅仅是一种自然地理现象，人与自然、人与人的关系在景观当中得到了充分的体现，社会的发展也必然型塑着大地的景观"；人的实践活动持续不断，大地的景观也就总是处于变化中，人的实践活动的丰富性恰恰成为大地景观中最富意义的一个部分；景观不仅是静态的，而且也是动态的；"动静结合的景观

---

① 王恩涌：《文化地理学导论（人·地·文化）》，高等教育出版社1989年版，第31页。
② 角媛梅、程国栋、肖笃宁：《哈尼梯田文化景观及其保护研究》，《地理研究》2002年第6期。
③ 王清华：《红河哈尼梯田生态及景观的现代修复》，《思想战线》2016年第2期。

即是人的社会文化活动的真实面貌。景观的变迁即是社会文化变迁的征象"。①保持以动态的眼光看待哈尼梯田是十分必要的。社会始终处于变化之中,从而使景观变化成为常态,景观变动不居的特性也就决定了认识景观、呈现景观所面临的困难,景观的动态形成,特别是人的活动在景观形成中发挥的动态影响应得到较好呈现。

二 景观标识

引导人们进一步行动或进一步理解其代表的事物意义的物象即是标识。现代社会中最常见的标识莫过于图形类符号及文字、数字、方向标等记号。由于标识的作用在于引导人们更深入的理解从而做出进一步行动,因此标识并不局限于静态的或是文字图形类的物象形式。比如,交通灯就是对红灯、绿灯及黄灯的交替运用而形成的一个动态标识系统,绿色交通灯闪烁的动态过程意味着通行的车辆及行人应警惕当前通行时间的即将结束。因此,只要能够实现引导理解以及引导行动的目标,标识是以静态或是动态、是以文字或是行为形式存在就并不是最重要的问题。标识可能是经由长期的历史积淀发展而成的,也可能是人们后来赋予了新意而成的。国家旅游局于1985年确定选用马超龙雀作为中国旅游业的标识,一匹凌空飞起的"马"不再仅象征着过去人们的出行工具,而更多地寓意着中国旅游业发展的美好未来。

标识其实是社会文化建构的结果,一种物象能否成为标识是和人们行动于其间的场域有着密切的关系的。日常生活的某一些行为在特定的如旅游的场域中是可能转换为文化的标识的。如,傣族妇女在澜沧江边盥洗的行为就是一种可以引导人们进一步理解、欣赏傣族文化的标识;岜沙汉子扛着猎枪在山间游走的行为已经成为引导游客探秘深山中的苗族文化的经典标识。农人在田间地头春耕秋收的一个片段也可以转换为旅游场域中的农耕文化的标识。

在此意义上说,景观标识就是景观呈现的浓缩,是引导人们认识、理解、欣赏景观及其社会文化意义的指示性符号。文字、具象化的物质手段甚至日常生活的行为方式等都在此意义上能够成为景观标识。景观标识之所以是重要的,就在于许多景观本身所包含的社会文化意义是非常丰富及深奥的。没

---

① 郑佳佳:《世界文化遗产哈尼梯田景观标识的人类学考察》,《云南师范大学学报》(哲学社会科学版)2017年第4期。

作为文化的标识：哈尼梯田景观符号研究

有此类指示性或者提示性的符号，深刻而丰富的文化内涵就难以为大众游客等外来他者所理解。

哈尼梯田景观具有经济、生态、文化及美学等多维价值，哈尼梯田景观的外在结构形态与内在型塑过程等多项特征都是极为独特的。"生活在这片大地上的人群是如何利用当地自然条件并运用自己的活动创设了这一景观的"就成为呈现景观的区别性特征及价值必须包含的重要内容。经过千百年的探索与积累，红河南岸哀牢山麓的山坡被生活在这里的哈尼族、彝族等各族人民共同开发和改造为梯田。"再生产整个自然界"而不是简单的"生产自身"使人与动物得以区别。① 梯田景观是人们对大自然进行的初次创作。

将梯田作为可以被来自世界各地的游客所理解、所欣赏的审美对象加以呈现的行为，便是针对这片大地的二次创作。具有引导、解释以及限制等多重功能的各类标识被纷纷设立，旨在传达红河哈尼梯田所蕴含的独特价值、协助外来者理解梯田文化。这些标识与梯田一并转化为整体的景观，因此也成了哈尼梯田特有的景观标识。大地景观"变化的重要标志之一就是大地上引导外来者进行文化释读的各种标识的出现，人们在大地上的行动本身也成为人们所关注的新的景观"②。

通常情况下，景观中蕴含着丰富而多元的地方信息，景观所勾连的地方信息在外来者凝视景观之时流向观者。"看"或"观看"等感知方式历来重要，在现代社会尤其如此。"如若我们来沉思现代，我们就是在追问现代的世界图像……世界之成为图像，与人在存有者范围内成为主体是同一个过程。"③世界图像的说法并不是要表明存在着这样一幅关于世界的图像，海德格尔想要告诉大家的是，在现代社会，世界被人们当作图像得以把握。由于这种特殊的组织世界与认知世界的方式，人也从他所置身的大千世界中得以绽出，真正成为认识自我、他人以及世界的行动主体。人们为了真正"把握"世界，需要通过凝视等感知方式来认识特定的世界图像（在这里，就是指梯田景观，即人们对大自然的"初次创作"），而这离不开对这个特定的世界图像进行呈现（在这里就是指景观标识，即人们用以引导理解文化内涵的相当于"二次

---

① 《马克思恩格斯选集》第1卷，人民出版社2012年版，第57页。
② 郑佳佳：《世界文化遗产哈尼梯田景观标识的人类学考察》，《云南师范大学学报》（哲学社会科学版）2017年第4期。
③ ［德］海德格尔：《林中路》，孙周兴译，上海译文出版社2008年版，第77—80页。

第一章 作为景观的哈尼梯田景观标识

创作"的景观标识）。景观与用以引导认识和理解景观的景观标识存在不同，但景观标识由于其可视性而融入先前的景观并进一步使人们的活动产生了新的景观。这正是景观标识为现代社会的景观所赋予的新的意义，同时也是现代社会中人们对世界进行认识与把握的明证。

哈尼梯田虽然早在20世纪80年代即开始赢得海内外人士的发现及关注，但哈尼梯田地区的景观却由于20世纪90年代中后期开始的旅游业的发展而发生了更为巨大的变化。大量的陌生人持续不断地进入，哈尼梯田地方社会与旅游业迎来了持续的发展变化，伴随着这些社会变化变迁的就是各类标识的大量涌现。公共标识（图1-1、图1-2、图1-3）提供地方的基本信息，旅游标识（图1-4、图1-5、图1-6）敞开特有的文化事象。文化展演（图1-7、图1-8）集中呈现哈尼梯田文化，旅游场域中村民的日常生活场景（图1-9、图1-10）转化为新的交往空间因而成为大地上新的文化标识。

图1-1　基本农田保护五不准标识

图1-2　森林公安宣传标识

图1-3　保护区标识

图1-4　大鱼塘民俗村

作为文化的标识：哈尼梯田景观符号研究

图1-5 民俗村中的解说标识 　　图1-6 景区新增的指向标识

图1-7 土司文化展演迎宾仪式 　　图1-8 哈尼古歌演出剧照（摩批叫谷魂）

图1-9 游客在民族村寨里近距离
　　　记录哈女妇女纺线 　　　　图1-10 进村游客巧遇哈尼婚礼

如果说公共标识、旅游标识这两类标识可以被视为涂尔干所说的"物质标记"（the physical emblems），那么文化展演、日常生活这两类标识则相当于

"形象表现"(figurative representations)。物质标记以及形象表现都是社会生活赖以成为可能的"庞大符号体系"(a vast symbolism)形式。① 标识为扩大的行动者群体提供行动秩序,竭力引导外来他者对梯田景观的文化理解,在一定的程度上寓意着梯田世界中新的交往关系的生成。"文化是不大容易触摸也不容易定义的现象",但"可塑性极强","能够在不断地信息交流中保持其'形物'和'精神'的'活力'"。② 景观标识通过传递信息维持文化的活力,作为纽结着地方与世界、传统与现代、行动与表征的符号系统,景观标识对标识设立者、村民及游客的意义同样重大。

三 景观标识的分类

在哈尼梯田大地上,新鲜地出现了大量的引导人们认识和理解梯田景观的文字标识。公共标识与旅游标识由于综合运用了文字、图片、形象、标记等符号,组成了这片大地上特有的语言景观(linguistic landscape)。③ 语言景观是人们运用语言的行为在时空中的物化形式的表现,指示牌自然是一种语言景观,外墙涂鸦、标志建筑等也可能与文字标识一样获得了语言景观的意义。语言景观所包含的意味、信息、目的及语境都需要得到阐释,因为人们如何创造语言景观、人们会关注怎样的语言景观或者人们在什么样的状况下忽视语言景观等都具有一定的场景性和规律性,故而这些问题的讨论也是具有现实意义的。在哈尼梯田世界里,公共标识与旅游标识主要通过文字等符号组合对哈尼梯田景观进行多维度的呈现。

与此同时,在旅游语境中,核心区不断推出的文化展演与村民延绵不绝的日常生活也成了向游客展示当地生活的哈尼梯田的新的景观标识。不论是否具有专门的引导景观认识与景观理解的目的,文化展演和日常生活都是人们的行为集合。专题式的民族文化展演以及蕴含在日常生活中的建筑、服饰等特定的"物",由于获得公共标识、旅游标识等文字景观标识的引导与指

---

① Emile Durkheim, *The Elementary Forms of Religious Life*, trans., K. E. Fields, New York: The Free Press, 1995, p. 233.
② 纳日碧力戈:《以名辅实和以实正名:中国民族问题的"非问题处理"》,《探索与争鸣》2014年第3期。
③ 对于语言景观,西方学界已有诸多论述。本书中的语言景观内涵主要取自 Elana Shohamy, Durk Gorter, *Linguistic Landscape: Expanding the Scenery*, New York: Routledge, 2009, pp. 1–2。

作为文化的标识：哈尼梯田景观符号研究

示，也一并转化为具有梯田文化标记功能的新的景观标识。

哈尼梯田引导景观释读的景观标识可分为公共标识、旅游标识、文化展演及日常生活四类，这些景观标识都具有客观上引导游客进行文化释读的作用，每一种景观标识都起着指述、表现与传递信息的功能。哈尼梯田的四类景观标识中，就引导释读文化景观的形式和目的而言，公共标识是平面静态的、物质手段式的非专门引导旅游消费的景观标识；旅游标识也是平面静态的、物质手段式的，但是是专门引导旅游消费的景观标识；文化展演是立体动态的、专门性的引导游客释读哈尼梯田文化景观内涵的景观标识；日常生活原本就是生活的一部分，但在旅游语境中，游客能看到的片段式的日常生活成为也可以引导游客进一步理解哈尼梯田景观的非专门性的、以行为方式出现的景观标识。公共标识指向了梯田世界的方方面面并在梯田空间中随处可见从而引起外来他者的关注；旅游标识具有特别针对游客进行梯田文化阐述的意义；文化展演以高度凝练的"表演"集中而有意地呈现与表达梯田文化，因此具有引导人们进一步理解哈尼梯田文化深层的社会文化内涵的意义；日常生活虽包含了当地村民的整体生活，但由于游客的持续进入而"片段式"地展现在不同外来者的面前。

总体上，公共标识、旅游标识、文化展演都是有意识地书写当地文化，而在游客眼中的日常生活的片段则是村民无意识地面向游客书写自己的文化。四类景观标识虽相对独立，但都需要在其他类别景观标识的协作与配合下，才能更好地引导人们对梯田景观的认识和理解。

谢林将建筑视为空间的音乐，黑格尔发挥了谢林提出这一观点的依据即比例关系，非常深刻地指出建筑是凝固的音乐，[1] 若将黑格尔的认识发挥到景观的分析，那么大地上的景观就是一曲技艺高超的音乐。因为人"懂得处处都把内在的尺度适用于对象；因此，人也按照美的规律来构造"[2]。人的实践的节律性赋予大地景观以节奏感及韵律，这要求人们以复调式的手段去把握与呈现大地景观。哈尼梯田景观蕴含着生态多样性、历史悠久性、文化多元性、人与自然关系的和谐性等多重意义，因此，若要通过某一种景观标识去帮助游客理解与识读梯田文化却并非易事。意欲将景观标识整合为复调式的

---

[1] ［德］黑格尔：《美学》（第三卷上册），朱光潜译，商务印书馆 1979 年版，第 334—336 页。
[2] 《1844 年经济学哲学手稿》，人民出版社 2014 年版，第 53 页。

呈现系统，就需要充分认识公共标识、旅游标识、文化展演及日常生活成为哈尼梯田景观标识的意义与缘由，需要深刻理解不同的景观标识对于文化释读的功能意义，也需要冷静分析各类景观标识可能存在的问题及带来的影响。

第二节 公共标识景观

现代社会的到来见证着用以标记各类地方信息的公共标识开始大量出现在人群活动的现代社会各个角落中。不论是在高楼林立的都市，还是在古朴美丽的乡村，都出现了不同于从前的标识。哈尼梯田亦不例外，交通部门的道路地名标识、水利局的保护区标识与小流域标识、森林公安的防火警示标识、国土资源的土地资源保护标识、林业和农业监制的生物资源标识等成为现代社会的景观表现。

现代社会的"一个重要特征就是可预期性"[1]，实现与保障可预期性常需要多方力量的参与。新兴设置的多种样式、内容广泛、目标多重的公共标识，蕴含着秩序的明确、地方特性的"析出"及治理的"出场"等意味。形形色色的公共标识与服务游客的旅游标识一起，共同构成了新的景观即语言景观。公共标识提供着地区的介绍性信息，是社会发展的同步表征，尽管这类标识提供着进一步理解梯田文化的基础性的信息，但常常面临对专门事项解释力不足的尴尬。

一 哈尼梯田核心区的介绍性信息

在现代社会，人员流动性的大幅提高、社会交往的不断扩大及治理的常态化，促使公共标识发展为社会行动得以顺利展开的一个重要条件。其一，当地人熟悉无比的事物在外来人眼中成为陌生的"异域风光"，这就需要为外来者提供基本的地方信息供其参考并以此为秩序基础进行下一步行动的判断；其二，地方意欲开辟一条属于自己的竞争道路，这就需要将指向地方特性的诸多信息进行标记以彰显当地社会文化；其三，地方社会中不同领域的治理

---

[1] [美] 兰德尔·柯林斯、迈克尔·马可夫斯基：《发现社会——西方社会思想评述》，李霞译，商务印书馆2014年版，第210页。

作为文化的标识：哈尼梯田景观符号研究

出场的同时也要形成对内和对外的强调，这就需要各相关部门针对特定事项设置专项标识。

公共标识广泛而大量的设立这一文化现象不断出现，使得当地人在表现自身的社会文化时也需要重新对其自身文化进行理解。重新认识自己所根植的社会文化本就是一种挑战。此外，若没有认识到需要重新认识社会、认识文化那么就更加剧了表现的困难。因为，社会世界的神秘之处在于若这一点没有被意识到，就更加深了其神秘性，更何况人们并不会仅因为生活其中就能对社会产生更多理解。[1] 然而，人们不是在沉思中认识世界，而是把它作为有着内在联系的事物的体系来认识。[2] 相应地，并非专门引导游客进行文化释读的公共标识却在游客眼里成为与梯田文化景观具有内在关联的信息传递渠道。即便承载着各类地方信息的公共标识的相关信息之间或许并不存在直接关联，但游客等标识读者却将它们复合为一个介绍性的地方信息的传递系统。

现代社会公共标识的基本特征也充分表现在哈尼梯田核心区。元阳县的19万亩哈尼梯田因在连片规模、梯田层数以及陡峭坡度等几个关键因素方面最具有代表性而成为红河哈尼梯田的核心。红河哈尼梯田核心区覆盖18个村委会、82个村民小组。梯田景区处于核心区的核心地带，各景点分布在新街镇及攀枝花乡。在红河哈尼梯田核心区的旅游环线公路上随意选择一个起点并沿线长驱直入，即便在很短的距离里也能发现多家单位机构设立的公共标识，公共标识所涵盖的信息内容表现出发散型的特征，指向了当地社会多个领域。这些信息主要可以概括为生态环境、村寨建设项目纪念、地点信息以及其他四类。

①生态环境类

关注生态环境类的公共标识，就相当于掌握了哈尼梯田区域的生态环境的基本信息。如，农业文化遗产标识、自然保护区标识、基本农田保护标识揭示出哈尼梯田这个生态文化系统的多重生态意义；林业、农业等多种部门负责的生物资源标识聚合出这一地区的生物多样性。红河哈尼梯田位于云南南部，集中分布在哀牢山区。哀牢山由西北向东南延伸，南端的主要部分处

---

[1] Randall Collins, Michael Mako, *The Discovery of Society*, Beijing: Peking University Press, 2008, p. 1.
[2] ［英］特里·伊格尔顿：《文学原理引论》，刘峰译，文化艺术出版社1987年版，第79页。

于红河南岸。由于红河支流众多，哀牢山南段山峦起伏、沟壑交错，断面多呈 V 形，地势高下悬殊十分明显，高差达两千八百多米。多样的地貌形态、立体的气候和种类丰富的土壤，滋长了复杂多样的植被类型，同时也为多样的动物群落提供了生存和繁衍的必备条件。[1] 这些背景性的区域信息也就能进一步使标识接收者全面认识梯田。

另外，分布在多处的水利部门的小流域标识、水源保护标识、坝塘管理标识提示着这一地区丰沛的水资源。哈尼梯田历来被当地人骄傲地描述为一个"山有多高、水有多高"的地方。在这里，季风带来的雨水先储存到山顶茂密的森林中，再逐渐沿一代代人开挖好的沟渠流入不同层级的梯田，分水石、分水木刻保证每一块梯田按面积比例得到供水，当水流往河谷流淌至低海拔区域时，水分受热变为蒸气，升至高空中遇冷空气后再次变为雨水。除非异常干旱年份，哈尼梯田自成一个"天然水库"。水源的丰沛与合理使用使哈尼梯田景观具有较高价值，这一个重要方面也在公共标识中得到圈点。

② 村寨建设项目纪念类

元阳县是集边疆、山区、民族、贫困四位一体的国家扶贫开发工作重点县。十余年来，各级各类的村寨建设工作被落实到哈尼梯田核心区的多个村落中，并以专项工作的纪念标识形式留下了痕迹。以梯田景区游客中心至多依树景区的 15 公里路程为例，道路两旁出现多种类型的村寨建设标识，如云南省社会主义新农村省级重点建设村、省级扶贫安居温饱村、省级整村推进扶贫开发项目村、州级整乡推进新农村示范乡镇示范村、上海市长宁区及青浦区项目建设村、"美丽家园"建设和传统村落改造等。

岩子脚的"公路功德碑"（图 1-11）记录着筹集款项进行公路修缮时赞助单位或个人募捐的详情。从这一标识中，不但能窥见村寨内的基本情况，甚至还可以对村寨间的关系与交往情况进行掌握。也正是在这个意义上，哈尼梯田地区的更多信息不断通过总体上呈发散型的公共标识得到了传递。

③ 地点信息类

交通部门在公路沿线制作了交通信息标识牌，其中，地名标识牌显示了大量的地方信息。经牛角寨通向红河哈尼梯田景区大门的二级公路成为多数人前往梯田景区的首选，沿途标识牌上的地点信息也成为外来者首先接触到

---

[1] 王清华：《梯田文化论》，云南大学出版社 1999 年版，第 2—5 页。

作为文化的标识：哈尼梯田景观符号研究

图1-11 公路功德碑

的梯田世界的信息。从新县城南沙到景区沿途的道路导向与地名标识，是元阳县专门邀请云南省标准化研究院设计制作的，所有标识牌的内容都依据国家旅游局制定发布的《旅游景区公共信息导向系统设置规范》呈现。

新的导向标识（图1-12）统一为蓝底白字样式，标识上的普通地名用汉语在上、拼音在下的方式标示，标识上的景点名则以汉语在上、英语在下的方式标示同时，还以褐色底框将景点名整个进行突出。在省标化院接手工作前，这条公路边其实也做有各类标识，但由于不符合国家旅游局的种种规定，在2013年梯田申遗成功后，元阳县城内和县城至景区的所有导向标识统一交由标化院设计更换，仅设计费用一项即20万元人民币。这项公共信息导向工程现已通过了验收。

各类地名所包含的地方信息要远远丰富于地名标识的内容本身。比如，

第一章 作为景观的哈尼梯田景观标识

图1-12 按照规范设计的导向标识（标识中的"勐弄土司暑"应为"勐弄土司署"）

元阳县曾在20世纪50年代初被命名为"新民县"。由于与辽宁省新民县同名，又改名为元阳县。① 仅仅知道"元阳"这个地名并不等于了解了元阳县命名的来历。杜威曾断言："外出的历险消除了人们对陌生和未知的事物的惧怕；当新领域被开发时，头脑也被开发了。新接触让人有了更多接触的欲望。"② 在距离南沙33公里处，有一个地名标识牌，上书"良心寨"。很早以前，汉族经常挑东西到此地售卖，由于受到少数民族热情招待，寨子因此而得名。这个命名由来让人雀跃，仿佛可以窥见数个年代以前，各民族间往来的和谐与美好。可以假设，这个地名的命名隐藏着的故事若能在标识中得以公开，将会在极大程度上消除外来游客进入在陌生地区活动时产生的不适，

---

① 元阳县人民政府：《云南省元阳县地名志》（内部资料），云南省地质矿产局测绘队1992年，第1页。

② John Dewey, *Reconstruction in Philosophy*, New York: Henry Holt and Company, 1920, p. 40.

作为文化的标识：哈尼梯田景观符号研究

同时也可以有效缓解他们的焦虑。

④其他

除既有的能够从侧面反映红河哈尼梯田生态环境、村寨建设以及地点信息的公共标识外，梯田地区还有一些内容更为丰富多样的标识。如，景区旅游环线公路往岩子脚村的岔路口一旁设立着的广东省某市国家税务局对岩子脚村的小学进行资助的纪念标识，这类标志正是外来人群在梯田中留下的众多痕迹中的一种。又如，从胜村往多依树景区方向，距离多依树景区3公里的地方有一个核桃寨，寨头山坡的树丛下立有一块水泥制成的标记牌，上面刻有"姜文、马珂老师'希望节水工程林'"字样。这片300亩的树林历史可追溯至2010年。当时，姜文和马珂听闻云南省自2009年起遭受罕见旱灾，特别捐款20万元修建"希望水窖"和援建希望节水工程林。其实，这还与2005年前后姜文被邀请到元阳拍摄《太阳照常升起》的经历有关。姜文曾在采访中道出自己的心声，他对云南地区的深厚感情就是在拍摄这部电影时开始生根发芽的，待在元阳的日子里，哈尼梯田的生态特征给他留下了无比深刻的印象，因此在这个特殊时刻也希望能为云南人民做些什么。①

此外，各类商业标识随着近年来核心区内的客栈、酒店、餐馆等旅游场所及服务设施的兴建而激增，这些标识中的命名通常揭示着经营者的身份与理念。如，多依树村的两个哈尼姐妹经营着一家客栈，她们的客栈以姐姐的名字"彩霞"为核心词进行了命名，客栈经营了快半年，入住率依然不够理想，她们在分析原因时坦言，也许客栈本身的名字也需要改一下，因为"彩霞"总让人感觉有些"土"，不像"阳光""时光"这样一些命名关键词那么受人欢迎。② 其实，不论是"彩霞"抑或"时光"，这一类命名很少直接凸显与哈尼梯田的关联，倒是在另一些经营理念下运作的命名更趋于突出梯田世界一切事物的中心位置。如，在上马点由当地哈尼村民新开设的客栈，由于主要接待摄影爱好者，故在取名时突出了梯田的"云海"和"雾雨"，又以汉文化以及哈尼文化中都有的十二生肖对客栈的每一个房间进行了命名。哈尼梯田核心区当地村民不断加入各类服务业的商业活动中，他们在设立相关

---

① 参见"姜文捐助希望水窖，盼受灾群众喝上解渴水"，新浪网 http://ent.sina.com.cn/s/m/2010-04-12/15282926241.shtml，2010年4月12日。

② 访谈人：LCX、LCY，女，哈尼族；访谈时间：2016年1月21日；访谈地点：胜村黄草岭。

标识时比较有意识地使用梯田肖像，或是凸显外地游客熟悉的地名（如图1-13、图1-14）。这些商业标识之设立是面向公众的，又由于其中蕴含着诸多当地人认知的发端与变化，因此，在这里可以暂时搁置其"商业化"的一面，而将其纳入公共标识的范畴。

图1-13　新街镇理发店标识牌　　**图1-14　多依树客栈标识牌**

注：图1-13中涉及两个错误。首先，"出名"（Famous）被误译为"姓名"（Name），但在标识制作过程中再一次发生错误，字母N被刻写为M。图1-14中的客栈是由经营这家客栈的哈尼村民自行命名的，他所谓的"星云"意指星星和云朵（stars and clouds），但英语译文中的星云则是天体学的一个概念（nebula），意指除行星和彗星外的几乎所有延展型天体。

概而言之，这些内容丰富的其他类别的公共标识具有重要的信息指涉功能，一方面既印证着不断活跃的外来人群在梯田地区的活动轨迹；另一方面也映射出日益密切的内外人群的交往交流。

二　公共标识与社会发展的同步

从表层内容分析，公共标识"涉及标志和符号的设计和运用，用以向特定人群传递信息"，主要目的是"使信息接收者能根据标识所承载的信息做出认知性的决定"。[①] 从深层意义考察，公共标识在彰显着一个地区的各类特色地方信息的同时，暗示着同步化的社会发展。在哈尼梯田的核心区，治理的出场、语言景观的生成与社会资本的浮出水面交织在一起。特定区域内公共标识（含商业标识）的可视性与显化（visibility and salience）就意味着"语言景观"的形成，而语言景观具备着信息功能（informational function）和符

---

① 参见Wikipedia（维基百科）"signs/signage"（公共标识）定义，https://en.wikipedia.org/wiki/Signage，2016年4月25日。

作为文化的标识：哈尼梯田景观符号研究

号功能（symbolic function）等多重功能。[1] 通过对红河哈尼梯田核心区公共标识概况的梳理，可以在多种单位机构的工作轨迹中辨别出哈尼梯田的特质，亦可以抽离出这个区域内日趋活跃的内外人群交往痕迹。

公共标识因为反映了语言与空间的互动、人群与人群的互动，故而获得了超越标识文本所指之外的更多意涵。在这里，"标识文本"可以被定义为一种通过标识系统表现且具有特殊文化指向功能的书写内容。因为在通常意义上，文本是在文字语言的前提下由文化转变的"内在于文字中所潜含的意义和内容"[2]。总体上，介绍性的信息使得公共标识获得了帮助外来者释读哈尼梯田景观的作用和意义。

在红河哈尼梯田数量庞大的公共标识中，一部分标识与全国其他地区的标识牌一样，都是为配合某项特定行政管理工作的展开所设立。换言之，国土资源、森林公安、水利局、林业局、文体局、县政府、交通局等各类单位和机构的标识复合起来可以显现出基本的社会治理框架。与此同时，也有相当比例的一部分公共标识是哈尼梯田地区所特有的，追逐哈尼梯田独有的公共标识的意涵因此也成为考察这一区域特殊性的一种重要方式。

哈尼梯田特有的公共标识暗含着将梯田核心区视作一个整体区域进行发展和保护之意。专门的发展与保护机构的成立是这一传统的起点，红河州梯田管理局（2001年成立）以及元阳县梯田管理局（2008年成立）是哈尼梯田核心区的两级管理部门[3]，负责日常保护、管理、监测和协调等工作。在专门机构的推动下，诸多专门的工作机制也逐渐得到建立。事实上，对哈尼梯田核心区的管理与保护也落实到了公共标识的设立工作中。元阳县于2012年在梯田核心区边界和周边地区布设必要的界桩，分别在新街镇、南沙镇、攀枝花乡、牛角寨乡、黄茅岭乡5个乡镇主要入山口，河流交汇处、边界线无明显地、物，容易混淆的地段布设115棵界桩，其中遗产区布设界桩70棵，缓冲区布设界桩45棵。这项工作于2012年7月完成，总投资达55万元。[4] 设

---

[1] Rodrigue Landry, Bourhis Richard, "Linguistic Landscape and Ethnolinguistic Vitality: An Empirical Study", *Journal of Language and Social Psychology*, 1997, 16 (1), pp. 23—25.

[2] 参见韦森《语言与制序》，商务印书馆2014年版，第248页。

[3] 红河哈尼族彝族自治州哈尼梯田管理局于2014年2月17日起更名为红河哈尼族彝族自治州世界遗产管理局，元阳县梯田管理局于2016年年底挂牌为世界遗产哈尼梯田元阳管理委员会。

[4] 参见《红河哈尼梯田元阳核心区保护界桩布设工作全面完成》，"元阳县人民政府网"官方网站，http://www.yy.hh.gov.cn/info/1015/2471.htm，2012年8月13日。

立界桩标识，是为了明确红河哈尼梯田元阳核心区保护范围边界线，明确公众进入保护区必须遵守的事项。

哈尼梯田特有的公共标识其设立本身也成为治理"出场"与"在场"的显性"证据"。如2011年起元阳县所有行政机关的名称标识就完成了统一更换，汉语、彝语和哈尼语的三语名称同时出现在各级机构单位的门口，规范使用"三种文字"招牌工作的展开"有利于传承发展民族文化，彰显自治州特色，促进民族团结和谐，有利于推动红河新发展，对宣传红河、推介红河、提升红河知名度和影响力都具有重要意义"①。按照红河州政府的要求，县委县政府以下的各级部门，以及一些商店、企业都按要求使用了哈尼文和汉文书写的机构名称等信息，使用统一材质，按照统一尺寸、格式制作。元阳县"共有92个单位制做了217块标牌……按要求于2011年年底之前安装完毕"②。红河州"三种文字"标牌办公室下发了标牌书写格式以及三种文字排列顺序的通知。③ 按照红河州民族宗教委员会的总结，"三种文字"标牌工作的完成"真正体现民族平等的少数民族语言政策，体现民族平等的语言文化政策，保障少数民族使用和发展本民族语言文字的权利，营造各民族共同团结奋斗、共同繁荣发展的社会氛围"④。

哈尼梯田特有的公共标识反映着哈尼梯田独有的发展脉络。2010年，哈尼梯田被联合国粮农组织评为"全球重要农业文化遗产"。2013年，哈尼梯田成为第一批中国重要农业文化遗产。2015年红河州世界遗产局专门出台文件《关于设立红河哈尼梯田系统标识牌的通知》，于11月在多依树、坝达、老虎嘴以及牛角寨四大哈尼梯田片区设立了四块"全球/中国重要农业文化遗产标识牌"。标识牌的设立（见图1-15）旨在加强公众对农业文化遗产可持续发展重要性的理解，对挖掘本地区全球重要农业文化遗产和哈尼梯田世界

---

① 参见《我州布置规范使用哈尼彝汉"三种文字"标牌工作》，"红河哈尼族彝族自治州人民政府门户网"网站，http://www.hh.gov.cn/info/1027/10992.htm，2011年9月9日。

② 马翀炜：《中国民族地区经济社会调查报告——元阳县卷》，中国社会科学出版社2015年版，第150页。

③ 通知要求标牌上哈尼文、彝文占二分之一的区域，汉文占二分之一的区域，其中在哈尼文和彝文所占的二分之一区域内两种文字又各占二分之一均等比例；标牌上三种文字的排列顺序为哈尼文、彝文、汉文，竖排书写时从右到左为哈尼文、彝文、汉文的排列，横排书写时从上到下为哈尼文、彝文、汉文的排列。

④ 参见《红河州规范使用"三种文字"标牌工作进入翻译制作阶段》，"红河州民族宗教事务委员会"官方网站，http://www.hhmw.hh.gov.cn/info/1004/1111.htm，2011年11月6日。

作为文化的标识：哈尼梯田景观符号研究

图1-15 坝达景区门口新增的重要农业文化遗产标识

文化遗产的可持续发展具有重要的推动作用。[1]

2015年11月26日，红河州世界遗产管理局组织召开红河哈尼梯田产业发展暨世界遗产标识使用管理工作座谈会，鼓励梯田特色产业企业使用全球/中国重要农业文化遗产、国家湿地公园标识。据报道，此次会议的召开，旨在"通过统一包装，规范生产，提升产品质量，打造梯田生态特色品牌，提高产品附加值，使企业和老百姓共享世界遗产价值，从而推动对梯田的保护，促进红河哈尼梯田可持续发展"[2]。时隔四个多月，也就是2016年4月6日，2016年红河哈尼梯田保护管理工作会议得以召开。以三个"有利于"（有利于红河哈尼梯田遗产区生态保护、有利于农耕文化传承、有利于当地百姓增收致富）为出发点，会议公开宣布了第一批获得全球重要农业文化遗产、中

---

[1] 邓娇：《元阳县加大哈尼梯田四大片区农业文化遗产宣传工作》，红河政府网，http://www.hhyy.gov.cn/info/1004/6829.htm，2015年11月30日。

[2] 参见李制聪《让世界遗产品牌惠及民众——红河哈尼梯田产业发展暨世界遗产标识使用管理工作座谈会召开》，"红河哈尼梯田"微信公众号，2015年11月27日。

国重要农业文化遗产、国家湿地公园3个标识使用权的红河州哈尼梯田产业发展有限公司等13家企业名单,并颁发标识使用证书,特许这些企业在梯田系列产品包装、营销中使用3个标识,使用期限自2016年4月至2019年4月。① 由于与当地社会发展构成了密切关联,哈尼梯田特有的公共标识转化为一种新的社会资本,而此时,其使用范围就不再局限于核心区。

三 公共标识的解释力不足

公共标识并非像旅游标识一样,即并不是专门为游客所设立的、协助他们对哈尼梯田景观进行释读的景观标识。由于所涉及的领域和内容类别丰富、意涵独特,故公共标识在面向外来者构建秩序并彰显地方特性的同时也就包含了服务游客的面向,由于提供的并非旅游业的专门化信息,故而存在解释力不足的问题。

对于外来游客而言,主要见于哈尼梯田旅游环线的道路两侧及村寨空间的公共标识成为他们直接获取多样性的地方信息的重要渠道和有力补充。如,位于全福庄观景点附近的"基本农田保护区"标识牌,在明确"基本农田保护五不准"的同时,还将保护区的地图进行重点展示,并标注清楚保护区涉及的各个村委会;又如箐口梯田观景台附近的"元阳新街示范镇"标识牌,箐口村村口的"民族团结示范村"标识牌,都在向外人提示着他们已经进入"云南民族团结进步边疆繁荣示范区"。在不是专门为游客而准备的"公共信息"的基础上,外来者就获得了接触更具广度的地方信息的可能性。从这个意义而言,公共标识对于梯田景观的呈现与阐释具有一定的解释力,但公共标识在引导梯田景观的认识、理解与欣赏方面所具备的解释力还有较大的提升空间。

公共标识在引导游客的文化释读过程中存在解释力不足的问题,主要体现在三个层面:一是标识内容的不准确,二是标识指示作用的局限性,三是

---

① 此次评审"严格按照《红河州全球重要农业文化遗产、中国重要农业文化遗产、国家湿地公园标识使用管理办法(试行)》的规定,经过企业申请、专家评审和社会公示等程序……年内将继续组织开展第二批从事梯田系列产品开发的企业特许使用世界遗产标识评审工作,进一步提升梯田系列产品价值,促进百姓增收,推动哈尼梯田永续发展"。参见李志聪《红河州首批获得农业文化遗产和国家湿地公园标识使用权企业名单出炉》,红河哈尼梯田网,http://www.hhtt.cn/web.php/article/content/archive_id/1898,2016年4月11日。

作为文化的标识：哈尼梯田景观符号研究

信息提供与信息需求间的不对称。首先，标识内容的不准确是普遍的，比如地点及道路指向标识中，"大寨"的地名标识被设立到中寨旁，"勐弄土司署"被错写为"勐弄土司暑"；再比如梯田核心区的多数酒店等都配有不准确的外语翻译——"运政公寓"将"Apartment"错写为"Apaytment"，"多依树星云客栈"将"星星和云朵"译为"Nebula"（星际云），"元阳县民康药房将药房"译为"Yuan Yang county People kang Pharmacy"[①]，售卖果汁的小店将店名"歇脚小栈"译为"Stop Cold drink"，"停歇"的含义变成了"停止"。公共标识提供信息时出现的不准确问题与后文将提到的旅游标识较为类似，对此类问题的更多剖析将在旅游标识部分进行列举、归纳与总结。

其次，公共标识所发挥的文化释读指示作用较为有限。尽管公共标识是游客在哈尼梯田里能够高频遇见的信息传递通道，但并非所有公共标识都能赢得外来游客的关注并进而发挥文化释读的引导与指示功能。不同种类的公共标识关联着不同的关注度，这本身就可以被视为解释力不足的一种体现。道路指向标识牌以及地名标识牌是外来者关注最多的公共标识，这就决定了仅仅依靠地名或方向的表述，蕴含在这些信息之后的文化意义及内涵难以通过公共标识本身而较好地传达给游客。

最后，公共标识提供的信息与游客实际的信息需求间存在信息不对称，信息不对称的影响是客观存在的。以游客关注最多的地名与指向标识为例，外来他者对于哈尼梯田地点类的信息需求与现有的地点信息类公共标识现状间存在显著的不平衡。在进入红河哈尼梯田核心区之前，多数人在得不到专门的旅游标识的帮助时，多会根据公共标识中的道路或地名标识的指引进入景区。进入核心区后，由于地点信息类的标识主要集中在"官方"的景区和景点（即目前景区业已开发运营并相互距离数公里之外的景点），因而难以较好地满足游客在未进入景点前的地点信息确认需求。此外，游客在哈尼梯田核心区中活动的范围并不仅限于当前已经开发的几个景区，以前鲜有外人进入的村寨常会因特殊的梯田景观成为新兴的热门景点，如爱村就因为秋冬时节的蓝梯田（特殊角度和时间条件下，梯田水面上的天空倒影使梯田变蓝）成为众多游客的必到之处。从这几方面而言，增强公共标识相互间的关联、

---

① 除元阳这一地名的书写不符合英语地名的书写习惯、译文大小写混乱等问题之外，"民康"中的"健康"这一概念也未做任何处理，而是简单地套用"康"的拼音。

第一章　作为景观的哈尼梯田景观标识

加深公共标识与旅游标识等其他景观标识的协作是必需的。在一些国家和地区，信息不对称问题的解决就表现为交通部门与旅游部门的紧密关联①，如日本，政府主管部门国土交通省与旅游行政管理机构日本观光局的工作开展是结合进行的。

公共标识的解释力不足问题是多种问题的综合，解释力不足的解决也需要信息的综合与整合。地名标识是游客关注最多的一类公共标识，然而，只有当地名标识与其他标识提供的信息获得了较好的综合与整合才能对梯田景观展开解释说明。在这里，以哈尼梯田核心区全福庄的案例展开说明。全福庄由大寨、中寨、小寨及上寨组成，位于景区旅游环线一旁。县级文物保护单位"分水石槽"位处全福庄大寨，但是"全福庄大寨"的地名标识却设立到了中寨的地界上，这势必会将那些意欲进入大寨探访分水石的外来者错误地引导向他处。

图1-16　元阳县重点文物保护单位"全福庄分水石槽"标识被草丛和青苔遮盖

即便游客通过向当地人打听避开了公共标识的误导而终于来到大寨，他们也极有可能无法找到这个藏匿在村中的活态文物，因为文物局在分水石一旁设置的解说标识被青苔和草丛覆盖着，村民的日常生活垃圾被枯枝

---

① 张俐俐：《旅游行政管理》，高等教育出版社2014年版，第84页。

缠绕并掩盖住石槽上的分水比例。梯田的独特性不应当就这样被层层遮蔽住。外来者当然无法通过这四个字就能洞悉梯田人民合理分配自然资源、有效避免纷争从而达成和谐的实践，更难以通过简单的地名标识不断切近梯田景观的特殊价值。全福庄公共标识的案例是哈尼梯田公共标识解释力不足的典型表现。

公共标识中围绕同一专门化主题的不同侧面若能够相互之间形成互补与照应关系，则可以较好地解决解释力不足的问题。如元阳县新街镇人民政府与中国科学院昆明植物研究所在爱春村委会的大鱼塘村设立的"大鱼塘村哈尼族寨神林圣境保护示范点"标识牌，彰显着这个地方获得了云南省省级生物多样性保护专项资金项目的支持。元阳县的"祭寨神林"是第三批国家级非物质文化遗产代表性名录项目，元阳县文化体育广播电视局特意在几个主要活动地点设立了这项非遗项目的基本信息简介标识牌。土锅寨村的大鱼塘村就是其中一个主要活动地点，在大鱼塘村的村口就设立着一个"祭寨神林"标识牌。两个同称为"大鱼塘"的村落都包含着关于"寨神林"的标识牌，但是各自指向的是不同的价值。以"生物多样性"为标记的寨神林不同于以"国家级非遗"为标记的寨神林，寨神林不同层面的意义在不同类型的标识牌中得以显露，强化了其在哈尼文化中重要地位的暗示。

唯当不同的公共标识信息间建立起互补与照应的关系时，这些标识所提供的各自不同的信息才能更好地将一个个重要的文化信息议题公之于众。正因如此，公共标识要警惕可能犯下解释力不足的"无心之过"，避免因议题的不明晰而失职，或因信息的不准确而延误陌生他者理解哈尼文化的时机。

第三节　旅游标识景观

"我们对世界的认识总是打上地方的烙印。"[①] 人们获得的关于一个地方的知识与我们如何获得它是分不开的，这也就意味着常见的公共标识已经无法满足现实的引导文化释读、传递梯田信息的需求，哈尼梯田地区需要设置

---

① ［英］迈克·克朗：《文化地理学》，杨淑华、宋慧敏译，南京大学出版社2003年版，第140页。

引导游客进行梯田景观的认识与理解的标识系统。随着"陌生人"的大量到来，旅游标识应运而生，用以专门服务这些新到来的陌生的行动者们，支持他们在梯田里旅游活动的展开并协助其建立对梯田景观的进一步释读。旅游标识提供旅游目的地的专门化信息，是旅游地旅游发展的同步化表征，但常常表现出信息错漏等问题。

一　哈尼梯田核心区的专门化信息

不同于其他一般地区，作为旅游地的哈尼梯田若仅仅设置公共标识是不足以应对信息提供的任务的。2016 年全国旅游工作会议指出，由于参与旅游活动的人员规模空前壮大，我们的世界已经进入旅游时代。[1] 现代旅游作为一种文化实践活动，是由一系列现代性进程和特征所催生的。现代旅游通过环境和空间的变化，使得个体从"连续性"中暂时摆脱出来，获得了某种新东西。[2] 素有"大地雕塑"美誉的梯田日益成为广受人们欢迎的旅游目的地。发达的网络通常可以将那些隐匿在国境线深处的地区的各类"吸引眼球的"景观推到人们眼前，逐渐便捷的交通保障着一定程度的可进入性，不断完善的旅游基础设施促使人们认为"这里是安全便捷的"，而持续提升的目的地旅游服务标准暗示着"您可以在这异域风情中找寻到家的温暖"，更不用言及那些已经先行"潜入"到这些"特殊地区"的人们所带回来的令人雀跃的"体验报告"。所有这些因素对于每天被近似于机械重复的高强度工作生活习惯所统摄的现代都市人群，释放着充分的说服力——鼓励他们打破"陈规"，哪怕这种打破不过是极为有限且暂时的，他们仍然等不及将身体乃至"魂灵"带出生活地点，向着那充满自由和奇特诱惑的"异乡"奔去。然而，进入哈尼梯田后游客需要得到引导。

从根本上说，旅游目的地无疑需要结合行业要求、针对游客需要设立专门的旅游标识以聚焦旅游地的特有资源。根据中华人民共和国国家旅游局于 2011 年 2 月 1 日发布的《旅游景区公共信息导向系统设置规范》，旅游景区为游客提供的信息主要有：游览信息、公共设施信息、安全和劝阻信息。游览

---

[1] 崔璐：《全球旅游五大趋势发布：世界已进入"旅游时代"》，人民网，http://travel.people.com.cn/n1/2016/0129/c41570-28096155.html，2016 年 1 月 29 日。
[2] 周宪：《现代性与视觉文化中的旅游凝视》，《天津社会科学》2008 年第 1 期。

作为文化的标识：哈尼梯田景观符号研究

信息，即与游客正常旅游活动直接相关的信息，包括旅游景区、旅游景点和游客中心的信息；公共设施信息，即为游客正常旅游活动提供支持的信息，包括出入口、售票处、停车场、公共卫生间、无障碍设施和其他公共设施的信息；安全和劝阻信息，即为确保游客安全进行各项旅游活动提供的信息，包括禁止、警告、效仿、应急和劝阻信息。[①]

事实上，旅游标识除了提供包含国家旅游局规定的游览信息、公共设施信息、安全和劝阻信息在内的基本信息之外，尤其需要提供景区特有旅游资源与吸引物的专门信息。对于哈尼梯田而言，这类专门信息就指向了哈尼梯田文化景观的特殊价值。"经过多年的实践与探索，哈尼梯田景区设立了功能区导向、景点信息导向、徒步路线、景点概况、植物简介、安全警示、温馨提示等标识牌，也设立了大量的针对梯田文化事象的阐释标识，如箐口、大鱼塘以及普高老寨三个民俗村的寨神林、祭祀房、祭水神等16项文化事象解说标识牌，哈尼梯田文化景观展览的哈尼梯田文化特征、文化价值、传承与保护等介绍标识，游客中心大厅外的梯田核心区文化景观元素图解标识，图腾柱广场的梯田景观总览标识，多依树景区哈尼农耕实物展厅的哈尼族农耕用具简介标识，箐口陈列馆的哈尼族源流分布、服饰特点、传统节日、舞蹈艺术、口碑文化等解说标识。"[②]

根据信息内容划分，红河哈尼梯田景区内现有的旅游标识信息主要包括：（1）景区道路地点类的指示信息，常见于景点内以及景点之间的道路方向指引、各公共设施的功能区引导以及展演文化事象间的指向；（2）保障安全的限制信息，常见于分散在景区四处的安全警示、安全禁令以及温馨提示；（3）凸显当地民族文化特有价值的阐释信息，常见于民俗村中的文化事象解说、文化景观展览以及哈尼农耕实物展览的介绍等内容。

相对而言，最后一类信息对于引导游客达成对哈尼梯田文化景观的深入释读起着较为关键的作用。放眼更广的区域，在全球化进程的影响下，以旅游形式为主的文化消费浪潮席卷着诸多地区，全世界的多数旅游者也因此倾

[①] 参见中华人民共和国国家旅游局《旅游景区公共信息导向系统设置规范》（中华人民共和国旅游行业标准 LB/T013-2011），中华人民共和国国家旅游局官网，http://www.cnta.gov.cn/zwgk/hy-bz/201506/t20150625_428202.shtml，2013年5月16日。

[②] 郑佳佳：《世界文化遗产哈尼梯田景观标识的人类学考察》，《云南师范大学学报》（哲学社会科学版）2017年第4期。

向于把他者的景观文化看作符号系统。① 进入哈尼梯田的游客同样极有可能把在这里看到的一切景观视作符号，但是，他们又肯定不可能仅仅依凭把梯田尽收眼底就断言自己已经理解了梯田景观。

旅游标识以平面式的、较为固化的文化阐释为外来游客文化理解的实现提供"依据"。如，竖立在大鱼塘民俗村入口处的"寨水神"解说标识，此处指出："水是哈尼族自然崇拜的主要对象之一，所以每年'昂玛突'祭寨神，第一桩事是祭水神，举行祭祀活动时要用一（只）公鸡和一只母鸡，并用篾片编织一只篾箩筛样大的螃蟹，用竹竿挑着插在泉水边作为水神的象征。为求水神保佑流水不断，人畜饮水甘甜安全。"标识文本中存在表述不够准确以及仪式内容交代不清等问题不容忽视，但"祭水神"的旅游标识确实将"寨水神"这一重要的信仰活动从哈尼文化系统中抽离出来，从而具备了积极意义。旅游标识提供专门化的信息，以专题式的会聚方式将梯田文化景观的释读引入外来游客的视野中。

二 旅游标识与旅游发展的同步

哈尼梯田景区旅游标识的创立几乎与景区的发展同步。哈尼梯田旅游兴起于20世纪90年代末，"为加快发展全县旅游业，2000年12月设立元阳县旅游局，为政府主管旅游的职能部门。2003年县委、县政府把旅游业确定为振兴全县经济的支柱产业，确立了旅游业在国民经济和社会发展中的战略地位"②。箐口民俗村是梯田旅游开发之初重点打造的一处景点，主要由旅游局下属的民俗村管委会负责经营管理，SY公司开始景区的运营管理后自2009年起陆续建成多依树、坝达、老虎嘴三个梯田景区，并在旅游环线上新建了多个观景台。红河哈尼梯田旅游标识的创设发展阶段呈现为以下四种特征。

（1）关注安全，零星、少量制作

早期的公共标识制作主要围绕安全问题，制作数量较少，仅涉及安全隐患显著的区域。2005年2月2日，元阳县政府安全检查监督小组到箐口民俗村检查工作，要求在村口的停车场"做一个明显的'注意防火'的牌子"。3

---

① MacCannell, Dean, *The Tourist: A New Theory of the Leisure Class*, Berkeley and Los Angeles: University of California Press, 1999, p.31.

② 元阳县地方志编纂委员会：《元阳县志（1978—2005）》，云南民族出版社2009年版，第283页。

作为文化的标识：哈尼梯田景观符号研究

月 23 日，元阳县安全检查监督局与镇政府一起，检查村内几家农家餐厅的安全警示牌设置情况。[①] 这些标识牌相对集中地保存在箐口村。

2000 年箐口村与附近的麻栗寨以及全福庄一同作为潜在的民俗村选点进入当地政府视野，最终箐口村获选并开始得到大力建设，村中成立了箐口民俗文化村管理委员会，管委会成为直属于元阳县旅游局的旅游开发职能部门。在十几年的开发过程中，一批又一批的标识牌进入箐口曾经相对传统的村落空间中。经过日日夜夜的风吹日晒，当年那些最早被安装到民居外墙上，突出强调安全问题以及对陈列馆和村口进行简单指向的标识牌，由于形制较小，难以引起人们注意（参见图 1-17、图 1-18）。

仔细查看的话，时至今日依然可以发现停车场往村内前进的方向上，2005 年时被特意要求制作的那一块"注意防火"的标识牌依然悬挂在入村道路右侧的一户民居外墙上。若不是对村子近年来的旅游发展足以了解，又怎会知晓这样一块小小标识牌背后的故事呢？更何况，在我们今日的生活世界中，简单如"注意脚下""注意安全"之类的"注意"类温馨提示早已遍布在所有能及之处，人们似乎已经习惯了它们的存在，可能也很难会再对那些"有点年头"的标识牌产生多少兴趣了。只不过，专门对哈尼梯田旅游标识所有创设批次进行梳理，那么这些看似简单的标识牌却占据着重要的一席，它们是这一地区旅游标识制作的起点，标志着哈尼梯田对旅游标识创设之探索的源头。

图 1-17　箐口村最早批次的标识牌（悬挂于停车场入村道路右侧的民居外墙上）

[①] 马翀炜：《最后的蘑菇房：元阳县新街镇箐口村哈尼族村民日记》，中国社会科学出版社 2009 年版，第 143、164 页。

第一章 作为景观的哈尼梯田景观标识

图1-18 早期的指向标识（"村口"被简单地按照字面错译为"village mouth"）

（2）表述重点转向文化信息，制作呈规模化

2009年前后当地政府重点对箐口、大鱼塘以及普高老寨三个哈尼族村寨的18个民俗文化展演事项进行解说，并增加各解说展演要点间的指向标识牌（图1-19、图1-20）。这批标识上的书写内容为中英双语。元阳县哈尼梯田核心区片区扶贫开发工作是2009年当地政府重点推进的工作，这一工作的推进主要是为切实把新农村建设与旅游业开发结合起来，努力打造一批民族文化生态旅游新农村。箐口、大鱼塘以及普高老寨三个村落的开发正是在这项重要工作的开展背景下进行的，目标是将三个村子打造为精品民俗村落。根据元阳县县志办在元阳县人民政府网站公布的元阳大事记记录，自2009年以来，不断有来自国际、国家、省级、州级多个管理部门和研究机构的人员到三个村子进行调研，调研的主题围绕民俗村建设与核心区开发展开。2009年6月、7月、9月、10月、11月、12月，2010年1月、4月、6月、8月以及10月先后有多个工作小组深入村中进行哈尼梯田核心区片区开发建设情况进行调研。2010年8月18日，元阳县召开旅游基础设施项目建设推进会。箐口、大鱼塘以及普高老寨三个民俗特色村建设项目于2010年12月通过了县级验收，被评为优良工程。

· 71 ·

作为文化的标识：哈尼梯田景观符号研究

图1-19 民俗村中的指向标识

图1-20 民俗村中的解说标识（英语译文开篇即出现错误，It is 被写为 Is is）

（3）旅游设施全面配套，订单式个性化规模制作

随着梯田旅游发展的稳步推进，标识设立工作也得到大幅推广，尤其在2013年至2014年间，哈尼梯田景区的标识牌数量增加近四千块。这一批标识牌重点对整个景区的道路方向指引、安全警示、温馨提示、功能区引导等信息进行补充。在箐口游客中心外增设中英文的景区名称标识及游客中心指向标识牌，在坝达、老虎嘴以及多依树景点外增设中文及拼音字母的景点名称标识牌，在景点名称标识牌下方突出世界遗产、中国国家湿地公园、景区等级以及公司

LOGO 四个标识。游客中心有专门的哈尼梯田文化景观展览，回顾申遗之路并推出农耕用具的展览。多依树景区设有哈尼农耕实物展厅，陈列并解说多种哈尼族常见的农耕用具。此外，游客中心的大厅外立有 3 块中英文标识牌，分别为攀枝花—碗水村委会垭口村、新街镇主鲁村委会上主鲁老寨以及新街镇全福庄村委会中寨三个村寨的"森林—梯田—渠系与村寨"文化景观元素图解。

图 1-21　梯田景区标识　　　　图 1-22　安全警示标识

图 1-23　温馨提示标识

注：图 1-21 是哈尼梯田三个景区中的坝达景区标识，中国国家湿地公园的 LOGO 出现错误，将 CHINA 写为 OHINA；图 1-22 是常见的安全警示标识，fire 被错写为 firo；图 1-23 是遍布于景区草坪中的温馨提示标识，英语译文的字面意思为"植物有生命，请离开我"。

· 73 ·

作为文化的标识：哈尼梯田景观符号研究

新增的旅游标识文本内容丰富，道路方向指引、安全警示、功能区引导等信息为中英日法四语，温馨提示等多为中英双语。负责景区管理与开发的SY公司于2013年启动了4A景区的申报评定准备工作，为了提升改造整个景区，前期投入1.3亿人民币资金用于景区改造提升，其中公共设施（旅游标识类）的合同标的价约为两百万人民币。负责这一工程的WF，曾经为游客中心附近的图腾柱广场制作了全手工雕塑的仿木式水泥护栏，联合国官员到元阳视察时对这些护栏大加赞许。"正是因为人家喜欢，公司才让我负责这个工程的。"① WF坦言与元阳的缘分就是从护栏开始的，他猜测"全手工雕塑标识牌"的创意之所以会被SY公司选重，大概也与哈尼梯田素来被誉为"大地的雕塑"有着密切的关系。

（4）梯田核心区域内旅游标识的系统化探索

当梯田景区的2013—2014年批次的标识工作结束后，哈尼梯田旋即开启了核心区旅游标识的系统化探索。红河哈尼梯田核心区覆盖82个村落。尽管早在几年前元阳县委、县政府提出"一村一品"的乡村旅游文化发展工作格局后，大鱼塘、普高老寨、箐口即已成为三个示范村，但更多的核心区村落进入外来人群的视野则是新近发生的事。直至2014年年底"元阳哈尼梯田核心区传统村落改造项目"被提上日程，众多核心区村落才开始得到全面的建设和改造（含民居屋顶和外墙、村落道路、饮水、排水、公厕、活动场地、路灯与绿化等配套工程），成为宜居、宜业、宜旅特色村落，从而促进民族文化与乡村旅游的融合发展。该项目的具体实施由元阳县住房和城乡建设局牵头负责，县旅游发展委员会等多个部门参与，成立专门的"传统村落改造办公室"。

第一期传统村落保护工程涉及15个村落的改造，其中多依树村委会的多依树下寨、洞浦村委会的普朵上寨、普朵下寨成为重点打造村落。2016年2月23日，第一期工程完成验收工作。改造后的三个重点村，在公路旁建成了各具特色的寨门，寨门上方设有村名标识，村寨内设有道路指向等多种标识。新的旅游标识，由元阳县旅游发展委员会负责。改造办、旅发委、高级中学的英语专业人才参与到标识系统的翻译工作以及标识文本的审核中，标识牌的制作则交由当地一名颇有声望的李姓木匠负责。2016年第二期工程启动，20个村落进入改造名单。按照既定的工作计划推进，三四年内位于梯田核心区内的82个村寨将会普遍设立旅游

---

① 访谈人：WF，男，1982年生，雕塑师；访谈时间：2015年9月25日；访谈地点：昆明北市区。

第一章 作为景观的哈尼梯田景观标识

标识,到那时,整个核心区域的旅游标识将真正实现系统化。

当地政府部门即将依托"一村一品",对 2009 年制作的箐口、大鱼塘、普高老寨三个民俗村的旅游标识批次进行逐步的修复、更换。①届时,除将 2009 年批次原有的标识文本进行恢复,或将以"查缺补漏"式的工作思路对民俗村中文化事象的解说进行调整。根据元阳县旅发委的总结,元阳哈尼梯田旅游民俗村旅游导向系统的进一步完善安装工程于 2017 年竣工,旅游导向系统标识牌主要分布在普高老寨、大鱼塘和箐口 3 个旅游民俗村,其中普高老寨 25 块、大鱼塘村 24 块、箐口村 33 块,82 块旅游导向系统标识牌包含导览图、停车场、厕所等标识。

图 1-24 多依树下寨新设立的解说标识 　　图 1-25 箐口村新更换的解说标识

图 1-26 普高老寨新更换的民俗村简介标识

---

① 访谈人:LS,男;访谈时间:2016 年 5 月 25 日;访谈地点:元阳县南沙镇。

在当地村民的认知里，旅游开发的阶段并不如此分明，多数人认为哈尼梯田作为一个整体得到大力发展还是起始于 2009 年。整个核心区的村寨自 2009 年起迎来了改建，生活其中的村民对村容村貌的不断变化最有感受。多依树下寨的 G 大爹用一个生动的比喻道出了自己对同属于核心区各个村寨的建设先后事实的观点："以前只有箐口因为搞旅游所以建设得很好，现在很多村子也都建起来了。就像一家人的几兄弟，先是一个兄弟日子过好了，其他几兄弟也慢慢过上了好日子。"多依树下寨曾经没有任何旅游标识，随着传统村落的改造，村子中新竖立起来了很多标识牌，G 很清楚这些标识牌的意义，他说："这就是要告诉人家我们哈尼族的文化。现在我们村里已经有外地人来投资了，因为以后会有更多人来这里。"① 从这个意义上，旅游标识的创立以一种更明确的姿态向当地人宣告着他们的生活空间已经迈入新的发展阶段，并被赋予了新的意义。

三 旅游标识的信息错漏

从根本上说，对于肩负着专门引导游客认识梯田景观、理解梯田景观的责任的旅游标识而言，错误是不应当被容许的。然而现实中哈尼梯田的旅游标识错误层出不穷，即使文本书写没有出现错误的标识也存在错误阐释的情况。总体上，相对于提供介绍性信息而又解释力不足的公共标识，这些旨在提供专门化信息的旅游标识同样没有真正发挥好文化释读的引导指示功能，理应呈现的梯田景观专门信息表现出非专门化的问题特征，甚至由于高频出现的文本错误而使得旅游标识提供的基本信息也存在错漏。在这里，这些问题被笼统视为"信息错漏"。

旅游标识的信息错漏主要体现在两个方面：一是提供的基本信息错漏，二是展开的文化阐释错漏。首先，旅游标识在提供基本信息时大量出现错漏，主要集中在多语种的标识中，错漏问题造成的影响不容小觑。旅游标识的基本信息错漏分为书写错误、文句不通、措辞不当、缺乏标准四类。

（1）书写错误常因参与标识制作的工作人员粗心或不熟悉外语而引起，是旅游标识、公共标识等文字景观标识在提供基本信息时最为常见的问题。比如，中国湿地公园中的"CHINA"（中国）被写为"OHINA"；"Hani Terraced-

---

① 访谈人：G，男，55 岁，哈尼族；访谈时间：2016 年 8 月 22 日；访谈地点：多依树下寨。

Fields"（哈尼梯田）被写为"Hani Terraced-Fiels"；箐口村民俗文化陈列馆的"Exhibition"（展示、陈列）被写为"Exihibition"；"Tourist Attraction"（旅游景区）被写为"Tourist Attaction"；表明水碾单次碾米量的"50KG"（50公斤）被写为毫无意义的"sokg"；"stairs"（楼梯）被写为"stails"；"注意防火"的"fire"（火）被写为"firo"。

（2）文句不通则常因多语种标识的翻译人员简单对中文字面意思进行对译、错译甚至不译而引起，是文字景观标识的第二类常见问题。比如"村口"被译为"village mouth"；"花草有生命，请留足下情"被译为"Plants have life, please leave me"，请人们"爱护花草"的意愿被表达成"请人们离开"；"拍照在乎的不是机位，而是拍照的乐趣"被译为"Taking care not of seats, but taking pictures of fun"；描述箐口村坐落的地形地貌时，并未对"老箐"做任何翻译解释，简单采用其拼音"Laoqing"并不能帮助外国游客理解其含义。

（3）措辞不当是文字景观标识另一类常见问题，由于使用了不恰当的词语而造成。比如，村民在村寨中的"活动广场"被译为"Events Plaza"，使得"广场"变成了"商场"；"哈尼民族文化展示基地"被译为"The military of Hani folk-custom cultural exhibition"，不但文句不通，而且"展示基地"也变成了某种和"军事"相关的事项；"不争不抢，文明拍照"被译为"The indisputable rob, civilized photograph"，文句同样不通，还涉及"抢劫"之意，易造成误解。

（4）缺乏标准同样也是文字景观标识的常见问题，因标识系统并未使用行业部门的规定用语或者系统内缺乏自身的标准用语而引起。[1] 比如，位于箐口村陈列馆背后的公共卫生间共设有多个批次的标识牌，使用了多种英语译文，包括 W. C., Toilet, MEN/WOMEN, RESTROOMS-WOMEN/ RESTROOMS-MEN 等。本来，"哈尼梯田"是哈尼梯田旅游景区中最为重要的一个词，也理应有统一的、正确的、规范的译文，但是整个哈尼梯田景区对"哈尼梯田"的英语译法则多达数十种，包括 Honghe Hani Terrace, HONGHE HANI RICE TERRACES, Hani Terraced Fields, Honghe Hani Terraced-Fields 等。

其次，旅游标识在提供引导游客进行文化释读的专门化信息时，不同部

---

[1] 事实上，对于常用公共用语各相关部门已经陆续制定并颁布了诸多相关的规范，如国家质检总局、国家标准委联合发布的《公共服务领域英文译写规范》等。

作为文化的标识：哈尼梯田景观符号研究

门在对同一主题、同期主题及系列主题的文化阐释相互间广泛存在着信息错漏。

（1）同一主题间的信息错漏。在进行旅游开发的十余年间，元阳县通常依据"文化的内容由文化部门负责、旅游的内容由旅游部门负责"的原则进行呆板分工，这就加剧了文化与旅游的不同部门对同一个文化事象主题的阐释出现错漏甚至矛盾。下面以国家级非物质文化遗产"祭寨神林"为例。哈尼族的"祭寨神林"于2011年列入国家级非物质文化遗产代表性名录。作为一项重要的哈尼文化事象，游客一旦进入梯田景区就可以很快在景区入口附近的民俗村箐口村及大鱼塘村发现多处相关的介绍，这些标识的阐释如下：

①文本一（箐口村村口）

寨神林

寨神林位于寨子上方的森林中，是哈尼族一年一度为纪念除魔英雄昂玛、昂候兄弟而举行的村社祭祀活动场所。祈求寨神保佑村民幸福安康、五谷丰登、六畜兴旺．（。）神林里面的一草一木受全体村民保护，污秽之物不准扔置于寨神林。

②文本二（箐口陈列馆）

春天的祝愿　昂玛突

哈尼族传统节日"昂玛突节"的重要内容：祭寨神活动是哈尼族用昂玛（神）的力量保护森林、保护水源、保护梯田的祭祀森林活动，是哈尼族古老文化的表现形式和伟大创造，对哈尼梯田文化遗产地的树林、村寨、梯田、水系的农业生态系统和农耕文化的保护具有重要的作用。祭寨神是第三批国家级非物质文化遗产代表性名录项目。

祭寨神活动时间：农历十二月或二月份。

祭寨神主要地点：箐口村、大鱼塘村、哈播村。

祭寨神活动主要内容介绍：莫批"昂玛神树"前用竹篾现搭成一个小小的祭台，上面摆上祭品，二碗水、一小竹筒米，篾上放一个银镯，银镯内放一具鸡蛋，再放一匹白色土布。祭台前再置一小竹饭桌，桌上的祭品有两碗水，水里各放三颗花椒，二碗米、一碗盐和两只小鸡、一头小猪。莫批开始吟诵，内容是：一年一度的节日开始了，祈求"铺则喳"神树保佑寨子风调雨顺、五谷丰登、人畜兴旺、全村平安!

③文本三（大鱼塘村口）

国家级非物质文化遗产名录：祭寨神林

祭寨神林是第三批国家级非物质文化遗产代表性名录项目。祭寨神林活动是哈尼族在传统节日"昂玛突节"的重要内容，是哈尼族祈求昂玛（力量神）的力量保护森林、保护水源、保护梯田的祭祀森林活动，是哈尼族古老文化的表现形式和伟大创造，对哈尼梯田文化遗产地、村寨、梯田、水系的农业生态系统和农耕文化的保护具有重要的作用。

祭寨神林活动时间：农历十二月或二月份。

祭寨神林主要地点：大鱼塘村、箐口村、哈播村。

祭寨神林活动内容介绍："昂玛神林"，咪谷在"铺则喳"神树前用竹篾现搭成一个小的祭台，上面摆上祭品，二碗水，一小竹筒米，米上面放一个银镯。银镯内放一具鸡蛋，再放一匹白色土布。祭台前再置一小竹饭桌，桌上的祭品有二碗水，水里各放三颗花椒，二碗米，一碗盐和两只小鸡，一头小猪。咪谷开始吟诵，内容是：一年一度的节日开始了，祈求"铺则喳"神树保佑寨子风调雨顺、五谷丰登、人畜兴旺、全村平安。

文本一系2009年批次的民俗村旅游景点解说标识，文本二为2014年箐口陈列馆装修后新增的民俗文化解说标识，文本三为2015年年底元阳县文化体育和广播电视局（以下简称为"文体局"）新设的国家级非文化遗产简介标识。在文本一中，寨神林的位置、祭寨神林的性质及其在哈尼文化中的地位以及相关禁忌得到简要描述。文本二和文本三总体上内容一致，除了介绍祭寨神林的文化含义与保护功用，还尽量将祭寨神林的祭祀活动内容与步骤进行了解说。不难发现，文本中最大的差别在于究竟是"莫批"还是"咪谷"负责搭制祭台、摆放祭品并吟诵祈求。箐口村是由"莫批"完成这些祭祀工作，而大鱼塘村则是由"咪谷"完成。尽管每一个哈尼村落在同一个节日或祭祀活动中可能有着不同的内容，甚至同一个村落在每年的同一个活动中也可能出现细微的差别，但对比以往的研究记载，箐口村"昂玛突"节中祭寨神的这些工作是由"咪谷"来完成的，"莫批"的

作为文化的标识：哈尼梯田景观符号研究

主要责任还是在"普哈枯"（叫寨魂）环节中为寨神叫魂。[①] 另外，根据 2016 年 3 月对大鱼塘村祭寨神林活动的现场观察，"咪谷"并没有如旅游标识文本中介绍的那样，现搭一个竹篾的祭台，而是在祭祀活动开始后直接将祭品摆放到现有的、固定好的祭台上。标识文本中的解说与现实生活场景中的行动之间存在差别与错漏。

由于根本出发点的不同，加之标识文本篇幅的条件差别，文化部门在箐口陈列馆以及大鱼塘村村口制作的关于祭寨神林的旅游标识，从总体内容上相较于旅游部门的标识更为充实。两个标识文本由于设立地点的不同，而将标识落脚的相应村落排列到这项非物质文化遗产主要活动地排名中的第一位。文本三晚一年制作，表达流畅程度优于文本二，但依然出现了词语丢失的状况：文本二言及"祭寨神林……对哈尼梯田文化遗产地的树林、村寨、梯田、水系的农业生态系统和农耕文化的保护具有重要的作用"；文本三则变成了"对哈尼梯田文化遗产地、村寨、梯田、水系的农业生态系统和农耕文化的保护具有重要的作用"。虽然文本二和文本三源自同一标识制作责任单位，只不过是不同时期的创设结果，但通过对比可以发现它们之间所存在的明显的表述错漏与矛盾。

（2）同期制作的标识的主题间的信息错漏。其实，文化阐释错漏的问题同样出现在同时期的针对不同文化事象创设的旅游标识中。箐口、大鱼塘、普高老寨三个民俗村的景点标识中，涉及哈尼族文化事象的内容共 18 项。这一批次的标识牌统一为 2009 年元阳县旅游局负责创设。红河哈尼梯田地区的哈尼族其"宗教信仰属于原始宗教，万物有灵是基本的理念。神灵崇拜、自然崇拜、祖先崇拜、鬼神崇拜是哈尼族崇拜的主要内容"[②]。民俗村的旅游标识中，专门得到解说的哈尼族文化事象指向了宗教信仰的达 11 项，占比 69%。箐口与大鱼塘各创设了 7 块文化事象解说标识，普高老寨创设了 4 块解说标识，三个民俗村的解说标识共 18 块。

[①] 除摆放祭品、吟诵祈求语的分工外，标识系统中介绍的祭品组成也与记录出版的 2007 年箐口村祭品不同。参见马翀炜《云海梯田里的寨子——云南省元阳县箐口村调查》，民族出版社 2009 年版，第 300、392 页；郑宇：《箐口村哈尼族社会生活中的仪式与交换》，云南人民出版社 2009 年版，第 69 页。

[②] 马翀炜：《云海梯田里的寨子——云南省元阳县箐口村调查》，民族出版社 2009 年版，第 377—386 页。

第一章 作为景观的哈尼梯田景观标识

表1-1 三个民俗村中旅游标识的文化事象内容明细

村寨	内容一	内容二	内容三	内容四	内容五	内容六	内容七
箐口	寨神林	祭祀房	蘑菇房	活动广场	水碓	水磨	水碾
大鱼塘	祭水神	祭田神	山神水	苏拉干玛	索爬干玛	祭祀房	莫批
普高老寨	祭水	祭山	祭祀房	哈尼村寨的选址	/	/	/

从表1-1中可以发现，祭祀房是三个民俗村共同设有的哈尼文化展示点，标识牌指出祭祀房"是哈尼族'苦扎扎'节时杀牛祭祀的场所。牛肉按户平分，用于祭祀祖先。牛头、牛脚归'咪谷'及其'小咪谷'，以祈求天神地神保佑村里风调雨顺，五谷丰登，人畜兴旺"。其实，对哈尼族来说，祭祀房以及祭祀房旁的磨秋场合起来的完整空间才是"苦扎扎"的重要活动场地。每当节日来临，人们要在磨秋场荡起磨秋和秋千，以此避免惩罚[①]，也要在祭祀房宰杀公牛以感谢天神的庇佑。"祭祀"的抽象信息在"祭祀房"的标识牌中得到突出，但连接天、地、人与自然的"磨秋"却失去了具象踪影。传说故事揭示了先民们开垦梯田时遭遇的困难，开发自然也存在着被自然惩罚的可能，由人祭改为牛祭昭示着哈尼族与自然的矛盾关系得到了调适。

正如马克思所说："人是自然界的一部分，自然界是人的无机的身体，人的物质生活和精神生活同自然界不可分离。"[②] 哈尼族住到哪里便将祭祀房建到哪里，"苦扎扎"节时每家每户要出劳力翻新祭祀房的房顶，祭祀房成为村寨凝聚力与完整性的象征。当一个村寨要进行分寨时，就要由"咪谷"从老寨的祭祀房神龛中抽出3根篾条，编到新寨的祭祀房神龛中，只有完成了这样的仪式，新的村寨才具有合法性。[③] 祭祀房可以被视为哈尼族与自然的关系得到调适的缩影。然而，现实中的标识解说内容未免趋于表层化，对于应该深挖的文化专题并未触及其深层文化内涵而显示出错漏，从而造成无法提供专门化信息的问题。

（3）同一系列主题标识间的信息错漏。在箐口、大鱼塘以及普高老寨三

---

① 古代哈尼族烧山开田时不小心伤害了居住在山林中的动物，动物们找到天神告状。哈尼族因此被要求必须于每年农历六月进行人祭。不堪忍受失去亲人的苦痛，哈尼族的哭声惊动了天神梅烟。最伟大的天神梅烟了解清楚事情的来龙去脉后，告诉哈尼族一定要在这个日子架起高高的磨秋和秋千，让动物们误以为打秋千的人们已经遭到最痛苦的惩罚，以此化解恩怨，不再受到动物的侵扰。参见王清华《梯田文化论》，云南大学出版社1999年版，第186页。

② 《1844年经济学哲学手稿》，人民出版社2014年版，第52页。

③ 马翀炜：《村寨主义的实证及意义——哈尼族的个案研究》，《开放时代》2016年第1期。

作为文化的标识：哈尼梯田景观符号研究

个民俗村中的旅游标识源自同一标识制作单位在同一时期围绕系列文化事象主题创设的标识内容，但仔细对比也能发现信息错漏的问题。

①文本一

祭田神

在每年"苦扎扎"的第一天早上，"咪谷"代表村民在祭祀房祭祀天神地神神仙后，每户均要杀一只红公鸡，在自家的祖业田入水口祭祀梯田神，祈求田神保佑无病虫害灾，稻丰鱼肥、人畜兴旺。

②文本二

祭水神

水是哈尼族自然崇拜的主要对象之一，所以每年"昂玛突"祭寨神，第一桩事是祭水神，举行祭祀活动时要用一（只）公鸡和一只母鸡，并用篾片编织一只篾箩筛样大的螃蟹，用竹竿挑着插在泉水边作为水神的象征。为求水神保佑流水不断，人畜饮水甘甜安全。

③文本三

祭水

哈尼族崇拜水给人们的生产、生活、生命带来了活力，敬畏水的力量及其自然精神。视泉水中的螃蟹和石蚌[①]为神灵，具体体现在每年的"昂玛突"、"苦扎扎"节等重大节日的祭祀活动中。

④文本四

祭山

哈尼族认为一个聚居区域内，有一主脉统管群山，认为这主脉、山峰有神灵司管本辖境内风调雨顺，人盛年丰。哈尼族联合村寨祭祀山神，祈求山神不要施威发怒，保佑方圆数百里的哈尼族村寨风调雨顺，要五谷丰收、六畜兴旺、人丁昌盛。

⑤文本五

祭祀房

是哈尼族"苦扎扎"节时杀牛祭祀的场所。牛肉按户平分，用于祭祀祖先。牛头、牛脚归"咪谷"及其"小咪谷"，以祈求天神地神保佑

---

① 按照当地通行的叫法，此处疑为"石蚌"，属于蛙类的一种。

村里风调雨顺，五谷丰登，人畜兴旺。

⑥文本六

山神水

哈尼族认为万物有灵，水是神灵给予的生命之血液，而森林和大山是水的家，只有注重保护森林、大山及其一草一石，才有清澈自然甘甜的水。此井水来自大山深处原始森林里，无污染纯生态，喝了这样的水，能健胃养颜、幸福长寿。

⑦文本七

莫批（贝玛）

"莫批"（贝玛）是传递神灵与人类之间的信息，指点和安排农事，主持节日庆典和祭祀活动的能人，还负责本民族历史和文化的继承和传授。哈尼族没有文字，所有关于哈尼族民族历史和史诗、民间故事、传说，都是靠"莫批"一代代传唱下来的。

文本一至五都指向了哈尼文化中的宗教崇拜，内容包含了崇拜对象如田神、水神、山神，也阐述了哈尼族"苦扎扎"节时在祭祀房进行的事项；文本六则以"无污染""纯生态""健胃养颜"等流行概念凸显水在哈尼梯田中的地位，标题虽涉及"山神"，但内容并不直接指涉宗教崇拜；文本五专门解释了"莫批"这种宗教祭祀人员；文本二与文本三都讲述了祭水神事宜，但标题与内容都存在较大差异。

哈尼族的崇拜对象是多元的，包括神灵崇拜、自然崇拜、祖先崇拜、鬼神崇拜及其他崇拜。自然崇拜方面，山、水、火、植物、动物都可能成为哈尼族的崇拜对象。通常，哈尼族每年除了需要祭祀水神、天神、山神、寨神林中的神树，每年正月春季后还会进行封火神的仪式。结合这样的知识，反观民俗村中哈尼族宗教崇拜的解说内容，三个民俗村中的标识文本整体上存在阐述不完整、不一致甚至相互矛盾的错漏问题。

在语言规划的领域中，语言传播对于传播文化与价值观念极为重要，基于田野调查的描写语言学研究、外语的传播等都是值得关注的问题面向。① 从这个意义而言，在缺乏自己文字的民族地区，同时使用汉语、外语呈现民族

---

① 郭龙生：《略论中国当代语言规划的类型》，《语言教学与研究》2007年第6期。

作为文化的标识：哈尼梯田景观符号研究

文化必然也就具有了语言规划的战略意义。公共标识和旅游标识不断传递错误的信息，使外来者无法有效地依靠文字景观标识的信息进行理解，梯田文化的内涵不仅没能很好地呈现，而且还会受到贬损。文字景观标识的意义在于协助外来者认识和理解一个地方，在于帮助外来者生成文化理解，在于彰显与促进地方与世界的纽结与交融。与此同时，系统化的公共标识及旅游标识还分别揭示着哈尼梯田在社会发展和旅游场域的结构性秩序的建立。基于以上的梳理与分析，具有多重积极意义的公共标识与旅游标识理应引起高度重视，现存的问题理应得到调整与变动。也正因如此，具有文化释读之引导与指示功能的文字景观标识更需要与其他各类景观标识相互补充和协作，以期建立复调式的梯田景观呈现系统。

第四节　程式化表现的展演景观

文化展演是哈尼梯田的第三类景观标识。游客在哈尼梯田停留的时间总是有限的，梯田生活却是奔流不息的。文化展演力求将弥散的"真实"加以集中，以程式化的专门行为方式对梯田文化进行呈现与表达，以此为短暂停留的游客们提供快速进入文化理解的切入点。梯田文化以及哈尼文化不断以特有的展演形式向外来者公开，在此过程中，内外人群的关系理应得以更好地搭建、其互动理应明显增强，然而现实中，常常由于内与外两类人群缺乏发声与沟通的机遇而大大牵制着展演发挥"引导认识与理解梯田景观、引导梯田文化释读"的预期功能，很多展演为了借现成的文化拥有者的角色（如"摩批"等宗教人士）而不自觉地消解了地方文化的神圣性。

一　走向艺术真实

阐述哈尼梯田文化展演的发展状况，首先需要厘清"文化展演"这一概念。美国学者辛格（Mileton Singer）于20世纪70年代提出文化展演（cultural performance）这一概念，指出文化的表演处于文化的中心位置，"封装"（encapsulate）了大量的文化信息。[①] 辛格的展演侧重其艺术性。如果说文化

---

① Milton Singer, *When a Great Tradition Modernizes*, New York: Praeger Publishers, 1972, p.71.

第一章 作为景观的哈尼梯田景观标识

是一个过程,那么文化一定是系列展演的组合。特纳的展演人类学主要以"社会戏剧"(social drama)为着眼点,展演是象征性的行动的复杂组合,当宗教仪式、美学仪式以及社会仪式等活动都可以被视为人类特有的仪式之时,日常活动与运动一样都可以成为文化展演。[①] 这种发展的结果就是对艺术性的淡化,为此,学界甚至一度将文化中方方面面的所有事象都视为展演。后来,经过刘易斯(J. Lowell Lewis)的努力,大写的展演(Performance,特殊事件"special events")与小写的展演(performance,日常活动"daily activities")被区分开来,尽管二者都具备展演性(performativity)。[②] 可以说,文化展演不论其覆盖领域的大小,也不论其组成内容分类层级的繁简,最终可以被高度总结为有意识的文化呈现及表达。

哈尼梯田早期的文化展演多以文艺演出为主,观看箐口村早期组建的文艺队表演的哈尼歌舞节目成为游客难忘的经历。2003年至2009年间箐口民俗村曾组建文艺队,用于祭祀神灵和祖先的铓鼓舞、具有多种来历传说的棕扇舞、庆祝男孩儿出生的木雀舞、哈尼古歌形式的敬酒歌等成为核心节目,哈尼文化也因此从一个"与社区原本的日常生活几乎是零距离的舞台上"被带到了那些"处于主流文化中的人们的眼前"。最初,元阳县各地的知名民间艺人被邀请加入文艺队中以"增添传统文化内涵"。表演的歌舞凝练着大量的社会宗教仪式符号,要确定符号的意义就需要确定它所引起的习惯[③],阐释这些"习惯"并非易事。因此,对这些歌舞节目的介绍过多侧重于其"娱乐性",有些简略的说明甚至还和仪式中的文化意义不相符,最终,歌舞作为一种社会存在所指涉的深层民族文化内涵被遮蔽。后来,民间艺人相继离开,辛苦培养出的一批批年轻貌美的演员也陆续离开了文艺队。文艺队只得在村中寻找年轻媳妇以降低演员的流动性。2009年云南世博集团正式接管梯田旅游景点,由于公司并不想把文艺展演作为重点来发展,文艺队也随之解散了。[④]

2009年3月,杨丽萍作为艺术顾问指导的原生态农耕文化节目《元阳梯

[①] V. Turner, R. Schechne, *The Anthropology of Performance*, New York: PAJ Publications, 1988, pp. 10–11, p. 75.

[②] J. Lowell Lewis, *The Anthropology of Cultural Performance*, New York: Palgrave Macmillan, 2013, pp. 6–14.

[③] Charles Morris, *Signs, Language and Behavior*, New York: Prentice-hall, 1946, pp. 1–16.

[④] 马翀炜:《梯田搭起的舞台——元阳县箐口村哈尼族歌舞展演的人类学观察》,载何明《走向市场的民族艺术》,社会科学文献出版社2011年版,第79—122页。

作为文化的标识：哈尼梯田景观符号研究

田》在箐口梯田进行实景演出，这场气势恢宏的展演带给人们视觉、听觉和心灵的震撼至今仍为人们所津津乐道。一千余名当地民众、数百头水牛一起参与到《元阳梯田》的演出中，耕、种、收三个篇章展现了哈尼梯田的整套农耕劳作过程，45分钟的表演浓缩了春夏秋冬四个季节里哈尼族典型的生产和生活片段。

遗憾的是，这一场演出仅在梯田实景中表演过一次，虽然如此场面壮大的演出效果极好，但也是不易于持续并常规化的，主要原因也在于其筹备过程中所要耗费的不可小视的时间、精力、财力、物力与人力等投入。随着互联网手机用户的激增，这个演出被各种微信公众平台反复推送至民众手中。如，2016年红河哈尼族彝族自治州建州59年，11月18—21日全州州庆放假，在假日第三天，元阳县微信公众号"元阳梯田网"将7年前的大型稻作农耕文化实景演出视频进行了整理发布。这个精彩的视频的浏览量在短短一天内就已达到5312次（统计时间为2016年11月21日10：00），然而推送原文的说明中并未指明这个演出系中国红河元阳2009年哈尼梯田文化旅游节的重要内容；更多地则聚焦于对这个演出的描述与渲染："演出十分舒缓，十分豪放，淋漓尽致地表现了哈尼族人民在梯田中耕种的全过程，展示了古老的梯田农耕文化。"[1] 时间这个重要因素被有意略过之后，仿佛唯一一次的大型文化展演便化为梯田上可以不断反复上演的盛事。对于当地人而言，这场展演具有的意义在村民通过加入了2009年大型展演活动而获得在梯田的舞台上真实地展现自我的机遇，生活真实走向了艺术真实，这一场演出成为"迄今为止箐口村上演过的最大的一次演出"[2]。

早期由政府部门主导的文化展演类型并不复杂，比如持续了六年之久的箐口民俗村文艺队的演出，比如在精心策划数月后却仅仅上演了一次的大型实景演出。事实上在这些展演之外，大量的民间文化展演队伍同时也在努力充实着梯田文化空间。相较而言，民间展演队伍提供的为梯田社会内部服务的文化展演在通常情况下更具延续性，因此也常常为那些专门对外进行展演的正式舞台所征用。

---

[1] 参见《州庆！元阳这视频刷爆朋友圈》，"元阳梯田网"微信公众号，2016年11月20日。

[2] 马翀炜：《梯田搭起的舞台——元阳县箐口村哈尼族歌舞展演的人类学观察》，载何明《走向市场的民族艺术》，社会科学文献出版社2011年版，第79—122页。

第一章 作为景观的哈尼梯田景观标识

以下是关于小水井村文艺队的记录。2003年3月，距离箐口村2公里的彝族村寨小水井村成立了自己的文艺队，文艺队挂牌这一天，土锅寨村委会其他村小组以及附近其他村寨的"同行们"也赶到小水井村进行同台表演。小水井文艺队最初的创建人是三名本村彝族妇女，TL是其中一位，她在文艺队组建的五年前从另一个彝族村寨嫁入了小水井村。根据TL的回忆："小水井的文艺队算是这一带成立比较早的了！"最初加入文艺队的村民多达42人，男性成员数量占三分之一，女性成员的年纪多在二十五岁至四十岁。"大家得闲的时候就一起商量、排练，我们平时经常表演的节目有乐作舞①、烟盒舞、栽秧舞、扇子舞、三弦舞、碗舞②。其中乐作舞是表演最多的，走到哪里都一定要跳这个！"③ 当被问及碗舞是哈尼族还是彝族舞蹈时，TL称她们将彝族的舞蹈动作结合到了碗舞里，所以碗舞也就变成了彝族自己的碗舞。成立后，小水井文艺队被邀请参加新街镇举办的2003年元阳彝族火把节文艺表演；至今已经多次参加过彝族火把节的表演。2016年，小水井文艺队多次参加了在哈尼小镇举行的文艺演出。可以说，小水井文艺队一类的地方文艺队正不断进入文化展演组织者的视野中。

参与大型的文化展演虽然使地方文艺队走向了更为宽广且受众面更广的舞台，但文艺队平常承接的更多演出任务主要还是来自各个村寨里举办喜事或丧事的人家。这一类非正式演出数量依每年实际情况而变化，一般而言每个文艺队每年平均能承接5场演出。按照近两年的标准，每一次演出邀请文艺队演出的主人家通常支付500元左右的表演酬劳，因此每年2000元至3000元的收入恰好可以满足一年里文艺队购置演出道具和服装的需要。发展至2016年，尽管大量年轻人外出打工使得小水井村的文艺队成员数量减少至20人，但文艺队的影响力并未减弱。在平日排练节目时，小水井村年长一些的妇女从最初的围观看热闹逐渐加入队伍中一起练习，只不过，文艺队外出演出时，这些临时成员便就"知趣"地留在村中自行训练，并将训练当作平时生活里休闲消遣的主要方式。

广泛兴起的村寨文艺队成为一类特别的梯田景观标识。当前，土锅寨村

---

① 乐作舞原先多为哈尼族守灵、送葬时跳的一种舞蹈，后来经改编后成为表征"欢快"的一种舞蹈。
② 碗舞多为哈尼族为庆祝男孩出生所跳的舞，跳碗舞的人必须是已婚妇女。
③ 访谈人：TL，女，彝族，1977年生；访谈时间：2016年11月20日；访谈地点：小水井村。

作为文化的标识：哈尼梯田景观符号研究

图 1-27　文艺队的排练变成了游客镜头中的精彩展演

委会五个村小组中，箐口、大鱼塘以及小水井三个村的村民自发组建的文艺队依然运行着。截至 2016 年 4 月，元阳县共组建农村文艺队 269 支。[①] 每当夜幕降临，一些购置了播放设备的文艺队便在村中广场上或是道路旁播放着舞蹈视频或音频，队员们列好队伍伴随着音乐练习舞蹈。这种为正式或非正式"舞台"绵绵不绝地进行准备的热闹景象已经成为哈尼梯田里一种新的日常，村寨里的文艺队展演也随之成为哈尼梯田村寨文化的标记之一。

哈尼梯田近两年的文化展演更是呈现出多元化的取向。如果说起初的展演类型主要是以打动人心为旨趣，那么现在的展演类型则是为了追求更深远、更广泛的意义共享。基于此，哈尼梯田的文化展演向一些与农耕时节紧密贴合的新型体验活动转型。"开秧门"寓意"播撒希望"，"吃新米"寓意"收获成功"，仅在哈尼节日中展现梯田丰富的文化内涵显然是不够的，因此彝族的火把节、傣族的泼水节也一并成为最能体现民族特色的文化展演契机。以 2016 年 3 月至 9 月半年的时长为例，红河哈尼梯田组织了多次具有文化标记意义的活动，包括首届哈尼梯田国际越野马拉松比赛（3 月）、2016 年元阳·南沙傣族泼水节（4 月）、红河哈尼梯田申遗成功纪念活动（6 月）、2016 年元阳彝族火把节（7

---

① 资料来源：元阳县文化体育广播电视局。

月）等大型公共活动，还包括景区内的开秧门活动（4月）、新米节活动（9月）、五一亲子游活动（5月）、六一暨端午节欢乐家庭亲子游活动（6月）等个性化旅游主题活动。马拉松、亲子游等结合了文化展演而被不断嵌入梯田世界的现代展演元素成为新窗口，旨在引导外来者对哈尼梯田进行认识、理解与欣赏的哈尼梯田景观标识增添了新的类别和新的内容。

二 "内""外"关系的联结

景观标识是人们针对大地进行的"二次创作"，旨在引导外来者对首次创作后的大地景观进行认识、理解与欣赏。这意味着景观标识本身就是"内""外"人群互动的标识，需要对交往关系的搭建与维系发挥积极作用。随着现代社会各领域活动特别是梯田旅游的开展，哈尼梯田中"内""外"人群相互间互动增多，"内""外"人群的关系得到确立并不断获得建构。这决定了哈尼梯田的"复调"式呈现基础在于对哈尼梯田当地文化与他者文化的双重理解。作为一类专门引导文化释读的景观标识，文化展演尤其需要在对内部和对外部的文化的理解基础上，协助外来游客认识和理解哈尼梯田景观。

梯田不再仅仅是生活在这个地区的哈尼族等多个民族的生产资料，而且也成为不断激增的外来人群的审美对象。统计数据显示，2001年元阳全县共接待游客8.21万人次，2015年全县共接待国内外游客159.16万人次，其中国内游客153.55万人次，海外游客5.62万人次。[①] 哈尼梯田核心区的游客数量在15年的时间里增加了近20倍。哈尼梯田里新的社会关系的构成，表明了这片神奇土地上具备主体性地位的也不再仅仅是当地民众，外来的游客同样获得了主体性地位。在哈尼梯田场域（特别是民族文化旅游场域）中，多方行动者的主体性地位不但需要得到承认，也需要得到尊重与落实，片面强调某一种主体性地位而忽视了另一种主体性地位将会遗憾地使梯田文化的呈现走向不健全的态势。哈尼梯田景观将多种内外人群联结了起来，针对梯田景观设置与推出的各类景观标识也就要有效促进内外关系的联结。

为了创造性地展示梯田景观，使越来越多进入梯田及计划进入梯田甚至是尚未知晓梯田的文化他者能够认识到梯田的魅力与包容性，一些国际流行的文化元素被有意识地植入梯田核心区中进行展演。在过去，这些流行元素

---

① 资料来源：元阳县旅游发展委员会。

作为文化的标识：哈尼梯田景观符号研究

以平面化的镜像要素居多，十余年过后，哈尼梯田的文化展演开始向立体化的亲身体验过渡。例如，2001年举办的元阳梯田民俗风光国际摄影大奖赛以及2004年举行的元阳人文风光信封和明信片首发仪式让更多的人认识了哈尼梯田的面貌，而2016年3月在梯田核心区举行的首届哈尼梯田国际越野马拉松则通过将赛道设置在梯田、山坡、林间及公路上，将哈尼梯田多层次多元化的美进行大力推广。

经过长期的策划与宣传，首届哈尼梯田国际越野马拉松大赛组委会共接收到来自美国、马来西亚、日本、中国香港以及各省市的308个运动员的比赛报名。马拉松赛事的特殊性决定了哈尼梯田原有的标识信息无法应对指示赛道的信息要求。为了保证比赛顺利召开，组委会专门在马拉松赛道沿线另外设置了15公里的马拉松体验跑、23公里的半程马拉松及43公里的全程马拉松三种比赛引导标识。直到比赛的前一天，这三种马拉松比赛的分组标识才被工作人员悬挂到赛道沿线的树枝上，赛道前进方向的提示标识也被喷涂到赛道地面以及村民的房屋外墙上（参见图1-28、图1-29）。这一切都在静默中完成，使得村民仿佛置身事外，直到比赛当天，当村民们发现一伙"奇怪的人"穿过他们的村寨、奔走在梯田里时，大多数村民其实都还不是特别清楚究竟发生了什么事情。

图1-28　马拉松起/终点布置现场　　　图1-29　散落在村寨中的比赛指向标识

尽管各类马拉松赛事在都市里不断上演，但对于梯田里的大部分村民而言，"马拉松"依然是陌生的东西，主办方或许出于这样的考虑，"善意地"简化了赛事在核心区的宣传。主办方仅将赛事准备的任务下达到了村委会，由村委会视具体情况与涉及需要喷涂或悬挂马拉松相关标识的人家进行简单沟通。以箐口村为例，作为马拉松赛道首先经过的第一个村寨，整个村内仅有几个人知晓这一赛事的召开，包括在村委会任职的干部、比赛当晚即将参

加演出的村民以及村口农家客栈的经营者。而整个核心区内，最清楚这一赛事的当地人莫过于运营面包车的司机。在赛前两天里，司机们常会问搭乘自己面包车的乘客，"是否是来参加跑步比赛的?"与外界打交道的当然需要解释普通村民与面包车司机在掌握这一赛事信息上的较大差别，但普遍意义上的"内""外"交往关系的搭建与促进却也因此失去了支撑基础。

事实上，关于这场具有创新意味的赏识性赛事，政府部门的策划十分精细。根据元阳县委办公室以及县政府办公室2016年3月21日"关于印发《首届元阳哈尼梯田国际越野马拉松比赛工作实施方案》的通知"（元办发〔2016〕46号），马拉松比赛的召开以及比赛的工作实施方案目标是明确的，是"为发展元阳文化体育及旅游产业，打造品牌体育赛事，宣传红河哈尼梯田世界文化遗产品牌，助推元阳文化体育及旅游产业发展"。为了使马拉松赛程安排更显丰富饱满，配套马拉松比赛进行的活动还有"爱心马拉松"（即参赛运动员及随行家属将家中闲置的青少年儿童书籍与儿童玩具捐赠给当地的学校）、风土人情展示（即将当地的少数民族手工艺品与特产物品进行展销）以及长街宴上的哈尼饮食文化展示。

为筹备好这一场以"和美元阳·极限奔跑"为主题的盛事，元阳县成立了专门的首届元阳哈尼梯田国际越野马拉松比赛活动工作小组为组织机构，其中县长任工作领导小组的组长，县委宣传部部长及一名副县长为副组长，工作领导小组的其他20名成员来自县人民政府办公室、县委办公室、县委宣传部、县交通运输局、县旅游发展委员会、县卫生和计划生育局、县安全生产监督管理局、县市场监督管理局、县哈尼梯田管理局、县机关事务管理局、县旅游投资公司、团县委书记、县公安局、县财政局、县文化体育和广播电视局、新街镇人民政府、攀枝花乡人民政府、元阳供电有限公司、SY公司以及昆明中安利华文化传播有限公司等多个部门。工作领导小组又下设综合协调、宣传报道、后勤保障、志愿者服务、安全保卫、食品安全监督、医疗卫生保障以及道路交通保障8个小组。

在马拉松这一场新型的文化展演中，马拉松运动员获得了特殊的身份，他们既不像是展演的组织者那样充任展演的"导演"或指挥，也不像是梯田核心区的当地民众一样置身事外，这些运动员本人既参加"演出"，也在欣赏梯田的"演出"。早在比赛前几天，马拉松比赛的运动员们已经迫不及待地在这个网络平台里相互认识，一些运动员甚至在比赛前一晚激动地无法入睡。

作为文化的标识：哈尼梯田景观符号研究

2016年3月26日，马拉松比赛拉开帷幕，由于这一天笼罩在梯田世界里的大雾实在是过于浓厚，以至于赛道上新增的专门标识和旧有的标识一道失灵了。由于难以发现指示标识，运动员们辨不清前进方向，因此比赛的难度大大提高。参赛运动员中不断有人在微信群中"爆料"前期组织的失误，"吐槽"工作人员信息沟通的不对称，言称"对这一趟梯田之旅失望之极"。其实，3月25日傍晚，运动员们乘坐的从昆明至元阳的大巴车在哀牢山下遭遇故障，使得原本计划在当晚召开的赛前说明会被取消，这也是造成多数不熟悉梯田赛道布局的运动员在比赛当天跑错了方向的另一个重要原因。

在马拉松比赛的微信平台里实时滚动着的各种抱怨与责备，依然不乏运动员们对梯田的深刻领悟——跑错方向的运动员更加领会到行走在梯田小道上的艰难，随着赛道路段和天气的变化，他们眼前的梯田这一刻尽显通透的气势磅礴而下一瞬间又充满隽永的含蓄秀美，沿途遇见的在梯田中耕作的当地人不断向运动员微笑为他们加油，村民的生活世界与淳朴问候似乎极大地鼓励了马拉松比赛的运动员们，比赛结束当晚箐口村的李正林和几个咪古在长街宴上送出的祈福以及附近的文艺队带来的文艺表演同样让运动员们得到了一定的心理弥补，赛事中的各种小插曲与不足逐渐被淡化，也有人开始表示："希望组委会认真总结首届比赛的经验教训，期待明年再来！"

交织着国际流行文化元素的新型文化展演的举办，充分体现了组织者引入外来文化从而大力推出当地文化的决心，这在实质上确实可谓迈出了对内部和对外部的文化理解的第一步。只不过，外来文化融入当地有待于内外人群之间更多有效的沟通与互动，信息与沟通的缺失会引起诸多的问题——哈尼梯田核心区的村民表现出对2016年马拉松知之甚少，在很大程度上便是这类新型文化展演的组织者从主观上将村民排除在这一赛事之外所导致的结果。"内""外"关系的搭建与促进并不是离开村民而可以独立存在的。

村民并非对外来文化以及外来人群漠不关心。曾有村民分享他们几年里对外来游客的观察，一些人甚至可以对游客类型及特点进行较为细致的分类：涉及徒步爱好者时，村民讲道："好多蓝眼睛、黄头发的老外都喜欢走路，不喜欢坐车。有些老外天黑了都还在梯田里走，他们一天可以走很远！"涉及游客进村游玩时间时，村民说出："周五、周六和过节人最多，每个周末到了周日下午就几乎没人了！"涉及不同客源地的游客时，村民表示："还是中国台湾、新加坡的游客大方一些，欧美的其实比较节约，大多数背着个包，住的也一般,吃的更是一般!"从这角度而言,在哈尼梯田的民族文化旅游语境中,当地民众虽然并没有与外来者有深入的交往,却同样进行着某种形式的对外来文化的理解和释读。这些实践显然是具有积极意义的,对外部世界的观察,能够有效地促使当地村民对自己所持有的梯田文化进行有意识的认识,从而对外来者进行文化阐释。在一场旨在沟通内外交往关系、交融内外文化的展演活动中,作为内部文化拥有者的村民应当与来自外部文化的游客一道获得相应的主体性地位,并发挥各自的主体性影响。

需要注意到,在马拉松这场文化展演中,新增的专门标识没有与旧有的公共标识、旅游标识进行融合,而原本可以成为赛道中最有力和最生动的文化呈现的村民日常生活也是缺位的。一言以蔽之,这场新的文化展演并没有与公共标识、旅游标识、日常生活等其他几类景观标识充分结合。理应如美妙奇特的复调音乐一般组合起来的各类标识被割裂为独立的篇章,因此也就失去了复调音乐独有的和谐美韵。如果没有充分尊重"内""外"关系的联结,文化展演还会不断面对其他问题,如,文化展演中的表演者问题就需要得到深思——既然是专门的"表演",其他村民是否可以成为"表演者"呢?比如,在马拉松比赛结束后的长街宴上,组织者要借传统文化中已有的祈福概念为外来人员留下美好的记忆,那么既然是祈福,是否神圣性的宗教人员之外的村民也可以为远方的客人进行祈福呢?

三 神圣性的消散

文化展演既能够克服日常生活的琐碎,力图以艺术真实程式化地展现梯田文化;又能够突破传统年节的固定时间,将其中一些重要的仪式进行表演。这在极大程度上有助于为游客等外来人群营造较好的文化理解氛围。但是,文化展演的运行本身不可避免地受制于经济成本问题,伴随着当地社区社会结构的变化,地方文化的传统神圣性也显露出了不断消解的问题。

"不管如何展演民族文化,都是为了更好地实现自己的经济利益而采取的策略,因此,这种趋势……可以说是民族文化在旅游发展的背景中将不可避免地走向商业化。"[1] 对十余年来哈尼梯田各类文化展演的跟踪分析显示,制

---

[1] 张机:《民族乡村旅游中文化展演的传统性与商业化冲突》,《西北农林科技大学学报》(社会科学版)2015年第6期。

作为文化的标识：哈尼梯田景观符号研究

约文化展演的一个重要因素是经济成本问题。箐口民俗村管理委员会下属的文艺队被解散、《元阳梯田》大型实景演出无法常态化，都是出于节省成本的考虑。尽管箐口的文艺队成员每月的工资从2003年初创时的150元快速增加到2004年的300元，然而相对来说，较低的工资依然难以吸引年轻漂亮的女队员，因高幅的流动性而产生的培训投入使得运营与维持文艺队越发显得举步维艰，故而在新的开发资本进入箐口村后，文艺队最终被解散了。也正是在这相同的经济成本考量的原因驱使下，现成的神圣性的咪古和摩批成了后来各种文化展演中的表演者。

咪古与摩批参与的文化展演较多都被安排在搭建的新鲜"舞台"之上。自2014年起，在距离哈尼梯田景区大门一公里处兴建了哈尼小镇。"哈尼小镇是州委、州政府实施'美丽家园'建设项目之一，位于元阳县新街镇箐口小寨村古树山坡地。基于对哈尼村寨整体风貌及生态环境的保护，哈尼小镇采用了'以家带店'的业态模式"。仅以B组团为例，30栋房屋用于打造"以梯田景观为主体，以哈尼村寨为载体，哈尼文化为灵魂，集哈尼农耕文化展示，旅游观光，休闲度假，民俗文化体验为一体的哈尼特色度假酒店。"①

哈尼小镇自建成后，举办过很多次长街宴活动，距离哈尼小镇较近的箐口村的大摩批李正林及几个咪古常常负责主持长街宴开始前的祭祀仪式，仪式结束后，李正林在长街宴的首席上落座，不断为客人们送出祝福。2016年3月，李正林再一次"表演"了长街宴前的祭祀仪式，在哈尼小镇干净整洁的弹石小道一旁，他将拴着一只红色公鸡的绳子系在了小树的树枝上。

图1-30 寨神林中的祭祀　　　　图1-31 水井处的祭祀

---

① 摘自"哈尼小镇项目概况介绍"标识牌。

· 94 ·

第一章 作为景观的哈尼梯田景观标识

　　与昂玛突节时寨神林中庄严肃穆的仪式（如图1-30）不同，针对游客的展演是被简化的仪式，展演仪式中的牺牲鸡的出场也远远不同于真正的节庆仪式的情形——箐口村的昂玛突由诸多环节组成：首先要举行叫寨魂的仪式，摩批要使用两只鸡和一头猪作为祭品并不断往返于寨神林至磨秋场、寨子的西南路口以及寨子的东南面进行仪式；其次要举行封寨门的仪式，这个仪式需要一只红公鸡及一公一母两只鸡作为牺牲；最后要举行神林祭祀的仪式，这其中的清洗水井环节需要用一公一母两只鸡祭祀大水井，祭祀神树环节要由大咪古抱着不能宰杀的神鸡到神林中，再用其他鸡和猪作为牺牲。①（如图1-31）这只特别的鸡平时由大咪古家养护，就算是鸡自然死亡了也不能烹食之，需要村中集体买来新的公鸡进行替换。由此可见，表演给外人看的仪式与村寨中真正展开的仪式区别是如此的巨大。可即便如此，被简化的表演还是引来了不少游客的围观，他们纷纷掏出手机、相机拍照或拍视频以作留念。事实上，游客群体对审美乐趣以及真实体验的渴望推动着旅游业不断商业化，一切事物、地点甚至体验都可能成为潜在的旅游商品，因此宗教也不例外。②"传统文化作为能够阐释经济效益和社会效益的文化资本被开发利用"，"走向市场的传统文化必然要遵循市场的逻辑"，从而被再生产为一种可供消费的产品，但这并不意味着独具特色的民族文化应该被当作文化"工艺品"。③

　　"送出祝福"与"接收祝福"是文化展演中最常见的形式，这种沟通形式也是搭建"内""外"人群互动平台的最有效的途径之一。2016年11月，一场学术研究会议在元阳县城南沙召开，在展开梯田景观考察活动的这一天中午，来自云南省内外的百位专家在多依树参加了长街宴活动。25张竹篾编制的桌子沿着农耕用具展厅的大堂蜿蜒着摆开，每张篾桌上盛放着哈尼蘸水鸡、梯田咸鸭蛋、手抓花生、素煮瓜豆、青椒炒肉丝等8个菜。步入大堂的专家们未等得及入席，便先将这场小型的长街宴全景纳入镜头之中。待所有

---

① 马翀炜：《云海梯田里的寨子——云南省元阳县箐口村调查》，民族出版社2009年版，第296—300页。

② Thomas S. Bremer, *Blessed with Tourists: The Borderlands of Religion and Tourism in San Antonio*, Chapel Hill and London: The University of North Carolina Press, 2004, p.6.

③ 宗晓莲：《布迪厄文化再生产理论对文化变迁研究的意义——以旅游开发背景下的民族文化变迁研究为例》，《广西民族学院学报》（哲学社会科学版）2002年第2期。

作为文化的标识：哈尼梯田景观符号研究

客人落座后，10 名身着女性哈尼传统样式上衣、头戴传统帽饰的邻村妇女开始吟唱祝酒歌，从长街宴的一端演唱到另一端。每当她们站定在客人身旁时，周围几桌的客人总会不约而同地开心配合着歌声鼓掌，或迅速地从随身背包中取出相机拍照或录制视频。更巧的是，坐在长街宴两端的客人中各有一名专家也会吟唱哈尼歌曲和彝族歌曲，表演祝酒歌的妇女们与他们进行了更精彩的互动，这种互动同时又构成了文化展演中新的内容。这些新增的热闹场面更是让专家们忘记篾桌上摆放着的并不都是传统哈尼饮食，可以说，在这一瞬间融入了展演一方与观赏展演一方双向的情感互动，遮蔽了这场热闹欢腾的长街宴是以景区提供自助餐、村民提供敬酒歌演出且客人购买这些服务为基础的商业活动本质。也正是在这种有效的遮蔽中，文化展演为长街宴的组织者、参加展演的邻村哈尼妇女以及观赏展演的专家们创造了属于各自的相应利益。

内外人群互动使得参与互动的主体赢得特定的收获。以 2016 年 8 月、2016 年 11 月观察到的两次随机展开的游客受邀参与当地人家的宴席为例，两次宴席都是非商业营利性质的家宴，宴请均是因为游客与当地人家有着现存的交往关系。8 月的家宴席设箐口小寨，参加宴席的游客为来自广州的三口之家；11 月的家宴席设阿党寨，参加宴席的游客为来自北京的艺术家。而在这两次随机的宴席中，都有村中其他亲戚朋友参与，宴席上这些当地人即兴吟唱传统的哈尼语和彝语祝酒歌，也不乏哈尼族歌手的原创汉语哈尼语双语歌曲《相约红河》《哒玛》等，得到当地朋友祝福的来自远方的游客必然要将这些精彩的视频分享给更多的朋友，他们自己也学会了元阳地区酒桌上最流行的"多萨"（意即"干杯"）。宴席上的谈话总会因鱼鸭米等梯田特产而涉及每年"三犁三耙"的传统耕种方式，游客在唏嘘不已之时又能听闻更多的习俗传统。宴席上，哈尼青年 Q 为客人讲解了自己的名字含义，并由此讲述每个哈尼族一生中三个名字的命名与意义。[①] 因为他有意从事民族艺术工作，从事艺术工作的北京游客也表示可以将他介绍到更广的同行圈子中。可以说，游客与当地人之间的接触与交往将改变民族文化的展演形态。[②] 当地村民在新

[①] 根据 Q 的解释，哈尼族的第一个名字是父母为孩子取的小名，第二个名字是根据家族父子连名制取的名字，第三个名字是根据出生日的生辰日取的。

[②] 潘宝：《旅游者与旅游目的地民族文化展演形态关系研究》，《广西民族研究》2014 年第 3 期。

的展演形态中对自己民族文化的价值与意义进行新的审视。这些新的文化展演试图通过平等的互动，推进着文化理解的纵深发展。

哈尼梯田的文化展演确实是在试图表现梯田各民族文化中的神圣性的，但如果这些展演的组织者总是无法意识到，并不是一切文化事象都是适合展演的话，那么他们的忽视就会引起实质上的对地方文化的不尊重或者说尊重不够的行为。若展演的组织者在苦扎扎以外的时间要求村民表演祭祀活动，就会导致村寨里的村民在不"正确"的时间里架起了沟通天与地的磨秋和秋千。也有一些展演的组织者要求村寨时刻开放神圣的寨神林，其实这些都是民族文化的神圣性在文化展演中遭受到破坏的表现，因而这些不妥当的做法往往会引起村民的激烈反对。从这个意义而言，这些展演行为确实是需要避免的。

相较于公共标识、旅游标识，文化展演原本更有可能为内外人群创造交流互动的机遇。然而，由于展演组织者错误的认识以及外来游客对地方文化的不熟悉，文化展演在传递信息的过程中比公共标识与旅游标识两类景观标识更易于出现问题，因为既可能是传递信息的一方在组织展演过程中传递了错误的信息，也可能是接受信息的一方在观赏、参与展演过程中形成了错误认识。从当前哈尼梯田实际情形看，公共标识、旅游标识传递错误的信息，文化展演传递错误的信息及产生错误的理解并存，公共标识、旅游标识的问题源自标识的设立者，而文化展演的问题既可能源自展演的组织者，又可能源自游客等外来者。

因此，为了避免信息发出者以及信息接收者的双重错误，文化展演更加需要尽可能地与其他景观标识建立起互补、对比与照应的关系，尽力呈现并阐明哈尼梯田景观。被展演的神圣性究竟采用何种呈现形式也是一个应当被思索的问题。比如，在神林外选择一颗高大的树木标识为"神树"的做法就是可取的，因为通过在其四周建起围栏应当是能够隐喻神圣性的，这种做法不仅使神圣性得以外显，同时还与解说的标识中所要极力渲染的神圣性形成了切实的对比式说明关系。此外，文化展演的成本计算也坚决不能目光短浅地以单场展演来衡量投入产出。良好的文化展演必定能吸引来更多有好奇心的游客，对独特文化的兴趣能够引导他们以不断深入的文化解读主动延长停留时间，并为当地带来更多的经济收益。

作为文化的标识：哈尼梯田景观符号研究

第五节 片段式呈现的生活景观

在民族文化旅游场域中，在外来游客的凝视下，生生不息的地方生活会以片段的方式成为具有"异文化"风情标记作用的文化景观标识，这是现代旅游情景中的独特现象。生活的本源在游客眼中被切割成了一个一个的片段式的场景。从这个意义上说，当地民众的日常生活成为哈尼梯田的第四类景观标识。德波曾深刻地指出，景观是以影像为中介的人们之间的社会关系。① 外来者不断涌入红河哈尼梯田的村寨中，这意味着村寨的景观也因人们社会关系的变化而获得了新的意义。"过去那种地方的和民族的自给自足和闭关自守状态，被各民族的各方面的互相往来和各方面的互相依赖所代替了。"② 但是，当地生活的呈现又不可能是全景式地包含所有文化内涵地呈现及被接受。不同民族间相互交往和依赖的关系在现代旅游的场域中首先就要经历这种片段式地呈现，从而使交往的积极意义可以得到最终的实现，但其过程却只能是阶段性地逐渐完成。

在旅游场域中，日常生活场景为当地民众与外来游客的直接相遇创造着可能。人的日常存在寓于日常世界，所以人们需要从日常世界来领悟自己，然而领悟自己并非对一个固定空间中的现成事物的认识。③ 外来游客认识哈尼梯田、认识哈尼梯田的缔造者、认识哈尼梯田文化以及认识自我，都离不开对梯田生活景观的把握，而且这种认识也不是一经发生就永恒不变的。诚如梯田民族的生活也在变动不居中向前推移，日常生活中虽包含了当地村民生活的全部，却"片段式"地为外来者所接触和观察，这些立体动态的行为合集尽管并非专门针对游客，却也具有引导游客进行梯田景观文化释读的意义。随着日常生活被不断编码和解码，认识日常生活的内涵在一定程度上相当于认识梯田文化，然而这种认识是"片段式"的，随机的相遇使得日常生活这类景观标识表现出混淆日常与非日常的问题。

---

① ［法］德波：《景观社会》，王昭风译，南京大学出版社2006年版，第3—7页。
② 《马克思恩格斯选集》第一卷，人民出版社2012年版，第404页。
③ 陈嘉映：《海德格尔哲学概论》，生活·读书·新知三联书店1995年版，第407页。

图1-32　中国游客进入箐口村　　　图1-33　外国游客进入箐口村

一　包罗万象的日常生活

哈尼梯田民族村寨中村民的日常生活如同世界上任何其他地区民众的日常生活一般，具有现代社会的日常生活本质。日常生活被界定为那些同时使社会再生产成为可能的个体再生产要素的集合，日常生活描绘着现存社会的一般再生产，包括自然的社会化以及自然的人化的程度和方式。总体的人使日常生活得以形成。①"日常生活"在通常情况下是作为一个较为模糊的概念得以使用——因为它一方面既指的是人们司空见惯、反复出现的行为；另一方面又指的是作为价值的日常状态②——也恰是因此，日常生活因为指涉作为整体存在的日常的模糊性而成为一个现代生活的关键概念。从这个意义而言，进入哈尼梯田世界中村民的日常生活场景，也就进一步使先前虚幻而抽象的"梯田"概念在旅游活动中得以具象化，使哈尼梯田的景观认识与景观理解获得了易于通达的路径。

当然，"日常生活"的整体性使得那些意欲对日常生活进行细节描述并将其固定下来的言说的努力突然失去了信服力。换言之，要表述本真的"日常生活"的任务也就变得飘忽不定，趋近于无法完成。即便如此，也不能放弃将日常生活进行着力刻画的决心。毕竟，理解一个民族的文化就要做到在不淡化他们的特殊性的同时，解释他们的通常性，因为只有将他们置于日常状

---

① ［匈］阿格妮丝·赫勒：《日常生活》，衣俊卿译，重庆出版社2010年版，第3—4页。
② ［英］本·海默尔：《日常生活与文化理论导论》，王志宏译，商务印书馆2008年版，第4—5页。

作为文化的标识：哈尼梯田景观符号研究

态之中，使他们不再晦涩难解，唯当这样他们才变得可以理解。[①] 为了尽力切近哈尼梯田中村民的日常生活，在这里，试从箐口村一名普通哈尼妇女的角度对红河哈尼梯田核心区哈尼族的日常生活努力进行再现。

个案 1-1：

自 2016 年 4 月 26 日起，一向开朗大方的 L 大姐几乎变得足不出户、开始蛰居在自家两层半的小楼里，每当一个人独坐在空洞洞的房间里或者熬到夜深人静时，她总是不由自主地默默流泪，难以抑制的心痛常伴随着几声长长的呻吟而来。

认识 L 大姐是在 2015 年 7 月，那一天她和几个邻居一同在箐口村陈列馆旁的休息亭里干活儿，三四个妇女用哈尼话热闹地聊着天，时不时地传出"咯咯"的笑声。这一天，L 大姐染制了五匹土布。这些土布是她从镇上买回来的，刚在她用从村旁采来的兰靛加工成的染液里浸泡了三天三夜并晾干。这会儿 L 大姐要做的事情，就是用木槌用力敲打裹在木棒上的土布，保证土布充分上色。北京来的一群游客看到了她，就围上去也想体验一下制作土布的艰辛。L 大姐用不太流利的方言请我给大家介绍要怎么做。那一天，我给 L 大姐拍了很多照片，她非常娇羞地面对着镜头，等拍好以后又叫我把照片展示给她看，她一一点评："这张不好看，这张可以，这一张应该从那边这样拍。"在这个刚刚飘过小雨的夏日午后，我了解到，L 大姐四十多岁，自己娘家就在箐口村，不像多数哈尼人家那样儿女双全或者多子多女，她只生了一个孩子。现在，她二十多岁的儿子和父亲一起在外面打工。在讲述家事时，能够体会到她深深的安稳的幸福。

2016 年 1 月的时候，L 大姐正在赶制两套传统新婚服饰，用的恰是半年前准备的那几匹土布。而这两套新衣，正是给儿子以及即将娶进门的儿媳制作的。儿媳妇家就在隔壁，她和儿媳每天都能见面并一起忙活家务。随着婚期的邻近，L 大姐越发地开心，也愈希望把衣服给做得更出众些。吃过晚饭收拾好厨房，她就乐呵呵地坐到一楼的缝纫房里，用

---

① [美]克利福德·格尔茨：《文化的解释》，纳日碧力戈等译，上海人民出版社 2000 年版，第 16 页。

第一章　作为景观的哈尼梯田景观标识

大哥给她改装过的缝纫机缝制衣服。这个时候，儿子以及未过门的儿媳就在二楼的客厅里招待年轻朋友们。

距离婚礼还有半个月的时候，大哥请村中几个汉字写得好的朋友到家里写请柬。这些请柬是儿子在"天猫"上买的，每一份请柬一元五毛钱。请柬的式样非常精美，请柬填写好后，要把请柬两头的卷轴往中间卷，再用红绳系起来，最后放到一个红色盒子里。两天后，五百多份请柬终于全部准备完毕，村里的年轻人们花了整整一天的时间才把请柬全部送到被邀请的人家里去。被邀请的除亲朋好友，主要是箐口村以及箐口村所属的土锅寨村委会管辖的其他几个村子（大鱼塘、黄草岭、土锅寨、小水井）的村民。箐口村的多数哈尼族每天只吃两顿饭，早上不管起多早，总要到十点多才吃午饭，晚饭时间则看家里是否干农活、农活儿量大不大而定，早一些为六点多，晚一点的八九点也有。在写请柬的两天时间里，L大姐在大家习惯的饭点时间准备出一桌丰盛的菜肴，炸蚂蚱、炒猪肝、蒸腊肉、炖树花、大芫荽炒牛肉末、煮老南瓜、炒花菜、素煮豌豆尖，另外还有一盘腐乳和酸菜做下饭的咸菜。几个写请柬的好朋友就着可口的饭菜，喝了四个小时的酒，以至于第一天没能完成预期的任务。

2016年2月底到4月中旬，L大姐的家里就剩她一个，她的丈夫、儿子和儿媳都出外打工了。她也没闲着，天亮了，就背着背篓到村口的停车场背沙石。她的二兄弟家要建盖新房，她每天都来帮忙。L大姐和别的女性亲戚一起负责人工运送建材，家里的男性以及请来的师傅一起负责施工。因为人多力量大，这栋房子很快也就建好了。

当后来我再到箐口村，却听说L大姐的丈夫在四月底的时候发生意外去世了。心急火燎地到了L大姐家，她已经完全像是换了个人似的，连说话的力气都没有，她努力地控制住没有哭，深深地叹着气告诉我她真的不好受，不想出门，也害怕出门。她的儿子和儿媳因为担心她太过悲痛，自从父亲去世后也放弃了外面的工作，一直在家陪着她。

又过去了几个月，我把一年多前给L大姐拍的照片洗印出来并送到了她手里，这时候她外嫁到附近村子的姑姑已经来陪了她好几天，家里的两个年轻人到镇上买菜去了。L大姐告诉我，虽然半年过去了，她还是会忍不住地哭："你大哥从来不抽烟，也不多喝酒，都是好好地工作，

· 101 ·

作为文化的标识：哈尼梯田景观符号研究

对我也很好，我一个人的时候就会想他以前对我说的话。"她指着胸口说，难过的时候这个地方非常疼，这半年来她唯独去了两趟镇上，都是因为身体不舒服去医院看病。"不管哪样族，说话嘛是不同，但难过都是一样！"这就是大姐对痛失最爱的总结。

在很长的一段时间里，L大姐甚至都没办法做饭，只能由着两个年轻人去做，做好了请她下楼吃饭："我也认不得我吃的是什么！"这一年的秋收她显然是没有办法完成了。好在过世的大哥的堂兄弟多，这一年大家聚了起来，两天就把L大姐家的水稻都收割完了。"阿花（儿媳）说：'妈你不要那么难过了，以后有了孙子你还要帮我们带呢！'我也晓得我不能这样了，但是还是会经常想起你大哥的好……"

原以为随着时间的流逝，L大姐会逐渐从悲伤中缓过来，村中别的大姐告诉笔者，L大姐十分悲痛，其他妇女要是丈夫去世了，大概在家哭上一个星期就又能像往常一样出门、和别人一起做事，但是她就是不行。这一天，当看到照片上自己一年多前那开朗的笑容，L大姐又深深地叹了几口气，眼眶有些潮湿，似乎在想些什么，或许她也在寻思何时终将恢复到自己曾经的日常中吧！在这里，可以发现日常生活的外在表现与日常生活的内在真实之间的差距。L大姐是一名普通哈尼女性，她的日常生活在一年多时间里急剧变化，急剧的变化对她形成的冲击若不通过近距离接触是难以知晓的。

莱拉·阿布-卢赫德（Lila Abu-Lughod）反对可能强化了分隔并带有等级性的"写文化"，指出可以尝试三种书写方式：一是关注话语与实践（discourse and practice），二是关注各种联系（connections），三是关注特殊性的民族志研究（ethnographyies of the particular）。[1] 这些关注焦点的转向都是为了有效呈现那些过去无法得以书写的特定个人和家庭的喜怒哀乐。以上对L大姐日常生活的呈现暗藏两个目的，一方面在于以鲜活的事实案例揭示哈尼村民的饮食起居、休闲娱乐等农耕生活安排，揭示哈尼人信息传递、人际往来的生活惯习，揭示普通人世界观与人生观的不断形塑；另一方面在于从非日常中探索日常生活的价值、道明日常与非日常的相互依存。对这两方面内容的

---

[1] Lila Abu-Lughod, "Writing Against Culture", Richard G. Fox, ed., *Recapturing Anthropology: Working in the Present*, Santa Fe: School of American Research Press, 1991, pp. 137–162.

把握对于长期停留在村中的外来者可能相对容易，但对于短时停留的游客则不然。

游客眼中的哈尼女性常常由于服饰、装扮等较为相似的外在形象，而使得她们不同的生活状况表现出千人一面的"假象"。也就是说，游客对哈尼女性的理解多源自他们在村寨中短时停留过程中对村民日常生活的印象。可是，这些印象多基于"片段式"的日常生活的外在表象，故而仅通过与村民日常生活的随机相遇以达到文化释读就容易陷入一种不尽然的狭隘与刻板。多数游玩箐口村的游客在看到村中妇女的辛勤劳动场面后，经常会展开这样的讨论："看来哈尼族真的是女人干活儿，男人休息！"就连哈尼梯田景区新近大力推广使用的语音导览平台也大肆渲染，将哈尼族介绍为女人负责干农活儿、男人负责带孩子的民族。不论是景区介绍地方民族概况时出现的误导，还是游客亲自进入村民生活空间后产生的临场性误解，都存在过度放大哈尼族生活中某一面或某些特殊时刻的问题。

哈尼族的日常生活是异彩纷呈、包罗万象的，这与其他民族的日常生活并无二致，让日常生活变得有意义的是村民在不断向前地以各族相通的喜怒哀乐迎接非日常。在一年多的时间里，正当 L 大姐从日常走向了对非日常的习以为常，村中多数人的日常却并没有变——调皮的孩子们可能正脱个精光在村边泉眼旁嬉戏，稚嫩的孩子围着长辈要零花钱去小卖部里买零食，男人们站在街角商议村中的要事，女人们三三两两围坐着染布、纺线，踩着夕阳归来的放牛老人把一捆捆柴火背回家中整齐地摞在堂屋门外，月光下小学生在广场上扎堆玩着游戏。或者说，在 L 大姐从日常走向非日常再努力朝日常恢复的过程中，环绕她周围的是多数哈尼同胞的日常——本家人相互帮衬以渡过难关，亲人用最淳朴的陪伴协助她驱赶悲伤；而村中的女人们，住得近的努力尝试邀她一起染布制衣，离得远的默默帮她盘算着重新振作的日子。男女老少在户外的活动"表演"出了民俗村中一幕幕丰富生动的生活场景，然而在这些随处可见的日常生活的场景之外，还蕴含着难以直接抵达的深藏于蘑菇房中的本真的情感流露。只有当与屋外的生活情景相遇并且意识到屋内的喜怒哀乐与自己是相通的时候，游客才在真正意义上贴近了文化释读的道路，也只有在这个时候，哈尼梯田和谐生境才有可能通过更多的有力注脚、更全面的景观标识而对外敞开。

自哈尼梯田旅游得到开发以来，"内""外"人群在同一空间中各自活动

作为文化的标识：哈尼梯田景观符号研究

同时，又有所互动的画面已经成为哈尼梯田村寨中的常见场景。这意味着日常生活空间已经转化为新的交往空间。公共标识是前现代社会向现代社会转型的表现，旅游标识是地方与世界、传统与现代相遇并纽结的结果，日常生活却具有不同的运行逻辑。它本来就存在于斯，是因为数量不可小觑的外来主体的进入，直接为当地民众与外来游客的相遇创造空间，这个空间却因为一些特定的"物"的编码与解码而面向更广的行动者产生了更多的意义。

二 生活世界的编码与解码

作为贮存哈尼族寻常生活意义与价值的宝藏，日常生活在旅游场域中也成为一类景观标识。然而，要求游客在较短的停留时间里，对当地民众日复一日的及临时性的生活材料加以甄别，显然是困难的也是不符合实际的。"在交流符号活动中，符号是有目的地针对接收者而发的，接收者必须能识别符号发出者要传达的意义。"[①] 村民的日常生活并不是专门针对游客而展开的符号活动，或者说，村民并非有意地通过日常生活建立与他者的交流，但是由于游客已经成规模地持续进入哈尼梯田核心区村寨的日常生活空间之中，因此村民在推动生活不断往前的过程中而展开的各类日常符号活动，特别是那些越来越多地被视为具有民族特性标记功能的符号，如民族服饰、民族建筑、民族节庆等，也就被接收者有意识地接受。外来游客或许习惯于将当地人的生活整体视为笼统的异文化符号，然而游客如何理解这些符号则需要一定的外在引导。这就涉及对哈尼族日常生活世界中具有代表性的民族符号进行"编码"与"解码"。

符号依托于一定的物质载体才能被人感知，但是感知本身需要传送，传送的物质成为媒介（medium，又译"中介"），媒介即储存与传送符号的工具。[②] 哈尼梯田各个村寨的情形表明，当地村民的日常生活中那些可以被游客所明确感知的符号使游客获得了理解梯田文化的快捷通道，这些符号所凭借的载体和媒介，使其在面向外来者时获得了显著的民族特性的标记功能。在哈尼梯田核心区，即使游客已经从整个哈尼梯田空间抑或空间的碎片中提炼

[①] [意] 苏珊·彼得里利、奥古斯托·蓬齐奥：《打开边界的符号学——穿越符号开放网络的解释路径》，王永祥等译，译林出版社2015年版，第4页。

[②] 赵毅衡：《"媒介"与"媒体"：一个符号学辨析》，《当代文坛》2012年第5期。

出哈尼梯田的符号，但是当地人为这些符号中所进行的"编码"（即村民赋予这些符号的意义），若没有得到专门的解说或阐释则是难以清晰准确地传递的。只不过，日常生活以其自身为脚注对符号的编码提供着特定的传送和接受语境，外来游客在日常生活场景中获得情景化的阐释支持，从而实现对民族符号的解码。

人们需要了解"社会文本"中的信息编码，"以便破解它们"[①]。游客对于哈尼梯田世界的景观认识与景观理解不断获得多种符号的协助。来自异质文化的图腾柱高高地竖立在民俗村的村口和村中，昭示着这里有异样风景，游客被引入村中，村寨的生活空间、生活场景成为梯田景观的一部分，地方民居、民族服饰以及传统节庆都逐渐转化为文化标识物。[②] 为了确保梯田景观的存续，哈尼梯田核心区的建筑物必须严格遵循各项规定。当前，梯田核心区的哈尼民居已经从外观上统一恢复了传统式样，错落有致的"蘑菇房"使哈尼村寨获得了外观上的区别性特征。民族节日较为集中地展示着民族文化，游客若是巧遇村民在举行昂玛突、苦扎扎等传统节庆里的各类仪式，就获得了走近最原汁原味的当地文化的机遇。以下将选择民族服饰作为符号之编码解码的演示案例。

民族服饰通常是当地民众不同社会身份和社会角色的外在标记，在近距离的接触中游客还能发现服饰样式充满了变化，而这些变化指向的是地方文化的特性与多元性。[③] 全手工制作的流苏是哈尼女性帽饰中的重要物件，从帽子里留出两大束流苏意味着这个女性已经嫁做人妻，若只有一大束流苏则表示女性尚属单身。制作流苏是在一台由木头拼对而成的形似小木凳的架子上进行的。这台"机器"上竖立着一个长方形的小木框，一根更细的木棍从中间穿过，在这根木棍的中间位置引出八束低垂着的用兰靛染过色的棉线，每一根棉线的尽头都缠绕在一根长约20厘米的竹棍上，这些竹棍的下端还会再系上厚重的螺丝帽。不停地操作八根竹棍，使棉线有规律地编织在一起，流苏就是这样制作出来的。上午十点至十一点，每天的第一顿饭过后，漫长的午后时光开始了，这时哈尼妇女常坐在房门前或广场上编织起流苏，抑或聚

---

① ［法］亨利·列斐伏尔：《空间与政治》，李春译，上海人民出版社2015年版，第18页。
② 马翀炜：《文化符号的建构与解读——关于哈尼族民俗旅游开发的人类学考察》，《民族研究》2006年第5期。
③ 马翀炜、李晶晶：《混搭：箐口村哈尼族服饰及其时尚》，《学术探索》2012年第2期。

作为文化的标识：哈尼梯田景观符号研究

在一起准备用村外采回的兰靛加工染制棉布。这些劳动场面总是被游客静默地记录下来并带回家中，通过日后翻阅这些生动的记录而将访问地化为己有。不但服饰成为一种标记，连制作服饰的场景也一并成为游客对哈尼文化进行认知的主要标记方式之一。只不过，当地人对于服饰符号所进行的编码，在游客通过捕捉生活场景从而解码时难以进行全部的复原。当外来者在村民的日常生活中提炼符号时，通过旅游标识等其他景观标识共同协作地对当地人为符号所编织的文化意义进行专门阐释就变得极为重要。

日常生活包含着诸多的符号，以及相应的编码。因为日常生活由各种各样事务的生发（reoccurrence）所构成。日常生活意味着各类物质，服饰、家具、居室、邻里、环境等，在日常生活中，不论时间、金钱抑或生命，都变得可以被明确计算。人从出生、成长到去世，无时无刻都在日常生活中体验着快乐或痛苦。也因为这些特征，与哲学（truth without reality，"没有现实的真理"）恰恰相反，日常生活成为没有真理的现实（reality without truth）。[①] 被编码的日常生活便是将各种各样的现实加以凝聚，不论是建筑、服饰还是节庆，都在演绎着那些深藏在日常生活中的当地民众的价值取向，一旦这些丰富的文化内涵得到敞开，那么信息在获得解码后就能为外来人群与当地文化提供交融的可能。

在游客与当地文化相遇的各类情形之中，真实的日常生活转化为文化的表演，整体的生活成为景观标识，因而当地民众也就无意间承担起了以日常生活行为阐释当地文化的任务。值得注意的是，游客进入民俗村，对当地民众日常生活进行观察的时刻更多发生在开敞的或半开敞的户外空间中。室外的生活空间为深化交往提供着可能，户外活动被区分为必要性、自发性以及社会性三类，生活空间也因此相应地被区分为三种类型，指向了人群间不同的接触程度。[②] 无论是"各种条件下都会发生"的必要性活动，还是"只有在适宜的户外条件下才会发生"的自发性活动，抑或因改善了条件就能够被促进的"连锁性"的活动，这三类活动都是社会性的活动。而盖尔所指涉的这些不同形式的社会性的生活，事实上也是基于新的社会交往关系的活动。

---

① Henri Lefebvre, *Everydaylife in the modern world*, trans., Sacha Rabinovitch, New York: Harper & Row Publishers, 1971, pp. 14–21.

② ［丹］杨·盖尔：《交往与空间》，何人可译，中国建筑工业出版社1992年版，第2—12页。

哈尼梯田的村寨空间不再仅仅是当地人的必要性的社会生活空间，也不单纯是为一般的观光旅游提供自发性的社会生活活动的空间，而是综合为当地人与外来者共同的社会活动的空间，这种空间为新的交往结构的构建提供了可能性。在这个意义上，各类景观标识是不同人群间交往强度向低度往高度发展的有力"推手"。对于发挥引导游客对哈尼梯田景观进行释读的功能过程而言，应当警惕游客可能混淆日常与非日常。

三 日常与非日常的混淆

在边界被不断跨越的今天，游客们在普遍意义上倾向于找寻与自己的社会文化存在较大差异的文化，也正是如此，这些文化的诞生地较之其他地区更容易成为旅游热点。红河哈尼梯田成为热门的旅游目的地，梯田核心区的村寨也成为内外人群共同活动、不断加强接触频率、相互促进接触深度的空间。在这综合性的社会活动空间中叠加着的所有生活材料，也因不同人群间的交往和互动得以编码与解码。可是，由于游客对梯田不太熟悉，梯田里的一些非日常事象被当成了日常事象。

滕尼斯指出，社会是公众性的，共同体的形成离不开共同的生活。[①] 从这个意义出发，离开了自己的社会步入他者社会，就如同进入了"他乡异国"。步入他乡的旅游者由于进入那些与他们的家乡存在差异的地区而获得异文化的新奇感。尽管如此，游客也很可能适应不了他们"如此突然就要面对的更广泛的世界"，若是这样，那么他们"需要的不只是信息，也不仅仅是理性思考的能力，他们需要的以及他们感到需要的是一种心智的品质"，因为这种品质可以帮助他们"利用信息增进理性，从而使他们能看清世事"。[②] 更进一步地说，旅游活动以时空的变化引领着游客去重新建立或者再次审视他们认识自己、他人以及世界的心智框架，这一活动的顺利进行有赖于信息的通畅以及思考的持续活跃。

通常情况下，游客倾向于将哈尼梯田的所见所闻视为我者与他群的差异所在，将他们在梯田世界中随机相遇的一切当作这个地区的人民生活的典型

---

① [德] 斐迪南·滕尼斯：《共同体与社会》，林荣远译，商务印书馆1999年版，第52—53页。
② [美] C.赖特·米尔斯：《社会学的想象力》，陈强、张永强译，生活·读书·新知三联书店2005年版，第3页。

作为文化的标识：哈尼梯田景观符号研究

写照。可是，游客自认为遇见了当地生活的时刻却是转瞬即逝的，而且这些时刻里所发生的事情也极有可能并非当地人的"日常"。因为，日常生活并不是确定无疑的，人们甚至常常可以在日常的中心地带发现非日常。① 2015年1月，外地的马队专门被请到箐口村运送石材。游览至此的一位游客对这个场景十分感触，他立即分享了图片并解释说："这里的村子都养得有马，人们基本靠马来完成体力劳动。"对于此次偶发性的事件，这位游客将其作为文化典型，并试图"以字句将知觉充实起来"，但是"真正的知识并非印象、亦非知觉"。② 若是这个游客的朋友也未曾到过哈尼梯田或者说即便到过梯田但也并不清楚实情的话，这种"哈尼族每天都用马来干活儿"的偶然印象也就刻板地生成了。

相对不常见的马而言，牛才是现今哈尼梯田核心区哈尼族离不开的家畜，因为有了水牛，做田、犁田都变得轻松了许多。到了农闲季节，箐口村的老年人每天十点吃过早饭，便相约着赶着牛群上山，下午五点多夕阳西下时才返回村中。放牛也不是时时刻刻地盯着牛，在山上的时间多数人通常要砍好一捆柴火，回到家时便把这些柴火整齐地摞到家门口。即便现在大部分村民家中都开始用电磁炉等家用电器烹饪饭食，他们依然习惯到山上用材林里收集柴火，仿佛谁家门口不堆放足够多的柴火就表示这户人家不够勤劳能干。因此，每天把牛群赶到山上，既喂养了牛群，又顺便把寻找柴火的任务解决了。原本这每一天平凡的生活不断上演着，本身就是一种意义。后来，这种生活日常由于游客等他者的到来而又获取了新的意义。在旅游的场域中，一幕幕日常生活的场景也得到重新解码，当地村民在暮色中赶着牛群回家的景象，既是想要留下目的地一些影像纪念的，特别是具有摄影爱好的外来游客的偏爱，也是当地民众不费半点口舌就将自己的生活轨迹进行展示的自在呈现。

然而，这种自在呈现的外在形象的树立与实际情形之间可能存在矛盾。2016年11月13日，先后抵达民俗村的中国台湾团和英国团游客都被随行人员告知"村内正在进行民俗村建设，所以街道受到了影响，希望得到大家的谅解"。按照上级部门的要求和部署，箐口村由于要埋设消防用水管道，村中

---

① ［英］本·海默尔：《日常生活与文化理论导论》，王志宏译，商务印书馆2008年版，第6—8页。
② ［英］罗素：《西方哲学史》（上册），何兆武、李约瑟译，商务印书馆1963年版，第194—195页。

第一章　作为景观的哈尼梯田景观标识

原先用青石铺设好的主干道于 2016 年 11 月被沿路撬开。然而，旅游团遇见的由于升级消防设备而翻挖开的道路还并不是他们所看到乱糟糟的状况的唯一原因。2016 年内，箐口村约 26 户人家进行了家户的装修和扩建，由于村内缺乏专门场地堆放建材，加之位于村口的停车场是通向村中可供机动车通行道路的尽头。因此，对于游客而言是进入村子的重要前站的停车场也就顺理成章地成为村民们堆放建材的最佳地点。这一年里，村口停车场上几乎一直堆放着各类物品，或者红砖，或者石头，再或者是沙子、水泥、钢筋等建材。堆放物品最多的时候，原本能够容纳近 50 辆小型机动车的停车场仅能够停放 9 辆机动车。昆明某旅行社司机倾诉说，这是他近三个月内第五趟送外宾到箐口村游玩。"没有哪一次来这个停车场是干干净净、清清爽爽的！老这样子下去，人家都不愿意来了，其实应该想办法把这些东西堆放到其他地方。"① 此处所举例证仅为日常生活中自在呈现可能存在的问题之一，而这些问题也并非不可调和，往往在调和的基础之上才能确保那些更具代表性的日常生活可获得理解的通达之道。

"日常的"或"非日常的"其实是一种较为纯粹的分类形式，更多的时候我们是无法给我们置身其中的所有种类的活动都贴上"日常的"或"非日常的"标签的。② 尽管如此，随着日常生活在旅游场域中转化为新的景观标识，潜在的危险也产生了，即外来游客很可能将梯田村寨中一些非本质的东西视为本质的东西。游客们越来越多地抱怨哈尼梯田村寨里的村民实在是商业化，其中一个理由就是认为现在的村民往往会伸手向拍摄他们的游客要钱。其实，在哈尼梯田旅游开发的头几年里，多半是外来游客主动将财物赠予配合他们拍照的孩子。③ 现在村里偶然存在的老人和孩子向游客要钱的做法与这些年来内外人群互动过程中一些习惯的养成有着紧密关系。伸手要钱当然不是哈尼村寨生活的全部，但这些行为必然会为整个地区的形象构建带来消极影响。片段式呈现的生活景观确实不易于引导游客融入，村寨里的日常生活由于已成为哈尼梯田景观标识而使得梯田文化本真获得被接近的可能，但同时也面临着以偏概全地被误读的风险。

---

① 访谈人：CXH，46 岁，男，汉族；访谈时间：2016 年 11 月 20 日；访谈地点：箐口村。
② ［匈］阿格妮丝·赫勒：《日常生活》，衣俊卿译，重庆出版社 2010 年版，第 64 页。
③ 马翀炜：《最后的蘑菇房：元阳县新街镇箐口村哈尼族村民日记》，中国社会科学出版社 2009 年版，第 277 页。

作为文化的标识：哈尼梯田景观符号研究

　　文化确实是全然蕴含在村民的生活之中的，可是钻到日常内部去理解文化对于游客而言是不现实的，因为这意味着对"堆砌如山"的生活材料进行解码，生成有意义的主题。① 意义的寻找与阐释依赖互动中的各方力量。2016年3月，一对母子游客遇见了村民们在村口宰杀水牛，母亲让好奇的孩子近距离观看这个场面，自己与在场的村民攀谈起来。原来，这五头水牛是为一场葬礼准备的。提供着这些信息的村民强调说只有老人去世才可以杀牛祭祀，否则的话顶多只能杀一头猪。这个村民之所以做这样的补充说明，是因为头一晚上村里有个不满19岁的男孩遭遇了车祸意外离世了。2016年5月，一个自驾游客与停车场上的村民攀谈交流，问他们是否听说过自己的家乡，他摊开地图指出数千公里外的另一个边疆地区，主动介绍着家乡的特产。2016年8月，广州的一家三代四口人在当地朋友的陪同下完成了在梯田里5小时徒步旅行，他们发现了很多从未见过的植物标本，同时亲眼看到了梯田里的水是如何从山顶流入梯田的，因为见到梯田里稻、鱼、鸭的立体共生，他们更加肯定梯田生态系统的价值，也期待着下一次梯田旅行能尽快实现。

　　在日常生活的场景中，真正的平等的交往逐渐开启。最初，外来者依靠建筑、服饰以及节庆等标识物不断获取意义。当然，在这个过程中，依然存在非本质被视为本质的潜在危险。但这些真相不明的混乱信息既不同于戈夫曼的信息，也有别于格雷克的信息。戈夫曼所谓的破坏性信息，是将需要进行保密的信息进行意外泄露从而降低了舞台的吸引力;② 格雷克所谓的为了克服歧义和进行纠错而专门增加的冗余语言能够提供背景信息，在鼓声中为核心词增加意义相符的修饰性形容词，以便于听众辨别出核心词的实际含义，从而规避相近词语的混淆。③ 不管怎样，游客看到的各类场景确实发生了，蕴含在这些场景中的信息也随之进行了传递。信号塔上的操作员只需按照指令转发信号，而无须理解它们，但是标识信息的发出与接收却显然不同。这需要信息发出者以及信息接收者双方对信息有着充分的认识。为了能够使游客看到的尽量接近真实的日常，当地民众也就需要认识到自身在日常生活这一

---

　　① [英]本·海默尔：《日常生活与文化理论导论》，王志宏译，商务印书馆2008年版，第44页。
　　② [美]欧文·戈夫曼：《日常生活中的自我呈现》，冯钢译，北京大学出版社2008年版，第121页。
　　③ [美]詹姆斯·格雷克：《信息简史》，高博译，人民邮电出版社2013年版，第22页。

重要景观标识的主体性地位，并承担起充分演绎日常生活、协助生活材料之再解码的责任，以此尽力保证游客能够甄别本质与非本质、区分日常与非日常。

在哈尼梯田的四类景观标识中，公共标识、旅游标识可能传递着错误的信息，文化展演也不断被错误呈现或是被错误解读着，日常生活所携带的文化信息则可能被外来游客错误地接收着。不论是对于传递信息的一方还是对于接收信息的一方，传错信息的起因、错误生发的逻辑与影响都需要有准确且清晰的认识。

小　结

景观标识是使社会情感得以稳定存在的重要前提。"标记体系不仅是对于社会意识的形成来说是必不可少的，为了确保这种意识的持续性，它同样也是不可或缺的。"[①] 在哈尼梯田里，他者的到来使当地村民与陌生他者的交往互动成为日常，而交往需要以景观标识等引导梯田景观认识与理解、引导文化释读的信息传递与文化呈现系统为基础。

在我群与他者的关系建构之中，当地文化与外来文化在互动中共享同等重要的地位，内外两种文化共同演绎着二重奏一般的和谐旋律，此时景观标识就是这些音乐的音符。彰显现代性的公共标识以及为旅游发展而专门设立的旅游标识一起成为梯田历史上的一种新的（语言）景观，文化展演追求的是"艺术真实"，而日常生活指向的是"生活真实"。总的来说，四类景观标识在具体的呈现形式、呈现手段、引导意图、文化书写及引起错误的责任人等多个方面都有所不同。标识设立者、游客是景观呈现过程中使得意义阐释和解读走向偏误的常见责任人（参见表1-2）。此外，村民不是出错的责任人通常是因为他们在景观标识的设立中处于缺位状态，这就成为日后反思景观标识之文化书写准确性的一个重要参考因素。

[①] ［法］涂尔干：《宗教生活的基本形式》，渠东、汲喆译，上海人民出版社1999年版，第302页。

作为文化的标识：哈尼梯田景观符号研究

表1-2 景观标识的分类与属性

	呈现形式	呈现手段	引导意图类型	文化书写类型	错误的主要责任人
公共标识	平面静态	物质手段	非专门引导	有意的文化书写	标识设立者
旅游标识	平面静态	物质手段	专门引导	有意的文化书写	标识设立者
文化展演	立体动态	行为手段	专门引导	有意的文化书写	标识设立者、游客
日常生活	立体动态	行为手段	非专门引导	无意的文化书写	游客

被赞誉为"大地雕塑"的哈尼梯田景观因生动的镜头语言传播到世界各地，形象的快速接续、不间断的观看等特征使得欣赏这些影视作品就如同在梯田旅游一般；不同的是，游客是行动中的观众，不仅亲身参与交流，而且可以通过诸如购买当地产品、拍摄当地景色和人群以及事后谈论自己的感受等多种方式把访问地化为己有。① 尽管现代传媒的发展可以使影像记录让人产生"身临其中"的感受，但是，旅游活动的"我去过那儿"的经历是无法被替代的，这也是旅游所获得的认知及审美体验不会被其他信息传播所替代的根本原因。因此，要想让游客对哈尼梯田文化生态系统丰富的内涵获得深刻的理解，这四类景观标识是否真正可以被理解，并因此为游客注入参与感就变得十分重要。②

如果说建筑是一种凝固的音乐艺术，那么哈尼梯田文化景观无疑是一曲技艺高超的复调音乐。复调音乐需要各个相对独立的声部展开通力合作，象征着梯田复调音乐各个声部的四类景观标识也因此必须相得益彰，形成相互补充及协调的关系。不论是有意识地书写当地文化的公共标识、旅游标识、文化展演，还是无意识地书写当地文化的日常生活，既要避免传错信息，也要避免被接收者所误解，更要避免既传错信息又被外来者误解。在剖析哈尼梯田景观标识的"复调式"的协作前，需要先充分认识各类景观标识得以设立的来龙去脉以及标识设立的内在逻辑。

---

① [法] 埃德加·莫兰：《时代精神》，陈一壮译，北京大学出版社 2011 年版，第 75 页。
② 郑佳佳：《世界文化遗产哈尼梯田景观标识的人类学考察》，《云南师范大学学报》（哲学社会科学版）2017 年第 4 期。

第二章 景观标识设立的认知与实践

2013年6月22日这一天,尽管夏日炎炎,元阳县新街镇的梯田广场上却挤满了人,大家伸长了脖子望向广场一角的大屏幕,空气中弥漫着浓重的期待和微妙的紧张。中午时分,当广场的大屏幕上终于传出来自柬埔寨金边的第37届世界遗产大会的决定时,全场沸腾了。历经13年的漫长努力,红河哈尼梯田文化景观终于被正式列入联合国教科文组织的世界文化遗产名录,成为中国第45项世界遗产。梯田被确认为具有突出意义和普遍价值的景观遗产,这意味着新时代的到来。哈尼梯田里的一切看起来都没变,山还是那座山,水还是那渠水,而田也还是那丘田,但实际上梯田的一切都变了,因为这些山水都已经是具有世界意义的,向外言说这些意义都成为绝对的必要。在世界文化遗产的语境下,似乎每一个角落都应该折射出文化的意义。向外述说意义的最直观的方式就是各类新的景观标识的建立。然而,非常遗憾的是,尽管赞颂哈尼梯田生态文化系统是具有时代意义的话题,解读哈尼梯田文化是与保护梯田、发展旅游等重大的时代主题相关的重任,但景观标识的建立却一如既往地存在诸多问题。

尽管建立景观标识从根本上说是一种文化书写行为,但当这种书写已经成为不在乎错漏与否的书写的时候,这种行为就成了为了书写而书写的一种文化表演活动。现代人类学所面临的一个重大挑战是从地方仪式的分析转向对传达某一种文化信息的表演活动进行研究。[1] 哈尼梯田的各类景观标识应提供地方性知识便于外来者展开在当地的社会行动,更应吸引游客、呈现文化。纷纷设立的标识牌看似静态的物质存在,背后却蕴含着标识设立者的动态认知与实践。

---

[1] [美]麦克尔·赫兹菲尔德:《什么是人类常识——社会和文化领域中的人类学理论实践》,刘珩等译,华夏出版社2005年版,第282页。

作为文化的标识：哈尼梯田景观符号研究

由于人类学的任务在于"透过那些自称为永恒真理的华丽辞藻去揭示隐藏其后的种种我们所熟知的实践行为"①，因此，厘清标识设立的动机、剖析标识设立存在的问题以及产生问题的根源就成为进一步讨论景观标识的必要框架。当前哈尼梯田景观标识难以发挥预设的文化释读的引导功能，既与标识设立中人们对信息传递的认知有关联，同时也与文化信息的增补、删减与修饰等多种类型的加工有关，很大程度上标识的设立仅仅满足于其出场而使得形式僭越了内容。

第一节 信息传递的认知

旅游逐渐被公认为是促进国际合作、推动现代化进程、促进国家经济发展和繁荣的重要手段。② 红河哈尼梯田大力发展旅游业的同时，正不可避免地卷入现代化进程。在此背景下，哈尼梯田景观标识就需要提供可预期性，需要在激烈竞争中开出一条前行之道，需要通过文化信息的传递而使自己最终获得大众的关注，也需要呈现出能够激起人们到此探访梯田景观及梯田文化的欲望。

文化信息的传递，其实也是形塑主体、确认客体的过程。"传播的本质是建构主体关系，即重构社会的主体关系。"③ 总体上，以公共标识及旅游标识为主的"物质标记"应提供红河哈尼梯田的介绍性和专业化信息，使那些不断进入核心区的外来游客获得展开旅游活动以及实现文化理解的基础信息（如图2-1、图2-2），而以文化展演与日常生活为主的"形象表现"则应在文化的程式化表现及本源的片段式呈现基础上，为外来游客在梯田里的行动提供融入空间、创造与当地村民的交往交流的机遇，使外来游客在面对这些有意识或无意识的文化书写之时，能够提取文化"专题"并能够交叉印证他们从公共标识及旅游标识中获得的信息。实现这些最终目的，离不开清晰的而非模糊的标识设立目的，离不开准确的而非混乱的标识文本内容，也离不开多元的而非单一的文化阐释。

参与到标识设立工作中的"行动力量"是多方面的，因此关于景观标识

---

① ［美］麦克尔·赫兹菲尔德：《什么是人类常识——社会和文化领域中的人类学理论实践》，刘珩等译，华夏出版社2005年版，第3页。
② ［英］斯蒂芬·威廉斯：《旅游地理学》，张凌云译，南开大学出版社2006年版，第1页。
③ 陈卫星：《关于中国传播学问题的本体性反思》，《现代传播》2011年第2期。

的设立目的、标识文本的形成以及对于标识的文化阐释都是不尽相同的,他们对于信息传递的认知作用于标识设立的实践,进一步制约着梯田景观的呈现及梯田文化的释读。总体上,应当深入思考并紧紧围绕明确的景观标识设立目的,避免以各类规定或手段替代了标识设立的根本目的,应当避免标识文本内容出现混乱,避免不同标识间的矛盾和冲突,应当寻求多种文化阐释的渠道,避免不同的解说者采取简单的"复制"和"粘贴",被统一的而随意的文化阐释所规训。

图 2-1　游客查看景区地图标识　　图 2-2　游客查看箐口村简介标识

一　标识设立目的的模糊

设立标识传递信息的做法从古至今一直都存在着。在中国古代,每当朝廷或官府有要事需通知百姓,就在街头或城门旁贴出盖有官印的告示,这种"揭帖"的信息传达手段延续至今。看过各类"帖",人们明白了自己应当做什么、不应做什么。在现代日常生活中,各类用来告诉人们做什么、不做什么的标识随处可见,标识的设立是要为社会空间配备获取信息的便利,否则,各类行动者一旦缺乏这些信息便难以有效地各行其是,由此也极有可能引起秩序混乱等失范的危险。提供信息以协助人们展开行动,这也是设立标识的第一重功能。

《韩非子》云:"宋人有沽酒者……为酒甚美,悬帜甚高。"[①]《水浒传》里的各路梁山好汉经常被"酒帘"吸引到酒家进行消费。可见,被高高挂起的酒旗和酒帘等标识是为了凸显其"酒美"。宋人养的恶犬吓坏了前来卖酒的

[①] 韩非:《韩非子全译》(下),张觉译注,贵州人民出版社1992年版,第726页。

作为文化的标识：哈尼梯田景观符号研究

妇孺而使得酒一直卖不出去最后变得发酸。设立标识是为了更好地"卖酒"，然而如果标识本身出现问题，则会像"恶犬"一样吓跑潜在的客人。可见，标识的设立具有彰显自我、吸引他者的第二重功能。

人们在借用不同的"标识"彰显自我之后，这些"标识"的形态可能还会引出新的功能。广州法性寺外风吹幡动，两个僧侣在争论到底是"风吹幡动"还是"幡动而知风吹"，不分上下，此时流浪至此的慧能说出了那流传千古的"非风动，非幡动，仁者心动"。① 在这里，标识的存在以及对其存在形态的讨论引得人们开始展开思辨，探讨世界之奥义。基于此，设立标识还具有引起人们沉思与反思的第三重功能。

标识看似普通，事实上却蕴含着多重意义，其功能从显到隐分为多层。标识的设立甚至已超出了基本的建立秩序与彰显自我的面向，将人们引入更为深刻的反思境地。哈尼梯田景观标识通常还具有纪功碑②的信息传播功用。由于包含着对大量当地社会发展轨迹的记载，公共标识在提供地方的介绍性信息之外兼具着彰显功德的功能，旅游标识若嵌入名人或时间的痕迹则也同样成为一种历史记载。比如，箐口村哈尼文化陈列馆里对反抗土司的哈尼女英雄卢梅贝的标识解说，就陈清了这位人称"多沙阿波"的功绩。在这个意义上，设立于旅游场域之中的景观标识就更需要发挥着极具指示性、引导性的功能。恰如前文的分析，现实中的哈尼梯田景观标识不断出现多种错误，公共标识解释力不足，旅游标识信息错漏，文化展演使得神圣性面临消散的危险，日常生活则难以使外来游客区分日常与非日常，不论这些错误的产生主要源自标识设立者还是源自外来游客，抑或二者兼而有之，最初都与标识设立的动机有着极为紧密的关联。

在这个天际在不断延伸、边界在不断消融的世界里，人们既需要得到新的自由、机遇和兴奋点，同时也需要找到家乡的感觉。③ 现代生活的日益同质化使得那些存在较大差异的文化以及产生这种文化的地区因其稀缺性较易成为人们的关注热点。虽然远方的他者或疏离的文化确实是民族旅游相当宝贵的资

---

① 石刚撰：《六祖坛经今注》，首都经济贸易大学出版社2007年版，第13页。
② "纪功碑这种方式，不仅限于对战争的纪年，也不仅是中国人的发明，而是人类的发明。人们在完成一件事功之后，总是希望通过某种媒介传达给后来，来彰显自己做下的巨大功德。"黄晓峰、钱冠宇：《朱玉麒谈清代边塞纪功碑与国家认同》，《东方早报·上海书评》2015年7月12日。
③ ［英］迈克·克朗：《文化地理学》，杨淑华、宋慧敏译，南京大学出版社2003年版，第151页。

源，但是在发展旅游过程中，完全没有必要刻意将地方边缘化或异己化。① 分析任何有意识的表现某种文化身份的行为，都需要引入"文化标出性、标记性"（cultural markedness）这一重要视角。"文化要进行自我展示，赢得更多的认同，就不能只考虑少数群体内部的观众，而是应该预设一个更大的受众范围；但同时也要注意不能一味迎合主流的猎奇心理，而给他文化本身带来伤害。"②

人们也尝试对哈尼梯田进行稀缺性的标记。从根本上说，各类景观标识的出现正是这种标记稀缺性（即标记梯田景观的独特价值）的显化过程。然而，哈尼梯田各类景观标识的出现与设立虽然是为了标示并引导外来者理解哈尼文化的特殊性与稀缺性，但是标识设立者并没有对标记什么样的稀缺性以及如何标记稀缺性等根本问题进行深入的讨论和认识。缺乏深入的讨论与认识的结果就是模糊了标识设立目的。

首先，模糊的标识设立目的体现在标识设立者对相关规定的机械对照，以行业相关规定取代了特定的标识设立目的。哈尼梯田景观标识的标识设立者通常忘却了自己的根本目的，而是机械对照规定、以规定中统一的标识设立手段替代哈尼梯田景观标识的设立目的。根据国家旅游总局的《旅游景区质量等级的划分与评定》（修订）（GB/T17775－2003），4A以及5A两种等级的旅游景区包括导游全景图、导览图、标识牌、景物介绍牌在内的各种引导标识应达到相应标准，4A景区的标识牌应该"造型有特色，与景观环境相协调，标识牌和景物介绍牌设置合理"；5A景区的标识牌应"造型特色突出，艺术感和文化气息浓厚，能烘托总体环境。标识牌和景物介绍牌设置合理"。在这段国家级的明文规定中，可以看到对标识牌的设计样式、设置地点等都有了较为具体的要求，标识牌的设置既要与环境融合，也要能够烘托环境。景区及景区周边的导向标识已经由旅发委邀请云南省标化院进行了统一的设计和更换；而景区内各类标识牌又由SY公司专门请手工雕塑师进行了式样、内容和造型的统一。元阳县旅发委、SY公司对这些国家级的明文规定有着明确的认识——标识系统的设立必须满足相关规定。然而，这些规定更多的是提供了手段而非目的，以明文规定的手段替代标识设立的目的，必然使得标

---

① 赵树冈：《文化展演与游移的边界：以湘西为例》，《广西民族大学学报》（哲学社会科学版）2014年第6期。
② 彭佳：《论民族志影像的展演性与标出性》，《电影文学》2012年第16期。

作为文化的标识：哈尼梯田景观符号研究

识设立的根本动机滑向混沌之中，进而使标识的设立产生诸多问题。

其次，模糊的标识设立目的体现在标识设立者对标识设立目的的刻板认识，错误地认为标识的设立可以简单切分为"文化"与"旅游"两个类别。在对呈现什么样的文化独特性内容的问题上，哈尼梯田核心区出现了一种简单的但是被当地各有关部门秉持至今的原则：旅游的归旅游部门负责，文化的归文化部门负责。这种分工的一个结果就是，在倡导民族文化旅游的红河哈尼梯田里，文化与旅游分了家。举个简单的例子，箐口民俗村的寨神林、祭祀房以及水碾等景点解说标识是由旅游部门负责制作的（当时为元阳县旅游局）；而箐口的文化陈列馆内所有哈尼文化解说标识则是由文化部门负责制作的（元阳县文化体育广播电视局）。将当地政府各部门对标识系统的有关实践与规定继续追踪下去，会发现对标识的呈现手段的再次重申而不是对根本目的的深刻讨论与认识。新街镇当前对核心区公路沿线的各类标识也有着具体的要求，即标识牌必须采取木质造型，禁止灯箱类的造型，这些都是为了烘托整个核心区"自然和谐"环境的举措。标识设立者认为标识的设立既要符合国家级规定，又要满足当地各有关部门的规定，但是在当地政府各有关部门、景区管理方关于设立标识的指导思想中，都能找到标识设立的另一个最具压倒性的优先原则：一切为了安全。这个本来具有积极意义的倡导进一步蚕食了哈尼梯田用以引导梯田景观认识、理解和欣赏的景观标识的根本设立目的。

最后，模糊的标识设立体现在标识设立者在设计标识功能时缺乏变化与变通。对于景观标识的设立而言，变化与变通的精神是尤为重要的。对安全的单一强调强烈地压制了哈尼梯田核心区现有的景观标识功能，使得这套标识系统忽略了文化稀缺性之呈现的根本目的。元阳县委宣传部坦言，他们在针对游客群体推广元阳民族文化时，制定宣传策略的思路基本不将中外游客进行区分，对于所有游客那都是"安全第一"。这与2005年7月30日元阳县召开民族摔跤运动会暨彝族火把节时曾发生的意外事故有着联系。由SY公司最新推动的标识制作工程只是众多景区等级评定准备工作中的一小部分，防护栏的重建也是其中一项工作。工程负责人WF认为，以前的木质护栏很不安全，梯田景区坐落在海拔千余米终年潮湿的山区，木头很容易腐烂。曾经有个观景台发生过外国游客因不小心倚靠在破损腐烂的木头护栏而摔到梯田里的事故。因此，WF最终选择的护栏样式是以水泥浇筑做成的木材外观造型。

当然，标识中对安全的注重并非多余，对安全的专门强调具备积极的社会建设意义。水库边、高压设备旁、路况变化处、护栏上的安全警示标识除明确的安全提示功能之外，更深层次的意义可能还在于对他人的关爱以及对自我责任的认知。此时，这些标识所要呈现的就不仅仅是文化而已，如果缺乏了关爱，标识冰冷地呈现的文化最终免不了成为赚钱的手段。进一步地，没有爱的文化是不可能成为与他者沟通的桥梁的，也不可能是他者愿意融入的文化，注定只能沦为猎奇的对象。

"安全第一"的原则不容否认，因为有爱的文化才是人们愿意接触并融入的文化。如今的哈尼梯田更加注重对安全的强调，仅以 2016 年为例，3 月的红河哈尼梯田越野马拉松比赛、4 月的傣族泼水节活动、7 月的彝族火把节活动，都设有专门的安全工作小组，配备了充足的安全保障人力。只不过，不能因此仅仅止步于强调安全问题，因为这极有可能冲淡甚至搁置了绚烂多彩的民族文化的呈现工作。2014 年 12 月，英国广播公司（BBC）评出"世界新五大奇观"，哈尼梯田成功入选（其他四大奇观分别是纳米比亚沙漠海、印度高地要塞、意大利活火山和日本富士山）。哈尼梯田景观标识应当以呈现文化独特性为己任，不断回归这一"初心"，使标识设立摆脱认知误区。

二 标识文本内容的混乱

当今社会的全球化、现代化以及信息化等多种时代特征，意味着每一个意欲加入世界体系的地区必须高度重视自我文化信息的对外表达以及内部传承。要实现这一既定目标，就需要通过多种传播手段和媒介方式进行信息的传递与表达。要实现这一既定目标，对外表达的文化信息之间就需要得到整合，避免相互间的矛盾与冲突。联合国教科文等国际组织已经对人类共同的遗产，尤其是文化遗产的表达形成了较为全面而系统的要求。[①] 景观标识必须充分发挥阐释与呈现的作用。

---

① 联合国教科文组织大会第 17 届大会于 1972 年在巴黎召开，会议通过的《保护世界文化和自然遗产公约》指出，遗产作为具有独特而无可替代（unique and irreplaceable）价值的财产共同属于全人类，因此人们也要对遗产加以保护。本质上，这些保护行动就是一种文化交流活动。2008 年，国际古迹遗址理事会颁布《文化遗产地解说与展示宪章》。根据这份重要的国际文件，世界遗产保护与管理亟待解说与展示两项工作的良好开展。所谓解说，就是指为了提高公众的文化遗产意识和增强公众对文化遗产的理解的所有活动，而展示特指通过文化遗产地解说信息、实地可达性和解说设施的安排布局以便对解说内容进行认真规划后实现的交流活动。在这里，由于解说包含着细节性以及专门化展示的意义，因而暂时不必对解说与展示进行细分，而用旨在进行文化呈现与表述的景观标识统领之。

作为文化的标识：哈尼梯田景观符号研究

哈尼梯田是一个整体性存在的生态文化系统，对这个整体性存在的文化意涵进行全面的表达就意味着公共标识、旅游标识、文化展演以及日常生活四类景观标识中的任何一种都不足以完成呈现梯田、呈现梯田景观、呈现梯田景观的创造者与缔结者的整体任务，它们必须复调式地协调起来共同发挥帮助他者进行梯田文化释读的作用。仅就旅游标识而言，在十余年的时间里，各类标识牌被不断设立到哈尼梯田核心区，包含元阳县旅游局（现已改为县旅游发展委员会）、元阳县文化体育和广播电视局、元阳县哈尼梯田管理局（已挂牌为世界遗产哈尼梯田元阳管理委员会）以及 SY 公司等在内的多个机构与部门组成了多样化的标识设立者。然而，各类标识文本内容呈现出混乱的特征，通常情况下不同文本之间会出现相互矛盾的情形。

以国家级非物质文化遗产"祭寨神林"（昂玛突）为例。文化部门组织了非遗项目的申报工作，并在"祭寨神林"的主要活动村寨设立了公共介绍标识，旅游部门也将"寨神林"作为重要的旅游景点并设立旅游解说标识。这两类标识的内容是相互矛盾的，如关于仪式的主持人就有"咪古"和"摩批"两种不同的说法。公共标识与旅游标识两类平面标识之间的协调是十分重要的，而要从整体上完美地呈现祭寨神林这一文化事象，在一些文化宣传活动中，由政府相关部门组织的表演性的昂玛突长街宴等活动，以及作为日常生活景观的由咪古组织村民进行祭祀寨神林活动也应该协调起来。村民们和咪古等都是祭祀寨神林的实践者，他们的活动在实践着宗教生活意义的同时，起到了展示独特民族文化的重要作用，因此他们是必须得到尊重的。这种尊重就应该表现在尊重村内人自己对节日活动的时间确定，以及尊重各种与节日相关的各种禁忌方面。在表演昂玛突节日文化过程中，宗教人士与普通村民都应该得到充分的尊重，而不应该仅仅根据对外宣传的需要去随意改变节日的时间或改变节日的各种仪式环节。[①]

尽管不同的标识设立者有自身不同的预设，但标识在实际设立过程中都存在整合的需要，这其实有助于消除标识文本内容的混乱。在"一镇六村"（新街镇、大鱼塘村、箐口村、路那村、哈播村、勐品村、普高老寨）的建设背景下，大鱼塘村作为重点项目之一得到了以基础设施建设、哈尼蘑菇房恢

[①] 郑佳佳：《世界文化遗产哈尼梯田景观标识的人类学考察》，《云南师范大学学报》（哲学社会科学版）2017 年第 4 期。

第二章　景观标识设立的认知与实践

复改造、劳动力转移培训、农家乐扶持、产业培植为主的片区扶贫开发建设。元阳县民宗局、畜牧局、水利局、卫生局等三十余家部门参与到这一项目的实施中。当2011年扶贫项目接近尾声时，如何记录这一项目的工作也出现了难题。如果每一家出资建设的单位都"刻碑立传"，那么三十几块标识牌将会出现在一个小村子里，这显然是可笑的、不可取的。经过工作组的再三讨论，最终决定只需要制作一块标识。但是这一标识上究竟应当书写什么内容，又应由哪一家政府部门负责牵头制作呢？此前，云南省副省长一行视察大鱼塘村，对整个村子大幅改善的村容村貌进行了肯定，期望大鱼塘村进一步形成自己的特色。除去上海市长宁区、青浦区的对口帮扶资金，投入大鱼塘村的数百万扶贫建设资金中还包含云南省民族事务委员会拨付的数十万元专项资金。省民委指出，大鱼塘村作为一个哈尼族村寨，"民族"二字并未突出地出现在村寨中。基于此，各部门的认识得以统一，"扶贫"不只有"经济意义"，也具备着"政治意义"，因此也只有"民族团结"这个重要概念方可良好地指出在这里所发生的因各族力量团结一致而做成功的大事。为了凸显郑重，必须设立让人一眼就能看到的石碑标识，于是一块产自当地石场的青石就成为最佳选择。扶贫项目最终以在大鱼塘村村口设立一块刻有"民族团结示范村"的2米有余的青石石碑标识为项目顺利结束的标志。

　　标识文本内容中混乱的消除通常是以标识设立者不断趋向整合作为前提的，整合的发展趋向很好地表现在梯田景观的保护与发展之中。随着红河州哈尼梯田管理局更名为红河州世界遗产管理局，主要负责元阳县哈尼梯田世界遗产区的日常保护、管理、检测和协调等工作的元阳县哈尼梯田管理局也计划更名为"世界遗产哈尼梯田元阳管理委员会"（以下称"元阳管委会"）。哈尼梯田于2013年成功入选第七批全国重点文物保护单位。成为文物保护单位后，国家文物局与省文物局先后拨付近一亿元专项基金。哈尼梯田的文物保护工作主要由元阳县哈尼梯田管理局实施，自2014年起梯田管理局分批逐个走访梯田核心区82个村寨，严格遴选传统式样且由当地民众生活居住的民居，截至2016年该项工作的完成，共对2245栋民居进行了挂牌保护。管理职能等多方面的发展变化都使得元阳管委会需要行使越来越多的整合性的梯田保护与发展职责。在过去的工作中，对于核心区内现有的各种标识，除非影响了梯田景观，否则梯田管理局并没有管辖权。现在，肩负着世界遗产管理以及国家级文物保护职责的元阳管委会已经需要将传递哈尼梯田文化各类

作为文化的标识：哈尼梯田景观符号研究

信息的标识设立以及管理工作纳入视野之中。

在管理局负责人看来："各类标识的管理都有待大幅提高，但问题的关键在于，以前并没有一个专门的机构牵头负责这个专项工作。今后哈尼梯田标识系统的完善有待于一个科学的编制发展规划，所以我们委托了中科院来形成这个规划。目前规划正在上报等待批复阶段，只要能够立项，今后各种机构单位制作标识时都需要经过我们的统筹了！"[1] 而根据中国科学院地理科学与资源研究所设计的"红河哈尼梯田世界遗产地解说与展示系统专项规划（2014—2030）"，"解说与展示系统是遗产地保护管理和生态旅游的有机组成部分，由多要素构成，是旅游者和遗产地之间的媒介，具有特定功能和结构，它既是一种服务，也是一种旅游者管理手段，更是一种宣传保护世界文化景观遗产的管理方式"。

中科院相关工作人员进入哈尼梯田并对现有的标识进行考察与分析后形成了该规划，他们编制的规划旨在实现遗产地解说与展示的体系化、合理化与规范化，进而加强遗产保护、提高形象建设和管理水平，提升遗产地的文化品位，促进遗产地生态旅游的可持续发展。"红河哈尼梯田世界遗产地解说与展示系统专项规划（2014—2030）"明确了将来整合后的哈尼梯田标识系统的编制规划应秉承原真完整、环境和谐、理解可达、可持续性、科学趣味、规范高效以及多方参与七个原则；解说内容和主体主要分红河哈尼梯田遗产概述与遗产要素（包括国内外著名梯田介绍与比较、哈尼梯田世界遗产概述以及森林—村寨—梯田—水系四种景观要素），红河哈尼梯田世界遗产价值，非物质文化遗产，遗产管理与保护，哈尼梯田遗产区商品以及游客服务咨询六类；解说与展示设施空间布局应坚持以人为本、与环境相适应、视觉距离导向、最大受众面四个基本原则；解说与展示线路要注重以人为本、地域特色性、尊重遗产地历史文化内涵，可以分为遗产地旅游解说环线（含梯田自然风光大环线、遗产区民俗文化解说小环线、老虎嘴珍奇梯田景观观赏体验区生态文化小环线等）、重要旅游解说支线、其他重要主题解说线路三大类；解说牌按照作用和功能被分为解释性、指引性、警示性和宣传性四类；解说牌规划设计原则包括规范化原则、人性化原则、协调性原则、生态美学原则、文化性原则、参与性原则以及耐用性原则七类。

---

[1] 访谈人：GZ，男，汉族；访谈时间：2016 年 11 月 25 日；访谈地点：哈尼小镇。

遗憾的是，由于对具有解说和展示功能的"标识"的认识过于刻板，在对解说与展示系统现状调查进行梳理时，专家们也仅仅将箐口游客中心和主要景点的标识牌、文化旅游网站、电视专题片、电影故事及音乐作品、印刷品、多媒体资料以及国内外媒体、云南本地及省外媒体的新闻宣传纳入了关注视野。这样做的不足之处在于，直接指涉梯田文化拥有者及由文化拥有者参与的具有文化标记功能的标识是缺位的。因此，走向整合的标识设立，不应轻易放弃任何可以标记梯田景观稀有的独特价值的、人们在文化之网中缔造的事物以及人们在这片大地上的各类活动。要实现这些设立目的，依然有待于标识设立者充分认识标识的设立目的与实现手段，形成有效的行动指南。

三 文化阐释的随意规训

由于在设立标识时缺乏整体性的规划，所建立的标识存在良莠不齐的问题，因此，如何对标识设立进行管理也就成为当务之急。在这样一种各自为政的情景下，各级各类标识设立者都按照各自的文化呈现的认知逻辑和实践逻辑来进行工作，梯田也就成了各显神通的"舞台"。也正是因为标识问题的不断出现，使得标识设立者及政府相关部门觉得有必要建立统一的规范来对各类标识进行整合。然而非常遗憾的是，这类整合行为由于缺乏严肃的科学研究基础，而往往成为领导部门非常随意的意见表达，当地村民这些真正的梯田文化拥有者对梯田的理解很少受到尊重，这类要求相关部门进行的景观标识的建立及对梯田文化内涵的解读规训本身都往往是各吹各调的，从而使景观标识及文化解说事实上变得非常随意。

哈尼梯田的价值、意义及其存续在成为世界文化遗产之后仍处于被不断认知以及统一认识的过程中。2014年10月，红河哈尼梯田可持续发展国际学术研讨会召开，来自联合国教科文组织、国际古迹遗址理事会、国际文物保护与修复研究中心和遗产地社区的代表，以及来自相关国际专业机构和亚洲各有关国家的专家达成共识，认为梯田文化景观有着如下价值：梯田文化景观是一类特殊的农业生态系统，实现了人类与自然之间的微妙平衡；梯田文化景观是在认识人类与特定环境之间相互关系的基础上，通过千百年来对农耕实践的不断摸索和完善所创造出来的产物；这种农耕实践，包括对物种、耕作方式和自然环境的保护，并通过知识体系、民间信仰和风俗习惯得以固定，成为世代相传的文化传统；梯田文化景观反映出人类顺应自然、利用自

作为文化的标识：哈尼梯田景观符号研究

然、与自然和谐相处的智慧，体现了人类创造力、耐受力和意志力，对当今保护文化和自然的多样性以及人类的可持续发展有着重要的示范作用。因此，梯田文化景观的保护，不仅要保护其物质形态，更要保护支撑其物质形态的传统知识体系。[①]

然而，研讨会之类的集中深入讨论所产生的结论更多的是停留在宏观的理论层面，而在微观的实践层面有力推动哈尼梯田的保护与开发却很少是落实到位的。当地相关部门组织的"梯田保护与开发"专题会议非常之多，但对梯田价值的认识及阐释有价值的内容却几乎没有；领导们也在发现这些问题的时候很少采取科学的态度来认真解决这一问题，虽然领导们在场面上总是说要尊重当地人的文化，但一遇到具体问题的时候，基本上都是认为自己比当地百姓更了解哈尼文化，也比专家学者更有发言权。

听闻2016年1月19日将有"州里的领导和专家来考察梯田"，而且考察组要到箐口村实地讨论梯田的保护与开发，因此19日一早笔者就在箐口村停车场守候着考察组的到来，然后对考察组在箐口的活动进行了观察记录。

个案2-1：

19日上午十点左右，两辆19座中巴车驶进箐口村，从车上鱼贯下来26名考察团成员。走在考察团队伍最前端的是此次考察与讨论的发起人（红河州州领导L），他注意到我们站在村口时以为我们是游客，在了解到我们是驻村进行田野调查的民族学学生后，L与我们握手并进行了简单的交谈。进入村口，同行的县领导H看到指路标识牌已经歪斜，便主

[①] 为保证梯田文化景观的可持续发展和当地独特文化传统的延续和传承，全体代表共提出六条倡议：1. 坚持"以人为本"的全面、可持续发展观。尊重当地居民渴望发展、享受幸福生活的权利，完善基础设施，提高教育和医疗水平，改善生活条件；尊重并保障当地居民参与决策的权利，支持他们在梯田文化景观可持续发展中发挥主要作用。2. 保护并发展传统特色农业经济，提高当地居民的生活水平。鼓励居民创建符合自身利益的经济模式，推动农产品销售，增加农产品附加值，提高当地居民收益，吸引年轻劳动力回流从事农业生产。3. 尊重知识体系、民间信仰和风俗习惯。建立非物质遗产传承机制，加强和引导社区文化活动，维护当地传统，珍视社区认同，延续文化生态。4. 保护自然和人文环境。加强可持续生态旅游管理，科学评估游客承载力，制定旅游设施标准，促进旅游收益回馈梯田文化景观保护并惠及当地民众。5. 加强能力建设。开展遗产保护、监测、管理、研究、展示、宣传、教育等方面的学术交流和人员培训。6. 鼓励亚洲国家之间的交流与合作。共享遗产保护和管理经验，共同应对挑战，实现梯田文化景观的可持续保护、管理与发展。参见红河哈尼梯田可持续发展国际学术研讨会编：《关于梯田文化景观可持续发展的红河倡议》，《红河日报》2014年11月1日第1—2版。

动上前扶正。此时，镇领导 Z 也开始主动介绍起了哈尼族的传统民居，一楼不住人主要是为了避免过大的潮湿度对人的健康造成影响。沿着进村的右边道路往前来到陈列馆，L 对挂在陈列馆外墙上的"日月盘"产生了兴趣。

考察团中的一名女性工作人员（其实为元阳县县领导 X），听到 L 发问，便主动上前指着日月盘上的鱼说："这是万物神，金鱼娘娘每一百万年翻一次身，三次身翻下来，天、地、人都有了。"见到 L 还想了解更多，她便指向另一位女性工作人员，说："这个要请专家来讲了。"X 指的专家其实是政府相关部门的负责人，大家都称她为"Z 老师"。"Z 老师"听到 X 的话后，马上将箐口村的大摩批李正林唤了过去介绍给 L，并解释说由摩批来讲比较合适。X 也补充道："这位是我们的传承人，文化传承人，省级文化传承人，省级非物质文化传承人。"

L 便问李正林："这个图腾有什么含义？"李正林回答："你看嘛，鸡呢是天亮了叫，它知道天亮了；这个在我们梯田的地方，螃海（螃蟹）要排水……晚上排水，早上（水）清清地来。"L 对"排水"这一说法有些疑惑，Z 老师在一旁肯定地回答说："排水就是清洁水源"，另外有人补充道"它对水源有清洁作用"，L 总结说："哦，就是把水排清。"

李正林继续解释说："这个青蛙呢，就是我们天变了，这个青蛙就叫。"此时考察团里的其他人七嘴八舌地总结着，青蛙就是"气象员""气象局""气象局局长"。李正林最后讲鱼说，"这个娘娘嘛，鱼嘛就是万物嘎！"L 问，是否就是"生命之源？"Z 老师回应："我们万物都是从金鱼娘娘的肚子里出来的。"L 又突然问起日月盘的图案中间那些星星点点代表着什么，李大爹回答说："这个是人变的"，可由于一时间无法继续表达出更多意思，他只好无奈地望向 Z 老师。Z 老师提示说："这是人类进化。"李正林听了之后跟着重复说："就是人的变化，这些么就是水里面发展来的了。"听到这句话，L 再次望向 Z 老师说："这个就是你说的那个，个个少数民族都有的？"县领导 H 此时将刚才 L 问起的四种图腾进行总结，边微笑边讲道："你看，这个嘛相当于是气象局（指向青蛙）、这个是水利局（指向螃蟹），报时间的、广播电台了嘛（指向鸡），这个嘛是计生局（指向鱼）。"

Z 老师此时开始接过话说："这个老李大哥今日是有点紧张，没有讲

作为文化的标识：哈尼梯田景观符号研究

得好，在哈尼族的观念里边，这个是太阳，你看，大的是太阳，小的是月亮，更小的这些是星星。它象征了宇宙万物。在这个里面呢，鱼是最古老的万物的始祖，所有的天地、植物、动物都是从这个金鱼娘娘的肚子里边出来的，人就是从她的肚脐眼这里出来的，所以人类最珍贵、是天神最宠爱的儿子，所以哈尼族也自称是'天神之子'。然后，在这个过程当中呢，他（人类）与天地万物和谐共处。鸡，它一叫天就亮了，所以是光明神，它是吉祥物，带来光明；那个么是排水沟、清水沟的，把它视为水神，只要有螃蟹的地方，就可以开挖梯田啦；另外这个青蛙呢，就是它可以根据不同的季节发出声音，就像一个报时器一样，下雨什么的都能通过它的叫声知道，所以也是一个自然神。中间这些人就是人类不断的进化，哈尼族的传说说人一会儿是背后有眼睛，一会儿又是只有一只眼睛等，他就是不停地变化，最后进化为现在的这个人。这个日月盘讲的就是整个天地万物的起源，和那一种和谐的哲学观念。"

听完这些讲解，L 追问日月盘图案中的线条是否就是梯田，得到了大家肯定的答复。Z 老师继续解释，"其实这个整个就是代表了哈尼族非常典型的一个吉祥物"。L 将其总结为"宇宙观"，Z 老师说："这个当护心镜可以戴着，护心，然后把我们的历史文化、宗教观念穿在身上。"至此，L 和 Z 老师共同将日月盘归纳为"原始的哲学观""万物有灵"以及"和谐"的象征。

说完，L 突然问道："那么这几种动物在哈尼族的文化中是很神圣了，不能吃吗？"大家不约而同地回应道"吃还是吃"，县领导 X 补充说："人才是最珍贵的呢！"Z 老师回答："因为好，所以才要吃。吃它并不是要灭它，是大家和谐发展。"

此时有其他同行的考察团成员指着日月盘上的鸡上说："这怕是白鹇鸟吧！"Z 老师回答："不管是鸡也好、鸟也好，都是神鸟。"刚才提问的人喃喃道："怕是理解成白鹇鸟更合适。"

后来，L 又参观了白龙泉、水碾水碓水磨，在了解到"比较有民族风情"的水碾水碓和水磨单独建成一套就需要花费接近五十万元人民币时，L 惊叹其投入确实不菲。这一次考察团在箐口村的调研路线最后一个观察点是位于寨脚的哈尼哈巴传承中心，走到此地时，当地干部又对传承中心外活动广场旁建到一半的露天舞台的停工进行了解释。考察团

第二章 景观标识设立的认知与实践

此次在箐口村的考察工作结束后,准备前往下一个调研点哈尼小镇,据说其他调研点还包括了坝达和大鱼塘。

就在这些领导离开的时候,文化部门的干部还专门叮嘱大摩批以后要按照这些说法去向游客进行宣传。

在陈列馆短短的十五分钟里,来自州、县、镇的各级干部以及箐口村的村民代表轮番为州领导讲解日月盘上的图腾文化。在这些言语中,不难发现生动的文化翻译式的阐释以及村民吃力地被规训的阐释。

考察队伍中有人将四种自然神与行政机关进行简单的"对译"不失为一种帮助他人快速理解梯田文化的文化翻译,但这种解释中包含的穿越也未免太过于滑稽。没有上过几天学,自然不知道高深的进化论的大摩批李正林则对那些被统一规训了的"代表着人的进化"的符号的阐释显得不甚熟悉,他吃力地"复制""粘贴"着那些被规训的阐释,以至于最终对哈尼文化中重要符号的阐释任务落到了非当地村民的身上。

在箐口村的调研中出现了地方精英对"日月盘"(图2-3)上不同符号所表征的内容及寓意存在着争议。图腾上的那个特殊符号究竟是代表"报时的神鸡"还是代表"吉祥的白鹇鸟"并未得到结果,但有人提出"不论是鸡还是鸟都是吉祥的"。

从这样的一次现场讨论中,我们可以明确地感觉到所有人都是在附和着官位最大的领导在进行着解释,如这位L领导大约也是知道一点图腾与饮食禁忌的关系的,所以才问到是不是不可以吃,而小一点的领导则非常高妙地解释说:也吃,因为好才更是要吃。"吃它并不是要消灭它,而是要和谐发展。"不知道当游客真的听到这样的解释的时候会不会以为自己在听相声?此外,日月盘上的线条到底是不是代表梯田?这个问题本来应该由村民们去回答,也许那些线条本来就是一种形式美的东西,在老百姓口中也许就只是看着好看的东西,但在哈尼梯田已经成为世界遗产的今天,什么东西不应该和梯田扯上关系呢?因此,那位大领导的下属就毫不犹豫地肯定了那些线条就是梯田。这类实际上是以解读领导意志为目的的规训造成的混乱只会使当地文化拥有者,如摩批之类的人更加语无伦次乃至失语。

作为文化的标识：哈尼梯田景观符号研究

图 2-3　陈列馆外悬挂着的"日月盘"　　　图 2-4　箐口村村口大理商人经营的商铺

此外，通过与参加考察的专家交流不难发现，在他们眼中，箐口村内存在了多年的大理商铺（图2-4）在这一次考察调研中被认为箐口村中传递错误信息的"部门"，认为哈尼村寨中销售尚未被统一的梯田文化阐释所规训的其他民族产品，这是错误的文化信息的传递。那么，怎样才能传递正确的文化信息之类的问题却很少被真正作为一个严肃的问题进行思考。

标识设立者在面对日月盘之类的逐渐被标识系统"采纳"和"收编"的民间梯田文化图腾时，不应当试图简单随意地"复制""粘贴"而实现标识文化阐释的统一及规训。标识的文本内容确实有待明晰而避免矛盾、冲突，标识的设立工作也确实需要趋于整合，然而，这并不意味着人们对于标识的文化阐释也需要通过众口一词的同一版本才能实现。恰恰相反，多元的文化阐释更加能够呈现出梯田遗产价值在地方知识中的多样化的表现形式，更加能够证明着标识设立者、当地村民、游客乃至其他外来者都获得了认识、理解与欣赏梯田景观及梯田文化的途径，更加能够彰显人之创造性在开放的文化呈现情境中的可贵之处。而不论这样的解释最终是怎样的，其解释的基础依然应该是当地人的理解。那些为了迎合现在的一些所谓人与自然和谐相处的话语而进行的各种改编或臆造，其结果只能是使当地的文化内涵得不到彰显。

作为哈尼文化传承者的大摩批无法顺利阐释"日月盘"，其实是因为他在并不理解保护世界遗产的管理部门的话语的时候，又要努力附和所造成的尴尬。按照遗产管理局的设想，要把日月盘等符号讲出民族味道，就应该请村民来给大家讲解，这其实只是做出了对当地村民的文化拥有者身份尊重的一个姿态。

第二章　景观标识设立的认知与实践

按照政府相关部门的意愿去讲解自己都不是非常明白的文化内容固然显得局促，但这样的讲解也是可以获得益处的，如工资等。因此，局促也好，尴尬也罢，能得到现实的利益就成了这么做的重要原因。对于如何更好地对哈尼梯田文化进行解释这个问题，一些相关部门的领导提到的遗产管理局需要统一培训的方案并不能说就是没有道理的。但问题是，培训的基本原理是什么？什么才是哈尼文化？等问题如果没有搞清楚，那么，按照一些文化干部想当然搞出来的所谓标准答案所进行的培训的效果会是怎样就可想而知了。

事实上，SY公司的管理人员也曾多次表达过对日月盘这一图腾的疑惑，因为他们从当地人那里得到了两种答案，一说这个图腾是哈尼女孩出嫁时的必备物品，象征着生殖能力旺盛；另一说则是哈尼族去世时要陪同下葬的物品。SY公司的F非常明确地告诉笔者，其实他认为这两种解释都不被SY公司采纳，因为突出生殖能力会大大降低游客对梯田文化温婉美感的想象，而强调丧葬礼仪中的用品则可能使更多的游客感到忌讳，因此还是将之进行"传统的发明"更好，把它说成是辟邪祈福的吉祥物才能让游客理解其意义。[①] 现在，在SY公司的统一解说中，对日月盘是这样解释的——

日月盘

在云南红河哈尼族地区，人们在祝福的时候会说一句"姆拉比"。哈尼语"姆拉比"的意思就是"把一切美好带给你"。在盛大的节日以及喜庆的日子里，哈尼人会将各种代表吉祥的动物、植物雕刻在银器上，送给心目中最重要的人，并且说一句："姆拉比"！收到"姆拉比"祝福银器的人可以说是最有福气的人。戴在胸前或挂在腰间的这个祝福的银器不仅仅是美丽的装饰物，而且还是辟邪祈福的吉祥物。

最美丽的"姆拉比"祝福银器是日月盘，哈尼语叫作"巴哈格金"。圆盘上往往刻有白鹇鸟、螃蟹、鱼、鸡、青蛙、树木等图案，具体刻什么都由主人来定。做工最精致图案最漂亮的日月盘都是姑娘出嫁时佩戴的那一种。新嫁娘戴着美丽的日月盘出嫁，一可以辟邪，二可以给夫家带去新的福气。当你走在哈尼梯田边时，意外地听到一句"姆拉比"并收到一个日月盘的话，那你确实应该惊喜，因为你得到了哈尼人最真诚的祝福！

---

① 访谈人：F，男，汉族；访谈时间：2016年3月16日；访谈地点：箐口游客中心。

这样的"发明"确实是非常有创意的,并非完全的臆造,也符合游客的期待。可是,文化的丰富性却可能在这样的"发明"中失去了其鲜活性,这样的统一性解释也在一定意义上说是一种对游客理解能力的低估。

从根本上讲,标识设立确实是新的时代背景下的一种需要创意的文化书写,那种认为只要按照当地村民的说法把传统文化简单进行表述就可以了的想法是十分草率的。因为这样的理解没有考虑到跨文化交流中存在的必须对不同的文化进行深入理解并找到不同的文化图式可能共同遵循的逻辑的困难。同时,那种按照现代的话语或者为了获得经济利益而进行的发明来规训当地文化的复杂性的做法也是不可取的。这类规训不仅很难使游客真正理解哈尼梯田丰富的内涵,同时也使正在传承哈尼梯田文化的当地人在理解自身文化时变得不知所措。

明确标识设立动机,避免混乱的标识文本内容,避免统一的、单一的文化阐释的规训,避开信息传递的认知误区将极大地有利于标识设立实践充分发挥其应有的引导和帮助游客进行梯田景观认识、理解与欣赏的功能。这些问题的解决虽然在正确建立景观标识中具有根本性的重要性,但建立景观标识时可能出现的问题还远不止于此。当景观标识的内容可能是正确的情况下,把这些信息置于标识牌上也并不如人们所以为的那么简单。文化信息加工中出现的许多问题也并不只是一个态度认真与否的问题。什么是"准确的"信息,怎样抽取加工出"准确的"信息,又要怎样传递那些准确的文化信息等问题都是值得深入探讨的。

第二节 文化信息的加工

面对不同的收讯者,标识中的文化信息要接受不同的加工。新街镇梯田广场旁有一家主营哈尼服饰的商店,店门头上是黑色漆底烫金大字的木制店名标识牌,上书"哈尼玛"。这个标识牌与周边的店面使用着统一的标识样式。初次看到这家商店时是清晨,商店尚未开门,一行人好奇地猜测着店名的本意。后来问过当地人才知道,"哈尼玛"在当地哈尼话中是对哈尼女性的统一称呼。找到店主了解,她的顾客主要是新街镇境内的哈尼女子,难怪她的店名采取这样直接的简化处理。所谓加工，或增或减或修改，文化信息的加工同理，文化信息的增补、删减以及修饰都是可能存在的。就好比仅仅指出观念的好或坏是远远不足的，人们还需要随时准备好对为什么观念在特定时空中是好的或坏的进行详细说明，[①] 景观标识也需要对哈尼梯田的各类文化信息进行说明解释而不是仅仅指出其存在即可，但是哈尼梯田景观标识所展开的文化信息加工都或多或少地出现了纰缪。面对着不断扩大的行动者，哈尼梯田里用以呈现梯田景观，引导和帮助外来者对梯田景观建立认识、理解的各类景观标识需要分别在进行文化信息的增补、删减或修饰过程中意识到出现纰缪的可能性并及时规避。

一 文化信息的随意增补

哈尼梯田景观标识中的文化信息需要进行增补，可能存在着几类情况，一是标识解说与凸显的对象并非从起始就存在于梯田世界，而是随着近年来梯田与外界交流互动频率的增强而新近植入当地生活中的新事物（如姜文房）；二是标识解说与凸显的对象曾长期存在着，只是因为种种原因被人们所淡忘，现在由于外来人群的不断来访，这些事象又被重新挖掘出来以表明梯田文化内涵的丰富性与历史感（如马帮府）。当文化信息需要进行随意增补时，通常遇见的问题在于，标识解说与凸显的对象的价值和意义没有得到完整的体现，这些对象的信息在景观标识中没有得到系统呈现，甚至与其他信息相矛盾，这些状况都容易使得景观标识的阅读者或接收者（也就是收讯者）被引入一种懵懂不明的状态。

（一）"姜文房"——外来文化的硬性植入

云南省委宣传部为提升红河哈尼梯田的知名度，于2005年邀请知名导演到箐口村拍摄电影。为此，姜文专门从香格里拉运送木材和藏族工匠到箐口村建盖木屋，建房前后耗时两个多月。当电影《太阳照常升起》拍摄结束后，这栋从中甸搬到元阳的屋子作为礼物送给了箐口村，后来又变身为哈尼哈巴传承中心。久而久之，村民们就干脆将这栋房子称为"姜文房"，元阳县负责宣传和旅游工作的多个政府部门也习惯于将这栋房子前的

[①] Marvin Harris, *Theories of Culture in Postmodern Times*, London: Sage, 1998, p. 27.

作为文化的标识：哈尼梯田景观符号研究

广场称为"姜文广场"。

在2009年批次的标识设置工作中，姜文房前的广场成为箐口民俗村新增的一个景点，解说标识设置在了房前的空地一角，景点名为"活动广场"。在进入民俗村的村口岔路，墙上挂着的木质指路标识（图2-5）却将这个景点称为"《太阳照常升起》《诺玛十七岁》拍摄点 JIANG WEN FANG GUANG CHANG"，竖在岔路口的指路标识（图2-6）中有一块专门写有"活动广场 Events Plaza"的牌子。各类标识中对这一景点的命名，大抵是要为游客揭示，这里也有过现代文化产品诞生的轨迹，可是随意的景点命名及相互间的不统一（指路标识上使用"拍摄点"及"活动广场"两种称谓）混淆了它们的内在关联，称谓的多样化容易造成道路方向指示的混乱。"活动广场"只不过是被简单地介绍为"电影《太阳照常升起》《诺玛的十七岁》和电视剧《山间铃响马帮来》等拍摄点"。从实际表现看，"姜文房"和电影取景的广场共同构成了一个具有张力和故事性的新的文化空间，如同新兴植入传统村落中的一个新型符号，揭示着新文化信息的出现。可惜的是，箐口村中新生的文化信息并没有在标识中得到良好的体现，更多地表现为一种硬性的植入。

图2-5　指向标识"拍摄点"配"姜文房"拼音　　图2-6　指向标识"活动广场"

事实上，每当"姜文房"一类故事的来龙去脉传递到中外游客那里时，往往会取得很好的效果。他们乐此不疲地追问藏在"姜文房"背后的故事，更加肯定了这栋房子的意义。当然，他们通常也会表示，他们根本没有预料到在偏远的梯田里竟然还发生了这么"好玩的事"，"幸亏听到了这个故事，否则光看（标识）牌上的介绍是不会了解那么多的"。可以假设，对这一空间进行描述和阐释的标识文本若能够认真补充姜文房背景故事的一定信息而非

· 132 ·

随意增补一个"姜文房"的说法时，那么不仅中国游客，就连外国游客也能很好地把握到这一文化空间里新近发生的精彩故事，那栋看起来和别的蘑菇房不太一样的房子也就进一步地成为民族友谊的化身与见证。

（二）马帮府——传统文化的刻意发明

哈尼梯田景观标识中文化信息的随意增补除了表现在对外来文化的硬性植入外，还表现在对传统文化的刻意发明之中。在 2015 年全新改造完成的多依树村委会多依树下寨，有一处用木材搭建的亭式大门，门头由厚实的谷草覆盖着，亭边低矮的房屋同样铺有厚实的谷草房顶，石块堆砌的石墙上挂着一些马匹运输专用用具，房前是一个马槽，马槽边悬挂着一块木头，长约 1.5 米，上书"马帮府"三个大字。在政府部门工作多年的当地女青年 ML 坦言，每次到多依树下寨村看到"马帮府"三个字，她都会非常疑惑，直到后来看到在文化部门工作的同事在微信发表的一则朋友圈内容，她才恍然大悟。这一则介绍内容如下——

> 马帮文化是中国西南地区以马帮为主要交通工具的民间国际商贸通道，也是中国西南自古以来民族经济文化交流的丝绸之路。红河南岸的马帮文化源远流长，从明朝初年开始，梯田茶马古道以马帮为物流主体，从红河县城到红河阿扎河的普春，途经元阳县沙拉托、牛角寨梯田、新街的箐口、坝达、麻栗寨梯田，到宗瓦司署所在地的多依树下寨为重要驿站，穿过东观音山进入锦屏县，再进入越南、缅甸等东南亚国家。茶马古道是一个非常特殊的地域称谓，是一条自然风光壮观，文化神秘的旅游线路，它蕴藏着开发不尽的文化遗产。
>
> 现在我们看到的马帮府正是当年宗瓦司署为马帮队伍设立的重要补给站。如今，马帮文化已成为历史，但依然显赫在哈尼梯田文化的记忆空间。

ML 颇有意味地表示，虽然自己是土生土长的元阳人，而且自己从事的是旅游管理工作，但其实对家乡的历史文化了解还是欠缺太多。多依树下寨中马帮府这样一个重要的文化信息，真的"应该设个牌子说明"，让更多的人了

作为文化的标识：哈尼梯田景观符号研究

解这个区域发生过的故事。① 从这个意义而言，"马帮府"虽被刻意地发明，但其真正的文化内涵在景观标识中依然处于缺失状态。

其实，介绍中提及的"宗瓦司署"，也出现在普高老寨广场旁树立着的指向标识牌中。一些游客反映，他们随着标识牌指向的方向走去，沿村民出门干活的山路走出八九百米也寻不到"宗瓦司署"的所在。位于多依树下寨的宗瓦司署旧址是新近被重点关注的土司文化体验地，云南省文物局曾于2014年向国家文物局提出《关于红河哈尼梯田之宗瓦司署修缮工程立项的请示》，后得到国家文物局的批复（文物保函〔2014〕2510），要求按照"不改变文物原状"和"最小干预"原则，尽可能保留有价值的历史构建，从而延续宗瓦司署古朴的历史风貌。司署的修缮工程于2015年得到全面启动。

尽管工作方案中突出了"宗瓦司署"的文化价值，但距离真正的呈现还有一段路要摸索。这类文化信息在几乎已经完全隐去后又被重新挖掘出来，表现为在景观标识中不足以完全展开的特殊形态。此时，景观标识中的文化信息原本意欲增加、实际上却极大地制约了信息传递。由此可见，村落中新出现的"马帮府"三个大字重新引出了相当的本土历史文化内涵，然而由于种种原因，多依树下寨马帮文化和土司文化的呈现更加倾向于一种刻意的态势，曾经的历史风貌全景没有得到有效还原，遏制了人们对这些重要文化信息的接收和理解。

不论是新近植入当地生活中的新事象，还是新近被重新挖掘出来以表明梯田文化内涵的丰富性与历史感（如马帮府）的传统事象，都不能止步于硬性植入或是刻意发明，若存在增补文化信息的需要，则要在各类景观标识中进行较好的补充说明，并确保各类标识在协作下使增补的信息得到明确。当前的纰缪在于，有待增补的信息并没有得到较好的增补，多表现为随意增补。这是哈尼梯田景观标识急需改进的问题的一方面。

二　文化信息的无心删减

红河哈尼梯田景观标识中出现了增补文化信息的需要，但由于处理不当，这些文化信息并不能通过景观标识系统流畅地抵达信息接收者一方，哈尼梯田景观标识中的文化信息同时还存在被无心删减的可能，这常见于几种情形中：

---

① 访谈人：ML，女，汉族；访谈时间：2016年5月25日；访谈地点：元阳县旅游发展委员会。

一是对同一系列的文化事象进行解说时，众多实物的展出本身挤压甚至替代了标识中的语言阐释，这时的标识文本为了保持统一格式多采取最简化的处理办法，结果导致解说难以起到文化阐释的作用；二是原本属于同一系列的文化事象，却并未全部展现在景观标识中，一部分事象得到了突出的同时，另一部分事象则被隐去，以至于人们透过标识文本只能获得零星而破碎的认识。

（一）化繁为"简"的服饰

对文化信息进行无心的删减首先见于实物展示的标识解说情形中。箐口村民俗文化陈列馆二楼将哈尼族多种类型的支系服饰进行了展示，包括阿木、白宏、多塔、老乌、郭和、西么洛、各作、哈备、僾尼、俅碧等。这些服装的搜集整理其实花费了不少精力，据陈列馆管理人员的回忆，大概在2012年前后，省上、州里以及县里三级民族工作部门的工作人员专门带着他和另外几个当地有名的文化传承人走访了红河州的红河县及其他几个哈尼族聚居地点，还有阿卡人的聚居地西双版纳州，共耗时13天才带回了这十几套服饰。虽然这些服饰数量不多，具体款式也会由于每一年的潮流款式的推出而变得不"时髦"，但万变不离其宗，这些服饰由于比较代表性地反映出各支系的服饰特征，所以经常被外单位借走用以展出。比如，2016年4月元阳县某部门由于要进行对外交流，也到陈列馆借走了5套服饰。

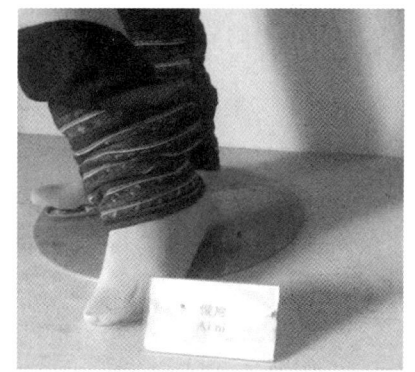

图2-7　简陋的服饰解说标识一　　　图2-8　简陋的服饰解说标识二

然而，这些服饰的价值仿佛只被陈列馆工作人员以及相关单位所认识。服饰的解说极其简陋，与其说是解说，不如说只是简单地列出了哈尼支系名称。这些写有支系称谓的标识用一张白纸打上汉字再在汉字下注明拼音，再用一个

作为文化的标识：哈尼梯田景观符号研究

塑料模具进行封装。因为有些年头了，这些可怜巴巴的白纸或卷起了边，或开始发黄，有的则是连塑料外壳都不见了。换句话说，游客见到"阿木 Amu"这样一种对一整套服饰的解说（图2-7、图2-8），怎么能够明白这竟是哈尼族的一个支系名称呢？即便游客对哈尼族有一些常识性的了解，那么通过简单的两个字，又怎能知晓阿木人和僾尼人的服饰为什么有这样的区别？

如果机械一些，即便可以将"Amu"视为是对"阿木"的忠实翻译，但当二者合而为一时，却不能让中外游客明了其深层的文化内涵。从这个角度看来，这些服饰的展示与解说，就是对文化信息的一种删减。这种删减并非有意，但却造成了深厚文化信息的流失。笔者在陈列馆多次的"蹲点"中发现，中外游客只有极少一部分人上到二楼去参观，很多人往往是走进一楼大厅，匆匆看过一遍就离开前往水碾等展示点了。

水碾边有一条小路，指向标识标出可以沿此道路前往"白龙泉""长寿泉"。以前，箐口村的这两个泉眼并没有对应着白龙与长寿的哈尼语名字，箐口村民在谈到这两个泉眼时，使用的就是表"泉眼"之意的词语。在最初得到开发规划的时期，为了让这两眼没多少文化意义的泉水赋予更多的内涵，泉水才开始被称为"白龙泉""长寿泉"[1]，以期吸引人们的前往，留下深刻且美好的印象。可惜的是，缺乏专门的介绍时，人们很难通过指向标识牌上简单的泉眼名获得"多子多福"与"幸福长寿"的联想，当然也就很少会为子嗣与幸福之名走过一段蜿蜒小路到泉水边去获取"梯田的祝福"。研究哈尼梯田保护并且已经第三次进入元阳的法国人类学研究生认为，陈列馆"有点失败"，因为"里面的解说缺了很多，有的又不具体，总体上陈列的文化是死的"，"听说陈列馆的样子好多年都没变过了"，所以人们看得很没兴趣、没意思。[2] 景观标识中的文化信息出现无心的删减，可能恰恰是箐口村吸引力不断消逝的重要原因与不容置疑的表现。

（二）"消失的"秋千架

对文化信息进行无心的删减还出现在当系列文化事象组成一个文化空间，并需要将此空间进行标识解说的情况下。在箐口民俗村活动广场的一端，立

---

[1] 马翀炜：《文化符号的建构与解读——关于哈尼族民俗旅游开发的人类学考察》，《民族研究》2006年第5期。
[2] 访谈人：HF，法国人类学研究生，女；访谈时间：2016年3月8日；访谈地点：昆明园西路。

有哈尼族每年"苦扎扎"节时必用的秋千架和磨秋架。在秋千架、磨秋架的旁边，还建有一个祭祀房。按照当地"汉话"的叫法，祭祀房叫磨秋房，磨秋房外的祭祀场地称为磨秋场。尽管磨秋和秋千在哈尼族的传统观念中有着帮助人们消除灾难的重要作用，可磨秋场上却寻觅不到任何解释这一文化信息的标识；不同的是，祭祀房外则专门立有一个解说标识牌，向游客说明祭祀房的功用以及哈尼族过"苦扎扎"节时的概况。考察大鱼塘和普高老寨，可以发现这种"此消彼长"的情形是一致的。三个民俗村中均对祭祀房进行了解说，但都对磨秋场避而不谈。

每年农历六月属狗日，哈尼村寨内会架起新的秋千和磨秋。由于古代哈尼族烧山开田时不小心得罪了居住在山林中的动物，动物们因此找到天神告状，诉说人们毁坏了它们家园并伤害了它们族类的苦难。因此，天神便决定惩罚哈尼族，要求每年六月必须杀死一个青年人并用他的头颅进行祭祀，以此向动物赔礼道歉。后来，哈尼族实在难以忍受这种失去亲人的苦痛，哭声惊动了天神梅烟。梅烟在了解清楚事情的来龙去脉后，告诉哈尼族到六月这个特殊的日子，一定要架起磨秋和秋千，让动物们误以为打磨秋和秋千的人们正被吊在半空中接受惩罚、痛不欲生。这样一来，人与动物之间的恩怨最终得到了化解，人祭的要求得以解除，动物们也不再来祸害糟蹋庄稼。① 过苦扎扎节时，妇女不可以打磨秋，在磨秋场上打秋的主要是村子里的男人，小孩偶尔也会去打秋千。按照传统，一旦为期十二天的节日结束时，磨秋梁就要被抬下来，秋千的绳索也将被砍断。2005年，箐口村的磨秋在苦扎扎期间因为游客游玩时不小心被弄掉到地上，"肇事者"逃跑了，补救的仪式没有进行，村民们把后来发生的糟糕的大事归咎于那不吉祥的事故，此后游客也不再轻易能够触碰到神圣的磨秋。② 游客在广场看到的只不过是磨秋架以及秋千架。如果对哈尼族的节日习俗缺乏一定的了解，很难明白那根插在地里的木桩（磨秋架）以及边上几根扎在一起的竹子（秋千架）意味着什么。虽然磨秋架和秋千架并没有消失，但在当前标识中这个世界确实"消失"了。人们即便认真看过祭祀房的解说，依然只能对苦扎扎节建立起一星半点的认知，

---

① 史军超：《哈尼族文学史》，云南人民出版社2016年版，第230—233页。
② 马翀炜：《文化符号的建构与解读——关于哈尼族民俗旅游开发的人类学考察》，《民族研究》2006年第5期。

秋千架在标识系统中的"消失"和淡出，削弱了文化理解的深度。

对文化信息进行删减是不可避免的，但要考虑景观标识中的相关文化信息被删减后是否存在被替换或是过度碎片化的可能，因为在这些无心删减的情形中原有的文化事象是难以获得阐释与呈现的。这就要求标识设立者进一步考察并区分必要的删减（如地名标识中仅标记出地名，而地名所蕴含的丰富的文化信息利用其他方式进行补充说明）以及坚决不能进行的删减，否则文化信息加工之中依然存在纰缪的可能。

三 文化信息的族性修饰

尽管景观标识中的文化信息加工在大多数情况下是以更好呈现梯田景观、引导游客对梯田文化的释读为出发点的，但在现实情形中，随意的增补及无心的删减都极有可能遏制着景观标识对认识梯田景观、加深文化理解、促进文化释读的功能发挥。相对于增补与删减，哈尼梯田景观标识对文化信息的族性修饰情形更为隐蔽。对文化信息进行修饰并非不可采纳，但经历了族性修饰后的文化信息是否存在误导就应该成为标识设立实践中一项重要的考察内容。对于红河哈尼梯田景观标识，文化信息的族性修饰及纰缪尤其表现在哈尼梯田的命名及人与自然之和谐的呈现两个案例中。

（一）哈尼梯田的命名

红河哈尼梯田被载入世界文化遗产名录后，成为中国首个以民族名称命名的文化遗产。了解实际情形的人当然明白，生活在梯田核心区的民族远不止哈尼族，彝族等其他民族也是哈尼梯田的缔造者。在法国人类学家欧也纳的激励下，史军超经过四年的积累和研究，首先提出梯田"申遗"构想并论证其历史、现实依据以及可行性，2000年他被红河州政府聘请为"申遗"专家组组长。在史军超眼里，尽管整个红河州梯田总面积达百万余亩——红河、绿春等县也拥有规模庞大的梯田，但从连片规模、梯田层数以及陡峭坡度几个因素看，元阳的哈尼梯田最具有代表性。"元阳梯田是元阳县各族人民共同创造的，只是因为哈尼梯田面积最大，历史最悠久，耕作水平最高，所以统称为'红河哈尼梯田'，它同时代表着红河州各族人民的梯田。"[①] 至于为何

[①] 史军超：《文明的圣树——哈尼梯田》，黑龙江人民出版社2005年版，第6页。

认定哈尼梯田面积最大,道理很简单,在当时元阳36万的总人口中,哈尼族人口为19.7万,所占比例过半。

关于红河哈尼梯田之"哈尼"的命名还有另一种说法①:为了确保这一片梯田能够因充足的独特性而申遗成功,早年在启动申遗工作时,对这一片梯田的命名就存在着特别的斟酌与设计——彝族确实是红河南岸哀牢山上这一片壮美梯田的开拓者之一,然而凉山地区、楚雄地区的彝族已经"比较出名而且有自己的特色",此时梯田的命名中若使用彝族的字眼似乎会减轻吸引力与冲击力。因此,作为云南省独有的少数民族之一,"哈尼"显然更有助于彰显独特性的选择。

学者与管理者之间的解释虽有区别,然而不争的事实是:由于"哈尼梯田"这个命名的确立,对文化信息展开的族性修饰在极大程度上导致了人们对这片"大地雕塑"的审视都需要,而且事实上已经在多数情况下仅仅从哈尼族的视角下展开。

按照当前流行的认定方法,哈尼梯田已有1300多年的历史,其开垦耕种的最早记录可追溯至唐代。认真查阅唐代樊绰所著的《蛮书》,第七卷"云南管内物产"中确实有"蛮治山田,殊为精好"的记载。樊绰观察到"每耕田用三尺犁,格长丈余,两牛相去七八尺,一佃人前牵牛,一佃人持按犁辕,一佃人秉耒"的劳作场景,使他进一步肯定了云南先民精湛的农耕技术。② 这段记载在论证哈尼梯田的专家眼中成为最能表明梯田千余年历史的最佳注脚。樊绰所谓之"蛮"被认定为和蛮,也就是哈尼族先民。另外,哈尼梯田里还存在被认为是梯田历史时长的确凿证据——全福庄有一块分水石,负责分配全福庄和箐口两个村寨的梯田用水,"全福庄哈尼族的家谱明确地记载着,这块分水石是47代祖先时安放的,算来它至少有1000年历史了"③。换言之,这块石头使学者们大概可以推断千年前,全福庄以及箐口两个村寨的哈尼族即已开始在这里开垦梯田。

在跻身成为世界遗产前整三个月,也就是2013年3月23日,红河哈尼梯田成为中华人民共和国国务院公布的全国重点文物保护单位之一。在景区大

---

① 这种说法多来自元阳县各政府机构的工作人员,多出现在迎接远方客人(游客、专家等)的场合中。
② 樊绰著,赵吕甫校释:《云南志校释》,中国社会科学出版社1985年版,第256页。
③ 史军超:《文明的圣树——哈尼梯田》,黑龙江人民出版社2005年版,第7页。

作为文化的标识：哈尼梯田景观符号研究

门附近的图腾柱广场一侧有两块大理石碑，是云南省人民政府专门于2014年3月1日设立的文物保护单位标识牌以及文物简介标识牌。文物单位标识牌共刻有六行文字，第一行为"全国重点文物保护单位"，第二、三、四行分别为红河哈尼梯田的汉语、哈尼语以及彝语三种表达，第五、六行分别标明文物保护单位的公布日期以及石碑的设立日期。标识牌的内容只不过是对红河哈尼梯田的"提纲挈领"式的简介——

> 红河哈尼梯田……由箐口（坝达）、多依树、老虎嘴等三个梯田片区和箐口村罗、宗瓦司署、勐弄司署等文化遗存组成，是人与自然和谐共处的著名文化景观……梯田耕作是哈尼族为主的各族人民最具代表性的生产方式。

离广场300米开外，景区游客中心的文化景观展览是这样定义哈尼梯田的：

> 哈尼梯田是中国南方山地稻作文化的不朽诗篇，森林、村寨、梯田、水系四素同构的和谐生态环境，是人类千百年来在恶劣生存条件下生命力、想象力、创造力和进取精神的象征，是以哈尼族为代表的各民族共同创造的集体智慧结晶，是活着的农业文明的历史见证。

从广场的文物保护单位的两块大理石碑以及文化景观展览前言介绍这两处标识的记载内容看来，哈尼族在梯田这个世界遗产中的代表性主导地位得到突出。"红河哈尼梯田"这个命名出自世界遗产申报工作中的战略决策，突出了哈尼族在梯田的创造、继承和维护中的重要角色。目前看来，命名的结果也在一定程度上规制着他人对哈尼梯田的认识。红河州世界遗产管理局局长张红榛认为："比较遗憾的是，现在大多数的人只是停留在观观景、拍拍照，对哈尼梯田文化的体验和了解还不够深入，我希望更多的人来认知、体验、分享和谐的哈尼文化。"[①]

[①] 李娜：《张红榛：梯田是哈尼山水间的别样风景》，红河哈尼梯田网，http://www.hhtt.cn/web.php/article/content/archive_id/1891，2016年4月6日。

事实上，当前元阳县力图向外界挖掘展示的不只是哈尼文化，还包括彝族等其他生活在梯田核心区的民族文化。近年来，元阳县各类非物质文化遗产项目的评定中，彝族文化项目是不可忽视的重要组成——在3个国家级、4个省级、7个州级以及79个县级非物质文化遗产名录项目中①，直接以"彝族"命名的非遗项目达17项。在元阳县旅游发展委员会了解到的信息显示，五年内当地政府将在胜村建成游客服务点，并在核心区选取打造以展演彝族文化为主的民俗村落。

尽管如此，哈尼文化是人们进入哈尼梯田首先想要了解的重要内容已经成为不争的事实。在这里，需要特别做出说明，尽管意识到哈尼梯田的命名在较大程度上使得外来者误认为生活在梯田中的民族仅仅是哈尼族，从研究的角度研究者应尽量将梯田各民族生活的情形进行再现，但由于哈尼梯田景观标识的呈现现状以及外来游客对梯田民族的关注现状都是以哈尼族为主，故本书以哈尼文化以及哈尼村寨为主、其他民族文化为辅进行关注与讨论。

（二）人与自然之和谐

"哈尼梯田"的命名是对文化信息进行族性修饰的典型代表，而在此基础上，景观标识中的文化信息会进一步出现更多的族性修饰。哈尼梯田文化景观展览将万物有灵、天人合一以及四素同构总结为哈尼梯田的文化特征，并专门指出哈尼族的"天人合一"表现在"哈尼梯田是哈尼族与哀牢山大自然和谐相处，追求天人合一的杰出范例，是文化与自然巧妙结合的产物"。通常情况下，梯田景区用以呈现和谐观念的图片是哈尼族、彝族等民族共同劳作的场面，但解说时往往笼统以"哈尼族"统称之，哈尼梯田内涵中多民族和谐共生的事实也就未能得到较好的呈现。

哈尼梯田文化景观展览为了更好地说明"天人合一"，专门为这些文字内容配了名叫"撮泥鳅"的图片。图片上是四个光着身子的小男孩儿正在田里逮泥鳅。他们身上沾满了稀泥，两个站在田里认真低着头看水里的动静，一个小心翼翼地拿着撮箕等待猎物"入网"，一个高举着撮箕把整张脸都藏了起来；另外两个小男孩儿，一个蹲在田埂上全神贯注地望向远方，手里还拎着

---

① 资料来源：元阳县文化体育和广播电视局2014年4月统计数据。

作为文化的标识：哈尼梯田景观符号研究

用稻草拴起来的两条梯田鱼，另一个站定了、专注地对着田里发呆。这个被极力刻画的景象，以一种外来者的视角宣泄着世人对哀牢山区天人合一的想象。只不过，随着在这片区域驻守的时间不断累积，行走的村寨越来越多，会发现当地各族村民所践行的"天人合一"，在他们的语言里是没有对应的概念的，但他们的实际行为远比文字与图片组成的标识具备更加立体的说服力，在波澜不惊中生活的实际不断地发生在每一刻。

作为哈尼梯田核心区各族人民公认的一种天然馈赠，每到春耕时节，泥鳅总能引发当地人的深度执着与随性享受。或皓月当空，或繁星点点，如果仔细在春天的夜晚望向梯田，便能发现这里、那里到处闪烁着手电筒的光芒。走近一看，才能发现这每一处光的背后，多半立着三两个拎着小桶（或背篓）、手拿捕捉工具的人。他们聚精会神地望着田里泥下的一举一动，一旦发现稍有变化便会以疾快的速度出手[①]，瞬间就将极力藏匿的泥鳅"捉拿归案"。随着小桶内的临时"住户"越集越多，也不见行动者的喜悦流于言表，反而是更为持久的潜伏观察和伺机而动。直到第二天清晨，寻得昨夜在田边辛苦作业的人，他们这才会按捺不住兴奋地告诉你，到底收获了多少泥鳅。如果把市场价参考进来，你一定更能感觉梯田民族餐桌上的价值。每市斤35—50元不等的泥鳅，成为哈尼族辛苦一宿之后第二天饭桌上一碗常见的菜，低调奢华。

其实，结伴捉泥鳅的组合，往往跨越年龄、代际和家族。在某个炎热的午后，在农活儿空隙里到树荫下乘凉的哈尼男子，他们也许突然就约定今晚要一同前往田埂上去捉泥鳅；有时候这种邀约的发生甚至会更临近夜幕的降临，饭后的他们在彼此的门口遇见了，然后就即兴提议外出。当然，也会出现"单兵作战"的时刻，但这种情况的发生，多囿于初出茅庐的男孩儿，也许他们曾经跟着父辈去实践过太多次，这时候，已经到了检验自己技术水平的结点。只不过，缺少搭档的行动，捕获的泥鳅个头总是要小一些。尽管如此，也可以发现年轻男孩儿难以抑制的自豪，仿佛一个人去捉泥鳅，也成了"长大了"的有力佐证。

有意思的是，不论去捉泥鳅时有多少人，捉回来的泥鳅却一定要与最亲近的好朋友一起共享。席间自然少不了花生之类的下酒菜，但5元一市斤的土锅

---

① 至每年三月底四月初，气温升高，泥鳅排卵，常躲在泥地的表层，因此这时更便于空手捉泥鳅。

第二章 景观标识设立的认知与实践

焖酒才是天然食材的最佳催化剂。男人们吞下一口酒,嚼上一口泥鳅,又要推心置腹地聊上半天,内容从儿时的记忆到现时的苦乐均有覆盖。往往一顿饭下来,几个小时就过去了,他们带着微醺的面孔,在星光的照耀下各自摸回家中,沉沉睡去,明天又是新的一天!曾经听 MZ 说过,小时候有一天一家人都到田里干农活,回家时才发现家里没菜可做,于是父亲带着他和几弟兄再度回到田里,抓了很多泥鳅,后来做出一桌子的泥鳅宴——有煮汤的也有煎炸的,这一次真就把他给吃怕了,直到十年以后,才又重新燃起对这美味的兴趣。① 在这里,泥鳅几乎可以成为理解哈尼族民春季生活的一个重要切入点,因为它实实在在地串联了他们的记忆、召唤着外出者的回归②,并在某种意义上积极地组织着他们的日常。在这里,捉泥鳅甚至"使各类日常生活经历得以聚集"③。

在文化景观展览中,"天人合一"作为一个对译的概念,彰显哈尼族与大自然和谐相处、相互依存的亲近关系。它所忽视的是生活在哈尼梯田中哈尼族之外的其他民族,以及包括哈尼族在内的各个民族间的和谐相处。事实上,最具有强劲吸引力的是当地各族村民正不断践行的和谐观念,这能够引发游客对梯田世界想象的酝酿。只不过,游客对各族村民真正生活世界的感知,有可能是浅尝辄止的,往往仅限于对"天人合一"这样高度概括性话语的机械重复。

在多依树那些别具一格且在"驴友"间颇具知名度的客栈,随机挑选在露台上欣赏梯田夜空美景的游客,问他们可知脚下梯田里那星星点点的光意味着什么,回答说"哈尼人在赶路",或"哈尼族男女青年在约会"。答案几乎不约而同地集中在朴实与浪漫的两端,却极少有人准确道出更为实际的多民族和谐共生的事实。对梯田任一时刻的捕捉多将游客引向断章取义式的理解,让他们难以从当地日常生活中生成诗意想象。现有景观标识中对哈尼梯田文化信息进行的族性修饰,是制约游客全面理解多民族文化组成的哈尼梯田的主要原因。

哈尼梯田现有的旅游项目规划中都提到了要开发这样的活动项目:请游客下田捉鱼捉泥鳅,请游客加入插秧(或收割)队伍。从这里可以看出,游

---

① 访谈人:MZ,男,哈尼族,48 岁;访谈时间:2016 年 4 月 3 日;访谈地点:箐口村。
② 在一次盛大的家庭聚会中,在外工作的 K 家兄弟兴致勃勃地邀约同样在外工作的叔伯:"一会儿去点泥鳅克(去)吧!"他们商定好地点,各自高兴地换下干净整洁的衣服,穿上方便下田的短裤短袖。其中一位大哥还说:"附近这些梯田,几乎每道田埂我都走遍了。小时候经常去捉泥鳅,最远会骑着车到良心寨下面去。"访谈时间:2016 年 4 月 2 日;访谈地点:胜村。
③ [美]克利福德·格尔茨:《文化的解释》,纳日碧力戈等译,上海人民出版社 2000 年版,第 509 页。

客的亲身参与不但有可能保障高质量的旅游体验，而且能够促进人们对多民族文化和谐的深入的感知。从符号的角度看，人的身体、感官以及经验一旦叠合起来，便可以更好地使得知识和观念随着身体的行动而在可视的物象与头脑中的意义间来回滑动，相关的文化信息在每一次的行动中不断聚拢、印证与调整，直到外来者终于可以确信自己正在通过一条特定的途径逐渐接近哈尼文化的核心，抑或正通过某一特定的媒介逐渐截取哈尼文化的要义。亲身参与不失为突破纰缪的选择。

　　文化信息在哈尼族等民族内部的传递同样需要动用身体、感官以及经验的合力以突破纰缪。由于哈尼族没有自己的文字，包括生产劳动、习俗礼仪、宗教祭典、民族历史、神话传说等在内的重要文化信息相对集中地汇聚在哈尼古歌（哈尼哈巴）中，主要依靠哈尼族一代代的口耳相传。哈尼村落里的摩批（贝玛）们是专司各类祭祀活动的宗教人士，由于擅长演唱蕴含着丰富的民族文化知识的古歌，摩批成为哈尼文化的"移动存储设备"，是公认的哈尼文化传承主力军的重要成员。恰因为缺乏文字记录，哈尼族的民族文化信息在口头性的传承中不断面临着或增或删或改的可能。因此，今日的摩批及他们的徒弟更需要综合运用传统的"口耳相传"及新的"技术"（如音频、视频材料及印刷品等）来传递哈尼文化信息，避免因"一时兴起"的文化加工而产生纰缪。

　　红河哈尼梯田各类景观标识（尤其是旅游标识）中的文化信息在面临随意增补、无心删减以及族性修饰等加工时所出现的纰缪仅仅是景观标识存在的表层问题，景观标识中的各类深层问题则更多表现为形式对内容的僭越，这不断影响着景观标识的文化呈现功能，同时也影响着景观标识指引并协助人们展开梯田景观认识、梯田文化释读的预期作用。

第三节　形式对内容的僭越

　　在绝大多数情况下，"我们能够回答什么问题，取决于我们提出了什么样的问题"[①]。红河哈尼梯田的景观标识看似是对一个个文化事象的简单陈述，

[①] [美]兰德尔·柯林斯、迈克尔·马可夫斯基：《发现社会——西方社会思想评述》，李霞译，商务印书馆2014年版，第7页。

但毫无疑问也是标识设立者对"呈现何种民族文化独特性"这个问题的回答。在这里,我们需要留意到,提出问题以及解决问题都是具有时代性的。"任何的理解总是历史的理解,即通过理解历史,理解自己的现在,而理解历史又包含理解我们的历史性的生存特征内在。"① 也就是说,认真分析标识设立者在设置标识过程中不断形成的各类理解,特别是标识设立者对于如何呈现梯田景观及梯田文化的理解,并在这些理解的基础上寻找标识中出现的各类问题是十分必要的。否则,对于哈尼梯田景观标识的理解难以成为历史性的理解,也难以成为一种既包含历史也包含现在的理解。

景观标识设立中对于信息传递存在认知误区,在进行文化信息加工时不断出现随意增补、无心删减及族性修饰等纰缪,从更深层的角度而言,这些问题都是与标识设立者在认识标识设立问题时不断展开形式对内容僭越的错误实践有关。文本书写的多层级性脱节、"出场胜于一切"以及生活世界中的"课题抽离"是当前哈尼梯田景观标识所面临的形式对内容僭越的具体表现。

一 文本书写的多层级性脱节

红河哈尼梯田各类景观标识的涌现,可以被部分地理解为出于地方民族文化向外表达的需要。在民族文化旅游场域背景下,展开民族文化信息挖掘的益处是不言而喻的。2001年,元阳全县旅游收入1394万元;2015年全县旅游总收入208997.43万元。② 全县的旅游收入在15年的时间里几乎以年均10倍的速度增长。伴随着旅游业的迅猛发展,梯田产品不断得到品牌化,在此背景下,以种植、养殖型为主要经营范围的农村专业合作社如雨后春笋般"诞生",合作社一般也会将经营范围的产品加工为旅游商品。至2015年年底,元阳县专业合作社总数达89个。与此同时,农业人口人均纯收入从2006年的999元提升至2015年的5652元。③ 显然,这些数据并没有被刻写在标识牌上用以说明旅游发展为当地带来的改变,但这并不意味着数据变化与标识设立毫无关系。正如前文所言,旅游业的推进见证着哈尼梯田里的景观标识以几何级数成倍设立。只不过,深藏在标识之后的经济指标与巨大的经济驱

---

① 李泽厚:《美学四讲》,生活·读书·新知三联书店1989年版,第28页。
② 资料来源:元阳县旅游发展委员会。
③ 资料来源:元阳县人民政府办公室。

作为文化的标识：哈尼梯田景观符号研究

动力也因为在标识中缺少显性的表述而受到遮蔽。具有讽刺意味的是，这种遮蔽反过来又影响着人们对标识的重要性的认识，牵制着人们对标识中潜在问题的警惕，从而更加剧了形式对内容的僭越。

红河哈尼梯田景观标识肩负着有效阐释各类哈尼文化事象的重要责任，可是，红河哈尼梯田景区近年来分批的规模制作的各类标识文本内容常呈现出多层级性的书写特征，由于这些多层级性的书写之间相互脱节，哈尼梯田景观标识的错误率令人难以置信地高达90%。前文已对"标识文本"做出界定，由于文本可以被看作由文化转变的内在于文字中所潜含的意义和内容，因此，凡通过各类景观标识表现的"具有特殊文化指向功能的书写内容"均属此列。以下试以哈尼梯田核心区旅游标识中的谬误实例说明景观标识文本书写中典型的多层级性脱节问题。

图2-9为箐口村文化陈列馆标识，且不论陈列馆名称的英语翻译是否贴切，表示"陈列""展示"义的英语词汇Exhibition即已出现书写错误，被错误刻写为"Exihibition"；图2-10是景区最常见的提醒摄影爱好者们在观景台上拍摄时要注意安全的温馨提示，英语译文文句不通，且字面上含有"抢劫"之意，外国游客因为看了这个标识，担忧在该区域活动可能面临着被抢夺的危险；图2-11中的景区导览图存在多处错误，以"哈尼民族文化展示基地"的译文"The military of Hani folk-custom cultural exhibition"为例，"展示基地"变成了某种"军事"。然而，标识文本出现的问题绝非仅限于外文翻译中。

图2-9　陈列馆标识　　　　图2-10　温馨提示标识

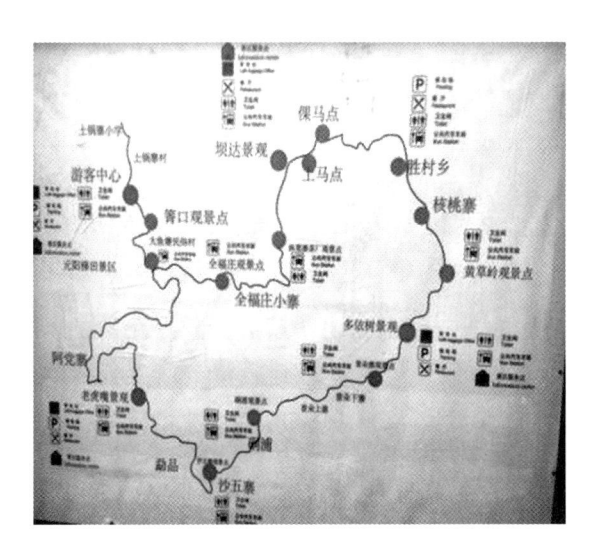

图 2-11 梯田景区导览图标识

图 2-12 为大鱼塘民俗村中设立的文化解说标识,标识文本将"去世"误写为"去逝",在描述村中的招魂路段时未经思考而将停车场描述为"自古以来"便存在的。大鱼塘村内的道路划分并标记为招魂路、头人路、去梯田的路以及去寨神林的路,这种做法原本是为了彰显文化特性,但在现实中却显得机械。

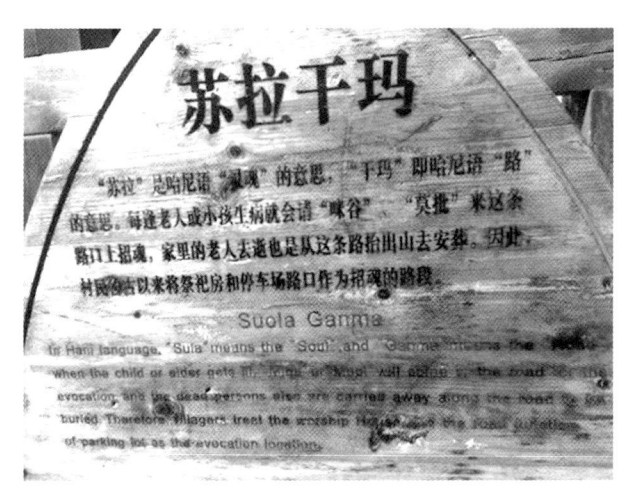

图 2-12 大鱼塘民俗村的解说标识

标识文本书写存在多层级性的特征,但这并不意味着多层级性书写必然导致标识的错漏。多层级性的书写之间相互脱节,其原因在于不同设立者之

作为文化的标识：哈尼梯田景观符号研究

间的文本书写内容冲突以及同一设立单位中不断浮动的文本书写意图。自2008 年年底与元阳县政府签署合作协议后，SY 公司迅速启动了坝达、老虎嘴以及多依树三个景区的建设工作，不到一年的时间里景区基础设施建设工作基本完成，位于全福庄、麻栗寨茶厂、胜村黄草岭等多处的观景台也一并修建完工。随着 2012 年景区旅游环线的贯通，自驾类的游客数量日益增多。公司又在各观景台一旁设置了景区游览示意图，地图被粘贴在 3 米高、2 米宽的木制标识栏中。仅就游客中心至麻栗寨茶厂观景台路段的所有 4 个观景台标识栏而言，到 2016 年 8 月底已经仅有麻栗寨茶厂观景台的地图标识保持完好，其余 3 处均已破损。若在麻栗寨茶厂观景台的蹲点观察，可以发现大量的自驾游客在这一观景点停车观赏梯田景观之前，总习惯于先在示意地图标识前确认一下自己在整个景区中所处的位置，顺便认准下一目的地的方向。

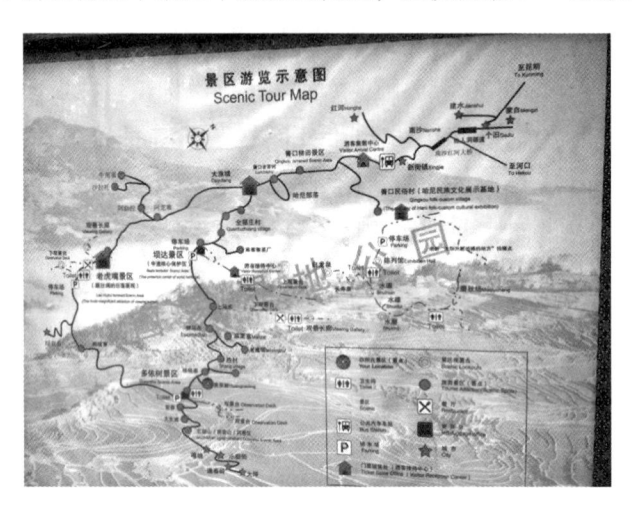

图 2-13 哈尼梯田景区游览示意标识

图 2-13 中所示的地图在景区多处地点以及 SY 公司《元阳哈尼梯田旅游服务手册》等资料中都时常出现，在不同的使用情景中图例、大小稍有不同。这份地图的诞生可以追溯到 2009 年年底。为了节约成本，公司将绘制地图的工作布置给了公司员工。起初，负责这项工作的是当地的员工 ZX。ZX 由于对专门的制图软件掌握不够熟悉，只好先到几公里外的新街镇车站研究了一番交通图，在此基础上再借 PPT 软件临摹。后来，图形图像制作专业毕业的GL 接手这项工作任务。公司的计划是尽快将地图绘制好，并争取在 2010 年新年期间投入游客服务中，所以便敦促 GL 尽快完成工作。由于还没有全面熟

悉完景区所有景点，GL只好在当地同事的帮助下，使用PS软件将沿途各村寨的距离和方位简单标示出来。现在，已经于五年前调入到其他单位工作的他依然遗憾地说："当时实在太赶了，只能提供大概的方位，做得不是很好。"① 六年多的时间里，这份地图不断被SY公司改动和补充。游客中心从胜村搬到了箐口，大鱼塘的农家乐发展了起来，诸多的变化在这份地图的几个版本中都得到了保存和呈现，SY公司同事还不断在地图上补充出进入景区的道路信息。

随着工作地点从哀牢山上转移向河谷地带，GL更敏锐地观察到一些变化：哈尼梯田申遗成功之前，游客以喜欢摄影的散客为主；申遗成功之后，自驾游客数量明显增多。这一点在别的标识系统中也有印证。景区游客中心自2016年5月起向游客提供的新的《景区导服手册》中开始使用了另一种不同版本的景区新地图，但细化进入景区道路信息的标示习惯却延续了下来。在新的手册中，可以看到不但配有昆明至景区的所有自驾路线，而且也特意提供了四川、重庆、贵州、广西以及广东各处至景区的自驾路线地图。景区的地图等导向标识在持续的多层级文本塑造中，不断扩大了周边地区的范围，又期待着更多的游客前往纵深地带进行探索，与当地的民族文化进行近距离的接触。

多依树景区附近的村寨中，普高老寨首先开启了民俗村的建设工作，成为新街镇在箐口以及大鱼塘之外的第三个旅游民俗村。直至2016年年初，普高老寨附近的猴子寨、倮普、多依树等村寨的村容村貌建设工作才陆续开展起来。多依树下寨兴修了月亮广场。关于这个广场，元阳县文体局工作人员还专门提供了这样一个传说：

月亮广场的传说②

传说梯田是月亮神的沐浴池，每当夜幕降临，月亮神化身成一个美丽的少女来到梯田边梳妆打扮。月亮神美丽的容颜倒映在梯田里，被魔鬼阿遮看在眼里，于是起了歹心，开始盘算着如何才能得到月亮神。

---

① 2009年，GL放弃了昆明工作两年的专业公司岗位进入SY公司，在很大的程度上是为了与妻子的距离更近一些。访谈人：GL，男，汉族；访谈时间：2016年8月25日；访谈地点：南沙镇。

② 参见《月亮广场的传说》，"元阳梯田网"微信公众号2016年4月24日。

作为文化的标识：哈尼梯田景观符号研究

有一天夜晚，月亮神来梯田边沐浴，却发现怎么也找不到回家的路，原来恶魔阿遮召唤了一片浓雾，把上天的路遮挡起来。月亮神由此被囚禁在浓雾里，哈尼村寨从此没有月光，漆黑一片。

哈尼族对着天空呐喊，为什么夜晚会变得如此漆黑。月亮神在浓雾中听到了人们的呼喊，向人们求救。

哈尼小伙同远听到了月亮神的求救声，下定决心要拯救月亮神。

到了晚上，哈尼小伙同远把自己化装成一个美丽的少女，来到梯田引诱魔鬼阿遮的出现。魔鬼阿遮以为捉到了月亮神，现身到同远的身边，同远趁魔鬼放松了警惕，拔出头上的发簪刺向了魔鬼……

浓雾散去了，月亮神得救了，但哈尼小伙同远因为身上溅满魔鬼阿遮的血变成了一块巨石。

月亮神不忍心离开舍身拯救自己而变成巨石（的同远），于是化身成月亮广场，守护着这些石头，夜夜为哈尼族民带来光亮。

月亮广场从此也成了哈尼男女们定情的圣地，一对对青年男女在此幽会。

月亮广场的传说将月亮视为少女，这与史诗中的说法相斥。根据整理出版的元阳哈尼族古歌，太阳和月亮是两姐弟，先出生的太阳大姐很害羞，天神阿皮梅烟教她用金针戳那些想看她的人的眼睛；后出生的月亮是个调皮的小伙，天神便决定白天不让他出门。[①] 箐口至爱春一带的哈尼方言都将太阳称为"呢玛"，将月亮称为"巴哈哈玛"，如以"玛"的词缀辨认，则太阳和月亮均为女性。箐口村曾任小咪古的村民 XS 还补充道："太阳是个小姑娘，很容易害羞，所以就在包包里装了很多针，谁看她，她就用针刺向人家的眼睛，这样就不敢再多看了！"对多依树下寨村 30—80 岁的村民进行随机访问，村民都一致表示过去村子里并没有月亮广场，他们自儿时起听过的传说中也并没有月亮遭遇魔鬼然后被哈尼小伙儿解救的类似说法。然而，今天的月亮广场却成为招待外来游客的最佳地点（图 2-14）。

---

① 云南省少数民族古籍整理出版规划办公室：《云南少数民族古典史诗全集》（上卷），云南教育出版社 2009 年版，第 353 页。原文载于西双版纳州民族事务委员会《哈尼族古歌》，云南民族出版社 1992 年版。

这些种种迹象表明，月亮广场及其传说当属新创。事实上，这种做法未免流于形式。目前，哈尼梯田里作为民俗村、传统村落面向游客开放的哈尼村寨基本都配有建设好的广场等公共活动领域，为这类区域标记"故事"似乎就成了标识设立者的最常见的处理方式。为了迎合设立者想象的游客的潜在兴趣，刻意发明传说的做法是不可取的。多层级的文本书写需要回归尊重文化本真的根本出发点，标识设立者可以发挥一定的创造性，但并不能建立在歪曲文化拥有者文化信息的基础之上，否则更多的脱节还将不断发生。

图 2-14　月亮广场上摆出的哈尼长街宴

二　"出场"胜于一切

红河哈尼梯田景观标识的设立者通常会错误地认为，标识仅仅需要形式上的"出场"就可以实现预期的文化释读的引导功能。对于建立了这种错误认知的标识设立者而言，标识的设立本身相比标识所承载的信息具有更多重要性。此时，原本应该作为面向大众的文化书写变成了纯粹地为了书写而书写。其实，标识设立牵涉设立动机、手段、实施及检验等多个实践环节，标识文本的准确性、标识设立后的效果及影响等问题都应当引起设立者的足够重视。忽视景观标识设立的手段、实施等环节，忽视对标识文本内容准确性

作为文化的标识：哈尼梯田景观符号研究

的检验，结果就是错误地认为标识的出场等于一切，甚至是错误地认为标识的出场胜过一切。

哈尼梯田中存在着不少临时设立的景观标识，而这些临时性的标识很少会在短时间内由正式的标识所替换。2014年10月红河哈尼梯田可持续发展国际学术研讨会在元阳梯田核心区召开。因为此前核心区一直并未设立专门的"世界遗产"标识牌，因此红河州梯田管理局责成县梯田管理局快速设立相关标识。接到任务时，距离会议召开仅有20天，来不及制作特殊工艺的标识，为此，县梯田管理局只能请人用金属板材制作标识牌。（图2-15）

在游客中心前设立的一块绿底白字的标识牌上书写四行字，第一行字为"世界文化遗产"，第二行是第一行字的英语译文"WORLD CULTURAL HERITAGE"，第三行字为"红河哈尼梯田文化景观"，第四行文字是第三行的英语译文"CULTURAL LANDSCAPE OF HONGHE HANI RICE TERRACES"；在多依树、坝达以及老虎嘴三个片区设立的标识牌，相比游客中心的标识文本内容，增加了各片区的中英文名称。在梯田管理部门的工作人员自己看来，这些已有的但是被临时赶制出来的"世界文化遗产"标识牌与周边环境十分不融洽，这与平时梯田管理局在判定村民计划新建民居的地点是否违规的其中一条标准不相符。① 尽管如此，这些临时标识并没有很快被替换。

临时标识设立后，虽然还会增设新的正式标识，但新的标识通常囿于只需"出场"即可的困境。由于考虑到之前的临时标识存在种种问题，世界遗产哈尼梯田元阳管理委员会在请示过红河州世界遗产管局之后，决定重新设立"世界遗产"标识牌。2016年11月，元阳管委会差人专门到本地石场挑选了三块重达各约十吨的青石运送到多依树、坝达以及老虎嘴三个片区，这三块巨石被安排放置到2015年新设立的"全球重要农业文化遗产""中国重要农业文化遗产"的青石标识旁。11月27日这一天，来自与坝达景区距离四公里远的胜村的工匠用刻石机在青石的正面刻下了三排文字，从右至左分别是"世界文化遗产""红河哈尼梯田文化景观""坝达片区"；而青石的背面，工匠正在为已经刻好的一段文字喷涂颜色。

---

① 梯田核心区的村民若要建盖新房，建房点应确保不得影响梯田景观、造成与周边环境的不和谐。

第二章 景观标识设立的认知与实践

图 2-15 临时设立的遗产标识牌　　图 2-16 遗产标识的增设工作现场

这段对元阳县坝达梯田的简介共 6 句话，其内容为——

元阳县坝达梯田简介

坝达梯田位于元阳县城南部 44 公里处，距新街镇 14 公里。景区周围村寨错落有致，风光旖旎，民风淳厚，村民热情好客，是观赏梯田、云海、哈尼民居，研究、体验哈尼文化的好去处。坝达梯田面积大，线条美，立体感强，气势磅礴，包括箐口、全福庄、麻栗寨、主鲁等片区涵盖 23480.74 亩梯田，是世界文化遗产核心区之一。从海拔 1100 米的麻栗寨河起，连绵不断的成千上万层梯田，一直伸延至海拔 2000 多米的高山之巅，把箐口、全福庄、麻栗寨、主鲁等哈尼村寨高高托入云海中。站在坝达景区观梯田，万亩梯田宛如一片大海，泛着粼粼波光，直奔眼底，景色十分壮观。午后，白茫茫的云海随着夕阳西下，逐渐由白色变成粉红色、红色，如一幅多彩的画卷，瑰丽多彩，是观赏和拍摄夕阳下多姿多彩梯田的好地方。

仔细辨别，会惊异地发现新设立的巨石背后这一段梯田简介竟与一旁一年前设立的农业文化遗产标识背后的梯田简介如出一辙（图 2-16），唯一的区别仅是因为青石上可供文字刻写的面积差异而导致的排版区别。不论是农业遗产还是文化遗产，两个巨大的青石标识上并没有对应的遗产名称英语译文。这被负责人解释为："已经有了遗产的 logo，而且石头上也没有多余的空间可以刻写英语了。"

作为文化的标识：哈尼梯田景观符号研究

从最直接彰显红河哈尼梯田"遗产"身份的景观标识的故事中，标识"出场"的形式价值无疑压倒了标识准确性、生动性以及呈现梯田景观、引导文化释读的功能的内容价值。也就是说，标识的"出场胜于一切"！这种情形在梯田的别处并不少见，甚至成为过去十余年里标识设立历程中最为常见的一种设立动机。

以下是多依树下寨的情形。下寨与箐口、大鱼塘以及普高老寨三个民俗村略有不同，作为传统村落改造的重点村落，多依树下寨除新增了马帮府、宗瓦司署、庙房等几个显示着多依树下寨多元历史内涵的文化展示点，还在水碾、水磨以及祭祀房几处典型的哈尼村寨民俗点设立了解说标识。然而，这三处标识牌的解说文本则完全复制了2009年民俗村文化事象解说的内容，甚至连标点符号都没有变。唯一有变化的是标识牌制作方，2009年的文本翻译与标识牌制作是由昆明一家广告公司全权负责，而现在因为标识设立者认为不需要再花费财力和人力形成新的文本及翻译，所以标识的设立方就直接聘请了胜村的一个李姓木匠来负责所有村落中的标识牌制作。据县旅发委负责人透露，2009年，每一块标识牌的制作均价在2000元，而现在的只需要600多元。节约资金让负责人感到自豪。

显然，"大大降低了标识的设立成本"这一进步在负责人看来是具有极大的积极意义的。或许也正是对这一目标的取向遮盖住了"是否需要重新审视标识文本"的问题。在2009年版本的标识牌中，汉语和英语内容出现了很多刻写错误。针对这一次设立新的标识牌是否还会出现相同的问题，负责人胸有成竹地表示："这个李木匠是初中毕业生，应该不会错的！"[1] 然而，仔细查看多依树下寨新设立的标识牌，仅村口水碾处的标识内容就已经出现"低级"的刻写错误——"50 kg"被刻写成了"sokg"。多依树下寨的情形无疑表露出标识设立者对于标识设立的认知与实践的重重谬误，错漏的文化书写贬损了标识设立者所付出的努力。

毋庸置疑，标识的"出场"关联着特定的经济利益，标识出场与否其实与某个特定的发展规划蓝图息息相关。以下是SY公司的情形。按照标识制作工程负责人WF的说法，正当他快要按照标识系统合同协议完成预先商定好的各类标识牌制作时，SY公司决策者突然告诉他还需要额外追加制作徒步路

---

[1] 访谈人：LS，男；访谈时间：2016年5月25日；访谈地点：元阳县南沙镇。

线上的指向标识,据说这个"追加"的工程源自公司关于景区未来发展规划的研讨会——尽管 SY 公司当时正处于评定 4A 景区的阶段,但诸多基础配套设施工程基本是按照 5A 景区的标准进行建设的,国家旅游局要求 5A 景区必须有自己的特色旅游路线,故而公司要求 WF 在几条被遴选出来的游客徒步路线上进行导向标识的增设。

这些徒步路线包括箐口—麻栗寨、箐口—大鱼塘—全福庄、麻栗寨—坝达、坝达—全福庄等多条支线,几乎涵盖了梯田核心区的一些重要窗口村落。早在几年前,当地政府就启动了"文化长廊"建设工作,旨在将一些颇具当地哈尼文化代表性的重点村落以青石小路连接起来,进而使行走其上的人们就像是行走在文化的"通道"之上。景区公司在这些"文化长廊"的基础上,筛选出了未来的特色路线也就是徒步路线。可惜的是,花了很多气力才得以设计的路线,竟未出现在景区游览示意图中。SY 公司专门负责评 A 工作的工作人员 HJ 解释说,因为徒步路线多远离旅游环线,处于梯田深处的多数地方是景区工作人员无法快速到达的。如若游客发生不测,很难及时获得帮助,所以公司干脆不让工作人员把这些徒步路线在景区的旅游地图中标记出来。[1] 也就是说,SY 公司虽然决定了在标识制作工程中追加设立徒步路线标识,但是出于安全的考虑,这些路线并未在地图中"出场",这就使得被明确标记的徒步路线对于不知情的人而言"消失"了。

然而,这些对于其他游客而言几乎"消失"了一样的路线却深深吸引着徒步爱好者们。这类游客确实非常偏爱这些小道,因为徒步可以使他们深入地穿行于神奇的大自然之中。喜欢徒步的游客很多时候都是通过一些知名旅游网站找到徒步路线的相关信息,但由于这些信息总是不尽完整的,所以又常常需要等他们亲自进驻梯田景区后才能获取到更详细的路线信息。但通常情况下,当地人为他们提供的路线信息并不一定与已经设立了指向标识的景区徒步路线一致,缺乏景观标识的引导和指示,徒步游客时常面临着被误导的境遇。

2016 年 1 月,以色列男孩儿艾伦(Alan)和德国女孩儿安得莉娅(Andrea)结伴来到梯田(图 2-17)。他们二人此前并不认识对方,直到几天前同时住在成都的一家青年旅社后,才因为共同的目的地——元阳而临时组成旅行搭档。这一天,他们从胜村一路步行至麻栗寨,主要就是为了追寻麻栗

---

[1] 访谈人:HJ,男,彝族;访谈时间:2016 年 3 月 16 日;访谈地点:梯田景区游客中心。

作为文化的标识：哈尼梯田景观符号研究

寨附近的"老鹰嘴"。他们都在之前准备攻略时看到网友热力推荐这个不在官方旅游地图上的景点，为了一睹老鹰嘴独特的梯田景观便决定徒步。他们的客栈主人在那张官方的地图上手绘出了徒步路线（图2-18），并将老鹰嘴错误地标注在麻栗寨至坝达途中，其实老鹰嘴位于胜村至麻栗寨途中并且更靠近麻栗寨。由于地图的错误引导，他们直到步入麻栗寨时才幡然发现原来早已在不知情的情况下路过了老鹰嘴。

图2-17 合影（左为艾伦，右为安得莉娅） 　　图2-18 客栈主人加工的徒步路线

　　徒步路线的情形揭示着，"出场"的标识也极有可能因别的特定目的而"消失"，这就更加加剧了形式对内容的僭越。仅仅拘泥于"出场与否"的标识设立还极有可能牵出新的纷争。SY公司的情形并没有结束，负责设立标识的WF与公司双方陷入了某种"僵局"。WF指出，就是因为这一批徒步路线标识牌是被临时追加的，所以在SY公司领导层更换后这批追加的标识牌费用便成为争议，他认为他与SY公司的合同款项其实还并未结清。但SY公司负责该工程的财务总监却指出，他们双方之所以会存在这种争议，原因是WF不能提供聘请专家负责多种外语文本翻译的证据，所以对这项存疑的款项暂时采取搁置态度。从笔者所掌握的情况看来，WF确实有可能聘请了不具资格的"专家"，使得以温馨提示、安全警示类别的景观标识为主的标识文本大量出现了错误。经历了此次"滑铁卢"，WF比以往任何时刻都注意错误的文本书写不但较为严重地影响着标识设立地的地方形象，同时也很可能直接影响到自己的经济利益。在之后承接的几个标识设立项目工程中，他十分强调一定要聘请具有资质的专家从事标识文本的多语种翻译工作。

　　在多数情况下，哈尼梯田核心区确实强烈地需要各类景观标识的"出

· 156 ·

场"。比如，箐口梯田观景台附近的"元阳新街示范镇"标识牌就必须在这个特定地点向路过此地的各类人群提示着这里独具的示范作用。但是，徒步路线的特例表明现实情况中，因为出于对安全因素的考量，标识原本计划努力标明的东西却并未在官方地图中"出场"。又因为设立行动中不同的行动者认知的差异甚至矛盾，争议与利益冲突出现了。基于此，简单形式的"出场"就必然满足不了现实的需求。

三 生活世界中的"课题"抽离

形式僭越了内容，使得红河哈尼梯田景观标识的文本内容高频出错。文本出错除了由于文本书写的多层次性脱节以及"出场胜于一切"的原因之外，还有一个根本性的原因，即文化信息被当作"课题"从梯田的生活世界中进行了抽离。在胡塞尔那里："当生活世界的某一组成部分成为课题，就意味着它与生活世界的抽离。这种抽离没有改变任何一种事实，但却改变了人们看待这个世界的方式。没有抽离则没有问题，也无所谓认识与表达。但要最终认识并表达这些事物，又必须使事物回到生活世界本身。"[①] 一旦标识文本所指向的内容被从原有的社会语境中抽离了出来，文本内容的适切性问题就要开始面对各种预料之外的困难。

有这样一个笑话能够很好地说明标识牌文本创作的困难：

写招牌

从前，有个商人在镇上新开了一个店铺卖酒；为了标榜酒美，招徕顾客，特奉厚礼请来几个秀才，准备写一个招牌，挂在酒店前。

甲秀才挥笔写出"此处有好酒出售"七个大字。店家见了，点头赞许。

乙秀才指出："这七个字过于啰唆，应该把'此处'两字删去。"

店家细想，也觉得有理，丙秀才又说："'有好酒出售'中的'有'字多余，删去更为简约。"

店家也觉干脆。

可是丁秀才又振振有词道："酒好与坏，顾客尝后自有评价，'好'

[①] 参见马翀炜《作为敞开多元生活世界方法的民族志》，《思想战线》2014年第6期。

作为文化的标识：哈尼梯田景观符号研究

字宜删。"

店家没有反对。

这时，甲秀才生气地说："删来删去，干脆留一'酒'字，更为夺目。"

店家欣然接受。

乙秀才又有意见："卖酒吗，不必写招牌，路人见酒瓮自然知道。"

店家点头称是。

于是，秀才们告退，商人白白送了厚礼。

正如被言说的语句一般，虽然道明了一些东西却又因此而无法道明另一些东西，标识中的文本确实需要考虑很多潜在的表述问题。尽管如此，标识设立者却不能因噎废食，模仿秀才们一般论证了半天之后直接放弃了写下相宜的语言的努力。

标识文本创作的艰难之处还部分体现在收讯者的习惯性忽视常使得发讯者难以意识到改进问题的良机。早在2015年1月和7月两次共计30天的田野调查期间，一些具有代表性的标识牌照片被展示给随机挑选的游客，往往直到此时大家才会留意到其中的表达问题或谬误，人们甚至会反过来告诉笔者类似的问题到处可见，在元阳发现这些问题并不奇怪。中国游客以及多数外国游客指出既然要做标识牌，还是应该尽量做到最好，"让世界更好地了解元阳"；也有部分外国游客表示，能够包容这种问题，理由是梯田景观实在太美了，标识牌上的表达问题对他们的旅行影响并不太大；政府、景区工作人员表示，其实已经很多人反映过标识牌上的表达存在问题，但"目前一时间改不了""早晚得改过来"；生活在当地的村民，对每天都能见到的标识牌则大多没往心里去，对上面展示的内容既不十分关心，也几乎没有印象。[①]

其实，当人们对这类标识文本问题惯于习焉不察、采取近乎无所谓的态度时，已经开始对标识形象的使用与否投以极大的关注。这一发展趋势在其他各地也十分常见。近年来，藏区各级党委和政府高度重视藏文化的继承与发展，为此规定各机关文件、部门名称以及商业门派等都要以汉藏双语的形

---

① 郑佳佳：《基于交往需要的民族符号人类学考察——以世界遗产红河哈尼梯田为个案》，《昆明理工大学学报》（人文社科版）2016年第3期。

第二章　景观标识设立的认知与实践

式出现，随着需要进行汉藏双语标记的地方与场合的增多，藏语的书写和翻译错误也越来越多地显露出来，比如某地的"消防通道、请勿占用"汉藏双语标识中，藏语就被误写为"杀人通道，禁止占用"。人们在贻笑大方之余，其实也应该追问，多种异质文化中均出现这类同质性的错误，其根源究竟在于何处。在很大程度上，我们需要充分理解从生活世界中所做的"课题"式的抽离所带来的问题。原本，为了克服这些问题，最好的解决办法是回到生活世界中去。然而，现在人们的反应首先是先不注重或者讨论标识的对错，而是直接将其作为一种资本加以巩固和变为私有，这些原本充满创造性的做法，如果不是建立在充分考量标识文本准确性的基础上，则演变成二次"抽离"，从而在较大的程度上压抑了标识文本的适切性。

　　从生活世界中的课题式抽离同样还会引起哈尼梯田世界里的其他标识的文本错漏。2016年4月11—13日举办的元阳·南沙傣族泼水节活动，由元阳县南沙镇党委、南沙镇人民政府主办，傣族学会承办。通过现场的观察，"XD电器"①是此次活动中最大的广告商。按照在活动举办前承办方在"元阳梯田网"公众号上专门推出的消息中公布的广告位费用标准计算②，"XD电器"使用的舞台正板（10000元整体）以及空飘2条（3000元/条），广告费用合计约16000元。活动现场，空飘布标上的文字内容为"元阳县XD电器销售有限公司贺2016年元阳县傣族泼水节圆满成功"，舞台正板的文字内容同样为"元阳县XD电器有限公司贺2016年元阳县傣族泼水节圆满成功！"但添加了"元阳县家电行业独家赞助商：XD电器"这一落款，而且在这条布标的最前方，印有该商家的商标，商标由一颗星和一弯月亮的形象组成，取"XD"拼音首字母之意，在这个图案的下方，写有"XD电器"的中英文名称，出现了"Electic"这样的拼写出错的词语。这里出现了与梯田景区离众多景观标识一样的拼写错误，表"电器"义的英语词汇本应写作"Electric"，却漏写了字母"r"。这家公司的董事长在亲自查阅词典并反复对照自己的商标检查后，才发现这个三年前请外地某公司专业设计的商标中竟出现了这样的"低级错误"，他与身为总经理的哥哥止不住地生气，质问道："这个词是错的，那当时去注册商标时为

---

① 此处采取了化名处理。
② 参见《2016年元阳县傣族泼水节舞台已出炉，商家福利来啦，优质广告在热招》，"元阳梯田网"微信公众号，2016年4月9日。

作为文化的标识：哈尼梯田景观符号研究

什么人家还让我们注册？为什么不提出意见？"① 三个月后，XD 电器再一次成为另一场盛事的主要赞助方。XD 电器的名称被醒目地印制在新街镇梯田广场的舞台上。只不过这一次，他们撤走了自己那"可笑的"商标，仅以公司之名写下了对 2016 年彝族火把节顺利召开的祝福。

图 2-19　赞助商家商标　　　图 2-20　元阳县 2016 年傣族泼水节舞台

当然，标识背后巨大的商业化效用也遮蔽了这些文本以生活世界各类主题形式被抽离后发生偏差的危险。商标问题引起的尴尬对于元阳人民其实并不陌生，近期历史上就曾发生过一件：1976 年建成的元阳罐头厂，在 20 世纪 80 年代即已引进德国、荷兰无菌纸饮料包装生产线。元阳罐头厂曾生产出在云南大名鼎鼎的"王国饮料"，这一款饮料于 1987 年 4 月被指定为云南省首届民族艺术节的专用品。发展至 1992 年，元阳罐头厂与楚雄余甘饮料厂发生了"王国牌"商标的争议纠纷。后来经过省上有关部门的协调，于 7 月 25 日由元阳罐头厂赔偿给对方商标损失费七万元，从此元阳罐头厂获得"王国牌"商标的使用权。②

其实，在漫长的申遗道路上，红河哈尼梯田的标识价值早已被留意到。2009 年 3 月，红河州哈尼梯田管理局（即世界遗产管理局）启动了哈尼梯田知识产权保护工作。向国家工商总局商标局申请了"哈尼梯田""红河哈尼梯田"及保护区重要地名、节日等标志性的名称商标共 44 类 92 件，有效地保护了多年来积累的哈尼梯田无形资产。相对这些表明人们前瞻性的数据，哈尼梯田核心区新设立的不断重复着"旧话"的三块巨大的文化遗产青石标识

---

① 访谈时间：2016 年 4 月 12 日；访谈地点：元阳县南沙镇 XD 电器旗舰店。
② 参见《元阳大事记》（1382—2005），元阳县人民政府网，http://www.hhyy.gov.cn/info/1005/1017.htm，2011 年 12 月 14 日。

第二章　景观标识设立的认知与实践

似乎缺少了些智慧。

在红河哈尼梯田进行田野工作的法国人类学研究生遗憾地说："哈尼文化那么生动丰富，可是现在这些文化的呈现就像是'死去了'一样！"当地政府似乎也意识到了这一点，认为当前的文化展示方式过于侧重静态的呈现，他们希望未来能够摸索出多一些的动态呈现途径和模式——"箐口的陈列馆现在确实没有更好地办法改进了，以后的呈现最好是能够综合调动游客的视觉、听觉、触觉等。"① 当前，在距离景区大门一公里的地方，"红河哈尼梯田世界文化遗产管理展示中心"（哈尼历史文化博物馆）建设项目已经启动，这项工程的前期建设金额约为人民币8500万元，待全部建成时总投资预计达1.6亿。博物馆这一新的文化空间尚未建成，暂时无法见证哈尼文化将会得到怎样的动态展示。

只有当被抽离的文化主题回归生活世界之时，这些丰富的历史经验以及生动的标识设立案例才能真正帮助雄心勃勃的标识设立者。对于标识设立者而言，他们需要重新思考过去所建立的标识设立之认知及相应的实践，审慎地推敲其中的误区及纰缪，从而有准备地迎来他们即将开启的新工作。

小　结

在很大程度上，具有文化书写意义的景观标识之所以高频出现谬误，与标识设立者的认知误区、实践纰缪都是紧密关联的；标识设立所面对的问题是与人们使用语言的问题密切相关的。若要具备与他人交流的能力，意味着语言行为不仅要准确，还要合乎社会文化语境。这种能力的养成涉及一系列共享知识的积累。语言规则、社会文化规则与规范以及社会文化价值观等知识有助于引导人们的行为，对话语进行阐释和理解并规约着其他交流途径。交流民族志视野下的研究议题既包括人们通过语言运用达成适切交往的知识，也包括人们如何获取这些知识。②

---

① 访谈人：XD，1978年生，男，哈尼族，元阳县旅游投资公司负责人；访谈时间：2016年5月25日；访谈地点：元阳会堂。
② Farah, Iffat, "The Ethnography of Communication", N. H. Hornberger and P. Corson (eds.), *Encyclopedia of Language and Education*: *Volume 8*: *Research Methods in Languageand Education*, Dordrecht: Kluwer, 1998, p. 125.

作为文化的标识：哈尼梯田景观符号研究

对标识的设立活动进行深入解读是必要的。哈耶克认为，语言的所有用法都含有许多关于我们所处环境的解释和推理。许多普遍认可的信念只是隐含在表示它们的用词或句子里，可能绝对不会成为明确的信念；于是，它们也绝对不会有受到评判的可能。结果，语言不仅传播智慧，而且传播难以消除的愚昧。① 人们难以真正达到智慧对愚昧的彻底祛除，那么就永远处于追求语言传播知识及智慧的路上。

讨论标识设立之认知与实践，要探明标识设立者对于信息传递的认知误区，分析文化信息面临的各类加工实践中的谬误，要明确形式对内容僭越的影响。在这些考察与讨论的基础上，还需要认识到各类景观标识的设立其实就是一种符号支配行为。布迪厄曾指出，任何支配如果不通过使人们误识（misrecognized）作为支配基础并以此获得认可，这种支配就不能维持自身的存在。② 换言之，若巧妙运用符号，权力关系的真相就被符号遮蔽了。③ 当设立者对于支配与被支配关系的建立并无信心之时，便不可能对标识建立完善的认识；若标识信息的接收者不承认这种支配关系存在的时候，就会对这些原本是想起着支配作用的符号置若罔闻。如果这种权力关系的真相没有被符号成功地遮蔽，那实现权力就不可能或非常艰难。

所以，标识设立的关键就是遮蔽，遮蔽的艺术，遮蔽成功与否即权力实现与否。标识的设立、标识设立所带来的利益与遮蔽的艺术密切相关。针对认知误区、实践谬误以及形式僭越进行调整和修订是必要的，因为所有这些事项的推进都决定着游客进入的顺畅以及文化理解的实现程度。

遗憾的是，旨在引导游客对梯田景观、梯田文化进行认识、理解与欣赏的哈尼梯田景观标识，其设立通常表现出游客缺位的情形，并因此加剧了游客文化理解梯田景观、理解梯田文化的困难，游客无法在对景观标识的阅读与理解中实现对梯田景观、梯田文化的释读。

---

① [英] F. A. 哈耶克：《致命的自负》，冯克利等译，中国社会科学出版社 2000 年版，第 122 页。
② 华康德：《论符号权利的轨迹：对布迪厄〈国家精英〉的讨论》，载苏国勋、刘小枫编《社会理论的政治分化》，上海三联出版社 2005 年版，第 358 页。
③ 潘可礼：《社会空间论》，中央编译局 2013 年版，第 141 页。

第三章　景观标识的阅读与理解

在旅游的场域中，如果说愉悦性是旅游的本质属性，那么旅游愉悦性的充分产生却并不仅仅靠视、听、触等感官刺激就可以实现。[①] 进入哈尼梯田世界的游客同样不能仅仅依靠观览梯田景观就产生足够的愉悦，游客在梯田景区停留时间的普遍偏短，就意味着观览而不是理解的审美难以带来持久的愉悦。更何况对于相当一部分游客来说，通过旅游实现对旅游目的地社会文化的认识和深层理解是旅游更为重要的目的。因此，呈现世界遗产哈尼梯田文化景观的内涵、价值及意义，引导游客对梯田景观、梯田文化展开深入的释读与审美，从而尊重创造了这一景观的各族人民尤为重要。从这个意义而言，景观标识作为引导游客行动的文化书写的本质是不能被忘却的。也就是说，内涵性的而不是表层化的文化书写只有在尊重了游客差异性的前提下才能促使景观标识充分发挥引导功能，促使游客在对景观标识的阅读及理解中实现景观的释读。景观标识文化书写的表层化以及内涵性引导的缺位使游客不断放弃景观标识的协助，却又因此落入视觉陷阱。互动中的游客、村民等不同群体在绕过了景观标识的情形之中试图寻求别的通往文化理解的路径。引导游客的"初心"被忘却，游客"在场"却得不到应有的引导与尊重，这可能造成游客无法准确地阅读与理解景观标识，因而游客无法认识、理解与欣赏梯田景观也就成为注定的结果。

第一节　表层的引导与内涵的缺位

在建立更大的有序社会时，群体的组成以及引导群体行动的符号体系的

[①] 张高军、吴晋峰：《再论旅游愉悦性：反思与解读》，《四川师范大学学报》（社会科学版）2016年第1期。

作为文化的标识：哈尼梯田景观符号研究

建立显得尤为重要。引导的缺位可能会带来无序，无序可能会带来失范的危险。现代社会意欲摆脱失范的危害，就应该注意无序可能出现在社会生活的方方面面。当旅游活动的范围、程度、频次日益提升，组成游客群体的人员日益多样化，避免无序的具体做法之一就是引导游客阅读与理解景观标识后展开进一步的行动及进一步的理解。从表面上来说，哈尼梯田景观标识并不缺乏，在某些地方甚至还有重复累赘之嫌，但是问题就在于，这些表面上起引导作用的标识，从实质上讲是表层化的文化书写。这种书写事实上漠视了游客的差异性并造成了内涵性引导的缺位。

一 文化书写的表层化

为设立标识而设立标识，为书写而书写，将设立标识的目的遗忘的事情具有相当的普遍性。高度重视引导行动与理解的景观标识并对其做出明确要求是确保实现预期引导目标的基础，但更为核心的基础则是对表层化的文化书写的避免，避免书写流于表层化就是对标识引导的目标人群的尊重。真正的文化书写、真正尊重游客的标识首先是具有科学性的，其次是有真正的创意的，表层化的书写只满足于对"是什么"的回答而放弃了对"为什么"等问题的追问及阐释。

缺乏科学性的标识就是对游客求知欲不尊重的结果。2013年，联合国教科文组织给予江西庐山、湖南张家界和黑龙江五大连池三个世界地质公园的黄牌警告，督促其在"向公众科普地球科学知识"等方面进行整改。[①] 针对庐山景区的完善意见主要围绕标识系统展开：一是解说内容以及景区提示牌都需要更新，二是地质公园的标识不显眼。庐山景区在2004年为申报全球首批世界地质公园时制作过一批花岗岩景点标识，但此后直至2013年被"亮黄牌"时，九年里再也没有更换过标识内容，理由是"在做标识牌的过程当中，对于标识地段的地质地貌都必须有认识和了解，必须请专家来鉴定，但要兼顾所有的这些工作比较困难"[②]。世界地质公园网络评估局在讨论张家界世界地质公园的再评估问题时，给出的建议直指景观标识，要求"张家界应该从

[①] 沈洋、谢樱、王建威：《张家界、庐山、五大连池被联合国教科文组织黄牌警告事件调查》，《重庆日报》2013年1月13日第1—2版。

[②] 袁育堃：《庐山被亮黄牌 导游偏爱"讲传说"连续两张牌将被除名，深度调查"申遗景区 不要忘记为什么出发"》，央视网，http://news.cntv.cn/dujia/coverstory/shenyijingqu/，2013年1月30日。

加大对世界地质公园的 LOGO 布置，利用地图、照片和示意图宣传地貌地质知识"等。①

地质公园的价值与意义信息能够被游客充分理解从而消除融合的距离，有赖于景观标识能持续发挥内涵信息的解读功能。联合国教科文组织每四年就会对入选的世界地质公园进行中期评估，审查工作进展以及所在地区的可持续经济活动发展等情况。当联合国的黄牌警告决定传出后，庐山、张家界及五大连池三个世界地质公园的有关管理部门立即表态将认真展开整改工作。结合联合国教科文组织提出的建议，经过一年多的努力，2014 年 9 月 23 日召开的第六届世界地质公园大会上，三个世界地质公园获得了评估绿卡，方得以继续保留世界地质公园资格。②

千篇一律、胡编乱造的一些解释性的引导标识既是创意性的缺失，也是对游客不尊重的表现。庐山等三个世界地质公园同时出现了一个共同的问题，即泛滥成灾的"传说"极大地遮蔽了应当向公众进行传播的地球科学知识等信息。对于庐山天桥冰溢口，导游给游客的介绍是"天桥"即"天子走过的桥"，而天子就是朱元璋。天桥冰溢口其实是因为山谷里的冰流从溢口流入并最后形成天生的石桥。庐山的天生桥因地壳结构不断变化，于 630 年前垮塌并形成现在的景观。各公园相关管理机构的人员感到特别"冤屈"，在很大程度上反映了管理人员或许从根本上依然认识不清这些重要遗产究竟是基于什么前提而为世人所赞赏。即便地质公园的管理者能够将联合国教科文组织对地质公园的价值定义背得滚瓜烂熟，但并没有在真正意义上充分地认识地质公园的真正价值。毕竟，"熟知仅仅意味着表象（presentation），认识则包括并预先假定了表现（representation）"③。

发讯者往往略过游客的真正需求而根据自己的主观想象去践行引导，游客缺位的结果就是表层化书写的泛滥。以满足猎奇心理的旨趣为目的的引导并不是真正意义上的引导，一味强调猎奇心理并不会带来真正的认识。"认识

---

① 曹晓波：《张家界"吃牌"受质疑 专家当场指出需制作科普连环画，深度调查"申遗景区 不要忘记为什么出发"》，央视网，http://news.cntv.cn/dujia/coverstory/shenyijingqu/，2013 年 1 月 30 日。
② 薛小林、周辰：《庐山张家界五大连池宝珠世界地质公园称号曾被警告科普不足》，澎湃新闻网，http://www.thepaper.cn/www/v3/jsp/newsDetail_forward_1268237，2014 年 9 月 23 日。
③ ［德］卡西尔：《人论》，甘阳译，上海译文出版社 2004 年版，第 59 页。

作为文化的标识：哈尼梯田景观符号研究

起因于主客体之间的相互作用。"① 发讯者们常常忘记自己的角色，尤其在那些原本属于自己的遗产被冠上了"世界"的标签之后，主体性便屈从于客体性。对自我价值认识不清楚的结果就是，原本就缺乏通达世界的路径，却在获得了世界性认可的平台上又忘记了初衷。引导他人对自我的理解的目的是建构交往共同体。结果，这个目的却消失了，存在诸多问题的表达等僭越了目的。既然目的被悬置，那么原本作为手段的表达便不可避免地流于荒唐。因此，现有的引导及呈现方式沦为笑话也就成为必然。

表层化的文化书写体现在景观标识文本内容对于其所指向的文化事象的解说多停留在"是什么"，而没有进一步引出"为什么"等问题。一对刚刚进入箐口村的重庆父女因为留意到树立在村口的寨神林解说标识后，沿着石板小路前往一探究竟，然而，他们却发现通往寨神林的道路已经被封闭，只能一头雾水地折返村口。他们当然无法在缺少解释说明的前提下弄清楚这里发生的故事的来龙去脉。其实，堵住道路的那几块看似平淡无奇的栅栏关涉着维护哈尼村寨整体利益的村寨主义。2009年时，由专家规划的石板小路是为了引导游客从树木茂盛的寨神林旁走过并获得愉悦性。然而2011年年初，不到一个月的时间里村中相继有四人死亡。村民找到可以通灵的尼玛之后认定这是在旅游开发时，在磨秋房旁兴建的水沟以及在寨神林前新修的石板路作祟。当7月又有一个村民非正常死亡时，全村人决定每家出一个人将寨神林前的旅游观光的石板路堵上。村民们甚至集体出资购买了一头猪，在堵完路后"以共餐形式整合社会"②。通往寨神林的观光道路被封闭了，然而"寨神林"的景观标识依然在村口树立着。其实，道路被封闭说明了景观标识中所谓的"神林里面的一草一木受全体村民保护"，然而景观标识中的文本内容也只是满足于告诉游客寨神林"是什么"，并没有对村民何以保护寨神林、如何保护以及保护的预期结果等问题进行说明及引导。从这个意义上，景观标识是游客缺位的，因为景观标识在设计时多满足于告诉游客标识所指向的文化事象的名称，而并没有尽力将其深刻的文化意涵进行呈现。

引导功能的真正实现有赖于真正意义的文化书写，有赖于对游客的真正尊重。想当然地设置景观标识，想当然地对景观标识所指向的景观进行随意

---

① ［瑞士］皮亚杰：《发生认识论原理》，王宪钿等译，商务印书馆1985年版，第21页。
② 马翀炜：《村寨主义的实证及意义：哈尼族的个案研究》，《开放时代》2016年第1期。

· 166 ·

的、以满足猎奇心为要旨的解说及阐释,恰是表层化书写以及不尊重游客的表现。引导游客认识、理解与欣赏哈尼梯田景观的"初心"被忘却,那么缺乏尊重的表层化书写沦为笑柄、不被尊重也就不再是天方夜谭。

二 游客差异性的漠视

游客对哈尼梯田的深入释读需要得到准确而清晰的引导,景观标识的引导需要充分考虑游客群体的文化差异性。来自不同文化背景的人群充分理解哈尼梯田景观的目标,并不是依靠游客单方面的意志就能够实现的。由于游客可能在对以行为形式进行文化释读引导的文化展演及日常生活这两种景观标识的解读中出现错误,以固定的文字形式进行引导的公共标识及旅游标识这两种景观标识就在游客进入梯田世界的初期担任着重要的引导作用。文字景观标识准确且清晰的引导成为游客等外来他者理解梯田世界的前提,标识所践行的引导若漠视游客的差异性则伤害着游客对梯田世界的理解。

漠视游客差异性的危害极有可能使游客等收讯者将景观标识中的谬误等同于发讯者的思想世界。罗素指出,思想和语言都需要在它们本身以外有某种客体。① 在过去的哲学观念里,思想反映世界,语言表达思想,语言意义来源于世界。故而语言仅仅是思想的载体,是交流的工具。现代观念中,语言不是纯粹的交流手段,人正是因为语言、通过语言,才拥有世界。在很大程度上,语言等同于思想。语言和世界结构相同,所以,可以从研究语言的结构推知世界的结构。在海德格尔那里,语言即 LOGOS,即世界,即规律。语言可以是一个自主、自足的领域,是心灵和事物的中介。② 那么,既然通过语言结构可以推知世界结构,类似"village mouth"一类的充满谬误且忽视游客差异性的语言表达岂不是让人错误地坚信,哈尼梯田的主人同样是无能的?在引导中缺乏对游客文化差异性的尊重,就可能反过来使发讯者无法获得游客的尊重。

漠视游客差异性的引导不仅可能使外来他者无法理解当地,而且可能引起外来他者放弃进入当地。这样的事例也是较为常见的,2015 年,英国威廉王子出访云南省。位于西双版纳勐腊县的望天树公园是当年英国女王(王子

---

① [英]罗素:《西方哲学史》(上),何兆武、李约瑟译,商务印书馆 2015 年版,第 62 页。
② 陈嘉映:《海德格尔哲学概论》,生活·读书·新知三联书店 1995 年版,第 303 页。

作为文化的标识：哈尼梯田景观符号研究

的奶奶）出访云南省的其中一处访问地，女王在这里种下了一颗象征中英友谊的树。威廉王子此行原本希望重温女王当年的访问路线，按理说望天树景区就理所应当地成为威廉王子的一个访问点。然而，负责为威廉王子设计访问路线的部门却发现望天树景区设立了景观标识，将女王种下的友谊树旁的小道命名为"Prince Phillip Catwalk"。因此，这个让人贻笑大方的景观标识立即让相关部门决定将望天树景区从威廉王子的访问地名单中撤出去。事后，外事部门立刻敦促将其改正过来，建议改为"Prince Phillip Walkway"。Catwalk（猫步、步行小道）与walkway（行人道）似乎只不过是一字之别，但英国王室的尊严却极大地依靠这些严谨的字斟句酌才能得到匹配。没有在引导行动与理解的景观标识中彰显出对他者的差异性的尊重，结果就是他者直接放弃了进入当地。

在面对来自不同文化背景的人群时，准确且清晰的引导不能回避需要尊重文化差异性并采纳通行符码及表述的事实。2001年，在进行北京申奥的安保报告这一项工作时，安保报告几次都被组委会折返回来：比如"警犬"并没有按照国际标准翻译为K–19，而是按字面译为了police dog，报告中反复出现的"和谐社会"则容易被理解为口号和标语。北京申奥的安保报告不断放弃了自说自话，努力调整并采纳通行说法以确保他者的理解，最终得到通过和认可。[①] 在哈尼梯田世界里，作为文字景观标识发讯者的景区管理机构、政府相关部门等应该承担规范引导、准确且清晰引导的责任，为游客的进入及理解提供路径。简单地用拼音"Peima"指称宗教人士"贝玛"，同样是无法让来自不同文化背景的游客进行准确的认识的。

当前哈尼梯田文字景观标识出现了高比例的谬误，与此相比，哈尼梯田世界里的当地村民则试图依靠自己的努力为来自不同文化背景的游客群体搭建理解的路径。多依树的客运司机LCY经常会碰见外国游客拿着一本"厚厚的外国书"，那本书"上面有我们这里的地图"，因而格外引起了LCY的关注。LCY发现，这本书里面见的最多的就是"××时光""阳光××"之类的外来资本经营的梯田客栈，书上不但对这些客栈配有汉语名字、图片，而

[①] 如"我们将做到严格执法，热情服务，听从指挥"改为"中国警察将做到三个'P'：专业化（Professional）、礼貌化（Polite）、适当的（Proper）……"参见武和平《打开天窗说亮话》，人民出版社2012年版，第161—164页。

且房间价格也有。LCY 的表姐在多依树经营着自己的客栈，虽然偶尔也会有一些外国游客选择到她表姐的客栈去住，但在 LCY 看来，如果有一天表姐的客栈也能被记到那本书里，这时才真正表示表姐成功了。为此，LCY 也开始建议表姐多学习一些外语，多吸引一些外国朋友的注意。她们甚至请朋友到经常接待外国游客的当地知名酒店——云梯酒店里"偷偷学习"如何接待具有文化差异性的游客，再将看到的东西带回来说给她们听。

LCY 和她表姐将外国游客分为两类，一类是"背包客"，他们愿意住便宜一些的普通客栈；另一类是"非背包客"，他们愿意住好一些的酒店。通常来说，背包客的年纪轻一些，非背包客的年纪长一点。因为表姐家的客栈条件并不是很好，几乎没有愿意多花钱的外国游客入住。因为外国游客多喜欢简餐，她们经别人的介绍到老县城的中学里找了英语老师，请求他教她们学习"米线""面条"之类的简单词语。① 在较为缺乏跨文化交流基础的当地村民那里，他们尚且如此努力地为充满文化差异性的游客群体提供理解的通道，相形之下，对于接触和服务多文化背景的游客群体有着丰富经验的标识设立者，又有什么理由不去认真准备并设立能够充分尊重文化差异性的景观标识呢？

缺乏准确、清晰且充分的文字景观标识的引导，游客通常只能选择停留在那些能够尽力尊重他们文化差异性的场所中。普高老寨的客栈主人表示，一些来自以色列、法国等国家的外国游客，为了避免交流的困难，通常在"Booking"等几个酒店预订网站上挑选受到外国游客高度评价的客栈。在酒店设施、服务水平、地理条件等多方面因素之外，他们看中的一个重要因素就是要求入住的酒店或客栈能够提供就餐服务。遇见阴雨天，这些游客的活动范围更加囿于酒店内。② 尽管在这个不大的空间里，他们也极有可能因默默观察到在酒店里工作的当地村民而实现与当地人的接触，但从更现实的意义看，哈尼梯田中现存的对游客文化多样性的忽视，只会使得游客对梯田文化的理解程度受到极大的影响。

准确、清晰且充分的引导的缺失，也使得内外两类人群之间多停留在刻

---

① 访谈人：LCY，女，哈尼族，35 岁；访谈时间：2016 年 1 月 21 日、8 月 21 日；访谈地点：胜村黄草岭。

② 访谈人：XB，女，1989 年生；访谈时间：2017 年 2 月 11 日；访谈地点：普高老寨。

作为文化的标识：哈尼梯田景观符号研究

板印象之中，无法实现真正的交往及理解。法国人类学研究生 HF 进入普高老寨进行田野研究时，依然会被村民们当作联合国派来的官员。田野期间，由于 HF 与当地妇女接触非常有限，所以只能与当地会说些普通话的男性多沟通，她认为这是因为她会抽烟喝酒，所以方便与这些男性做朋友并且交流。①很多卷入梯田旅游发展的当地人对外国游客的区分仅仅是"大方"与否。他们究竟来自何处、他们的文化与自己的文化有何不同、他们对梯田是什么看法等问题常常也因得不到更多的交流而显得似乎不重要。

各种各样的"证据"表明，景观标识必须竭力避免对游客差异性的漠视，否则非常容易引起景观标识引导功能的消散。因此，内涵性引导的缺位也使得人们在呈现自我、理解他者过程中不可避免地陷入更多的潜在难题。

三　内涵性引导的缺位

文化内涵的传递与传播由来重要。根据哈尼迁徙史诗，当年哈尼人在纳罗举行了分寨，分别前年长的摩批们特地聚拢起来并专门举行了仪式，仪式上他们反复交代那些即将分开在七十个寨子中生活的族人一些关键的文化信息，如何建寨、如何建房、如何过昂玛突等重要节日都是哈尼人走到哪里也坚决不能忘记的重要内容。不论是采取口头方式，还是文字书写方式进行文化信息的传递与传播都是极为重要的。旧约全书七十人译本的传说称，这七十名译者的译本有时连最细微的地方也都是几近相同的，这是因为所有的译者都受到了某种启示。② 我们或许可以把这一"某种启示"理解为一种心智的同一性，心智的同一性的呈现可以较好地协助文化理解的实现。若是引导不能直指文化内涵，那么就容易使心智的同一性受到遮蔽并进一步使文化拥有者遭到误解。

按照西方世界对书写与文明关系的理解，书写的特定形式从某种意义上可以被视为衡量世界上各族人民之文明层级的诊断指标。③ 罗素将文字演变划分为象形文字、表意文字以及拼音文字三个阶段，认为没有字母的民族是野蛮人。这些西方中心论的视野并非绝对真理，并不能说汉字并非拼音文字而

---

① 访谈人：HF，法国人类学研究生，女，1990 年生；访谈时间：2016 年 3 月 8 日；访谈地点：昆明园西路。
② ［英］罗素：《西方哲学史》（上），何兆武、李约瑟译，商务印书馆 2015 年版，第 409 页。
③ 参见 Roy Harris, *Rethinking Writing*, Bloomington: Indiana University Press, 2000, pp. 1–2。

中国人就是野蛮人。在一般意义上，由于视觉印象比音响印象明晰和持久，故而具有稳定性和统一性的文字便就获致了威望。① 因而，对于没有自己的文字的哈尼人而言，可以使用汉字等其他文字进行文字景观标识通过汉字等其他文字书写而使哈尼梯田景观的价值及意义得以稳固。这种意义的明确对于游客以及对于村民都是一种重要的尊重方式。然而，哈尼梯田景观标识在引导游客释读梯田文化时往往是内涵缺位的，这使得游客不得不采纳其他方式获取文化信息。

游客无法在公共标识、旅游标识等文字景观标识中获得对哈尼梯田的充分认识、充分理解与充分欣赏，结果通常就是游客只得转向村民的日常生活，在这一类景观标识中获取文化信息并寻求意义。日常生活在旅游的场域中具有了引导文化内涵之释读的景观标识功能并不奇怪，因为现代的根本性的现象不仅在于科学的广泛兴起，而且在于人类活动被当作文化来理解与贯彻。② 箐口村 L 大姐是制作哈尼土布服饰的能手，2015 年 7 月一个下午，当她和同伴一起在箐口村哈尼文化陈列馆前的广场旁的亭子里染制土布时，一个刚刚抵达的旅行团因为笔者的"实验性的干预"③ 而驻足，他们边与几个哈尼妇女进行简单的交流，边体验着充满异域特色的劳动，得出"哈尼服饰一定值钱"的结论，因为哈尼族全手工制作的传统服饰"真的费时费力"。L 大姐告诉笔者，她和同伴经常在亭子里做事，也经常会有游客围着她们拍照片，但多数情况下，游客们很少会与她们说话，更不要说像这天一样，游客不但和她们聊了很多，还帮她们干活。

保罗·利科对文本有两种解读方式，一种是"高度语境化"，指的是读者要将文本还原成作者的言说，领会作者的本意；另一种是"去语境化"，指的是读者要结合自身的问题，从文本中发现可以运用于其他社会语境的思想资源。④ 游客对于他们在旅游目的地遇见的各类"文本"的理解与此类似，由

---

① 纳日碧力戈：《语言人类学》，华东理工大学 2010 年版，第 139 页。
② ［德］海德格尔：《林中路》，孙周兴译，上海译文出版社 2008 年版，第 66 页。
③ 事实上，当时笔者正在对 L 大姐进行关于哈尼服饰制作的访谈，边聊天边帮助她染制土布。这一个旅行团的游客看到笔者的穿着并非本地村民的穿戴，于是"顺理成章"地推测笔者应当也是游客。既然笔者这样的游客可以进行土布染制体验，那么他们理论上也一样可以。出于这样的逻辑，旅行团的多数成员尝试走上前与 L 大姐等人进行交流与接触。
④ 参见"新闻与传播学译丛·大师经典系列"编委会《新闻与传播学译丛·大师经典系列总序》，载［法］加布里埃尔·塔尔德《传播与社会影响》，何道宽译，中国人民大学出版社 2005 年版。

作为文化的标识：哈尼梯田景观符号研究

于未必能够还原在无意中用日常生活书写了文化或者填充了文化内涵的村民的本意，游客就有可能结合自己的要求对其进行解读。

当包括作为片段式的本源呈现的日常生活在内的景观标识并未真正地将游客引向深入释读梯田文化的同时，大部分游客习惯于在进入梯田世界里的第一时间记录下直观的当地人的生产生活场景，蕴含在这些场景中的文化内涵信息在此过程中也就出现了扭曲的可能。一些知名旅游网站上流传着记录梯田以及村民生活的"标准化教程"——除了各个梯田片区不同的梯田神韵要捕捉，位于梯田核心区的胜村集市也是重要的民风采集地。村民做生意的摊点上摆出的各种各样的服饰、土特产、日用品、农具以及村民做买卖的行为都是游客的凝视对象。此外，胜村派出所附近一个临街的临时理发摊点也是游客们最喜欢探访的地点。一些游客一边抓紧光影时机不断变换着对这个当地人生活场景的记录角度，一边还相互交流着附近哪里还有这种"比较有味道"的而且"画面感很好"的地方。

游客记录直观的生产生活场景的习惯进一步使景观标识的设立者错误地认为，只要结合这些场景编造一些具有冲击力的信息，而不是内涵性的信息就能吸引住游客。哈尼梯田景区新近大力推广使用的语音导览平台也大事渲染，推出了这样的介绍——

> 哈尼族农活儿经常由女人来承担，成年男子只负责带孩子。

这种错误的文化内涵的引导既不尊重游客，也不尊重村民，更因为其面向大众进行传播而造成了严重的扭曲文化信息的影响。多数游玩箐口村的游客在看到村中妇女的辛勤劳动场面后，经常会肯定地说："看来哈尼族真的是女人干活儿，男人休息！"事实上，哈尼女人在哈尼社会中的社会角色远要复杂得多。在很多村子里，村中的男性若要参加祭山神等重要仪式，必须等结了婚、做了父亲后才有资格。箐口村85岁的哈尼老人ZLB家中新近添了重孙，他与年长的伙伴们一起在长廊下的木椅上分享自家四世同堂的满意与开心，还非常确信地告诉笔者："要是我家里女人不在了，我是不能叫老人的。"[①] 女性并非游客想

[①] 访谈人：ZLB，男，哈尼族，1934年出生于箐口村；访谈时间：2017年2月7日；访谈地点：箐口村。

象的那样处于被压迫的地位，一个家庭的完满有赖于女性，男性社会地位的获得也离不开女性。

当代旅游景观存有一种普遍的从冷媒介型景观向热媒介型景观发生转变的趋向，即"负载信息越来越多而要求人们深入理解却越来越少"[①]。对于哈尼梯田而言，景观标识所提供的关于梯田景观的内涵释读引导却并不准确和充分，有时甚至是缺位的。因而游客对梯田景观以及梯田文化的理解也难以得到深入，引起文化信息的扭曲。市场体系通过标准市场范围内所有人的行为来进行运作，旅游景区事实上也是在进行市场活动，尤其是旅游景区，往往要以自己的文化转化为商品进行市场交易。那么，进入这一市场的人们，无论是当地人还是游客等外来者，都必须共同遵循双方协商的行为规范和行动秩序。而达成此目的的前提就必须是信息的充分沟通，信息的充分交流也是减少冲突，强化理解的必要条件。关键之处还在于，随着现代社会中人的流动性的不断增加，文化的融合越来越不囿于某一地。旅游景区内的当地人如何与外来的流动性很大的游客等群体间实现融合，一方面尽可能满足外来者求知、审美、休闲等各种诉求；另一方面使自身文化产品价值最大化的目的得以实现就是一个具有重要意义的现实问题。

相对而言，当地人必须为搭建交往关系、实现融合付出更大的努力。因为对于那些流动性很大的人群而言，他们具有更大的选择主动性。当地人不仅应该尽可能地在理解外来他者的文化的基础上以他者能够更加容易接受的方式进行表达，而且还必须加深对自身文化的理解。对自身文化的深入理解是更好地主动传播这些文化信息的重要基石。现在，哈尼梯田里各类景观标识出现的问题就是，对他者文化及自身文化双重的不够理解。

文化理解、相互尊重原本应该通过景观的呈现以及景观标识的引导而实现，当景观标识的表层化引导成为普遍，当景观标识不讲求科学性及创意性而随意呈现景观、释读文化，当景观标识漠视了游客的文化差异性，尤其是当针对哈尼梯田的文化内涵信息的处于缺位之时，预期的文化理解成为遥不可及的"空中楼阁"，也成为"镜中水月"。在村民的日常生活中获取信息、寻求意义难以实现，缺乏文字景观标识与这些生活场景的配合与协作，游客往往无法捕捉哈尼梯田的深层信息及深层意义。得不到准确、清晰且充分引

[①] 赵刘、周武忠：《旅游景观的嬗变与视觉范式的转向》，《旅游学刊》2011年第8期。

作为文化的标识：哈尼梯田景观符号研究

导的结果就是，内外人群间真正的交往与真正的理解的难以实现。从这个意义而言，文字景观标识必须与日常生活等景观标识有机协调起来，展开真正意义上的文化书写。非复调式的呈现难以充分尊重游客并发挥引导游客释读梯田文化的功能，难以克服文化信息的扭曲，使得游客落入视觉陷阱并走向误解。

第二节　导致误解的视觉陷阱

景观势必能给人们带来视觉震撼，然而景观究竟具有什么样的意义内涵则需要依靠景观标识的呈现及阐释。在哈尼梯田的旅游活动中，视觉印象的赋魅取代景观标识引导着游客对梯田景观进行认识。然而，只须观览而无须理解的审美并不能够满足所有游客。视觉陷阱所带来的偏误性的信息极容易引起游客的误解。因此，梯田的观览无法取代作为文化书写的景观标识，不对梯田景观进行深入阐释，而简单地任由游客进行观览，这种做法难以将游客引向对梯田景观的认识、理解与欣赏。

一　视觉印象的赋魅

"无论我们喜欢与否，我们自身在当今都已处于视觉（visuality）成为社会现实主导形式的社会。"[①] 时代的潮流将视觉置于感官的首要地位。电影、广告、传媒、旅游等文化商品以强烈的视觉冲击制造着人们的审美需要，人们似乎生活在只能通过视觉实现审美的时代，过去超越于生活的审美现在与生活同一，呈现出"日常生活审美化"趋势。此时，生活就是审美，审美就是生活，"艺术即生活，生活即艺术"[②]。当越来越多的大众更加日常化地参与到旅游活动中时，视觉印象便就被赋予了无与伦比的魅力。

发讯者很可能依据视觉的主导地位而编织着"陷阱"。美国西南部的"温泉镇"因为一档知名节目在镇上举行而将地名改为这档节目的名称——"特

---

① ［斯洛文尼亚］阿莱斯·艾尔雅维获茨:《图像时代》，胡菊兰等译，吉林人民出版社2003年版，第5页。
② 何明:《艺术人类学的视野》，《广西民族大学学报》（哲学社会科学版）2009年第1期。

鲁斯",小镇街头的新路标以及地图上的更名使这个曾经一度毫无声名的小地方吸引着陌生人前去一探究竟,指路系统中的"恒久性"使小镇在视觉时代得到了"永恒的保存",因为这个更名被留存了下来,所以人们对它的起源的回忆也不断被唤起。[①] 纵使新的更名所包含的意义并不比过去的名字所赋予的意义更多(有时甚至还可能是空洞且无意义的),更名的做法还是得到了贯彻。太平洋彼岸的这个案例给予我们的启示在于,发讯者通过在标识中呈现大家印象中熟知的名称,以期引起游客的视觉反应,从而引导并刺激游客前往当地消费。

哈尼梯田的声名鹊起离不开视觉印象的赋魅。先民因地制宜,随山势地形变化在缓急不一的山坡上开垦了梯田,层层叠叠的梯田最多之处为三千余级。天气的善变引起光线的变化,海拔落差达千余米的梯田或笼罩在云海雨雾中或映衬在蓝天白云之下,时而气势磅礴时而含蓄秀美。香港《大公报》于20世纪80年代报道了元阳哈尼梯田。1993年,当法国独立制片人杨·拉玛在元阳拍摄的山水专题片《山岭的雕塑家》在多个国家和地区上映后,哈尼梯田引起了世界上较广范围的关注。梯田民俗风光国际摄影大奖赛、元阳人文风光信封和明信片首发仪式让更多的人认识了哈尼梯田的面貌。红河州旅游发展委员会在昆明长水国际机场投放了哈尼梯田的巨幅广告,液晶屏上每隔几分钟就会播放绚丽多彩的梯田图片,试图在第一时刻就吸引住外来游客的注意力。

视觉印象的赋魅诱使游客做出走向这一片土地的选择。广为流传说法是这样的:

> 再华丽的辞藻,用来形容那片土地,都显得苍白无力;再伟大的摄影师,置身这片土地,思维都会犯困;
> 如果你是驴友,你不到元阳,元阳会替你感到难过;如果你是摄友,你不到元阳,上帝也会替你感到难过。

从这两则颇受网友分享和转发的语句看来,游客若是不到哈尼梯田里走

[①] [斯洛文尼亚]阿莱斯·艾尔雅维获茨:《图像时代》,胡菊兰等译,吉林人民出版社2003年版,第1—8页。

作为文化的标识：哈尼梯田景观符号研究

图 3-1　哈尼梯田

图 3-2　哈尼梯田

第三章 景观标识的阅读与理解

图 3-3 哈尼梯田

图 3-4 哈尼梯田

作为文化的标识：哈尼梯田景观符号研究

一趟便是"难咎其辞"。发讯者们为了证明哈尼梯田景观独一无二的美，运用各种方式向游客们演示哈尼梯田一年里不同季节的照片，试图向游客证明选择来到梯田实为明智之举。

视觉印象的赋魅使游客们在旅游活动中急于记录梯田影像。一些游客因为慕名梯田而专程前来，一些游客因游览建水、普者黑等景区而顺道前来，还有一些游客则是由于其他原因意外闯入了这片热土。当他们在梯田里游走时，无论是否做足了充分的准备，无论他们是否具有摄影爱好，无论他们是否专业，当他们站立在这片具有较强视觉冲击力的土地之上，总希望留下自己在梯田的影像记录。相对于观众，旅游者最大的不同是具备了"在过、做过和获得过"的经历。"在旅游的'看'中同时引入了'在'的强化因素和'获得'的实物。"自我身体的介入也因此赢得了"占有"的丰富体会。① 游客亲自身处梯田之中，无法从对梯田的视觉审美中脱身。

视觉印象的赋魅同样在游客完成旅游活动后发挥影响。旅游者不只是运动中的观众，他可以通过购买纪念品之类的象征性物品，"神奇地"把旅游目的地"化为己有"，还可以通过旅行后的展示照片、讲述美景等习惯性的追忆活动"找回"旅游目的地。② 也就是说，即便游客返回家中，回顾梯田带来的强烈的视觉震撼依然可以成为游客"找回"梯田的有力渠道。

视觉印象的赋魅的影响还表现在哈尼梯田视觉差异性的营造之中。人们对视觉差异性的营造与追求趋之若鹜，这种态势也就可能无意识地遮蔽了生长在这片土地上的人以及他们所创造的文化，即使哈尼梯田的各民族进入了各种各样的"镜头"，他们更像是梯田的注脚。其实，梯田作为各族人民改造大自然的"初次创作"，梯田才是各族人民的注脚。正当梯田的创造者由于视觉印象的赋魅而失去了主体性地位的同时，游客对视觉差异性的需求被梯田的发讯者们制造了出来。哈尼梯田的发讯者试图在景观标识中推出一些先行的视觉差异概念来满足游客。翻看哈尼梯田景区的旅游服务手册，可以发现所谓的"元阳三气"就是老虎嘴梯田的"名气"、多依树梯田的"秀气"以及坝达梯田的"大气"。如果说"元阳三气"尚不足以说明三片梯田的视觉差异性，那么对梯田日出、梯田日落的渲染则进一步制造了视觉差异性。根据近

---

① [法] 埃德加·莫兰：《时代精神》，陈一壮译，北京大学出版社2011年版，第76页。
② [法] 埃德加·莫兰：《时代精神》，陈一壮译，北京大学出版社2011年版，第75—76页。

年来梯田旅游从业者们的口号,就像"不到长城非好汉"一样,没有朝见多依树梯田日出以及老虎嘴梯田日落的游客也不算是到了梯田。因此,那些事先没有做足"功课"的游客来到景区时,越发萌生出了找到各不相同的梯田景观的意愿,他们往往失望地发现自己的这些问题在景观标识中并无"答案",这种希望的落空甚至催生出众多"周边产品"的创意。① 可以说,尽管游客的此类地点信息需求十分简单,哈尼梯田的景观标识依然没有给予其满足。

哈尼梯田作为文化景观的属性,要求旅游从业者应当引导游客展开对梯田景观的凝视。然而,现有的对凝视的引导是游客缺位的,是没有充分尊重多种审美需求的,使得游客无法从浮于表面的凝视中生成对哈尼梯田景观文化意涵的理解。更糟糕的是,景观标识的设立者以及游客都由于"景观"的被强调而误认为对景观进行观览即可。在这个过程中,视觉印象的赋魅替代了景观标识而引导着游客。

梯田景观的观览并非梯田旅游的唯一本质,竭尽全力对景观的无可替代进行凸显使得景观的文化意涵受到遮蔽。"观看"之所以先行于"语词"(seeing comes before words)是因为我们正是通过"观看"来构筑自己所栖身的周遭世界,虽然我们会采纳特定的语词来解释这个世界,但这些语词绝不可能消解了我们自己为这个世界所环绕的事实。② 尽管如此,这并不意味着"观看"可以成为人们认知世界这一行动时的唯一方式。片面追求视觉震撼的结果就是,忘却了透过观览实现理解的认知逻辑。

二 缺乏理解的观览

阿尔多斯·赫胥黎相信,想要认识清楚事物,必须依靠感觉、选择以及理解三个辅助性的步骤。也就是说,"观看"是由"感觉+选择+理解"三个要素构成(Sensing + Selecting + Perceiving = Seeing)。③ 在"观看"的过程中,"我"得以确立,又因为"我"的确立,他者也因为被感觉、被选择而得以出现。由于包含了"理解",观看的行为实践可以被视为理解自我、理解他者、理解世界等多重理解的前提。

---

① 负责景区最新一批标识系统制作的 WF 就曾设想过,制作集观景、摄影以及美食多重信息于一体的地图。
② John Berger, eds., *Ways of Seeing*, London: Penguin Books, 1990, p. 7.
③ Aldous Huxley, *The art of seeing*, Berkeley: Creative Arts Book Company, 1982, pp. 27–29.

作为文化的标识：哈尼梯田景观符号研究

然而，哈尼梯田发讯者刻意强调梯田景观为游客带来视觉冲击，错误地认为将游客引向对梯田景观的观看即可，故而没有进一步对梯田景观做出意义阐释。缺乏深入的了解就难以建立真正的审美。审美"并非仅仅承载欲望和信仰，而是在个人身上烙下集体感官的共同印记"，审美可以"让个人游移不定、难以捉摸的感官"在"社会共同体之中"稳固下来。① 因此，身负着呈现梯田景观重任的景观标识缺乏对引导游客的实践，就容易使游客的审美趋于游移，忘却对美景背后的深刻而丰富的社会文化意涵进行理解。

观览梯田景观并不是所有游客的终极目的，一些游客在梯田景观的观览之余其实还存有对梯田景观建立更高认知的目的。从更高的认知程度上对一个形象进行精神加工，而不是停留在简单的感觉和选择中，这意味着必须全神贯注于视野中的既定目标，发现它的意义，而不仅仅是完成一种观察行为。② 这意味着当游客观览哈尼梯田并惊叹人们在大自然身上运用了鬼斧神工的创造力之时，理应在景观标识的引导下进一步认识哈尼梯田景观得以延续千年的社会文化基础。

梯田各族人民的自然崇拜是哈尼梯田景观得以依托的社会文化基础中的一个重要组成，自然崇拜及相关禁忌的实践使当地人长期维系着哈尼梯田的景观格局。对哈尼世界里自然崇拜文化事象的呈现有益于游客深化释读梯田文化，这类文化事象没有得到呈现则不宜于游客深入释读梯田文化。箐口村一带的哈尼族崇拜大树，当大树倒塌时往往还要专门择日进行祭祀仪式后才能将大树分解并运走，否则会认为侵犯大树的神灵而招致厄运。2015年12月，位于箐口村东北角的一棵大树由于年代已久而自然倒下了。每年的一月恰是梯田的最佳旅游时节，2016年1月平均每天有三四百名游客到访箐口村。因为村里还没有对上个月倒塌的大树进行特定的禳解仪式，只能任由这棵大树横亘在路上，游客从水磨走到祭祀房必然要经过这里。大树的直径达60厘米，所以通过此处的游客和村民无论如何都必须要翻越过这棵大树才能顺利通行。游客虽然与指向自然崇拜的场景相遇，却由于缺乏景观标识的引导以及相关解说而忽视了这个场景的内涵。

---

① ［法］奥利维耶·阿苏利：《审美资本主义》，黄琰译，华东师范大学出版社2013年版，第72—73页。

② ［美］保罗·莱斯特：《视觉传播：形象载动信息》，霍文利等译，中国传媒大学出版社2003年版，第4页。

以 1 月 15 日上午为例。五名来自四川的游客在当地"导游司机"的陪伴下游逛到了大树倒塌的地方，却就在他们即将跨越这棵大树的时候，陪同的当地人突然指着掉落在路上的多依果说，这是当地非常常见的果子，味道很不错。于是，五名外地游客也就迅速地在这位没有导游证却能不断为他们带来丰富地方知识的当地人的指导下，去寻找那些更甜的果子。逗留了三五分钟之后，他们也就自然而然地翻越了大树继续往祭祀房方向前进。此时，"导游司机"干脆建议大家："其实箐口村没有多少好玩的，要不我们不去那边了，从这条路直接回去吧！"五名外地游客几乎不假思索地就同意了这个提议，经小路穿过村子回到了北边的村口停车场。

当他们离开箐口村以后，一个近三十人的中国台湾旅行团在导游的引导下来到了箐口村，他们采取了相同的游览路线，即：停车场→哈尼文化陈列馆→水碾、水碓、水磨→祭祀房→哈尼哈巴传承中心→停车场。在停车场到哈尼文化陈列馆的道路左下方，有村中最热闹的一口水井。水井处仅有一个简单的旅游标识"水井"，导游在此处停了下来进行讲解，他的解说词并不复杂，主要指出这些水是从山顶上流下来的，在村中经村民使用后又沿着沟渠流向梯田。然而，来到大树倒塌的地方，导游未做任何解说，自然地带着大家翻越了这个"障碍物"（图 3-5）走了过去。

图 3-5　倒下的大树拦住了游客的去路

作为文化的标识：哈尼梯田景观符号研究

  这个场景本来是能够结合景观标识的引导并反映出生活在哈尼梯田世界中的各族人民的自然崇拜的，然而，深刻的梯田文化内涵由于缺乏特殊标记以及专门的景观标识解说而致使游客无法发现其意义，哈尼梯田景观得以形成的重要的社会文化基础未能得到现实的呈现。哈尼梯田景区确实开始重视对祭水神、祭田神之类的哈尼自然崇拜的强调，地方政府与相关机构也在大力宣传哈尼梯田景观"森林—水渠—村寨—梯田"四素同构的价值，然而这些呈现及宣传并没有与村民的实际生活发生联系，贮存在村民日常生活中的、对梯田景观具有生动呈现作用的场景，在没有得到有针对性的阐释时却反而"阻碍"着游客的行动。村民敬畏自然的实践本来在村落空间中是最为常见的一类行动，因为景观标识遗漏了对哈尼村民依然践行的自然崇拜的解读，使得游客错过了深刻解读梯田景观的机遇。

  缺乏理解的观览使得游客们即便看到了梯田世界中具有深刻文化意义的物象，却无法确知其意义。游客们不难发现核心区各村寨附近的道路旁总会密密麻麻地竖立着一些"碑"（图3-6至图3-9），这些碑下的石砌基座外形特殊，于是一些游客常将这些事物误认作坟墓与墓碑。其实，这是哈尼族自有的一套指向体系。因为相信人有多个魂魄且容易在外丢魂，哈尼人难免

图 3-6   图 3-7

第三章 景观标识的阅读与理解

图3-8　　　　　　　　　　图3-9

注：图3-6、图3-7、图3-8、图3-9为哈尼梯田村寨边各式各样的休息台及指路牌

为容易生病或感到不适的家庭成员设立一些专门的"指引走丢的魂魄"寻找回家方向的指路牌。指路牌通常配套着休息台修建在进村道路边，因为同时可以为路人指明道路方向，特别是又能供背负重物的村民休息，指路牌及休息台的兴修也就兼备了做善事的意涵。指路牌不能出错，否则就无法帮助魂灵找到正确的方向。哈尼人独特的地方性指向标识不能得到充分认识，这些标识所携带的深刻的社会文化意义也几乎被全部覆盖。

"较之其他感觉，我们都特爱观看。理由是：能使我们认知事物，并显明事物之间的许多差别，此于五官之中，以得于视觉者为多。"[1] 哈尼梯田的各类宣传材料最讲究的就是梯田景观所能带来的视觉震撼，这些材料给游客预先提供了现成的视觉形象，以至于游客还来不及对这一形象做出自己的解释，他的思想就已经被标准化了。在还没有实际展开旅游活动之前，游客对梯田的理解很可能就已经被"标准化"了，在这种情形之中，很难在旅游活动中进一步推动对梯田文化的释读，游客接受信息的偏误而导致游客产生误解。

---

[1] [古希腊] 亚里士多德：《形而上学》，吴寿彭译，商务印书馆1995年版，第1页。

三 偏误信息的形成

人们对现实的感知要依赖信息的结构。每一种媒介的形式都与感官的安排或比例相联系，这就要产生新型的知觉形态。[①] 麦克卢汉很早就对媒介进行了"热"与"冷"的区分，而两类媒介的区分标准在于因清晰度高低的差异而导致的不同的感知效果，也就是说，"热"媒介的信息量丰富故而使用者的参与度较低；"冷"媒介的信息量较少而允许使用者较高的感官参与度。热媒介以广播电台、照片、电影为例，冷媒介以电话、卡通、电视为例。将麦克卢汉的重要发现放诸哈尼梯田，哈尼妇女纺线与制衣、集市上理发之类的场景因具有贴近照片式的特征，在游客看来是能够带来独特的视觉震撼的、同时也是饱含着大量文化信息的，故而当游客们涉足这类场景时，他们首先是将这些景象固定下来，将这些场景制作为照片、影片之类的热媒介"产品"，而不是参与到这些场景中与村民展开交流。寻找热媒介并再次制作热媒介产品的习惯，使更多的偏误信息得以形成。

哈尼梯田核心区一个生动的案例可以说明这一问题。据普高老寨某客栈主人XB[②]的回忆，2014年的夏天，当驻店的几个"老外"逛完景区景点走回客栈时，一脸疑惑地问她是否这个地方刚刚经历了地震。要不是看到他们问得如此认真，XB甚至以为他们是在开玩笑。原来，过去每年村子里顶多有两三户人家修建房屋，这几年却因为"美丽家园"政策的优惠力度非常吸引人，加之普高老寨从2012年起被确认为哈尼民俗村得到大力建设，又因为申遗成功后外来投资者的刺激，村民兴建房屋的热情简直像是被催化了一般。在XB的印象里，2014年一整年的时间里，村里起码有二十多户人家参与到拆旧房、建新房的"队伍"中。正因如此，那几个外国游客才会误认为大家正热火朝天地开展"灾后重建"呢！

当外来游客不停穿梭于村寨之中却很少与当地村民进行交流时，当地人在向外人展示和解读那些本属于他们的文化事象时也就开始有了新的考虑。一些村民计划通过呈现其热媒介形象而赢得经济收入，当发现了十几

[①] [加]埃里克·麦克卢汉、弗兰克·秦格龙编：《麦克卢汉精粹》，何道宽译，南京大学出版社2000年版，第3页。

[②] 访谈人：XB，女，汉族，1989年生；访谈时间：2016年4月7日；访谈地点：普高老寨。

米开外的外地游客身影时,原本在家门口晒太阳的哈尼老奶奶赶紧进屋将纺线的家什搬到了门口,当游客路过她的家门口时,她已经气定神闲地纺起了线,还大方地用右手比着"剪刀手"的造型让游客们拍照。只是拍完照后,她迅速向游客伸出右手并要求游客付给她一些钱。箐口村这样的情形并不少见。2016年11月,一个来自元阳县当地的游客因发现箐口村的小女孩缠着给她们拍照的游客要钱,立马上前制止并告诫她们不可以随便伸手向游客要钱。外地来的游客其实也对这一现象十分不满,甚至也有人直接认定这就是"商业化"的结果。也有人承认,这里虽有一些民俗表演,但"其实没什么看的,就是一些哪里都有的东西"。虽不是所有的村民都"配合拍了照之后就伸手要钱",但这类现象的存在显然形成了偏误信息并影响着游客对哈尼梯田的认识。

在旅游的场域中,由于日常生活是一种本源式的片段呈现而成为哈尼梯田世界里一类特殊的景观标识,因此当地村民也需要承担起梯田文化景观的呈现与阐释的责任。正因为村民在日常生活中的"本色出演",才可能使公共标识以及旅游标识中那些扁平化的文化信息变得饱满起来,从这个意义而言,景观标识的呈现就需要通过各类景观标识间的协作而实现复调呈现。主体意识的觉醒敦促作为社会成员的人们积极投身社会实践,成为一个利益主体,通过信息交换过程来表达自己的诉求。[1] 村民是日常生活这类景观标识的制作者,积极投身社会实践并不是此类设下"陷阱"诱使游客向其支付"肖像使用费"从而获得利益的做法。如何通过日常生活这类景观标识向游客进行信息传播是值得深思的问题。

对于大部分游客而言,他们难以意识到他们所遇见的精彩的日常生活场景究竟是村民的有意呈现还是自在呈现,因此也难以意识到村民极有可能对他们表述着偏误性的信息。在哈尼梯田,即便游客因为进入村民的日常生活空间而获得与游客交流的机会,游客此时也极有可能正在接收着更多的偏误性信息。一个从外乡来到箐口村租下村民房子经营旅社和小卖部的男人不断地抓住机遇想要向游客诉说着"不公",他慷慨激昂地指出所有进入景区的人员都要被SY公司收取门票费,这使得外面的亲戚无法前往箐口。他努力刻画

---

[1] 参见陈卫星《建构都市的传播空间》,《南方都市报》1998年12月28日。

作为文化的标识：哈尼梯田景观符号研究

着 SY 公司与当地村民的矛盾，他编织着这些偏误性的信息①，很可能是为了争取获得更多来自箐口村的接纳和认可。在其他场合里，笔者也发现一些政府工作人员会对游客抱怨，其实"梯田都是大家的，不应该收取门票，景区收了门票都没有给村民带来一点好处"。

在特殊情况下，各类梯田信息得不到全面的准确传递本身就促使着偏误讯息的形成。箐口村的大摩批说，有一次他在坝达景区接受云南艺术学院老师带来的日本客人的采访。印象里，那些日本人给了他一百五十元："人还是好的！"他没有忘记日本客人关心的话题——"他们特别想晓得全福庄、坝达和箐口几个村子梯田的界线"。当然这个问题要在短时间内交代清楚也并非易事，"我讲得很费劲，他们问得还很深"。正是在深入问题的过程里，大摩批突然回想起之前有过省上下来的工作人员告诉他，"以前有日本人来找了我们的一些材料，回去编写了出来，等后来我们自己国家没有了，只好花高价从对方那里买来，所以，不管讲什么内容，凡事要有所保留"。因回忆起这个善意的提醒，大摩批突然意识到必须"像抱着米口袋倒一样，不能全都倒给人家，总还得抓住口袋角那两把米"。②

表面上，大摩批的梯田信息的保留有一定的根据。因为"无论是谁，若想要占据社交舞台上的前列地位，就必须分裂出双重人格：一种是公共场合中的社交人格，另一种则是必须隐藏的私密人格"③。对具有高度价值的梯田信息的占有，或许使信息的占有者居于社交平台中不可替代的位置，但同时也进一步地形成了旅游偏误信息并影响着外来他者对梯田世界的理解。

要做到引导客观全面地认识梯田，就需要突破偏误信息的影响。这不但需要包括村民在内的景观标识设立者意识到偏误信息的危害，同时也需要引起作为收讯者的游客们的警惕。因视觉印象的赋魅而追求缺乏理解的观览，因制作热媒介产品的习惯而没有参与到与村民的交流中，并因此加速了偏误信息的产生，这些实际情形使得游客难以在哈尼梯田景观标识引导下，在准确、清晰且充分的信息传播中，建立对哈尼梯田的认识、理解及欣赏。由于

---

① SY 公司一直探索着与社区之间良好关系的构成。自从成立以来，SY 公司与箐口等 6 个村的四千多名村民签订了《景区保护开发发展协议书》，每年为每个村民小组提供 2500 元卫生保洁费，还长期帮扶坝达等村的贫困户、每年送出慰问品与慰问金。

② 访谈人：李正林，男，哈尼族，65 岁；访谈时间：2016 年 1 月 15 日；访谈地点：箐口村。

③ ［法］奥利维耶·阿苏利：《审美资本主义》，黄琰译，华东师范大学出版社 2013 年版，第 19 页。

在景观标识中的实质性的缺位，游客开始依凭自己的理解去完成在哈尼梯田中的旅游活动，互动中的不同群体尝试建立通往文化理解的渠道。

第三节 通往文化理解的尝试

从本质而言，理解首先不是一种可以孤立的"认识"，不是人们所做出的一个具体行动，而是人的存在的结构本身之一部分。[①] 因此，理解自己、理解他者甚至理解世界也就成为人们的生活内容之一。在全球化、现代化以及城镇化背景下，特别是在梯田旅游的场域之中，不同于以往的群体（如游客群体）不断得以形成。面对着这些活动在哈尼梯田世界里的不同群体，哈尼梯田的发讯者们也迎来了新的任务：将各族人民的智慧浓缩在景观标识等文化书写符号中，将深藏于梯田景观之中的文化信息面向来自世界各地的游客进行传播，将不同群体引向对梯田景观的深入理解都成为比历史上其他时刻更加急迫的工作。当前的实际情况是，哈尼梯田的文字景观标识充满谬误，因而日常生活中蕴含的文化信息通常被扭曲，视觉陷阱往往伴随着偏误信息而形成。基于此，互动中的游客、村民等不同群体开始尝试在景观标识缺位的前提下实现文化理解。

一 探索共享意义

当代社会人群的高频流动为人们拓展跨文化交流、累积跨文化信息传播的经验提供了可能，也对人们呈现自我的文化及理解他者的文化提供了智识基础。全球化曾被指出消极影响，即"non-places"（无处所）这种无聊产物的出现。这种空间由于可以复制到世界上的任何角落，因此不具备特殊意义，甚至没有记忆价值。[②] "placelessness"（无地点性）的提出则表明，通信工具的发展弱化了人们对地理的依赖，因此信息时代重新排列了地理版图，"人类智慧在哪里集

[①] ［英］特里·伊格尔顿:《文学原理引论》，刘峰译，文化艺术出版社1987年版，第77页。
[②] Marc Auge, *Non-places*: *Introduction to an Anthropology of Supermodernity*, trans., John Howe, London: Verso, 1995.

作为文化的标识：哈尼梯田景观符号研究

中，财富就在哪里聚集"①，人们必须与之联系的并非邻居，而是那些共享意义、文化和其他利益的人。在日益密集的社会交往中，人们对意义和价值的追问也上升到了一个新高度，因而承载着信息以表达意义的符号对于文化的交流交融就显得越发重要了。要突破无聊空间的限制，就需要与他者实现意义的共享。

在探索共享意义之前，游客群体的日益多样化是需要被纳入视野之中的。申遗的成功使得活动于哈尼梯田的游客数量剧增、客源地更加广泛、游客群体的文化背景更多样化。统计数据显示，自申遗成功起一年里哈尼梯田景区接待游客人次同比增长了26.5%。其中，国内游客同比增长24.4%，国外游客同比增长19.4%，以往国内游客主要来自长三角、珠三角、川渝地区，现在华北地区的游客数量有了大幅提升，国外游客主体从日本、法国两个国家扩展到整个欧洲地区。②表面上看，红河哈尼梯田作为世界文化遗产在本质上具有实现意义共享的天然条件——世界文化遗产本身就意味着哈尼梯田是全人类所共享的财富。然而，哈尼梯田世界中不同群体的快速变化，使得人们对哈尼梯田的遗产意义理解不尽相同。

对于游客而言，哈尼梯田的遗产意义在于旅游愉悦性的获得意味着梯田景观之外的更多意义的敞开。2016年1月的一个傍晚，一辆广东省牌照的小型商务车驶入了梯田景区，停靠在图腾柱广场一旁。车上拉满了各类行李和生活用品，与车主同行的还有他的宠物狗。据这位来自广州的LYZ介绍，他已在云南其他著名旅游地经营高空娱乐项目多年，现在决定转移到新的地方营业，今天到元阳也属于临时起意，就因为感觉哈尼梯田开发了那么多年，想来了解元阳是否有开拓他的业务市场的条件。因为LYZ抵达景区的时间偏晚，所以首先要考虑解决住宿问题。沿着哈尼小镇经猓马点直至胜村，在挑选了四家由当地人或外地人经营的客栈后，他才最终选择了SY公司经营的酒店。了解到晚上还是很难在梯田景区找到其他休闲娱乐活动场地或者其他"玩场"，LYZ不禁遗憾地发问："为什么哈尼梯田开发了十几年，感觉还是起步太慢，还是不能很好地满足各类游客的多种游玩需求！"③ LYZ这一天的晚饭就在胜村解决（图3-10）。他看到餐馆门口悬挂着很多牛肉干巴，问过老

---

① ［美］乔尔·科特金：《新地理：数字经济如何重塑美国地貌》，王玉平、王洋译，社会科学文献出版社2010年版，第2—7页。
② 程玉琦：《哈尼梯田这一年》，《云南日报》2014年7月9日第2版。
③ 访谈人：LYZ，男，汉族，35岁；访谈时间：2016年1月17日；访谈地点：胜村。

第三章　景观标识的阅读与理解

板明白了这是水牛而非别处常见的黄牛肉，他开始向餐馆的哈尼族老板娘了解这种干巴的制作和烹饪方法。至此，LYZ 对梯田世界的共享意义的探寻基本可以画上一个句号。虽然他说以后还会来看看梯田，但显然这个计划恐怕要在几年以后才会再次提上日程。

图 3-10　记录梯田里的第一顿饭　　　图 3-11　收缴来的稻谷即将统一送给护林员

　　游客对梯田遗产意义的追寻还表现在找寻特色梯田产品之中。LYZ 离开梯田的当天上午，八个昆明游客驾驶着两辆轿车驶入箐口村，因为恰好遇见很多村民将红米稻谷背到村口停车场集中（图 3-11），他们便顺势问询村民红米的价格、红米是否可口，此外又向村民了解梯田是否产有苦荞、是否有什么特别的应季水果。其实，对特色梯田产品的关注刚好掩盖了这些产品可能指向的社会实践。这些稻谷是箐口村每年定期付给护林员的报酬，箐口村的每一户人家每年都要上缴一斗稻谷，全村二百多户人家的稻谷收集齐以后，会统运送至大鱼塘的一个村民家中，他负责帮助看护箐口村的集体山林。尽管游客发现了很多村民搬运稻谷，但这个场景本身并不会指出这些稻谷所流向的地方以及具备的意义，从而也就更难在不清晰稻谷去向的前提下弄清暗藏在这个场景背后的哈尼梯田森林的使用与保护问题。整个哈尼梯田文化景观的构成与延续，与村民日常生活中非常多的场景中的行动与实践有着密切的联系。

　　对于旅游从业者而言，哈尼梯田的遗产意义在于为他们提供了创造与梯田文化相吻合，并能够由多样化的顾客所共享的符号的可能。进入梯田经营了两家精品客栈的 WD 对爱春村委会阿者科村已经建成的某地下酒吧[①]"耿耿

[①] 牛栏酒吧为昆明某高校建筑系专家同上海某机构合作运营的"阿者科计划"的传统民居保护与改造项目的一个子项目。该项目将哈尼族传统民居蘑菇房的第一层改建为地下酒吧。

· 189 ·

作为文化的标识：哈尼梯田景观符号研究

于怀"，认为酒吧风格并没有把握好。因为酒吧里摆放的是南美洲风格的凳子，与真正应当传递的哈尼文化信息并不相符。按他的设想，就应该设计一个大型的火塘，周边放置一些木头，这样一来就刚好与梯田景观中的"森林"要素建立了联系。对 WD 而言，"木头"以及"火塘"恰好是可以将梯田文化变"活"的符号。① 一年以后，WD 的这些设想终于在自己新开业的餐厅里得以实现。整栋建筑两层楼高，第一层的落地门窗采用木头和玻璃相嵌的结构，使得屋内的木桌、竹凳、木柜、木质台阶以及一些悬挂在墙壁四周的哈尼农耕用具一览无遗。餐厅一楼设计了火塘，顾客可以在餐前或者饭后围坐在这里感受"新创的"哈尼火塘。餐厅外也有木板搭建的露台，可以供顾客露天休闲。一些游客好奇地步入餐厅，表示说这里看起来很有意思，顺便也预定了当晚的用餐。

图 3-12　"新式"的哈尼火塘　　　图 3-13　到哈尼火塘消费的外国游客

对于村民而言，哈尼梯田的遗产意义在于，梯田成为世界遗产后他们可能会赢得更多的潜在发展机遇。麻栗寨是"最大的哈尼寨子"，这里生活着数百户人家，"一天可以卖掉七八头猪"。因为邻近老鹰嘴观景点，同时也是连接坝达的徒步路线的终点，麻栗寨越发受那些有着徒步爱好的外国游客的青睐。麻栗寨的村民于是开始竞相酝酿着对自己寨子的美好前景的想象：老外那么喜欢我们这里，我们的蘑菇顶不能再拆了，要留下来，以后会很值钱的。一些村民坚信，这种有着蘑菇顶的房子很快就可以租到每年五千元。从麻栗寨嫁至箐口村的 XY 讲过其奶奶的一次"遭遇"：有一天奶奶刚出门，就碰见三个游玩到麻栗寨的"老外"，他们对奶奶身上的传统哈尼服饰非常感兴趣，

---

① 访谈人：WD，男，汉族；访谈时间：2016 年 1 月 21 日；访谈地点：普高老寨。

第三章　景观标识的阅读与理解

其中一个"老外"因为会讲一些汉语，所以经过一阵子连比带画的交流，最终以 800 元的价格将奶奶身上的整套服饰买了下来。奶奶在家门口用旧衣服挣了钱的故事更加激励着村民。甚至有一些村民传言，"我们麻栗寨很快也会建成箐口一样的民俗村"。对于这一点，XY 并没有抱太大希望。在她看来，作为第一张哈尼文化名片的箐口村可是干净得多、环境要好得多，而麻栗寨整个寨子中的大小道路虽然因为近两年政府的建设已经修得很好了，但因为村子里多数人家的猪和牛还是坚持放养，所以村里的街道很难保持卫生。尽管如此，对 XY 而言，自家村子是否成为民俗村这个问题其实关系非常重大，因为当自己到外省打工时，不但可以骄傲地宣称自己来自美丽的元阳梯田，而且还可以自豪地告诉别人她的家就在著名的某村。①

　　对于参与到旅游业的当地村民而言，哈尼梯田的遗产意义在于梯田旅游的发展势头为他们带来了一些新鲜的经营理念。当地村民经营客栈时主动对比过自我的命名与外来的客栈主人的命名，认为外来投资者的命名要比村民自己的命名更能刺激消费者的消费欲望。其实，无论哪一类命名，都很少直接关涉梯田文化的内涵，在这种普遍情况频频发生的同时，那些突出经营项目与梯田世界的密切关联的理念则开始获得了客观的收益。如，在倮马点由当地哈尼村民新开设的客栈，由于主要接待摄影爱好者，故在取名时突出了梯田的"云海"和"雾雨"，又以汉文化以及哈尼文化中都有的十二生肖对客栈的每一个房间进行了命名。这间由当地村民经营的客栈，由于良好的观景位置以及客栈名称中所暗示的梯田景观，声名鹊起，以至于在春节等旅游旺季时节都需要提前几天才能成功预订房间。仅以 2017 年春节为例，春节法定假期七天及其前后几天的共计半个月的时间内，每天都保持 100% 的入住率，且平时 60—80 元的单间价格上浮到 300—500 元不等。

　　在以上几个案例中可以发现，不同的群体对梯田遗产意义的理解、对究竟应该呈现什么样的梯田文化意义的理解不尽相同。虽然并不能要求所有活动在梯田的各类群体完全统一出发点以及预期的行动目标，但在这个特殊场域中不断构建的交往共同体不能忽视"共同体作为差异的统一体的本质"，也无法否认共同体的生活是建立在价值与意义的共享与占有基础上的。② 不同群

---

① 访谈人：XY，女，哈尼族，22 岁；访谈时间：2016 年 1 月 17 日；访谈地点：箐口村。
② ［德］斐迪南·滕尼斯：《共同体与社会》，林荣远译，商务印书馆 1999 年版，第 71、76 页。

作为文化的标识：哈尼梯田景观符号研究

体展开的行动以及对梯田的认知存在差异，这些差异若要服务于共同体，就有待于不同群体对梯田遗产的共享意义进行重新提炼。

二 创造融合契机

"凡是在人以有机的方式由他们的意志相互结合和相互肯定的地方，总是有这种方式的或那种方式的共同体。"而在血缘、地缘以及精神三类共同体之中，精神共同体由于可以被理解为心灵生活的相互作用关系，故而可以被理解为所有类型共同体中真正的人的和最高形式的共同体。[①] 在哈尼梯田的语境中，对遗产意义的理解以及共享可以协助不同群体达成心灵的共同生活的特点，从而组成新型的共同体。然而，不同群体间相互融合的实现却须以融合契机的不断出现与创造为基础。

哈尼梯田世界里的发讯者们试图为游客制造具有独特意义、能为协助游客融入梯田的"产品"。新世纪的旅游业辐射着世界上的各个角落，甚至可以进入那些在过去完全被视为神圣的限制性领域，为的是寻找更为独特的旅游商品，从而赋予游客以独特的旅游体验。[②] SY公司在考虑为游客赋予独特的旅游体验时，也面临着制造系列的标志性的梯田纪念品的需要。公司领导多次强调，统一的标识不但有助于提升景区的整体形象，而且可以帮助游客建立对梯田的熟悉感与融入感。2009年，刚被分配到新成立的SY公司综合办公室工作的LG被委派了一项新任务，公司要求他完成景区导览手册及门票的设计工作。[③] 在此之前，整个景区仅有箐口民俗村一个景点，SY公司成立后，老虎嘴、多依树以及坝达增加为梯田景区的景点。为此，单张的门票被所有景点的联票所取代，联票分日票、周票、季票及年票。同一时期，SY公司曾经讨论过使用摄影师作品印制画册等纪念品的工作。

现在，印制了梯田景观的多种系列的明信片是景区里最常见的纪念品，这些纪念品较为集中地出现在老虎嘴景区门口，由勐品村的彝族孩童们售卖。戏剧性的是，每当有游客步入老虎嘴景区门前的广场上时，孩子们便展开了

[①] [德]斐迪南·滕尼斯：《共同体与社会》，林荣远译，商务印书馆1999年版，第58—65页。

[②] Eric McGuckin, "Travelling Paradigms: Marxism, Poststructuralism and the Uses of Theory", *Anthropologica*, 2005, 47 (1), pp. 67 – 79.

[③] SY公司成立之际仅有不到50人，其中80%以上都是当地人，LG是外地大学的毕业生。访谈人：LG，男，1984年生，汉族；访谈时间：2016年8月25日；访谈地点：元阳县南沙镇。

第三章 景观标识的阅读与理解

对客源的争夺,五六个孩子同时尾随着游客疾步或者踱步走向观景台,他们用几乎整齐划一的语调,错落有致地称呼着游客"叔叔""阿姨"或是"哥哥""姐姐",又用极尽可怜的语气哀求他们"买一套明信片"吧!一些游客很快就拿出零钱买下了纪念品,但更多的游客则因为感觉到被打扰而对这些孩子置之不理,因此"业绩"最好的孩子们每天也就只能卖出二十套左右的明信片。这些售卖"梯田纪念品"的当地孩童难以引起外来游客的重视,一方面表明了哈尼梯田现有的"纪念品"依然停留在缺乏勾连梯田景观深入释读的、难以为游客提供融入契机的阶段;另一方面也表明了当前内外人群间的融合距离。

游客认定梯田世界里充满了异域风情,试图在他们所接触的当地人那里获得理解的端口并尽力抓住融合的契机。尽管没有任何一个地方可以发现真正意义的孤岛式的社会,"孤岛"的隐喻还是进入了大众的生活之中并发挥着影响。[1] 这使得作为大众的游客倾向于将地处偏远的旅游目的地视为一个"孤岛"。游客们的这种做法在无形中为融合的实现制造困难,使游客在哈尼梯田的融合契机显得支离破碎。以下是一个小型游客团在梯田游玩的记录。

个案 3-1:

2015 年 3 月初,四个来自南京的好朋友结成搭档,经由昆明、建水,来到了元阳。还在建水时,她们就在公交车上听到从元阳回到那里的背包客推荐说千万不要住在县城而是应该住在胜村,那样的话一方面离各个景点都很近;另一方面还可以住到少数民族村寨里体会民族风情。可是当她们几人辗转来到胜村时,却发现这里"就是一条集市街,根本没有我们想象中的寨子"。好在那一天恰逢胜村赶集,在这里摆摊的当地人不少,为了能够住到大家心中理想的村寨中去,她们在胜村的集市上最终寻觅到一个售卖药材的当地人,经过半个小时的"谈判",这个马姓的当地人答应可以带他们到自己的村子里住,而且也最终敲定了两天的包车和住宿费用。在她们眼里,这个马老板是这样一副模样:

他像所有的云南人一样,个头不高,微胖,肤色黝黑,不苟言笑的

---

[1] Thomas Hylland Eriksen, "In which sense do cultural islands exist", *Social Anthropology*, 2010, 1 (1b), pp. 133–147.

作为文化的标识：哈尼梯田景观符号研究

一身正装，外穿一件很漂亮的哈尼族款马夹——他自称价值 6000 元，上面密密麻麻钉的全是银扣子。

马老板是箐口村的村民，南京来的这几个游客因为在准备旅游攻略时已经对箐口村的名声早有耳闻，为此期待不已，在随马老板从胜村返回箐口村的一路上都"异常兴奋"，同时也非常想向他了解箐口景点的梯田和别的景点里的梯田有什么不一样，得到的答复是："我们寨子的梯田是彩色的，最美！他们那里（多依树、老虎嘴等地）都没有。"接下来的经历使她们确信："不仅这里的梯田最美，这里的人更美。"这一行人步入箐口的彩色梯田，见证了不同光线条件下梯田所变幻出的不同色彩，正当她们惊异于"无法用语言形容的"哈尼人的修建梯田的聪明智慧时，她们巧遇了另一个当地村民：

在我们几近疯狂地想把整个梯田都纳入相机和脑海的时候，却没发现有个哈尼人一直默默地跟着我们。直至我们去参观哈尼人的祭房和水磨时，才注意到了他。

这是一个典型的哈尼汉子，30 岁左右的样子。肤色黝黑，高挺的鼻梁，大大的眼睛，厚厚的嘴唇，一脸的憨厚。在哈尼族，他应该是个美男子了。他操着一口很吃力的哈尼普通话，每说一句，都要连比画加重复，我们才听得懂；而我们说得稍快一点，他就一脸茫然。

起初我们以为是顺路遇到的。等到沿着大梯田的小路往前走，他还跟着时，我们就有些疑惑了——偌大的梯田里几乎没人，他是想给我们做导游？还是……我们互相使个眼色，就对他说，我们想自己玩，你有事情去忙吧。他一个劲地摇头，摆着自己的大手，断断续续地说："我没事——你们是客人——我应该的……"我们互相看了一眼，小声地说，他是想赚点小费呢，只是不知道会要多少？

这一片梯田好大，不知有多少亩，我们继续疯着拍照、尖叫、唱歌，有时拉着他一起唱。他只是羞涩地笑着、摇头。问他名字，他说叫李家义，哈尼好多人都姓李，不知是什么渊源。他说他家不是箐口村的，在上面，离这里十几里呢，他是来这里给自家梯田放水的。

转眼间，太阳快下山了，梯田里开始暗下来。我们也要往寨子里走了。我们掏出二十元钱，请他收下，作为他的误工报酬。

他的脸顿时涨红起来，两只大手摆得像荷叶一般，一碰到我们递过

第三章 景观标识的阅读与理解

去的钱就像碰到了火。他嘴里不停地说"不用钱,不用钱,我是主人,我是应该的……"

刹那间我们的心如火烧,脸上发烫,嘴里又苦又涩。我们为自己的小聪明深深自责,为自己的狭隘世俗感到羞愧。这个哈尼汉子纯得像天上的云,亮得像阳光下梯田里的水,高大的像绵延起伏的哀牢山,瞬时净化了我们的心,洗涤了我们的魂,让我们肃然起敬![1]

因为深受感动,南京游客还将这个主动陪她们游玩梯田的当地村民的照片和名字"李家义"附在了游记中。在南京游客所记载的文字里可以看到,经过与多个当地人"打交道",她们对当地人的生活有了一定的了解,因为认真体会梯田创制的来之不易,也对生活在梯田中的当地人产生了应有的尊重。遗憾的是,哈尼族的男性与女性的社会分工所导致的分工表象也迷惑了她们,以至于在入住在马老板的堂兄家两天晚上后,她们就认为夜晚哈尼妇女纺线、男性看电视的日常家庭场景只能说明"男人只管休闲,女人一刻也不得闲"。此外,她们发现了大多哈尼人姓李,却不明白背后的缘由,然后很快便就放弃了这个可能引起深入理解的机会。可以说,融合的契机出现却没有因此展开深入理解使得游客的融合浮于表面。

在哈尼梯田的村寨里游客们可能会获得一些偏误性的信息,比如喜欢伸手要钱的老人小孩可能是商业化的结果。然而,一些游客还是愿意从进一步的交往的角度尝试对那些表象进行理解,这些理解的展开恰好为融合创造了契机。

个案 3-2:

2016 年 2 月,杭州游客小广夫妇二人在普高老寨的客栈住了两天晚上,在梯田游玩的三天时间里,他们结识了经常在景点门口卖鸡蛋[2]和要

---

[1] 明月清风:《滇东南记行(二)元阳印象——大美哈尼》,蚂蜂窝网,http://www.mafengwo.cn/i/3325900.html,2015 年 3 月 31 日。

[2] 在观看梯田日出的多依树景点,由于附近村寨的妇女为了方便早起看日出的游客就餐,看到了售卖鸡蛋的"商机"。到现在,妇女和女孩儿们都会全天候地等候在景区大门外,只要有新的客人上前,就会一拥而上,争相兜售鸡蛋。更有甚者,会有孩子直接把鸡蛋塞到游客的衣服口袋里,不容分说地要求给两元钱。

作为文化的标识：哈尼梯田景观符号研究

钱的哈尼族小女孩"玛英妹"。当小广返回家中，久久不能忘怀，于是写下一段话发送给客栈老板，希望她能够转达他们对小女孩的思念和祝福。

哈尼小姑娘玛英妹的故事

几个穿着哈尼服饰的小姑娘翻过围栏，带头的一个眼珠子溜溜地转，笑嘻嘻的。我下意识打开相机咔嚓了一下，小姑娘嬉皮笑脸地凑上前"叔叔你在拍什么啊？"我心想不好，是要钱的。果然几个小姑娘围过来，伸手要一块钱。一块钱是小事，可是被小姑娘围住是很尴尬的，周围很多人等着看戏呢。我赶紧说我拍梯田呢，快走几步冲出包围。带头小姑娘也不追，只是嘻嘻地笑。

穿过几块梯田，回到普高老寨，又见到带头小姑娘。她看见我像看见熟人一样笑，我也对她笑笑。普高老寨是典型的哈尼寨子，依山而建房屋紧贴，充分利用山上宝贵空间。寨子中心广场是全村最重要公共空间，占地一点不小气，大概有四五百平方米的平地，称得上奢侈。在中心广场看多依树梯田是个好位置，正拍得尽兴之时，带头小姑娘又出现了。这次只有她一个，小跟班没有。她看着我笑，好像看着她的亲叔叔，她说叔叔拍照吧。我一看没有跟班，那就拍吧。各个角度咔嚓一番，拿给她五块。这时才细看了小姑娘的模样。她身穿传统哈尼服装，深蓝的布料，贴身剪裁，腰间开了漂亮的分叉，前臂中间和小腿中间有漂亮的花纹装饰，传统的开襟上有珠片等手工。她的脸庞受高原阳光的辐射偏古铜色，肤质不太好，不过眼珠子很有神，笑起来特别有亲和力，竟然有几分我的珊珊表妹的神韵。她接过五块钱，蹦蹦跳跳就走了。

没过一会，小姑娘带着另外一个小姑娘回来了。她还是嘻嘻地笑，说叔叔给她一块钱吧。她指着领来的小姑娘。被领来的小姑娘穿着粉红色的哈尼传统服装，小脸蛋红红的，显然没有被高原阳光照射过度，安安静静的样子，看来已经全权委托带头小姑娘做发言人了。再来几个合影，给了五块钱，两个小姑娘心满意足地走了。我们被她逗得开心了半天，真是鬼马灵精的小姑娘啊！

午餐过后，据说外面开始堵车了，就放弃了出行计划，在客栈悠闲晃荡。几个哈尼小孩闯进来了，带头的还是那个鬼马小姑娘。一问，原来是客栈的某位客人为她们拍了照片，还用便携打印设备打印出来了，约定让她们过来客栈取照片。一伙小朋友拿到照片兴高采烈，在院子里

第三章　景观标识的阅读与理解

叽叽喳喳好不开心。我问带头小姑娘叫什么？旁边的小孩说她叫玛英妹。我发音不准，几个小孩教了好一会才罢休，大概是认为我的资质是没希望了。玛英妹又说了她是隔壁寨子的，读一年级了，汉话是自学成才的，比寨子里很多人说得好。我说玛英妹带我去你寨子逛逛吧，玛英妹马上说好啊，不过她顿了一下，转了念头，笑嘻嘻地说"我家不美"，这事算否决了。然后玛英妹问我有没有录像，我说有啊，她说你帮我们录像吧。几个哈尼小孩就对着手机唱歌跳舞。我一听不对劲，怎么是普通话的歌啊，就说要唱哈尼族的歌。几个小孩就模仿起大人喝酒时的动作，扯着嗓子唱起来，把我逗得前俯后仰。录了几段，她们累了，我说我给你们拿糖吃，她们都点头。等我从房间拿了零食，还没下到院子，就看到客栈老板把她们全部"请"出去了，玛英妹手里举着照片，像小鸟一样飘远了。[①]

尽管游客们未必一定会将"马老板""李家义"以及"玛英妹"视为当地村民的典型代表，但是游客与他们所接触到的个体的结识过程，以及交流感受却又不可能不影响着他们对当地人这个群体的整体感知。游客若是不想被那些与他们的想象格格不入的"不尽人意"的表象所迷惑，就更加需要依靠在面对面的交流以及近距离的观察中发现更加真实的梯田世界，发现更加可行的融合契机。哈尼梯田世界里当前显示出的情况是，内外人群间的融合契机显得支离破碎，然而，这些契机的累积终究是可以协助游客向文化理解迈出新的一步的。

寻求真正的文化理解的游客经历了在视觉陷阱中的四处碰壁，开始重新创造契机认识梯田、融合到梯田世界中。创造融合契机的根源在于"视觉文化对情感的解构实际上也是一种建构"，由于人们越来越多地"将象征资本作为身份认同的主要依据"，因此反而促成了新情感时代的来临。[②] "倮马点"（哈尼语"干河"的意思）是胜村附近的一个哈尼村寨。几年前，一个游客因为车子抛锚，没有按原计划赶到多依树，于是就在倮马点下车走到了梯田间要去拍摄正在田间劳作的老人。岂知他不小心触碰到了一种能致人浑身瘙痒的荨麻，幸亏后来被老人以田中的稀泥和浮萍治好了。这个故事很快与他

[①] 资料来源：普高老寨某客栈主人 XB；资料提供时间：2016 年 4 月 7 日。
[②] 朱凌飞：《视觉文化、媒体景观与后情感社会的人类学反思》，《现代传播》2017 年第 5 期。

· 197 ·

作为文化的标识：哈尼梯田景观符号研究

所拍摄的照片一起传开了。① 倮马点发生的故事大概不仅仅让人感动于哈尼族待外人的热情帮助，而且还让人惊叹于地方性知识的效力。倮马点的故事越发表明了融合契机的重要性。认识起因于有效的和不断的建构，也就是说，"所有认识都包含新东西的加工制作的一面"②。当互动中的不同群体在共同探索文化理解之时，人们的认识活动因为包含了"新东西的加工"的本质而诱导着人们去寻找哈尼梯田里的符号系统。

三 寻找符号系统

哈尼梯田游客群体日益多样化的现实决定着并非所有的游客都只满足于梯田景观的观览，一些游客确实对哈尼梯田文化存有深入理解的需求，而浓缩着意义的符号也就成为这些具有深入理解需求的游客所极力寻找的东西。2017年2月，机缘巧合下，笔者与六个来自湖南某企业的游客在普高老寨相遇，后一起来到箐口村。景观标识里缺位的箐口村的"姜文的房子""杨丽萍的舞台"等故事通过笔者的补充介绍使他们动容不已，他们也表达了惋惜，表示箐口村有着如此好的氛围、条件和基础设施，应该引来更多的关注，民间资本如果得到好的引导，完全有可能帮助这里建成更具特色且"活"起来的哈尼文化符号。他们讨论着如何"盘活"箐口村的可能性，比如可以尝试在水碾水磨和水碓处设置专门人员，现场展示哈尼族对水力的自然利用，加工出来的红米制品还可以售卖给游客。当然，一行人也表示，自己毕竟不是搞旅游的专业人员，他们提出这些想法不过是站在游客角度来看——箐口村环境那么清幽，如果能够在村里已经比较成熟的小型旅游环线上设计一些使游客参与其中的小型项目，效果会更好，也更加能够使游客体会到哈尼梯田人与自然和谐共处的高度价值。

在从普高老寨到箐口村的路途中，一行人激烈地讨论着旅游开发对旅游目的地社会文化的影响，有人指出，威尼斯的当地人几乎都已经离开了威尼斯转到其他地方去生活，因为威尼斯的游客实在太多，原本安静的地方变得很嘈杂，当地人感觉太受打扰，生活也不像以前那么方便了，所以做出离开的决定。说到这里，这一行人也有着特别的忧虑，一方面是担心因为在哈尼

---

① 王美秀等：《话说红河——元阳》，云南人民出版社2009年版，第144—145页。
② [瑞士] 皮亚杰：《发生认识论原理》，王宪钿等译，商务印书馆1985年版，第16页。

梯田搞旅游开发，而使哈尼族的文化有所流失；另一方面是担心村民都外出打工而无人延续梯田的耕种。这行人中也有人提出了问题：

> 哈尼族最有代表性的东西是什么？当我们说蒙古族的时候，我们可能会想到蒙古包，当我们说藏族的时候，我们可能会想到藏传佛教，想到酥油茶，那么哈尼族有什么符号是最能够代表他们这个民族的呢？

最终，提出问题的人得出了自己的一个结论："或许梯田就是哈尼族的图腾。"赋予某些物象以意义是人们制造符号时的本质，哈尼梯田里的各族人民在编制"意义之网"之时制造了一个完整的符号系统。然而，景观标识并没有成功地将这个系统中一部分呈现于游客面前。此时，游客就开始独自踏上了寻找符号之旅。

事实上，日本学者村上（Daisuke Murakami）对西藏的研究也发现了建立符号系统的重要性。在针对拉萨的两年的田野调查基础上，村上提出旅游业，特别是民族旅游的实质就是如何运作一个符号系统（ethnic tourism operates as a system of signs）。在旅游业的推动下，拉萨的城市街景不断为许多关涉旅游经济、景点异域性以及民族精神的宣传标语所充实起来。在指向了传统文化、旅游地、服饰、舞蹈、传统节日甚至宗教信条的各种指号的协作下，不但外来游客开始去印证自己对西藏的想象，认定自己能够探寻到西藏的原真性，就是当地市民也开始对这片土地的前景充满了期盼，所有西藏的个性化的传统文化都被标示为民族的。在这种背景下，"宗教"符号服务于旅游再现（tourism representation），以"民族"为核心的指号系统成为新的原真性。[①] 村上在持续两年的研究调查中发现了符号系统的"魔力"，并且确证无误地指出现代性的一种重要特征就在于，符号学意义上的阐明（the semiotic articulation）恰是"销售"传统文化的一个必不可少的过程。

在这里，完全可以将哈尼梯田景区平面静态的公共标识与旅游标识视为一种符号的阐明。尽管这些文字景观标识并不是哈尼梯田世界里的唯一符号系统，但正是这些非专门引导与专门引导的符号构筑了一种消费民族传统文

[①] Daisuke Murakami, *National Imaginings and Ethnic Tourism in Lhasa, Tibet*, Kathmandu: Vajra Publications, 2011, pp. 109 – 130.

作为文化的标识：哈尼梯田景观符号研究

化的场域，就仿佛这个场域中的一切都变成了民族的物（ethnic objects），一切都顺理成章地成为可以为游客所凝视和消费的异质文化，一切都成为游客理解旅游地社会文化的端口。哈尼梯田世界中的公共标识及旅游标识等文字景观标识在提供梯田信息时构成了梯田的文化景观。在村上的眼中，拉萨的各类标语因为配有藏语翻译，不但使拉萨市民不自觉地卷入其中，而且这些"关键词"也让"读者"获得了一种"真实性"。然而，梯田景区的文字景观标识仅有汉语及英语、法语、日语等外语，外来游客又将如何从别处找回因为没有哈尼语现身而丢失的真实感呢？

指向民族文化的符号系统的显现有助于族群形象的浓缩和凝练，然而也使之走向了对立面——仿佛没有特定的大众所熟知的符号，该族群便是一个难以获得关注的族群。人们对他者的认识、追问与释读并不能因为符号的尚未显现而戛然而止，对符号的找寻越发必须成为一件人们需要严肃对待的事项。

寻找符号并不意味着制造悬浮于当地的社会文化之外的符号是可取的。2016年11月底，三个从黑龙江远道而来的游客游览老虎嘴景点。他们站在观景台上，睁大了眼睛盯住脚下远处的梯田，不断用手指互相示意注意某处的梯田线条。原来，他们是在景观标识的引导下正努力找出八匹奔腾的"骏马"。景观标识是这样介绍老虎嘴梯田景区的——

老虎嘴①

"老虎嘴"这个名字是从彝族语"倮尼皮"里翻译过来的汉语。彝族是一个崇拜虎的民族，所以他们将这个地方取名叫作"倮尼皮"。老虎嘴梯田是元阳梯田景点中山势最险峻、气势最恢宏的，坡度都在70度以上，是布局最壮观的梯田风景区。老虎嘴梯田由勐品、洞浦、保山寨、阿勐控的6900多亩梯田组成。从山脚到山顶，梯田之间的海拔高度相差了1200多米。所以，秋收季节山脚都打谷子了，山头的稻谷才刚刚抽穗。

它除了是最壮观的梯田风景区之外，还为法国媒体誉为"1993年世界新发现的七大人文景观"之一。不知道您有没有看过《山岭的雕塑家》这部风光片？这是在1993年的3月份，法国独立电影制片商杨·拉玛因被这片梯田的神奇美景所倾倒与陶醉，带他的未婚妻来到这儿，在田间的田棚

---

① 根据链景旅游元阳梯田老虎嘴景点的语音导游词整理。

第三章　景观标识的阅读与理解

里举行了独特的婚礼，并在这里度过了他们的蜜月。他们一边在这里度蜜月，一边拍摄了这部片子，完成后发行海内外，引起了世界级的轰动。

现在您跟着我一起来仔细地看一看这片梯田。

这儿整片梯田是不是像一朵绽放在深谷里的巨型白花呢？梯田就像是很多条长龙卧在花蕊中。我们再站在老虎嘴悬崖上往下看，梯田就像是一片海，又像骏马奔腾。之前有游客说，这群奔腾的骏马是由八匹组成的，又有游客说甚至更多，您也不妨来数一数，一共有多少匹马。

将老虎嘴梯田比作花、比作海，甚至比作奔腾的骏马，旨在以较为独特而生动的图形意象刺激人们对梯田审美的想象并形成独特的符号。这种符号的找寻或许是景观标识设立者认为证明哈尼梯田与广西龙脊、菲律宾巴纳韦等其他著名梯田的典型区别。然而，游客并不会因为他们是否找出了八匹马而增进了对梯田文化的更多认识与理解。与老虎嘴相邻的勐品村是一个彝族村寨，彝族文化中丰富的符号资源并没有得到景观标识的进一步阐释。被景观标识制造的新符号与梯田民族符号之间缺乏勾连，也意味着游客实现真正的文化理解的落空。

符号依据某种媒介并以特定的交流渠道加以建构。雅各布森指出，符号的产生与解释有赖于代码的存在，有赖于交流的惯例。说话人发出的信息之所以由受话人接收，是因为说话人对信息进行编码，受话人据此进行解码。一个符号的意义是由所处某种情境的代码所决定的，亦即代码提供参照系，而符号在这参照系之中产生意义。① 发送者、讲话者把一条信息（文本、言语或图像）传发给接收者、读者、听者或观者。为使这条信息可以理解，他必须指涉发送者和接收者共同理解的现实。这一现实就被称为"情境"或"上下文"。这条信息必须通过接收者可以接收的媒介传送，而又必须化为接收者可以理解、可以运用的代码。因此，交流由下述几个步骤组成：传送→信息→接收→参照系→代码。发送者或接收者有时并不擅长使用代码，或者说，代码有时并不适合于表达信息。② 前人在符号研究中引入"代码"这一概念，

---

① Roman Jakobson, *Shifter*, *Verbal Categories*, *and the Russian Verb*, Cambridge, Massachusetts: Harvard University Press, 1957.

② 曹意强：《图像与语言的转向》，《新美术》2005 年第 3 期。

作为文化的标识：哈尼梯田景观符号研究

或许是为了让看似缥缈的符号寻找到可触的依据，然而，既然代码也可能是不适于表达信息的，那么简化符号就是必要的。恰如前文所言，引导人们进一步行动或进一步理解其代表的事物意义的物象即是标识。以此为关照，符号也应当被看作能够引导人们进一步的行动或进一步的理解的物象。基于此，不但静态的物，就连动态的行为都可能成为符号，文化理解的实现就在于这些能够被人们所理解及共享的符号的增多。

小　结

在旅游活动中，人们通过空间的变换获得新的体验，由于"走向遥远生活"之时人们使自身显现，因此旅游是"人存在于世界上的一种方式"，是"诗意地栖居"。[1] 旅行者常因为他们的社会中很少有人会像他们一样在那些遥远的甚至未开发的地方完成自主的旅行而确证自己的特殊性，遭遇充满异域风情的、完整的以及基本的人有助于旅行者自身的个性，他们在当地经历的东西更加提高了他们已经产生的关于独特自我的意识。[2] 旅游或许能为各种各样的游客带来种种益处，然而，游客对景观标识的阅读与理解常常面临着意外插曲，其后果就是文化理解的实现受到阻碍，游客自身的显现也遭到遏制。

哈尼梯田景观标识常存在表层性的书写、漠视游客差异性以及缺乏内涵性引导等问题，这些问题都与游客没有受到景观标识设立者的真正尊重有关。游客发现他们无法在文字景观标识中进行顺畅的阅读理解之后，转向当地人的日常生活中寻求意义，却又时常面对着被扭曲的文化信息。这些情形迫使游客落入视觉陷阱。在视觉印象的赋魅影响下，游客被引向了缺乏理解的观览，偏误信息的形成使游客对哈尼梯田产生了误解。基于此，旨在引导深入的梯田文化释读的景观标识反过来在通向文化理解的道路中缺位了，游客、村民等互动中的不同群体在景观标识缺位的情况下尝试实现文化理解，他们所运用的机制包括对共享意义的探索、对融合契机的创造以及对符号系统的

---

[1] 杨振之：《论旅游的本质》，《旅游学刊》2014年第3期。
[2] Frederick Errington, Deborah Gewertz, "Tourism and Anthropology in a Post-modern World", *Oceania*, 1989, 60 (1), pp. 37–54.

寻找。各类景观标识之间缺乏协作，使得脱离了景观标识进行的文化理解越发难以实现。在这个意义上，人们虽然针对梯田大地进行了景观标识之类的文化书写，但此类"二次创造"并没有实现"自由地面对自己的产品"。①

游客在走向远方、变换方式以实现诗意地栖居的过程中，其实需要与设立景观标识的政府、企业、旅游从业者以及村民一道，共同实现文化理解。从根本上来说，景观标识旨在为人们提供行动基础，旨在呈现梯田文化内涵，旨在促进文化理解、增强交流交往、建设文化自信，景观标识是需要发挥纽结地方与世界、传统与现代、行动与表征的符号系统。然而，服务游客、引导游客的景观标识的各类问题又是现实存在的，不尊重游客也不尊重当地文化的结果很可能是游客、村民等不同群体都抛开了景观标识，进行景观标识缺位的文化理解。尽管如此，景观标识确实不断设立到哈尼梯田世界中并见证着哈尼梯田的文化变迁，景观标识同时也演绎着特定的村落影响逻辑。

---

① 《马克思恩格斯选集》第一卷，人民出版社2012年版，第57页。

第四章　景观标识对村落的影响

事物自身几乎从不会有一个单一的、固定不变的意义，比如一块石头可以只是石头，也可以成为一尊雕塑或是一个界碑。因此，是文化的参与者赋予了人、客观物及事件以意义。文化可以被归结为人们实践活动的全部，即文化并非被简单地编入人们体内的生物遗传程序，文化具有意义和价值、需要他人赋予意义的解释、需要依赖意义才能有效地运作。意义就是赋予了我们的自我认同，即我们是谁以及我们从属于谁的一种认知的东西，所以这就与文化如何在诸群体内标出和保持同一性及在诸群体间标出和保持差异的各种问题密切相关。① 用于书写梯田文化的梯田景观标识从根本上来说，其意义是由标识设立者（发讯者）、村民（文化拥有者）、游客（收讯者）等文化参与者所赋予的。生活在梯田里的各族人民通过辛苦的劳动对大自然进行了初次创作，这时自然界被当地村民赋予了意义并使人与自然、人与人建立了联系。然而，这些意义若不经由专门的凸显与解释则是难以为外人所认识和理解的。作为二次创作的新的景观标识引导与指示着游客等外来者去认识哈尼梯田里的各类事物，去理解它们所蕴含的丰富的地方意义。

当今世界的各种社会阶层似乎都比以前更经常地旅行，"金钱、商品以及人们都在永不停歇地追逐着彼此"，旅游越发成为一个跨越地方的"互动体系"。② 在这样一个体系中，人们之间的联结方式以及联结范围都扩大了，旧的边界也溶解了。旧边界的消除与新关系的确立不断体现在景观标识的设立

---

① ［英］斯图尔特·霍尔编：《表征：文化表象与意指实践》，徐亮、陆兴华译，商务印书馆2003年版，第13页。
② Arjun Appadurai, "Global Ethnoscapes: Notes and Queries for a Transnational Anthropology", R. G. Fox ed., *Recapturing Anthropology: Working in the Present*, Santa Fe: School of American Research Advanced Seminar Series, 1991, pp. 191–210.

第四章　景观标识对村落的影响

之中，体现在不断面向外来者的文化书写行为之中。景观标识的变迁见证着社区文化的变迁，景观标识对村落的影响体现在多方面——传统村落因标识的进入得以显现，过去那些仅为内部人士所独有与独享的文化信息进而需要向外部敞开和表述，哈尼梯田的时空格局因标识引导着他者的进入而产生变化。梯田里的一切都存在被外来者发现、认识、理解与欣赏的可能，因而在"全域"的视野中，梯田的文化信息理应由当今所有活动与梯田中的内外人群所共享。实现文化信息共享的途径之一就是公共标识、旅游标识、文化展演及日常生活等各类景观标识的"复调"协作。

第一节　景观标识的进入与传统村落的显现

　　景观标识进入哈尼梯田的历程起始于21世纪初。2001年5月12日，前文化部副部长高占祥在蒙蒙细雨、霭霭薄雾中观赏哈尼梯田："美景令人心醉，遂写了《天梯颂》以歌之。"这个外来他者不断惊异于梯田美景的故事就记录在红河哈尼梯田核心区，梯田景区入口处的图腾柱广场一角竖立着高达四米的石碑标识，标识正面是高占祥的题词"元阳梯田冠天下，红河风情醉国人"；背面则是《天梯颂》全文。从"惊羡你的秀美，惊慕你的芳颜，惊奇你的神韵啊，惊叹你的壮观"的字句里可以感受到高占祥认定元阳梯田乃天下第一的缘由。当然，真正到过梯田的人可能仍惋惜，这四个"惊"字依然不足以刻画哈尼梯田隽永的美。

　　在追问怎样的语言方能传神地表达梯田神韵之前，无法回避的问题是，人们不断以多种多样的标识去彰显某类信息的行为究竟具有怎样的社会文化意义？它又将为这个地方带来怎样的影响？当地人是如何看待这些标识的？当地人又运用着怎样的地方标记系统？在启程去追寻答案之前，需要意识到，不论《天梯颂》与梯田无可替代的美之间存有多大的距离，当《天梯颂》被刻写到巨大的标识上并久远地树立在梯田边，哈尼梯田各类景观标识设立的先河得以开启，哈尼梯田踏上了漫长而艰辛的"申遗"之旅。可以说，梯田文化不断进入外人的视野是与标识的不断设立相伴的。随着新时代的到来，大量的景观标识不断设立到箐口、大鱼塘以及普高老寨等民俗村、特色村中，面对哈尼梯田里数量持续增多、类别不断丰富的行动者，哈尼村寨逐渐开始

作为文化的标识：哈尼梯田景观符号研究

获得不同于以往的敞开——对村寨空间、生活空间具有标记作用的寨门、蘑菇房分别由无形走向有形、由自然走向非自然，生活世界由于从幕后走向了台前而成为游客理解梯田世界的端口，村民的原本内敛于婚丧嫁娶等场合中的情感世界，由于游客的不断到来以及他们与这些场合的相遇而外露。可以说，当地村民所拥有的"文化标识"面对游客获得了新的显现形式，标记所关联的意义又在各类景观标识的说明阐释中得以绽出。

一 从无形到有形的寨门

根据元阳地区哈尼族的迁徙史诗《哈尼阿陪聪坡坡》，哈尼族自离开虎尼虎那、嘎鲁嘎则并来到惹罗普楚后，才开启了安寨定居的生活，在其后漫长的迁徙过程中，安寨始终是哈尼族的头等大事。安居建寨的地方大抵要满足一些特定条件——"高山罩在雾里，露气润着草场，山梁像马尾批下，下面是一片凹塘。"村寨的选址必须兼顾寨头、寨脚和寨心——寨头要靠着"交叉的山冈"，寨脚要建在"像牛牴架"的山包上，寨心要安在"白鹇爱找食""箐鸡爱游荡""火神好来歇"的凹塘中央。即便村寨的选址满足了这些条件仍不够，还需要等贝壳在寨基里安然立下三天且不生出任何意外才行。此时，哈尼族将要杀倒肥狗，将狗血绕着寨址拖一圈，以此作为阻挡豺狼虎豹和"脏东西"的界限。[1] 这些保佑人畜平安的行事准则甚至成为长辈们不断传给晚辈们的"宝藏"。当哈尼族在纳罗山战败后，即将面临分寨命运时，长辈们又一次告诫着一代代传下来的建寨选址知识，并尤其强调不要忘记"拖那划界的肥狗、立那杀牛的秋房"[2]。

哈尼族的日常实践中，以寨头、寨脚的两对大树作为寨门的标识，每年过昂玛突节时，首先就必须举行"封寨门"的仪式，仪式由宗教人士咪古带领助手进行，通过在寨门的两棵大树间悬挂一条坠满了木剑、木刀等器物的草绳来进行结界，将所有不洁净不安全之物阻挡在外，以此保佑寨内人的安康。很多时候，当地人往往依靠识别出这些具有标记意味的物件而判断自己是否踏入了哈尼村寨的传统空间。

---

[1] 云南省少数民族古籍整理出版规划办公室：《云南省少数民族古籍译丛（第6辑）哈尼阿陪聪坡坡》（汉文、哈尼文对照），云南民族出版社1986年版，第24—28页。

[2] 云南省少数民族古籍整理出版规划办公室：《云南省少数民族古籍译丛（第6辑）哈尼阿陪聪坡坡》（汉文、哈尼文对照），云南民族出版社1986年版，第185—187页。

第四章　景观标识对村落的影响

近年来，哈尼梯田核心区的一些传统村寨开始在村子外修建游客看一眼便能将之辨认出来的有形的寨门。箐口村早在2005年便在寨子外的公路旁便建起了能够一目了然的"寨门"，尽管这道寨门与村子之间还隔了一段800米远的陡坡山路，不少游客却因为这道配有"箐口民俗村欢迎您"标识的"寨门"而开始激动不已。因为一旦走进这道寨门，就意味着真正进入了哈尼世界。可惜的是，这道寨门于六年前被拆除了。现在，那些看不到村寨物理空间标记的游客也显得更加审慎了，尤其对于那些不习惯走山路的人而言，他们会很小心地在拆除了寨门的岔路口，找人问询入村的实际距离，再以此判断究竟是乘车前往还是干脆放弃。

今天，如果以箐口为起点向梯田深处检视，可以发现不少沿线的村寨都开始在公路通向寨子的岔口处建起寨门。这些寨门中的多数风格往往较为接近，都是以整棵的杉木拼搭出高度和宽度达十余米的寨门构架，再以统一锯为一米左右的木段来填充寨门左右两侧的空架，这些木头往往整齐地堆出两米的高度。这种木柴的堆积方式，似乎旨在模仿每一户哈尼人家门口那最为常见的柴火堆。2017年3月，多依树下寨组建了文艺队，为此，村子专门在公路一旁的寨门上悬挂了红色的庆祝布标。不少好奇的游客驱车路过寨门时，总难免放慢速度读一读，习惯性地想要弄清楚这里究竟发生了什么事。而徒步经过此地的游客则十之八九会被吸引着，沿蜿蜒的水泥浇筑的道路尝试着进村去做一番探寻。这个时候，若是问他们哈尼族的"寨门"是否有什么含义，答案几乎是千篇一律的，似乎寨门只不过是一个进入村寨物理空间的标识。

图4-1　新建的村寨寨门　　图4-2　"昂玛突"时由咪古封的寨门

事实上，传统村寨范围的文化标识除了寨门，还包括很多建寨时就存在于寨子周边的标识物。箐口村有一些作为纯然之物的石头,它们分别散落在磨秋场、寨子道路中间以及寨边。这些石头在村民的日常生活中看似毫不起眼,也无人理会,但是,当人们真的以为这些石头不过是寻常之物并因妨碍行走打算清除它们时,村民们则会极力反对,因为这些石头对于建构社会空间具有高度的意义。这些石头在时间上永恒地联系了祖先和今人,见证了历史的变迁,正是因为它们的存在,村寨的起源以及村民归属于村寨的意义才得以显现。[1] 近些年来,由于哈尼村寨不断往外扩建,一些人家的新房已经矗立在曾经的村寨边界之外。当出现这种状况的时候,一些村子可能因村民的提议并经过大家的共同商议而最终决定将寨门往外推移,以便重新将村中所有人家囊括其中。但是,更多的时候,村民们则并不会轻易对旧有的、无形的寨门进行改变。自然地,村民就更不可能挪动那些紧密联系着神圣村寨空间的石头了。

当今的哈尼村寨多采取以审美意义上的有形寨门作为村寨空间的标记及吸引物,这对于开放村寨、有效吸引外来游客并产生经济收益有着积极意义。但是,传统上哈尼村寨那无形的,或者说到特殊节庆才显现的"寨门",以及指向村寨历史源头的石头等哈尼人自己的文化标识是长期以来没有得到广泛和深入呈现的,它们所关联着的深刻的文化内涵也是长期为标识设立者所忽视的。要进一步地通过加强景观标记的设立工作而加深外来者对梯田文化的释读,这些具有非常深邃的文化内涵及意义的哈尼文化标识,有待得到更多的关注与阐释。

二 从自然到非自然的蘑菇房

民族村寨向游客进行开敞的过程中,寨门由无形走向有形,为了凸显民居建筑的"自然"传统,大量使用非自然的材料。梯田景区入口的图腾柱广场通常是游客进入梯田的第一个观景点,从这里到哈尼小镇的短短数百米路程,由于独特的地理位置使得游客可以从不同角度瞭望到脚下不远处箐口村错落有致的蘑菇房。现在,不但公路边新建的哈尼小镇统一使用金属建材模仿茅草蘑菇顶的外形,就连大鱼塘、全福庄大中小寨、坝达、核桃寨、多依树、猴子寨、爱村、阿者科等所有旅游环线沿线的哈尼村寨都先后恢复为传

---

[1] 马翀炜:《遭遇石头:民俗旅游村的纯然物、使用物与消费符号》,《思想战线》2017年第5期。

第四章　景观标识对村落的影响

统的蘑菇房外观样式。哈尼人家的建房往往由于因地制宜地在设计和室内起居安排上有着较大的区别，但蘑菇房的房顶以及土黄色外墙的统一样式使游客非常容易获取这样一种印象：每一栋蘑菇房里都生活着让人动容的一户哈尼人家。这些大大小小、高高矮矮的蘑菇房不规律地分散在梯田里，使游客产生了一种进山采蘑菇时的期待感，因为在他们进入梯田深处的过程中，许许多多蘑菇房组成的村寨或许就在不经意间镶嵌到了梯田间。在这里，蘑菇房确实成了梯田里哈尼村寨的代表性标志。

按照梯田景区大力倡导游客使用的免费语言导游平台"链景旅行"对箐口民俗村的介绍——哈尼族的房屋是非常有特色的，总共分为三层，最底下一层用来养牲畜，中间层用来住人，顶层则是仓库。由于顶棚是用茅草搭成的，所以远远看去就像是一个蘑菇，所以这种房屋也被称作蘑菇房，它是哈尼村庄的标志性建筑。在元阳旅行时，好多人都喜欢这种奇特的房屋，大大小小的蘑菇房点缀在梯田里，让人感觉进入了童话般的世界。① 那些并非第一次进入梯田领会世界文化遗产风貌的外来者常常用手指着远处一丛丛的蘑菇房，非常有信心地对着他们带来的朋友和伙伴确认那儿正是某村，并且得意地向他们肯定自己曾经拍过很多漂亮的蘑菇房，只可惜现在蘑菇房少了一些了，否则，蘑菇房被蓝天白云映衬着或是在云海雾雨中若隐若现时，那都是绝妙的如诗画般的情景。被引导着的后来者当然也就毫不犹豫地对着那些"蘑菇"全神贯注，看上三两分钟后，喃喃自语道"这些房子确实比较像蘑菇""真的是比较特别"。

在元阳哈尼族的口传文化中，"蘑菇房"与哈尼族的生活方式演进有着深切的关联。传说哈尼族最初学会水稻栽培时，虽然也驯养了猪牛羊等家畜，但那时他们并没有固定的屋子，时常遭受风吹日晒的洗礼。某一天，先祖为了解决居无定所的难题，专门跑到森林里四处观察，期望着找到可以学习借鉴的东西。他偶然间发现了蘑菇下的土地是干的，而且任凭风雨交加，蘑菇也没有倒下。受到启发后，他带着族人一起建了第一栋蘑菇房。从那以后，哈尼族就开始生活在"蘑菇房"里。当然，蘑菇房的房顶通常使用箐沟里割回来的茅草铺就，特定的斜度可以确保屋顶的排水与通风。

在哈尼族的日常实践中，每4—6年茅草屋顶就需要全部更换一次，原因

---

① 根据"链景旅行"语言导游语音介绍整理。

作为文化的标识：哈尼梯田景观符号研究

是山上的空气湿度较大，常年笼罩在雾雨云海之中的茅草屋顶也就容易损坏，因此人们平时还要在每年雨季来临前进行检修，防止因漏雨而淋坏堆放在阁楼上的粮食。20世纪90年代，石棉瓦因为经久耐用、方便省钱等特性"红"极一时。很多生活在哈尼梯田边村寨里的人家为了节省劳动力、降低家屋维护和翻新的成本，也开始尝试把自家的茅草屋顶替换为石棉瓦屋顶。箐口村自20世纪90年代末被确定为梯田文化未来的"名片"后，政府鼓励村民们还原具有"传统"意味的"蘑菇房"，石棉瓦屋顶快速地被新型"茅草"（铝制的材料）所替代。2015年开始启动的传统村落改造项目对多依树下寨等几个重点村实施了蘑菇房顶的更换以及蘑菇房外墙的重新粉刷，所有费用由地方政府全额资助。蘑菇房由"自然"走向"非自然"的形态，也成为传统村落不断得以显现的过程内容。

由于显著的族群标记功能，"蘑菇房"也成为箐口村的一项旅游吸引物，村子西头的哈尼文化陈列馆旁，标识设立者以蘑菇房的茅草顶样式搭起了木亭子，并在休息厅一侧立出了相关的解说标识：

蘑菇房

　　哈尼族传统特色民居的标志，用山毛草沿着屋顶铺盖成四斜面的茅草顶，墙壁用土坯支砌，整座建筑看上去就像一朵蘑菇，有冬暖夏凉的特点。内分三层，底用来关禽畜、堆放家具等；二层作主人生活、休息之用；顶层作置放粮食、柴草等。这是电影《诺玛十七岁》，主演"诺玛"的民居，该片在国内荣获多项大奖。

口传文化中蘑菇房由来的励志故事在旅游标识中是缺位的，尽管如此，通过认真阅读这些解说的语句游客依然能够了解到蘑菇房的功能。今日的蘑菇房大多不再延续过去的做法，顶棚上使用的不再是哈尼女人们从箐沟里割回来的山茅草，而是更加耐用的铝制茅草。虽然自然走向非自然，但这使得梯田里的哈尼村寨从外观上极大地维持着蘑菇房的"原貌"。这些此起彼伏的"蘑菇丛"，加深着游客对哈尼村寨的印象，也激励着他们对哈尼村寨的想象。

毫无疑问，哈尼族民居专题相关的文化内涵并没有因为蘑菇房的凸显而得到充分体现；景观标识中对蘑菇房的刻意凸显，甚至在某种程度上遮盖了

第四章 景观标识对村落的影响

图4-3 阿者科村的蘑菇房（阿者科村入选第三批中国传统村落名录）

诸多本质内涵的突出。传统上，哈尼族选择建寨的地方要经过测试才能确定是否可以最终作为建寨地点：在拟建寨的地方择一处平地，埋下鸡蛋一枚；又在扒平的泥土里三粒一组地插上九粒稻谷，三组稻谷分别代表人、畜与庄稼；再杀鸡一只，将鸡骨埋下。三天后，检查鸡蛋是否完好，鸡骨头是否被老鼠咬断、是否变色，谷子是否一粒不少、立得正、不发霉。如果都没有问题，就表明在这里建寨后，人畜平安、庄稼丰收。而选择建屋的地基时也要在吉日里进行，一碗倒扣下去的饭如果不裂散，就表示这个地方是完美和圣洁的；挖地基的当天，要由德高望重、儿女双全的老人挖下第一锄头；[1] 地基的角落处也需要埋放分别代表人、畜与庄稼的石头。哈尼人在建寨、建房时那些具有对美好生活向往的寓意得不到挖掘和呈现，哈尼民居建筑的价值也只能停留在表层的形态美之中。

三 从幕后到台前的生活世界

为了突破"肤浅"的"到此一游"的尴尬，一些游客开始尝试深入哈尼梯田世界的村寨中去，尝试在他们有限的停留时间里尽量去理解村民头脑中

---

[1] 元阳县民族事务委员会：《元阳民俗》，云南民族出版社1990年版，第5—6页。

作为文化的标识：哈尼梯田景观符号研究

对他们自己这个世界的种种想法。深度旅游以及深入理解梯田世界的实现，有赖于游客在村民生活世界里的深度体验。由于游客进入旅游村寨的日常化，村民们的生活世界尤其是村寨公共空间中举办的喜丧仪式，不断从幕后走向台前，甚至包括不断涌入旅游服务业中的村民自身，也成为外来游客不断加深对梯田世界的理解的新路径。

因游客频繁而持续的进入，在旅游村寨公共空间中举行的喜丧等人生仪式越来越多地进入游客的视界，成为新鲜置入游客眼前的景观，也因对哈尼文化具有标记作用而成为特殊的景观标识。村寨的可进入性及空间布局决定了村民与游客共同在场的公共空间中进行的人生仪式，同时转换为游客眼中独具特色的生活景观。

进入箐口村的道路主要有4条，包括村道和3条连接其他村寨的石子小路。相比其他3条小路，村道是唯一一条可以通行机动车辆进入村子的道路。这条由水泥浇筑、间以青砖铺就的村道从图腾柱广场一侧延伸向村子的北口。道路尽头处是箐口村迎来旅游开发后修建成的可以供几十辆车辆停放的停车场，走过停车场经过数级台阶，即是村内的主干道，村民的民房顺着主干道两侧展开。沿着村子主干道往前，第一个岔路口往东南方向是村子的活动广场，往南方则是文化陈列馆前的广场。村内人家逢婚丧嫁娶，总离不开村内唯一可以通车的村道，也离不开停车场以及村内的广场。办喜事的人家，需要从停车场驱车外出；办丧事的人家，需要在停车场迎接前来吊唁的亲友；而不管是丧事或是喜事，村民多半选择在两个广场中的一个摆设酒席接待亲友。

箐口的其他三条小路，往西的小路可以通往哈尼小镇、大鱼塘以及全福庄，往东南的小路可以通往麻栗寨、主鲁，往西北的小路通往土锅寨的黄草岭村，这条路是2016年12月新兴建成的。村民已经习惯了沿着另两条建于2008年的小路走到其他村子串亲戚或是到梯田里干农活，通向黄草岭的这条路在建成的最初时间里基本还没有当地村民使用，使用这条小路的多数是游客。自2017年起，一些游客会从黄草岭村的停车处通过新修的小路徒步进入梯田，他们往往是在黄草岭村停车场上欣赏梯田时无意间发现了这样一条捷径，便沿着小路下行，可多半都是走到一半路程，在那棵有些年头的多依树下的石桌石凳处休息一会儿就又折返到公路边。由于缺乏专门的引导标识，他们不知道这条路同样可以通向箐口村，所以他们依然会选择从村道徒步或是乘车进入。

箐口村的入村道路现状以及专门的引导标识的缺位，都使得通向村子北边的村道以及村道尽头的停车场成为外来他者与当地村民相遇的地方。哈尼族在婚丧嫁娶中践行的人生仪式，也就随着道路上"内"与"外"两种文化的相遇而自然地传递到了游客那里去。按照族规，举办丧事的主人家每天晚上都要请村中的摩批来为逝者唱诵"指路经"，以帮助逝者顺利寻找到先祖"居住"的地方。现在，很多人家都习惯在白天的时候将这类具有"纪念"和"引路"意味的哈尼文歌曲通过录制好的小型播放器进行播放。白天造访村子的游客会在停车场发现前来迎接吊唁队伍的主人家，进入村子后自然也能听到这种透露着深切悲痛之情的"唱腔"。一些村民们会主动地告诉这些来自远方的客人，"我们哈尼族最重视的就是丧事了"。巧遇村中丧事的导游同样会简单地为游客讲解哈尼族的一些丧葬礼仪。这些地方知识与情景化的情感生活虽显得如此的碎片化，但它们的对外开放也使得地方文化的对外传播获得了端口。

同样是在停车场，迎亲接亲队伍喜气洋洋的神情以及绚丽多彩的新娘服饰会引来更多驻足围观的游客。2017年2月，箐口村卢家为已经生有一对儿女的外地媳妇补办婚礼。这一天，陪同新郎新娘的新人队伍十分庞大，仅伴郎伴娘就有两对，几十人的队伍足足坐满了7辆面包车和1辆越野车，车队在出发到新街镇化妆以及到景区拍摄婚礼留念前在停车场整顿了近半小时。在这短短的三十分钟内，不但有主人家请来的职业摄影师不断变换着角度记录婚礼盛况，就连先后抵达的三批旅行团游客外加一些零散自由行的游客都停留在现场看热闹。不少人弄不清楚都穿上了坠满银饰的袿子的三个女孩儿谁才是真正的新娘，直到队伍中有人送来一顶同样坠满银饰的帽子并帮着把帽子戴到新娘头上，大家又从现场村民那里印证了新娘的身份，这才放心地凑上前看个究竟。越来越多的人把新郎新娘给团团围住，新娘羞涩地低下头整理自己的衣服，新郎则在被问起"这样一套漂亮的新娘服装得值多少钱"时自豪地回答"差不多一万块呢"。游客们更是"啧啧"惊叹，抓紧时间给这套豪华新娘装拍照。傍晚时分，当这队新婚队伍返回到村中后，很快又在家里屋子前的广场上整理好了晚宴的迎宾队形，广场上摆出了四十多张饭桌，村内村外的亲朋好友陆陆续续前来祝贺新人，不断在饭桌前落座，待客人坐满了七八成，负责伙食的队伍迅速地将十二个菜品上到了桌上。婚宴就这样

作为文化的标识：哈尼梯田景观符号研究

拉开了序幕。

图 4-4 被围观的新娘　　图 4-5 摆设在箐口村陈列馆门前广场上的热闹婚宴

在这场婚宴的前后一个多小时的时间里，不断有准备离开村子的游客前来围观，也有三个背着背包蹲守在广场旁，用尽全套的摄影"装备"轮番捕捉这美好而又热闹的瞬间。不难发现，村民的生活世界在涌向台前的过程中正不断被捕获。

哈尼村寨不断向外人敞开的过程中，加入旅游服务业的村民由幕后走到了台前，开始成为游客理解哈尼梯田世界的新路径。以下举"司机导游"为例。

哈尼梯田核心区特别是梯田景区的交通现实[①]催生了大量的"司机导游"的出现。从元阳老县城新街镇出发，在到坝达—多依树—爱春以及老虎嘴—攀枝花的两条客运路线上可以观察到，除了在运政机构挂牌运营的车辆，还有很多并未进行正常登记的车辆。无论是否登记，由于司机们经常可以提供"订单式"式的包车服务，带着游客到特定的地点欣赏和拍摄梯田景观，因此他们也经常自称"司机导游"。"司机导游"多是景区环线公路沿线各村寨的村民，主要集中在新街附近的水卜龙村委会、土锅寨村委会以及全福庄村委会、胜村村委会、多依树村委会。据这些"业内人士"的非官方统计数据，截至 2017 年 4 月，所有这类未登记的运营车辆有千余辆，其中女性司机约占

---

① 梯田景区的各个景点之间的距离并不近，多则数十公里，少则数公里，这么远的距离对于大多数游客而言，仅靠徒步难以实现几个景点之间的穿梭。尽管梯田景区公司配有景区间的交通车，曾经为了缓解旅游环线内的交通拥堵而实施过交通管制。自驾车游客的车辆停放在景区大门的停车场后统一乘坐交通车，这对当地村民在沿线的餐饮食宿生意受到带来了较大的影响。因此，交通车最终只得停运，只有当游客专门提出用车需求时才提供用车服务。正因如此，梯田景区各景点间的交通也就成为游客最为关注的问题之一，当地的运营车辆司机也就成为游客与村民接触前沿地带的先锋。

三分之一。最早的时候，多是彝族女性首先加入这个行列中，近几年不断有哈尼女性也参与了进来。大多现在做"司机导游"的女性有着外出到沿海地区务工的经历，一些人是在外出务工前就获得了驾驶执照，而更多的则是在看到梯田成为世界文化遗产、感到可以返回到家中寻找谋生的工作后才考的驾照。

事实表明，通过临时的单次乘坐或是日租乘坐，外来游客对地方司机普遍存有好感。这些身处旅游服务第一线的村民与外界打交道的经验可以告诉他们，游客最需要了解的是哪些信息，而他们也会有针对性地为游客提供这些信息服务。相较而言，女性司机比男性司机更加注重服务的细节。因此，占了较大比例的女性司机率先为外来他者树立了当地人的新形象，提供了交流与了解的机遇。又因为她们与游客通常互为微信好友，因此她们在朋友圈里分享的生活中的点点滴滴也成为游客认识哈尼梯田、认识梯田当地人的良好渠道。

在红河地区哈尼族以往的传统中，女性嫁入夫家后不得在男性长者面前梳头，也不得与男性长者同桌共餐，路上若与男性长者相遇则必须让路，平时染晒的布料必须悬挂在家中男性不常活动的地方，洗衣做饭等家务活都属于妇女的分内之事。相应地，抛头露面的事当然是男人的分内之事了。

箐口村陈列馆经过最近一次整修以后，一个10米长的"长街宴"展示柜被设置到了展厅里，微缩的男女老少模型欢喜地围坐在桌旁。当地一对夫妇引领外地来的朋友游览到此处时，他们解释说哈尼妇女"过去可是不得上饭桌的"，女主人还补充说"现在这些妇女可是不得了，可以挣钱养家啦"。时至今日，很少看到哪一户人家仍然坚持着"媳妇不得上桌"的传统，在笔者所拜访的多数哈尼人家，女主人做好一桌的饭菜后，也一样地坐到饭桌旁就餐，有时还能观察到女主人与家中其他男性一起豪爽地陪客人饮酒。更多的时候，三三两两聚集在家屋房前的哈尼族和彝族女性彰显出娴熟的染布和刺绣手艺，在民族歌舞舞台上演出的女性们展露着朴实的歌喉与舞姿。

在笔者所接触到的女性"司机导游"里，哈尼女性YL[①]的情况最具有代表性。十年前YL到沿海城市务工，在那里利用工作业余时间学习了驾照，与

---

① 访谈人：YL，女，哈尼族，1982年生，胜村黄草岭村人；访谈时间：2017年3月9日；访谈地点：胜村黄草岭村。

作为文化的标识：哈尼梯田景观符号研究

当地人结婚生子。四年前因为得知梯田旅游不断升温、游客在交通方面有大量需求，决定"抛夫弃子"地返回家乡开面包车。最初她跑的是新街—多依树的运营路线，后来当她发现很多游客有着这个路线以外的观景点交通需求时，就决定为这样的游客提供个性化的租车服务。到现在，YL 的业务基本只针对有日租需求的外地游客，而且她常常为有这种租车意向的游客推荐最佳的观景行程安排。仅以 2017 年 2 月为例，她共接了 20 单日租订单。以每天 350 元的日租费用计算，该月的毛收入为 7000 元。而其中有 7 单游客的行车范围已经远远超出了梯田景区，YL 分别将他们送至文山州丘北县的普者黑景区、曲靖市罗平县金鸡岭景区以及红河州建水县火车站，到另外两个州市的里程数较大，这类行程的租车费用往往要达到 1000 元以上。以此计，YL 仅 2017 年 2 月毛收入即已过万。该月 YL 所接待的一单游客恰是两年前她曾接待过的江苏游客。上一次是这个老大哥和其他摄影发烧友一起来拍摄梯田，这一次老大哥专程带着妻子前来，人还没有从江苏出发就事先联系好了 YL 要租两天的车。这一次，老大哥得知 YL 因为长期行车，肩颈腰椎都有不适，还专门从家乡带来了艾灸的按摩礼盒送给她。YL 感动地在微信朋友圈里"晒"出了这份礼物，公开地记录和"传播"了这段美好的友谊。

2017 年 3 月，当地的媒体还报道了一位典型人物。该篇报道中的当地女性名为 YX（女，彝族），现就职于哈尼小镇某客栈，负责店里的卫生清洁、饮食烹饪以及甜品制作。YX 曾任土锅寨村委会干部，带头组建了村里的文艺队。后来进入客栈工作后，为了能够为客人们冲泡咖啡，特意到省城学习了咖啡"拉花"。在这个客栈工作了一年多以后，YX 已经基本能够打理日常经营的所有事务。[①] 先后加入旅游服务业中的哈尼族、彝族等少数民族女性，因其勤劳善良的性格为外来者塑造了较好的地方印象，参与到景区里各类酒店和客栈经营的少数民族女性甚至成为顾客选择在特定地点下榻的原因之一。

其实，哈尼梯田景观标识的设立者若是意识到了村民生活的世界正因游客的到来而不断走向台前这一事实，就可以尽力挖掘传统社会结构中女性的社会角色，以此作为引导游客对梯田文化展开深入释读的一个重要内容。在哈尼族世代的实践中，女性不得参与到连接天、地、人、神的昂玛突、苦扎

---

① 参见《元阳客栈展梯田魅力 农家女子变"执行老板"》，"云上梯田和美元阳"微信公众号，2017 年 3 月 15 日。

扎等节日祭祀活动中，也不得触碰祭祀物品。虽然为了凸显神圣性，女性被区隔在充满危险性的场合之外，但是妇女要在昂玛突节时为家中的寨神林里祭祀的男性以及在苦扎扎节时到磨秋房里祭祀的男性家庭成员进行叫魂，表面的"被保护"的角色同样也是施加保护的角色，这说明女性本身已经与农耕文化背景下的神圣秩序建立了联系。而新近的变化揭示出女性开始扮演的越来越不同的社会角色，更解释了传统需要能够融通新形势以体现建构性和包容性。① 哈尼女人的社会分工显然协助保障了哈尼族社会秩序与社会结构的完整性。

由于民族文化旅游的语境的确立，哈尼梯田核心区的民俗村寨内的多项事务都得以敞开，如同景观标识一样，这些人与事都在有意无意中进行着文化书写。民族村寨内的一切，包括寨门、蘑菇房等标志性的建筑，也包括村民的生活世界都一道成为哈尼梯田的旅游吸引物。正是在这一意义上，传统村落由于景观标识的设立而不断得到了凸显。在景观标识的指引下，外来他者源源不断地进入梯田世界中，过去服务于哈尼梯田当地的内部信息也就需要具备服务外部的能力，从而使内部信息的外部化表述获得张力。

第二节　内部信息的外部化表述张力

一般而言，各类标识的大量涌现是消费文化充满张力的表现，也意味着相对独立的文化圈的终结。② 这种现象在哈尼梯田里同样有所体现。梯田核心区各类景观标识的进入引起了传统村落的凸显，在为越来越多的来自不同文化背景的人群提供融入机遇的同时，梯田世界需要展开日益常规化的文化表述行动，促使内部信息获得外部化的表述。具有丰富的自然、社会、历史、文化内涵的地名是外来者进入哈尼梯田时接触和使用最多的地方信息，因此可以被视为内嵌于交往结构表层中的一类内部信息，也是最容易用以揭示梯田文化内容的一类内部信息。相对于地名，蕴含在仪式之"物"、婚姻家庭之

---

① 马翀炜、潘春梅：《仪式嬗变与妇女角色——元阳县箐口村哈尼族"苦扎扎"仪式的人类学考察》，《民族研究》2007年第5期。

② Mike Featherstone, *Undoing Culture: Globalization, Postmodernism and Identity*, London: Sage Publications, 1995, p. 4.

作为文化的标识：哈尼梯田景观符号研究

中的内部信息则由于需要人们在不断推进与加深交往之后方能更好地领会与理解，因此这些镶嵌在交往结构中层甚至深层的内部信息的外部化表述面临着更多的困难。

一 处于交往表层结构中的地名信息

毫无疑问，人们在当下的生活中因具有更多的行动自由而获得了经历各种文化的可能。近年来，文化旅游因引导人们走向他者文化并获得重新审视自我的可能而取得了的重要地位。只不过，如果我们的心智不能对世界产生一套强有力的思想，这时的世界看起来只不过是混乱一片，由毫无关联的现象以及毫无意义的事件所组成。如果没有地图、路牌或是任何指示，我们就像是步入了没有任何文明标识（signs of civilization）的陌生土地一般。什么事都没有意义，什么都激不起兴趣，什么都变得无法理解。[①] 只有当一样东西是可以被理解的，我们才能从中获得参与感，否则只会徒增疏离感。

地名表征着丰富多彩的自然、社会、历史、文化，一个区域的文化多样性也往往会在区域内的地名中得到表现。因此，在哈尼梯田的传统村落不断对外进行显现的诸多事项中，地名是最先得到敞开的。在指引游客进入地方并获取诸多地方信息的过程中，景观标识开始有意识地挖掘并展示地名的含义。在观看梯田日出的最佳景区多依树梯田景区门口，标识牌朦胧地对"多依树"进行了简单解释——"多依树是一种蔷薇科植物，其未成熟的果实辅以椒盐，是当地人民喜爱的春季时令小吃。滇南地区有很多以'多依树'命名的村寨。"事实上，这种描述显然不能较好地反映哈尼梯田地名中丰富的民族文化内涵。也正是在这个意义上，旅游目的地的地名及地名所包含的多样性的社会文化意涵就比历史上的任何其他时刻都更需要对陌生的外来者进行敞开。

对于作为文化他者的游客来说，理解旅游目的地文化的一个最为直观的进路便是地名。游客从熟悉的空间位移到陌生空间必然需要地名的指引。由于空间的社会性存在，游客最先遇见的地名必然具有标识地理空间及呈现文化空间的重要性。对地名进行关注就是为了使旅游目的地的文化多样性能够获得更好的被共享和理解的契机。人们对地方的命名暗含着人们对世界的探

[①] E. F. Schumacher, *Small is Beautiful: Economics as if People Mattered*, New York: Harper & Row, 1989, pp. 89 – 90.

索、观察与认识。由于被赋予了地名名称，一个特定的空间得到了整体的显现，这个空间中的一草一木及每一寸土地都变得能够被理解。[①] 地方的命名和更名离不开社会生活的表达意图和交往需要。作为世界文化遗产的红河哈尼梯田是哈尼族、彝族等民族在上千年的历史过程中创造出的人类文明的杰作，是先民们漫长艰辛劳作的智慧结晶。利用自然、改造自然的结果不仅仅是人们开垦出的成千上万亩相连的梯田，而且还是因人的实践活动而形成的人与自然、人与人和谐相处的社会空间的创造及对这些空间的命名。

哈尼梯田地区的地名[②]包含了自然地理、历史内涵、社会关系以及文化特点等丰富的内涵。（1）哈尼梯田多形态的地貌、立体性的气候以及丰富的生态资源等自然地理特点都直观地反映在红河哈尼梯田区域的地名中。如，"箐口"刻画着茂密山箐的形象；"云集村"揭示着梯田世界变化万千的天气特征；地名中的攀枝花、多依树及马鹿、猴子、熊、虎指向了红河哈尼梯田地区的生物多样性。（2）历史内涵在地名中同样有迹可循。历史较为悠久的哈尼村寨"主鲁"意为"正午"，指建寨者从别处迁到此地后于正午建寨。[③] 经过不断地分家和建寨，主鲁发展为由上主鲁老寨、上主鲁新寨（由上主鲁老寨迁出）、下主鲁（由上主鲁老寨分家），下主鲁新寨（由下主鲁分家）多个村子组成的片村。地名中的姓氏以及"大、小、老、新"等词语常揭示着村寨的建村历史。（3）族群关系等社会因素在红河哈尼梯田地名中亦有表现。哈尼族村寨大鱼塘、全福庄以及彝族村寨胜村、勐品都处在梯田景区旅游环线上，沿环线周游梯田核心区一周，便相当于穿行于各种族群中。哈尼族支系的堕尼大寨、果和寨、老邬寨以及彝族支系的姆基寨、尼苏寨、卜拉寨以及瑶寨、苗寨、土佬寨共存，揭示民族村寨如梅花间竹般的分布状况，也充分显示出这一地区族群关系的和谐以及民族文化的多元。（4）红河哈尼梯田地名还体现了诸如宗教文化、生计活动等文化特点。地名中含有大量的祖先

---

① Keith H. Basso, "Stalking with Stories: Names, Places and Moral Narratives among the Western Apache", Patrick J. Devlieger ed., *Between Structure and No-thing: An annotated reader in Social and Cultural Anthropology*, Garant: Antwerp-Apeldoorn, 2009, pp. 267–297.

② 以下地名的命名由来，除专门标注，均依据1980—1982年元阳地名普查工作的调查结果。参见元阳县人民政府《云南省元阳县地名志》（内部资料），云南省地质矿产局测绘队，1992年。

③ 哈尼族迁徙至江外地区后，一个名叫罗赫的头人带着大家"在主鲁安下了寨房"，可是由于"人多地少在不下"，只好进行分家。云南省少数民族古籍整理出版规划办公室：《云南省少数民族古籍译丛（第6辑）哈尼阿陪聪坡坡》（汉文、哈尼文对照），云南民族出版社1986年版，第208页。

作为文化的标识：哈尼梯田景观符号研究

信息与哈尼族、彝族等民族对村寨起源的重视是分不开的；神圣空间也会表现到地名中，如爱春（哈尼语，"磨秋房边建的村子"）；打碑寨、石灰窑等地名意味着哈尼梯田特有的生产生活轨迹在地名中有所体现。

同一个地名也能够同时含有族群关系、历史记忆、文化实践等信息。胜村有一处地方名叫"祭牛坡"，是位于村子南边的山坡。当地村民曾专门于每年农历三月首个属虎日在此杀牛祭祀神灵，祈求风调雨顺，丰收平安。参加这个祭祀的人常常都不限于胜村，同属于一个小流域的位于半山腰的彝族村子、哈尼族村子以及位于山下的傣族村子都会派代表前来参加仪式。"祭牛坡"关涉不同族群的共同历史记忆，也包含民族民间信仰的文化信息。民族关系的融洽是社会文化发展的优势所在，合理利用多元性存在的文化理应成为旅游发展中文化资源挖掘的重要方面。然而，就现有的地名标识和相关的旅游导游指南来看，这些丰富的文化内涵却没有得到充分的展现。

按照皮尔士的理解，象似指号（icon）与其所指有自然联系，重在一致性或相似性，如半人马座雕像之于半人马座；象征指号（symbol）突出高度的约定俗成，无须与所指存在相似性或事实性的关联，如以"幸福"一词指代幸福这样一种体验、经历与事实；标指指号（index）依赖于具体语境，重在连续性、逻辑性，如空气的干湿度变化会引起温度计的物理反应。[①] 象似性是直观的，使人一目了然；象征性是抽象的，属于人们进行通约的结果；标指性是情境的，无论被重视或是被遗忘，它总存在着，且包含着事实性的因果关联与逻辑关系。地名也具有了象似性、象征性和标指性的指号属性。标示自然地理特征的地名属于象似，体现文化特点的地名属象征，指证历史内涵、族群社会关系的地名属标指。

无论是象似指号、象征指号，还是标指指号都是特定社会文化的产物。在进行地名标识的行动中，必须充分认识到地名命名的规则类型及其潜在影

---

① 由于形状相似等自然特征，某一物可以成为指代另一物的象似指号；又由于人们赋予某一物代表另一物的特权，所以某一物可以成为另一物的象征指号；标指指号则不同，无论是否被人们认定为另一物的再现体（representamen），只要其所指是存在着的，则它也总是存在着的，重要的是，一旦人们忽视了其存在，它也就不能够传递任何信息了（it ceased actually to convey any information）。参见 Charles S. Peirce, "CP 5.73", Charles Hartshorne and Paul Weiss eds., *The Electronic Edition of Collected Papers of Charles S. Peirce*, reproducing Vols. I – VI, Cambridge, MA: Harvard University Press, 1931 – 1935. 皮尔士传统的 semiotics 被译为"指号学"，icon、index 以及 symbol 被理解为三种指号，参见纳日碧力戈《从皮尔士三性到形气神三元：指号过程管窥》，《西北民族研究》2012 年第 1 期。

第四章 景观标识对村落的影响

响。(1) 地名中的重名现象多与遵循象似指号原则的地名有关。进入梯田核心区,在二十多公里的旅游线上,路边的地名标识牌上即出现两个"大鱼塘"、三个"黄草岭"。沿用传统的象似指号命名原则虽降低了地名的理解难度,但简单地运用自然地理要素又可能导致同名现象的大量存在,从而造成旅客标记和区分目的地社会空间的困难。(2) 当地与宗教生活紧密相关的空间地点是遵照约定俗成的象征指号(symbol)原则进行命名的。然而,如果没有充分认识到"约定俗成"只是在某一特定的社会文化中才有效这一事实,那么,在为文化他识而设立的诸多与宗教文化相关的地名标识出现许多问题也是极有可能的。(3) 指证历史内涵、族群社会关系的标指性地名的命名要依赖于具体语境,重在文化的整体性和连续性。如果能够从文化整体性上对哈尼梯田区域内的地名进行把握,进行跨文化的系统性呈现,那么,作为地方性知识的自识状态存在的地名就可能成为文化的他识性的存在,为作为文化他者的游客从跨文化的角度从整体上理解哈尼梯田文化铺设更加坚实的道路。

哈尼梯田地名中有相当一部分夹杂着少数民族语言,这是梯田内部社会关系得到整合的表征。现在这些地名与以政府为主命名的地名一起进入新设立的景观标识中,这就意味着"我群"的内部信息在面向复杂多元的他者时,充分揭示内部信息的多重意义以及不断演变的本质事实,对于信息的敞开是十分必要的。

地名命名规则复杂多样,在从生活世界中抽离出来时若发生指号的误置和误解,隐藏在地名中的地方信息就有可能被遮蔽,从而妨碍各行动者的沟通与发展。为了更好地进行文化遗产保护及旅游开发而将以"地方性"文化形式存在的地名进行"正式"的确定并呈现的时候,避免地名中蕴含的历史社会文化价值被漠视,避免对地名进行错误解释是十分重要的。与此同时,真正挖掘传统文化,将传统文化与现代旅游文化进行充满创意的结合也很重要。例如浪花村(哈尼语"伙拉"的演化名,意为"到了吗")是几户彝族和哈尼族人家相约而建的,哈尼族先到了地方见到后面赶来的彝族便问是否人都到了,村子因此而得名。那么,在浪花村欣赏一下哈尼、彝族共存一村的景观,看看不同的两个民族是如何在保持自身传统文化的同时实现了和谐相处的,这里完全可以成为希望深度理解哈尼族彝族社会关系的游客进行体验式旅游的去处。又如良心寨,该寨子是因为过去到这里做买卖的汉族得到了当地少数民族的热情接待,并且从不在买卖中昧良心而得名的。那么,结合这

作为文化的标识：哈尼梯田景观符号研究

一历史，在该村开发专门销售生态绿色梯田产品的小型农贸市场，因为相信"良心寨"的买卖是最讲良心的，所以这个地处公路旁的寨子也有可能发展为游客最为放心的市场。这里推出的就不仅仅是最具生态特色的农副产品，还有乡民的淳朴和真挚。当大家都在感叹文化旅游的创意是最重要但也最难的时候，若能关注到地名中的丰富内涵，或许这些创意的出现就不再那么难，又由于这些创意是与当地文化结合的，那么，从创意到实践的距离就不会太长。

利用地名来凸显哈尼梯田独特的具有深度与厚度的内部信息的工作依然需要大力加强。单纯强调梯田景观的壮美则可能导致对具有重要文化地位的村寨被忽视。挖掘传统文化并通过地名标识增加旅游区域内的文化内涵从根本上讲就是旅游文化价值生产的一种方式。地理空间向奇幻而魅力十足的文化空间转换也是十分必要的。以地名为引导，将文化与市场有机结合即是构建通往文化空间消费的重要路径。

二 处于交往中层结构中的仪式物信息

正当哈尼梯田作为一个整体得到凸显之时，作为文化遗产重要组成部分的少数民族文化也获得了全新的自我展现的机遇。以哈尼梯田农耕文化为核心的非物质文化遗产不但是各民族精神家园的内核，而且也在社会新发展机遇中较好地表现了新变化。[①] 村民举行的各类仪式所使用的指向神圣的"物"也随之得以凸显。

大鱼塘的村口竖立着专门的国家级非物质文化遗产名录"祭寨神林"的解说标识，大咪古卢文学家中先前也悬挂着"元阳县民族文化传承基站"的标识牌，后来因为标识牌太重且家里人担心存在安全隐患，只好把这一块包含着大鱼塘村传承基站概况、传承项目名称、卢文学简介以及大鱼塘村文艺队信息的标识牌摘下放置到楼房一层的堂屋内。"祭寨神林"的非物质文化遗产解说标识大致介绍了昂玛突节的一些活动内容，挑选出九个活动场景的图

---

① 元阳县昂玛突节中的重要活动内容"祭寨神林"于2010年被收录第三批国家级非物质文化遗产代表性名录项目，大鱼塘村、箐口村、哈播村三个村寨的"祭寨神林"被认为是在元阳县内较有代表性意义的。大鱼塘村的大咪古卢文学是"祭寨神林"传承项目的唯一一个省级传承人。卢文学，男，哈尼族，1954年生。他的家族从曾祖父时代就开始主持昂玛突节的祭祀活动。卢文学年幼时跟着爷爷和父亲学习祭祀唱词，如今其父亲九十多岁，依然健在。卢文学自己的四个儿子目前均没有跟着他学习传承"祭寨神林"的祭祀活动。他曾在新街镇打过哈尼银饰售卖。因为身体不适，放弃了租房做生意，把工具拉回了大鱼塘。

第四章 景观标识对村落的影响

片并对其进行文字说明：①咪古在祭祀寨神林；②寨神林中的祈祷；③分配祭寨神的猪肉；④村民依次接受咪古的赐福；⑤咪古在摆放祭品；⑥虔诚地祭拜寨神；⑦抹你黑以示又添丁增口；⑧尊老爱幼的传统从孝敬咪古开始；⑨咪古家的婆媳给村民送水豆腐以表祝福。与邻村箐口以及黄草岭相比，独特的"抹你黑"以及"回赠水豆腐"两项活动内容包含了更多寓意。按照村里人的做法，昂玛突举行的头一年里新添了人口的人家必须要由新生儿父亲代表全家去大咪古家接受其他村民在脸上甚至全身涂抹黑漆漆的锅烟子（锅底灰）的"祝福"，大概只有能够通过这个考验也才更具备做合格父母的条件。节日最后一天的"之凿凿"仪式上①，每家每户的男人与男孩都要把自己家里准备的饭菜献给咪古，所以咪古家的婆媳向大家回赠水豆腐又具备了某种交换礼物、分享"神圣性"以及增进村寨凝聚力的意味。由于近年来不断有游客尝试参加大鱼塘的节日，我们对节日最后一天的"之凿凿"仪式做了专门观察。

个案 4-1：

大鱼塘村每一年昂玛突节时间基本是固定的，多半从农历二月中旬的第一个属马日开始，节日持续时间为期四天，一般要举行祭寨神石（第一天上午）、封寨门（第一天下午）、祭水神（第二天上午）、祭寨神（第二天中午）、庆生（第二天晚上）、祭神树（第三天）以及摆长街宴（第四天）等活动。2017 年 3 月 11 日是大鱼塘村昂玛突节的最后一天，这一天下午要在大咪古卢文学②的家中举行"之凿凿"等仪式。这一天的仪式预计在两点开始。卢文学提醒我说，到时候村民为新生儿父亲抹锅烟子时可能会"调皮"地也抹站边上的人，并举例说某年来此摄像的人还为此生气。当卢文学讲述大鱼塘村昂玛突节的活动内容时，大概是因为认为我理所当然应该知道，所以他也并未专门指出第二天祭寨神以及第三天祭神树的地点是在村子两片不同的神林中进行的，而且第二天的祭祀仅由咪古团体举行，而第三天的祭祀则需全村每户人家准备饭菜，

---

① 村中每一个家庭的男孩儿都要到大咪古家向咪古们敬献烟酒，并获得咪古的祈福。
② 卢文学（《祭寨神林》代表性传承人）于 2017 年被列入第五批国家级非物质文化遗产代表性项目代表性传承人名单。

作为文化的标识：哈尼梯田景观符号研究

由家中的成年男性作为代表端着篾桌进入神树林中进行祭祀。当被问及在寨神林的祭祀为什么必须是他带领的六人咪古团体负责时，他认为因为村子大、祭品不少，加上在寨神林里的祭祀全程必须保持安静不得讲话，所以六个人就比较方便分工，大家职责明确也就不会不小心讲了话而触犯到神圣的寨神。进一步追问为什么他带领的是五个而不是更多或更少的小咪古徒弟进行主持时，他干脆起身进了家，过了两分钟带着一本蓝色封面的书本走了出来。这是由哈尼文化记录行动组委会编著的《哈尼文化记录行动》（2012—2013），元阳县大鱼塘村"昂玛突"包含在"多彩的哈尼节日"这一篇章之中。

《哈尼文化记录行动》一书介绍说，大鱼塘村的"寨神石"在建寨前就已经存在，是"寨神石"带来了安宁和吉祥。祭寨神石的仪式由摩批主持，仪式过程中摩批所念诵的祭祀意在将寨魂迎回来，并将不洁的东西驱赶出去。书页里还对寨神石处进行了配图，图片中可以看到一块高度近1.5米的大石头。然而事实上，卢文学说真正的寨神石可没有那么大，其实是位于寨子下方的一对小石头。正因为原来这个村寨史的标记物不够大，村中的牲口可能会无意"亵渎"了这块不可触碰的神圣石头，所以他让村里买回来一块大石头，把寨神石"保护"起来。正说话间，卢文学的孙女拿着一段白色棉线来系在了爷爷的左手上。这段线是头一天下午每家每户的男主人到第二片神树林处祭祀后，家中女主人端着一碗染色糯米饭站在路口帮男主人叫魂时放置在饭头上的。

下午两点整，仪式并没有如期开始，可此时卢文学家门前的院子里已经陆陆续续来了不少住在附近客栈的游客。他们说，客栈老板昨天就告诉他们今天大鱼塘有"好玩的、好吃的"，所以早早过来等着。被问及今天在这里究竟要有什么事，这些游客几乎众口一词地回答他们并不清楚，只听说这是一个很重要的节日，"一年就那么一次"。卢文学的家人从屋里端出六七条长凳，供众人休息。两点半一过，坐在院子里的几个徒弟开始站起来，一个打鼓、一个敲锣，围观的人群一下子躁动起来，纷纷站起来看接下来要发生什么。可卢文学的徒弟们很快又坐了下去，原来是因为卢文学家即将回赠给村民们的水豆腐还没有准备好。卢文学的五个徒弟中，两人穿着靛蓝色土布上衣，两人穿着西服外套，一人穿着运动装，五个人都戴着黑色毡帽。他们五人从地上放着的一根树枝上

第四章 景观标识对村落的影响

摘下树叶，选了两片完好的叶子别在毡帽正前方。此时，卢文学也起身上楼，到自己的房间里换好了全套的黑色土布衣服，又用土布缠出包头，再用两张树叶插放在包头的前方。院子里，卢文学的五个徒弟分工协作，有的从屋内取出一张八仙桌，放置到房门前，又在桌子四周摆放好四条长凳，有的将祭祀用的物品摆放着桌上，有的将一小竹篓稻谷、一小土罐红米泡酒安置到房屋南边的门柱脚，再摆放着一根长长的木棍。

约三点时，一切收拾停当，桌上共摆放了四个小碗，每个碗下面放着两张树叶。第一个小碗，里面盛着染成黄色的糯米饭，饭上放了一枚染红了的鸡蛋；第二个小碗，里面放了一个煎鸡蛋；另两个更小的碗内，一个装了呈褐红色的粗盐，另一个装了半碗黄豆。四个小碗之间，放了四段长约两寸的甘蔗，一红一紫两个鸡蛋及两个草果。见卢文学也下了楼后，之前敲锣打鼓的两个徒弟再一次用锣鼓声向全村发出了"信号"。两三分钟过去，用篾桌端着饭菜的男性村民们一下子就出现在了卢文学家大门口，他们沿着大门外的道路两侧非常有秩序地摆放自家的篾桌，摆放的顺序按照先来后到进行排列。每家篾桌上最少准备了七八样菜品，最常见的是炸小鱼、炒豆芽、魔芋豆腐、咸鸭蛋、树花、腊肉，但每一家必然都有一个煎蛋。这一枚煎蛋事实上是整桌饭菜的核心，它们代表着主人家，就算主人家做了多少好菜，如果缺了这枚煎蛋，他们都难以接受咪古团体为他们进行的祈福。

仪式开始，卢文学将昂玛突第一天开始封寨门、祭寨神等祭祀活动中专门留下的鸡骨分堆依次放在桌上。他和五个徒弟围坐在桌前，每人面前摆放了一只小碗，由坐在东南角的徒弟用那根长长的"吸管"从装着红米泡酒的酒罐里吸出一管酒分发在六只碗中。卢文学带领着，六个人齐齐端起酒碗，念诵起祭祀词，大意就是"愿来年风调雨顺、人畜平安"。经历了之前急不可耐的等待，此时围观的众人纷纷围了上来，相机、手机的快门声此起彼伏。在这支组成复杂的队伍里，还有元阳县文化馆的工作人员，也有专从北京赶来的非物质文化遗产研究的专业人员。大家不断地调换着角度，有的甚至急急忙忙爬到卢文学家二楼的客厅，打开窗户从高空往下对这个仪式进行记录。在这个过程中，大鱼塘村的大摩批张小沙也坐到了桌前，帮助咪古团体一起进行打鸡卦。当大摩批看到封寨门处用来祭祀的鸡骨时，由于卦象的不甚吉利而神色阴沉了下

· 225 ·

作为文化的标识：哈尼梯田景观符号研究

来，后来询问了小咪古们，在寨脚负责封寨门的小咪古证实，当天祭祀后确实发现少了一只碗。听闻了这一点，大咪古和大摩批都同时松了一口气，问题似乎不大。正当他们刚刚度过了焦虑，围观的一个女游客在变换拍照角度时不小心碰到门柱脚旁的稻谷竹篓，这又让卢文学再度紧张起来，赶紧制止道"那里的不要碰"。

打鸡卦的环节过后，新的两名咪古助手也在自愿报名与村民推荐的基础上产生了，去年的两名咪古助手也就将去年大鱼塘村各类村寨祭祀的开支情况进行了公布，并将余款转交给了新的继任者。当这些事项都进行完以后，就到了让村民自己以及游客兴奋不已的"抹你黑"环节。去年家中新添了人口的人家，两人一组轮番跪到坐在北边的两个小咪古身后，一方面等待小咪古们将桌下那盆专门为他们准备的猪脚和猪肉分发给他们；另一方面还要等待着村民朋友将黑漆漆的锅烟子向自己抹过来。这一天，共有八个新生儿父亲获得了咪古团体分发的猪肉，生得男孩儿的三个父亲得了猪脚，生得女孩儿的五个父亲得到了一块下方从中间切开的猪肉。事实上，这八个新生儿家庭头一天晚上已经到咪古家送了祈福的物品，以前生男孩儿的人家一般要往大咪古家送小鸟（并且要把小鸟的嘴巴砍下，留到摆街心宴的时候供村民们玩赌酒的游戏），生女孩儿人家一般要送鱼虾。

开心的"抹你黑"结束后，全村每户人家的男孩儿开始排着队，按照逆时针方向，从卢文学处依次向咪古团体敬酒、敬烟，不少孩子还向这几个为他们带来祝福的长辈们跪下磕头；孩子的父亲们又从自家端来的菜品里挑拣出一碗并将这碗菜倒入咪古身后的白色胶桶内。晚些时候，所有收来的烟、酒以及菜都要由卢文学分给咪古团体。此时，卢文学的小儿子在一旁摆出了另一张桌子，将头一晚准备好的小鸟嘴巴放到碗里，供村民们玩赌酒游戏。另一边，孩子们揭开覆盖在自家篾桌上的纱布，开始邀请大家一起品尝。此时，卢文学的妻子在儿媳妇的帮助下，拎着桶，将水豆腐分发到每一张篾桌上盛放煎蛋的碗内。当然，那个寓意着村民全家人的煎蛋也在大咪古婆媳麻利的动作中，一分为二，一半被转移到其他菜碗中，另一半则倒放到咪古家的另一只空桶里。

此时，那些等待了三个小时的游客，也终于有了机会去探寻各种哈尼美食。他们看到了整个仪式过程中的各种充满寓意的仪式物，也为此不敢

第四章　景观标识对村落的影响

轻易去碰那剩下的半个煎蛋，只是都不清楚煎蛋到底代表着什么。守护在篾桌旁的孩子们自然也无法说出，这个蛋表征的是他们一家人"对神灵、祖先的敬畏"，是他们"对社区、对家、对文化之根的敬重"。①

图4-6　咪古团体打鸡卦　　　　　图4-7　桌上的祭品

图4-8　各家的篾桌有序陈列　　　图4-9　柱子旁的祭品

① 马翀炜、潘春梅：《仪式嬗变与妇女角色——元阳县箐口村哈尼族"苦扎扎"仪式的人类学考察》，《民族研究》2007年第5期。

图4-10 大咪古确认钱款　　图4-11 向咪古敬献烟、酒

图4-12 等待中的孩子们　　图4-13 游客围观并纷纷记录仪式现场

　　游客们因为"在场",通过各类指向禁忌或是神圣意味的仪式物获得了建立感性认识的机遇。然而,由于缺乏一种透过各类符号解说标识而先行的文化内涵的"预读",因此他们对那些"物"之中蕴含的深厚的民族文化信息难以建立完整的认识。而景观标识的设立者虽然明白那枚煎蛋的意义,却在标识制作时因为有所侧重与顾虑而完全将之忽略,带来的就是"文化他者"最有机会接近的文化场景中指向最深刻的民族价值观的仪式物被遮蔽了起来;而在生产知识的"文化记录者"那里,实时的"现场直播"是难以达到将内

部信息充分地向外表述的目的的，正如那对小小的寨神石被高大的石头所代替了一番，诸多勾连着神圣意味的"物"（如煎蛋）变换为平易近人的、寄寓于"团结"的"物"（如豆腐）。

在面临诸如"咪古团体为何是五人而不是其他数量的人员"这类意指深层内涵的"打破砂锅问到底"一般的问题时，作为哈尼文化信息的国家级传承人的祭祀人员的做法与对付当年被人类学家克鲁伯访谈的印第安人类似；不同的是，印第安人是到屋里翻阅克鲁伯本人的研究成果后再回答问题，"以免把自己的风俗说错了"，对自我文化缺乏追思的徒弟则是直接到屋里搬出已经出版的文化记录作品，让提问者自行查看。当然，那些花费了大量人力、财力和精力的"作品"由于需要格外尊重现场记录而难以跳出"现场"去追问隐藏其后的意义与逻辑。

非营利性质的仪式展演需要为日渐增多的外来他者提供理解与融入通道，意味着文化实践者对传统与现代的各类元素展开重新界定；昂玛突以及"祭寨神林"的各类标识系统中"煎蛋"这类最为深刻的"内部信息"的缺位，意味着文化阐释者需要重新展开文化信息表述的反思；意欲在异域他乡获得各种审美经历的游客无法进入较为封闭的神圣空间而闯入了"人神共聚一隅"的生活空间时，意味着他们在某种程度上负有文化传承与传播的责任和义务，需要他们付出努力去认识对方文化中的核心价值所在，真正意义上尊重缔造了梯田景观的民族及其文化。一个民族的内部信息向外传递的工作，需要各方力量的共同努力。而内部信息中，地名等文化信息处于内外人群交往结构的表层，仪式物所包含文化信息处于中层。除此之外，尚有处于深层的文化信息。

三 处于交往深层结构中的婚嫁信息

哈尼梯田当地村民的婚嫁似乎是梯田文化景观中游客可以比较直观地获得的信息[1]，事实上婚姻家庭生活背后的文化肌理与逻辑却成为内外人群交往结构中处于深层的文化内部信息，相较于地名以及仪式物，更难以向外部进行准确的传递。

---

[1] 哈尼族和彝族是梯田核心区人口最多的两种民族，他们的服饰有着根本性的外观差异，然而如果一名彝族女性嫁给了哈尼族男性，她在丈夫家中或是丈夫家的村中时多半是穿着哈尼族服饰的，而当返回娘家或是外出等其他情形时才可能会变换为彝族服饰。即使一个外人闯入了她所嫁入的家庭或是村子，也并不容易快速地发现这是一个跨族婚嫁者，因此也就越难发现不同民族婚嫁逻辑间的差异。

作为文化的标识：哈尼梯田景观符号研究

《哈尼古歌》自 2017 年春节期间在哈尼小镇得以常态化表演，哈尼小镇的大门入口处设立了针对这一文化展演的大型标识牌。"带你走入文化秘境""带你体验古老文明"意指着整场演出的立意与"功效"；"意大利米兰世博中国馆主场演出节目""原班人马载誉回归梯田故乡""古老农耕文明史诗般震撼上演"则努力在说服着游客必须前往表演场馆内一睹颇受国际认可的"古老文明"的"芳容"。整场展演分为"昂玛突节""梯田劳作歌""开秧门""婚嫁习俗歌"以及"丰收歌"五个篇章，专门用以突出梯田哈尼族婚嫁生活的部分由"阿妈的歌""女儿的歌"以及"小伙的歌"组成。表演包括青年男女的相识与相爱、婚姻的约定以及婚礼的习俗。可以说，对歌、哭嫁等一个个场景是哈尼梯田核心区哈尼族婚嫁生活的高度浓缩。它无疑向来自世界各地的观众传递着最为经典的哈尼婚嫁逻辑，可是在舞台背后的更广大的社会空间中，却有着较为广泛的变化在发生。

生活于红河南岸哀牢山区的哈尼族在长期的农耕社会发展过程中形成的族内婚制度使得他们在与彝族、壮族、苗族、傣族等民族长期相处中极少出现跨族婚姻。为了维系族内婚的稳定从而维护族群内部的社会结构稳定，哈尼族在历史上也形成了一些不与外族通婚的禁忌，并且以古老传说的形式传播着这样的一些理念。事实上，在人口流动极少发生的农耕时代，文化习俗价值观念等都因资源配置内容和方式的相对稳定而少有变化，除了少量的一些市场互通有无的交往之外，更深层面的交往很少发生也不易发生。20 世纪八九十年代展开的哈尼社会历史调查也显示着哈尼族与外族通婚的情况并不多。[1] 然而，这种状况在十余年之后就开始了裂变性的反转，跨族婚嫁大量发生的同时，哈尼族内部的婚嫁观念与婚嫁实践也有了显著的变化。

传统上，哈尼族与其他民族的通婚多半只有在极为少数的情形下才会发生。哈尼族反映创世、迁徙等主题的古歌经常预示跨族婚嫁可能带来的厄运，这些史诗中讲述过诸多与"非我族类"展开生存空间激烈竞争的故事。元阳地区的迁徙史诗《哈尼阿陪聪坡坡》中记载，哈尼族迁徙到谷哈密查并定居下来后，试图通过与已经生活在此的蒲尼人展开联姻而寻求和平共处。哈尼头人纳索迎娶蒲尼头人罗扎的女儿为妾。由于两个族群对生产生活资料的竞

---

[1] 《民族问题五种丛书》云南省编辑委员会：《哈尼族社会历史调查》，民族出版社 2009 年版，第 57、62、81—83 页。

第四章 景观标识对村落的影响

争关系日益紧张起来，哈尼与蒲尼不可避免地走向了战争。纳索迎娶的外族女人不断将哈尼族的机密泄露出去，哈尼惨败后只得被迫离开谷哈并逃亡至今天的红河南岸。①

哈尼族史诗《窝果策尼果》里有这样的传说，一个名叫杰姒的哈尼姑娘无论与"河坝的阿撮"还是"半山的卜拉"或是"老林里的苦聪"结婚，她的婚姻都非常不顺利。杰姒经历了多次失败的跨族婚姻并最终被赶回了家，犯下众怒的她偷走了哥哥的权杖。这根权杖后来长成了遮天蔽日的大树，被严重影响了生存条件的几个族群联合起来砍树，却又结下了世代的恩怨。② 而在与元阳相毗邻的其他哈尼族聚居地区，遮天神树的由来则与跨族婚嫁有着更直接的联系——传说有个哈尼姑娘不愿意听从长辈劝说，非要打破禁忌嫁给傣族小伙，但是生活习俗等巨大差别确实使她在婚后经历了严重的健康和精神挫折，这个姑娘最终决定离开夫家，可由于她在回娘家的路上喝了太多泉水，肚子里长出了一棵遮天的大树，这棵树险些酿成了大祸。因此，人们将那段暗无天日的可怕时光归咎于哈尼与傣族之间的联姻。③ 纳索、杰姒的故事告诫着一代代哈尼族，必须谨慎处理与外族的通婚。尽管史诗中的跨族婚嫁传说同时也揭示着历史上族际通婚的事实存在，但这些传说显然对族际通婚的结果进行了否定。哈尼史诗中不断言说并反复出现的通婚禁忌，无疑对形塑哈尼族的婚嫁观念和逻辑起到了重要影响。

历史上，元阳哈尼族虽然与彝族等周边民族交往关系较为融洽，但哈尼族与这些周边民族间的族际通婚在很长的一段时间里却极为少见。通婚状况不足以判定一个地区的民族关系，良好民族关系的表现形式也绝非仅有族际通婚一种。④ 元阳曾经流传着"哈尼哈窝提玛札"的说法，指的是"哈尼族和彝族是一娘生的好兄弟"。按照过去的惯例，彝族年轻小伙不被允许到哈尼族村子"串姑娘"；反之亦然。哈尼梯田是哈尼族最终得以定居下来的一方热土，农耕文化的历史性因素及现实性因素敦促着哈尼族通过加强族内婚、减

---

① 云南省少数民族古籍整理出版规划办公室：《云南省少数民族古籍译丛（第6辑）哈尼阿陪聪坡坡》（汉文、哈尼文对照），云南民族出版社1986年版，第122—176页。
② 云南省少数民族古籍整理出版规划办公室：《云南少数民族古典史诗全集》（上卷），云南教育出版社2009年版，第436—447页。
③ 《金平：哈尼族与傣族忌婚的传说》，"红河哈尼族"微信公众号，2016年12月4日。
④ 研究表明，仅靠有无族际通婚现象或族际通婚率的高低去衡量族群关系的好坏是缺乏解释力的。马成俊：《"许乎"与"达尼希"：撒拉族与藏族关系研究》，《西北民族研究》2012年第2期。

作为文化的标识：哈尼梯田景观符号研究

少族际婚来保护"我族"的资源和利益。

随着工业化与城镇化时代的到来，哈尼族极少与外族通婚的状态开始发生了较大的转变。大规模的物质、人口及观念的流动以及多种生活方式的敞开在本质上扩大了哈尼族的通婚范围，工业化背景下的婚嫁逻辑要求哈尼族开始考虑从新的交往关系中获取具有差异性和稀缺性特征的物质资源和社会资源。正是在这一意义上，史诗里不断言说的禁忌在延续了较长时间后突然遭遇了反转。比如，大鱼塘村仅有91户人家，但近年村中已经陆续娶来了10名外族媳妇（嫁到外族人家里的姑娘同样不少），而这些媳妇中最为村民所熟知的要数5个人，即来自邻乡的3个彝族、邻县的1个苗族以及1个外地的汉族。

工业化促使新职业的出现，创造着尽可能多的新机会。年轻人通过进入市场就业，以个人身份而不再是以家庭成员身份获得个人收入，不再依靠家庭占有的土地谋生，这极大地削弱了家庭长者的权威。[1] 以企业为单位的工业生产方式代替了以家庭为单位的生产方式，这几乎夷平了劳动个体本身所携带着的不同文化间的差异。不同文化频繁接触的常态化已然免去了个体间相识的烦琐，不同群体间预先建立起的文化上的相识、生计方式的大范围转变为婚嫁个体间的认识与交往创造了便利条件，他们现在可以将更多的精力投入到文化融入的环节中。另一方面，由于不同民族有着自己特定的婚姻合法性的认定程序与形式，无论认定的仪式程序复杂与否[2]，没有经过认定的婚姻是得不到承认的。随着外族媳妇的到来，新的认定程序亟须形成。

哈尼族现代婚嫁逻辑的转变首先从男女双方确认相互关系的阶段开始，这也意味着表征文化融入的符号将始于这一阶段。过去，农闲时分尤其各类年节时分是哈尼族青年男女的求爱时间，他们常在聚会场所互相产生爱慕之情，只有在男伴女伴的陪同下，两个年轻人才可以在约定好的时间里通过对唱山歌彼此接近。有时，男方和女方约定见面与否往往需要通过秘密约定的信号，比如在相遇的路上女方摸摸耳朵，或者男方向女方房间的小木窗扔几

---

[1] ［美］威廉·J.古德：《家庭》，魏章玲译，社会科学文献出版社1986年版，第249—250页。
[2] 以马林诺斯基对特罗布里恩岛的研究为例，虽然这里的结婚形式简单到仅需女方留在男方家并公开一起吃饭，但如若没有得到女方父母的承认并与男方家庭进行山芋、菜肴等传统礼物的交换，这对男女之间就只能算是尝试结婚而非结婚。参见［英］马林诺夫斯基《未开化人的恋爱与婚姻》，孙云利译，上海文艺出版社1990年版，第55—56页。

下石子，在终于发展到交换了信物的时候①，他们的恋爱关系基本就定下来了。新近的年轻人仿佛与这些让长辈念念不忘的"传统"渐行渐远，当梯田的耕作不再是他们生产生活的重心时，他们也确实需要对新的社会时空秩序产生认知，从而以新的方式来相识相知并确认双方关系。

哈尼族现代婚嫁逻辑的反转并非单向度的偶发性的行动。在对传统文化展开重新认识的过程中，哈尼族实现了传统与现代的纽结。选择性地延续和调适传统婚嫁规则，使传统与现代有机地结合起来，并借此为内外文化的交流和交融创设了平台。无论娶入什么民族的新娘，多数哈尼族定亲时坚持向新娘父母亲送"奶水钱"（阿妈阿楚楚匹），选择结婚吉日依然需要家族的摩批做最后定夺，婚礼当天让外族媳妇穿戴最为传统的哈尼服饰，这些行为都是对传统的坚持的最直观的体现。调适传统的表现证据则可在婚礼中有集中体现。由于新娘的家乡或许远隔千里，认亲、迎亲和婚礼仪式等认定程序都难以满足过去婚嫁规则的时间要求而必须有所变化：在神龛前磕头认祖的环节可能安排到婚礼后，迎亲时间大多不再继续延续黄昏时分的传统，婚礼的举行也不再局限于男方家中。如果经济条件允许，婚礼通常会在附近城镇的酒店里举行。而不论是在酒店还是在本村举行婚礼，新婚夫妇在婚礼当天倾向于在亲朋好友、伴娘伴郎的陪同下沿哈尼梯田核心区的旅游环线到坝达、多依树等多个景区摄影留念，而这也越来越成为哈尼族现代婚礼中的一项重要内容。在外游玩和拍照的过程中，新人们又常常向陌生游客散发红包，甚至还主动邀请游客体验自己的新婚服饰。在最近的婚礼中，"无人机""红地毯"甚至都进入婚礼现场中。

当跨族婚嫁呈现出不可阻挡之势时，哈尼族并没有遗忘古老史诗中的教诲，数十代人不断操演的生存意识指导着他们运用种种智慧去化解潜在危险，哈尼族开始尝试在悄然间对外族女人进行规训。外族媳妇通过默许哈尼族的规训之道巧妙地融入哈尼社会文化，转化为"哈尼族"。通过改名、改族及改口，哈尼族抹去对方原来具有"危险"意味的名与族等"非我族类"标识，并通过植入亲属称谓等重要符号而为新鲜转化的"我者"配置了新的社会角

---

① 在过去，哈尼男青年如果有了意中人，就会送给姑娘特殊的礼物，比如用楠木木片制作"绕线板"（北阔拉别）并在木片上刻下特殊的图案。如果姑娘接受了这个信物，当她在平时做针线活时将这个绕线板拿出来用，别人就会明白她已经有了心仪的对象。

作为文化的标识：哈尼梯田景观符号研究

色与职责。

哈尼族现代婚嫁逻辑在迎来不断反转的过程中，另一个不言自明的事实也同样需要得到重视——当个体化的需求逐渐要获得来自神圣集体的尊重时，婚嫁个体同样要尊重集体传统，采纳新的形式主动加入民族文化的传承中。大鱼塘村的大咪古卢文学坦言，外族媳妇所生育的孩子和本族媳妇所生育的孩子一样，都需要参与到昂玛突之类的集体性村寨祭祀仪式中，否则"就不能被算作是村里的人"。①

婚姻关系的缔结不断生产着最难以向外传递的内部信息，这些信息在不同形势下展开了反转，"反转"的文化意涵又尤其需要生动地对外展现。在传统被逐步破解、民族不断嵌入现代进程的背景中，哈尼族的婚嫁逻辑也势必展开全新的演绎。农耕文化中的特定生存环境要求哈尼族为实现生产生活资料的占有和保护，设置诸多通婚禁忌，运行族内婚。而现在，这一层层的"堡垒"正从内部进行瓦解，重新组织后的婚嫁逻辑有助于哈尼族适应新的社会环境。现代演绎的婚嫁观使人口与物质资料两种再生产都获得了新的延伸空间。婚嫁观念持续反转的目标在于对新型发展机遇的追求，以及对新的社会身份的适应，这在本质上与过去实践族内婚以求得生存空间的智慧并不相悖。然而，若对"我族"的真正独特性认识不清，也就容易在与主流文化对话的过程中因丢失了独特性而被同质化，从而也就难以在独特性的基础之上探讨共同的价值追求，时代背景所造就的逻辑反转及其演绎也难以成为社会变迁的动力保障，难以对整个族群的发展产生现实意义。传统社会及文化的改变是从把人视为同质这种最彻底的同质开始的，差异性的保留成为消解同质化的可取之道。若过往的因为分类而形成的集体性被消解，传统社会文化最核心的神圣性将走向弱化。因此，传统文化以新的形式进行存续就是必然的。

当然，对于生活在梯田世界里的哈尼族的婚嫁逻辑展开这样的深入认识是学者结合丰厚的历史与现实资料、立足于哈尼婚嫁逻辑的变迁并经过较长时间的考察得出的结论。这类深层信息的析出与一般的标识文本之形

---

① 大鱼塘村跨族婚嫁的后代与同族婚嫁的后代践行同样的权责，大鱼塘村的情况与其他一些相关研究的发现相反。按照研究数据显示，族际通婚引起了犹太人后代的身份迷失。参见 James S. Frideres, "Offspring of Jewish Intermarriage", *Jewish Social Studies*, 1973, 35（2）, pp. 149 – 156.

成大相径庭。直接面对并服务于游客的哈尼梯田景观标识所承载的文化信息尽管难以达致如学者一般的深度，却并不防可以考虑去借鉴甚至采用学者的专业化结论。同时，景观标识传递信息时也可以考虑去借鉴学者所采取的"深描"手法。基于此，形成与设立景观标识就更需要意识到深描与描述对象之间的张力，了解到"在整个阐释过程中，阐释不能脱离阐释的对象"①，并且在实践中探索张弛有度的深描。哈尼梯田的景观标识踏上不断走向深描之旅，在这个过程中，生活于哈尼梯田之上的各族人民的时空观念、时空符号在得到了有意呈现时也见证着作为整体的梯田世界的时空格局所迎来的新的改写。

第三节　他者的进入与时空格局的改写

人类的时空观念不是仅凭感官被动地感知世界形成的，而是在历史性的群体结构制约下，由使用工具、制造工具而开创的主动改造环境的基本活动所要求、所规定而形成的。② 可以说，时空观念的诞生与人们的生活方式息息相关。哈尼传统文化同样也孕育着诸多独具特色的时空观念，这些整体性存在的时空观念浓缩在诸多本土符号之中，经由累积千年的农耕文化不断积淀而成，大量地体现在口传文化的各类作品里。整体性的时间及空间秩序随着梯田步入全球化、现代化、城镇化时代趋于解构，尤其是大量的他者不断进入以及核心区内展开的对旅游资源的挖掘、凸显甚至竞争，更加使得整体性存在的时空格局被不断切割开来，新的时空格局及其整体性当前正因为全域旅游的推行而迎来了碎片的重构及改写。

一　由具象走向抽象的时序符号

时序符号深刻地根植于人们的生活环境之中，经过生活方式的加工而来。哈尼族历史上是以具象的事物定位抽象的时间的。"人并非在抽象的人性中，而是在传统的文化中实现自己的天性，而传统文化因特定时空而有

---

① 何明：《走向阐释：学术研讨会综述的解构与建构》，《学术界》2008年第4期。
② 李泽厚：《批判哲学的批判——康德述评》，人民出版社1984年版，第111页。

作为文化的标识：哈尼梯田景观符号研究

所不同。"① 梯田核心区集中分布于哀牢山南端，哀牢山的南端主要部分处于红河南岸。由于红河支流众多，哀牢山南段山峦起伏、沟壑交错。多样的地貌形态和"十里不同天"的立体气候等特殊的自然环境，使哈尼族通过长期的观察将梯田山区的气候分为雨季、春季和冬季，并按大自然的自然规律随植物习性安排特有的劳作时间，"昂玛突""苦扎扎"等重要节庆就是围绕着农耕的开始和休整来调节村寨生活的。包含着大量生产劳动知识的"哈尼哈巴"就在这些重要节日和时节的聚会场合传唱，长者向一代代的后辈口耳相传重要的地方文化信息。这些信息不但教会族人行事的正确时间，也教会族人行事的正确地点。要对哈尼族传统的时空观念进行梳理，还需要回到口头史诗中去。尽管神话所依据的原则来自宗教信仰而不是科学观念，但每种神话基本上都是一种分类。②

反映哈尼族时间秩序的历法是多种具象符号的聚合。正如哈尼族迁徙史指出的哈尼族文字是在迁徙途中丢失了一般，哈尼族原先也有自己特殊的历法，只不过是因为"遮天神树"使得先祖弄丢了历法。这种历法是由一个名叫"烟蝶蝶玛"的人神教给哈尼先祖的，他们通过辨认植物的变化来确定年月。在砍倒那棵曾经害得人们颠倒季节、错过了栽种时节而饿肚子的遮天大树后，先祖们又找到天神请求他们重新帮哈尼族种下年月树。在天神的指导下，哈尼人根据每一节树干上留下的动物脚印而认了虎年、兔年、龙年、蛇年、马年、羊年、猴年、鸡年、狗年、猪年、鼠年以及最好的牛年；根据树枝上的动物脚印而认了月，头一枝是虎的脚印所以哈尼族的正月是虎月；再根据树叶数量确定了一年的日子为 360 天，一个月的日子为 30 天，每一天的属相以树叶上的动物脚印而定。③

充分记载了哈尼族农耕时节及总结了梯田农耕经验的古歌《四季生产调》（通常又称为"翻年歌"，于 2006 年被列入国家级第一批非物质文化遗产名录）同样是大量具象符号的聚合。不同于其他涉及叫魂、祭山、祭水等指向"神圣性"的、普通村民甚至需要有意回避的特殊祭祀场合，《四季生产调》

---

① [法] 克洛德·列维-斯特劳斯：《面对现代世界问题的人类学》，栾曦译，中国人民大学出版社 2017 年版，第 106 页。
② [法] 爱弥儿·涂尔干、马塞尔·莫斯：《原始分类》，汲喆译，上海人民出版社 2000 年版，第 80 页。
③ 云南省少数民族古籍整理出版规划办公室：《云南少数民族古典史诗全集》（上卷），云南教育出版社 2009 年版，第 455—464 页。

是普通哈尼村民在各类大小聚会场合中或多或少都能参与的,其流传程度相对较高,经由哈尼民间歌手传唱的《四季生产调》不断向族人强调着哈尼梯田传统农耕时序。对歌手传唱的哈巴进行整理,哈尼梯田核心区的时序基本如下:每年农历冬月和腊月间,每家每户都要铲田埂、打田埂,完成第一犁和第一耙,确保水泡田以及秧田积绿肥;农历正月时要平整秧田、泡谷种、捂谷种以及撒秧;二月间秧田的管理不能间断,第二犁、第二耙也要在此时完成;农历三月迎来第三犁、四月则是第三耙和栽秧;五月薅秧,七月砍埂草,八月、九月打谷子。① 在这种时序排列中,"期浪互依补"(十月年)、"昂玛突"(祭寨神林)以及"苦扎扎"(六月年)等重要节日就分散在了一年里相对轻松的农历十月、二月以及六月等几段农闲时期中。翻年歌广泛的传唱度促使传统时序观念根深蒂固地影响着生活在此区域的哈尼族。

值得注意的是,哈尼口头史诗中各类神话传说故事也充斥着抽象符号。《窝果策尼果》(古歌十二调)将"窝果"(哈尼古歌)传出的不同时间用以区分古歌究竟是有关神还是有关人。早上传出的"烟本霍本"又称"神的古今",是神行事的记录;晚上传出的"窝本霍本"又称"人的古今",是人所遵行的古礼古规。② "神"与"人"等抽象符号的最终目的是教哈尼族对白天与黑夜时序观念进行具象的规制。梳理至此,哈尼传统时空秩序观念恰因为各类不同符号得以凝聚,并在代际间的传承中得到重复强调,最终具象的时序符号得以析出。

具象的时序符号与哈尼梯田的生产生活环境紧密联系。在具有生物多样性特征的哈尼梯田世界中,鸟类资源是尤为丰富的,不同种类的鸟以及它们传出的不同声音也就成为不同时节的标志性声响类信息。很多证据表明哈尼族在传统上依靠鸟类等自然物对自然时间进行标记。

如,在箐口村哈尼文化陈列馆中可以看到,哈尼族口碑文化的专题指出了布谷鸟被哈尼族尊为"春天的象征",每当布谷鸟传来声声啼叫,哈尼族便得知这是催促他们赶紧播种的信号。在以梯田耕作为首要事务的世界里,专门以关联耕种时间的自然物突出哈尼族的口碑文化也是符合游客想象的。当

---

① 资料来源:元阳县文体局文化馆。
② 云南省少数民族古籍整理出版规划办公室:《云南少数民族古典史诗全集》(上卷),云南教育出版社2009年版,第329—331页。

作为文化的标识：哈尼梯田景观符号研究

然，在这段简短的描述中，可以想见在那个缺乏精确计时器具的年代，梯田耕作中时间的模糊性与笼统性似乎也使得哈尼先人不需要依赖精确计时，他们判断何时播种的契机全凭对自然界的观察。

再如，口传史诗指出众神在造天造地时专门留了一个天眼供报时神鸟从天上飞向人间为人们报时，这三对神鸟包括"金嘴金嗓的阳雀""嘴生黄毛的布谷"以及"身披花衣的'唧唧本本'鸟"，它们并非平常的鸟，而是天神的亲戚，平时分别关在金箱、玉箱以及银箱里，"只等春天一来，天神就要派它们去到世上，把春天的声音叫进人的耳朵里了"①。当然，基于地域性差异所导致的习俗不同，一些地区的口头史诗将三种报时神鸟的职责分别区分为对春耕、播种以及十月年的报时，阳雀叫时哈尼族要赶快泡谷种、布谷鸟叫时要赶快栽秧。②

不论神鸟所指向的具体时节如何不同，神鸟的存在意义是固定的，神鸟所报的时节与梯田耕作紧密相关的事实也是不变的。具有神圣光环的鸟类所传递的是决定哈尼族总体生活时间契机的信息，而家养的鸟禽类则成为各家各户生活中一些具体时刻的报时鸟——公鸡唤醒了太阳、迎来了月亮，鸽子所传出的声音则帮助母亲标记孩子出生的时辰。在笔者所遇见的很多哈尼父母那里，依然可以发现这种对孩子出生时间的记忆模糊性，他们也许连孩子的年龄都记不住，却能讲出孩子出生的时候是梯田里的什么时节，"几岁么是记不得了，反正是在吃新米的时候生的"，这样的回应也是最常见的一种。当然，现在绝大多数年轻的哈尼妇女因为不再延续传统在家中生产新生儿，而是到医院去生产，所以也能准确地以统一的计时标准来记忆孩子的出生时刻。

学界相对集中地认为，现代化的一项重要组成内容首先是时间观念的现代化——工资、计划生育、人寿保险要计时，就连坐牢也要计时。时间观念的现代化，也就意味着尽管不同文化的时空观原本是有着不同表达的，但随着全球化和信息数字化的发展，各个文化之间的交流需要以时空观的"常规性"统一认识为基础，否则交流无法进行。③ 全球统一的计时标准普及开后，

---

① 云南省少数民族古籍整理出版规划办公室：《云南少数民族古典史诗全集》（上卷），云南教育出版社2009年版，第345—346页。
② 红河哈尼族彝族自治州人民政府：《窝果策尼果》（一），云南民族出版社2009年版，第59—60页。
③ 纳日碧力戈：《语言人类学》，华东理工大学出版社2010年版，第70页。

第四章 景观标识对村落的影响

每一套语言文化中用以指示时间（刻）的词语就会面对着新的难题，比如"立刻""马上""一会儿"这些时间词准确地说就是没有确切的时长作为区分标准的。对于生活在哈尼梯田世界里的各族人民而言，他们传统的时序符号也需要在面对旅游所带来的社会关系扩大时经历由具象到抽象的转换过程。

事实上，哈尼族以具象定位抽象的传统时间秩序的表述习惯，确实也因为现代化的卷入尤其是旅游语境的确立而在不断进行着延续与转变的过程。时间观念此时表现出了弹塑性和对象性的特征，意味着哈尼族在面对不同的表述对象、处理不同的表述事件时，需要调动不同的计时单位，完成特殊的表意意图。这恰如符号学家 Wiley 所说的，时间是一个意义生成的内在过程（Time is an inherently meaning-generating process）[1]。核心区的乡村市集主要集中在新街镇、胜村以及勐弄三地，每个市集的赶集日期都有所不同。胜村处于最核心的地点，加之生活在周边的哈尼族与彝族同时参与而成为游客最青睐的一个能够体验地方风情的市集。为此，不少网络平台多次对胜村热闹而绚烂的市集景象进行了传播。更有推广文章直接以"你知道胜村是什么日子赶集吗？"为题，专门指出"胜村赶集是'五天两头赶'，农历属相猪、兔、羊就是胜村的赶集日"。在这类特殊情形中，当地的时序观念不再是单纯地对外部统一标准进行迎合；反过来，外来人群则开始使用内部时间标准，否则无法完成一次丰富又充实的旅行。

哈尼梯田核心区日益卷入遗产旅游、文化旅游等现代事项之中，伴随这个过程的就是村民最为显著的时序观念的转变。在箐口村停车场"自发"向游客收取停车费的残疾村民 LH 多次与笔者分享了他眼中箐口村的变化，他的话语使梯田核心区哈尼族新的时间观念得到了代表性的展现。箐口村 2002 年变成民族村的时候，LH 腿脚还好，他说那时自己就开始主动带游客游览村子，后来"因为腿不舒服，才专门守停车场"，至于为什么要"自发地"守停车场并且收取停车费用，他的解释是，客人们开来的车要看住，不然万一村里的孩子不懂事，划了人家的车就不好了。他介绍自己总结的平时游客游览箐口村的热点时刻，认为每个星期从"周五下午开始游客会变多，周六一天是最多的，到周日中午以后基本没有什么人"。因此，工作日的时候，LH 每天上午近十点时会从家缓步走到村口的停车场，下午五点左右返回家中，

---

[1] Norbert Wiley, *The Semiotic Self*, Cambridge: Polity Press, 1994, p.218.

作为文化的标识：哈尼梯田景观符号研究

而在周末时他就会将这个"上班时间"分别提前和推后一小时，最大限度地确保每一辆进入村子的游客车辆都缴纳了"停车费"。而对那些没有驾驶车辆进入箐口村的游客，LH 则会主动提供叫车服务，他告诉游客从停车场沿村道爬坡返回旅游环线大概需要二十分钟，非常耗时耗力，如果需要，他可以帮忙叫面包车，每个人五元就可以返回到岔路口的图腾柱广场了——几年来，LH 自行收来的停车费都是自己收下，别的村民虽然曾经对此表示过反对，既担心 LH 拦着别人要钱毁了哈尼人的面子，丢了箐口的脸，而且也觉得这多少有些不公平，但最终也没有其他更好的办法。久而久之，LH 经常帮着招呼乘客的村中面包车主也会时不时给他一些酬劳。在这里，就不难发现，相对多数在日常生活中不需要那么多精确计时习惯的村民而言，LH 谋得自己生存之道的路径是离不开梯田中新的计时观念的。

在 LH 的眼中，梯田旅游的"淡旺季时间"区分也非常明显，"等栽了秧，田都变绿的时候，几乎不会有多少人来"，"过年人最多，五一、十一、清明节、端午节这些放假的时候也还不错"。因此，在这些"生意好的"时间里，LH 同样会延长自己的"工作时间"，忙起来的时候甚至都没办法坚持每天中午回家休息一下。2017 年春节期间，村中甚至有另外两名普通村民到停车场"帮忙"招呼游客，停车费他们都各自收了起来。在"迎来送往"之中，一些游客会向这些非正式工作人员咨询老虎嘴、多依树等其他景点的最佳观景时间。无疑，LH 因为积累了多年的"工作经验"，也就成为能给别人分享梯田"新时刻"的最佳人选。他通常不紧不慢地操着有地方口音的普通话告诉客人，可以去老虎嘴看日落，再到多依树看日出。如若游客还想了解更多信息，此时 LH 多半也无能为力了，因为行动不便的他几乎不再离开村子到别的地方去，也就无从给出更多的建议了。

哈尼梯田核心区的村民已经越来越多地接受了外来游客为他们带来的新的时序观念。原本，公鸡叫过三遍、日上山头之时，是哈尼村寨里家家户户生火做饭的时刻，而每当夕阳西下则是放牛人背负着柴火、赶着牛回家的时刻。现在，当村寨里陆陆续续出现了形形色色的游客，沿袭多年的传统时序也同时要接受新的碎片化以及抽象化。日出，那是别人欣赏梯田欣欣向荣的柔美时刻；日落，则是欣赏梯田炊烟袅袅的壮美时分。不论是当地人还是在核心区从事旅游服务业的各类人员，似乎他们都已经说不清楚，欣赏梯田日出、日落的说法到底是从哪一年开始的。他们只能日复一日地见证着更多的

第四章　景观标识对村落的影响

游客蜂拥而至，在老虎嘴感叹分秒间突然没下山头的一轮红日，抑或是在多依树期待缭绕云雾散去后含着羞爬上"五指山"山头并绽放出千变万化晨曦的晨阳。①观看日出日落的最佳地点的周边近几年来蜂拥而起地建起了饭店和客栈，而这正是时序符号在旅游场域中抽象化的结果。

无疑，对时间的感知必然受制于人们所处的空间位置，但空间序列或者说空间等级秩序的构建又与时序观念紧密相连。哈尼族时间秩序符号由具象走向抽象是由哈尼梯田世界的空间秩序从人神不分走向科学切分相伴随着的。

二　由浑然一体走向机械切分的空间秩序

在哈尼族的各类神话中可以发现传统的空间秩序观念基本体现出了浑然一体的特点。按照创世神话《窝果策尼果》的解释，天神居住在天上，地神居住在地上，天地中间的空间，即由天神和地神造出的天地山川则供人类和万物居住。也就是说，在人的世界造好之前，即已有了神的世界，哈尼神话《奥色密色》同样指出，在"没有天和地，也没有人烟"的时候，天王差遣属下来造天造地。②在神的引导下，东西南北各个方向指向的是不同的特定事项，建寨、建房屋也都需要遵循特定的空间逻辑。不同族群在"塔婆"身上不同的诞生隐喻着哈尼族对不同族群生活区域与海拔的神话式解读——傣族从脚趾处出生所以他们生活在江河边，瑶族在鬓发里出生所以他们住在山上的森林里，彝族从手臂出生所以他们住在半山腰，苗族从髀骨中诞生所以住在大山岩石间，哈尼族生在肚脐眼，所以是最受神宠爱的子民。③这种身体隐喻基本可以一一对应着元阳地区7个世居民族在哀牢山上不同的海拔空间分布。

---

①　梯田景区由老虎嘴梯田景区、多依树梯田景区、坝达梯田景区以及箐口民俗村组成。连接这些主要景点的是在晋思公路的基础上新建成的景区旅游环线公路：箐口村紧邻景区游客中心，老虎嘴处于环线的西南角，多依树在环线的正东方，坝达的位置靠北，是距离景区入口处最近的一个梯田景区。除此之外，景区还在全福庄、麻栗寨茶厂、保马点、黄草岭等多地修建了观景台，以便满足人们在不同角度和海拔条件下对梯田景观进行感知和欣赏的需要。三个梯田景区有着各自的梯田景观特点，梯田日出、日落的观赏也被落实到各个景点中。不同时间、光线和天气条件连带着截然不同的景观品质，特殊时刻下的梯田、村落、云海、森林组合在一起，成为一幅"山水写意画"。
②　云南省少数民族古籍整理出版规划办公室：《云南少数民族古典史诗全集》（上卷），云南教育出版社2009年版，第329—331、665页。
③　云南省少数民族古籍整理出版规划办公室：《云南少数民族古典史诗全集》（上卷），云南教育出版社2009年版，第667页。

作为文化的标识：哈尼梯田景观符号研究

浑然一体并不意味着"人"与"神"相互间的彻底分裂，二者相互间需要维持某种距离感。一旦距离被打破就可能会引起人们的种种不适。哈尼村寨里某一户人家若有人身体不适且持续了较长时间，此时当地村民可能会请村中的摩批"做事"以褪病驱邪。摩批在水井边宰杀牺牲（通常是鸡一只，猪肉、蔬菜数量不限），同时要按照两条线路为主人家"叫魂"。一条从天边地脚开始，不断从哈尼族诞生的大地远处沿哈尼族的迁徙路线，来到红河河谷地区，再沿河谷到山上相应村中的路线一直念诵；另一条从山头开始，包括神灵和野兽在内的万物都要涉及。两条魂魄归来的路线最终在村边的水井处汇合，此时摩批就要继续念诵着祭词，让走失的"魂灵"跟着他的引导回到主人家的房屋内。普通村民将摩批口中的两条线路视作禁忌，并不轻易去打探其内容，而自然笼统地将其作为可以解决折磨了他们一段时间的病痛的良方。在这"人""神"并置的线路中，反映的恰是哈尼族最为特殊的空间观。在这种观念之中，万事万物包括哈尼族自身的空间安排都是既定的。魂灵走失造成身心不适，那是因为它脱离于原本所属的空间，摩批叫魂就是为了让其回归正确的空间位置。神话中所隐喻的是空间秩序中的共时观，而日常生活中哈尼人则操演着历时性的空间观，共时和历时都在不断强化着人神不分的空间观。

哈尼梯田世界里整体存在的浑然一体的空间秩序观念也逐渐迎来了改变，这种改变较为直观地反映在人们对整体空间所展开的机械切分之中。事物被认为社会的固有组成部分，它们在社会中的位置决定了它们在自然中的位置。[①] 而今，梯田核心区空间中的梯田、森林、水等元素被突出，对当地文化的挖掘上升到了新的历史高度，梯田空间内各元素的挖掘与整合目的在于引起外来者对梯田文化、梯田的当地人的兴趣。尤其在申遗工作的推进中，核心区的空间观迎来了较为突出的新变化——哀牢山从河谷到山顶的完整海拔空间已经被重新提炼并凝聚为"四素同构"的梯田文化价值。中央电视台深入核心区录制并制作的节目中，当地村民代表甚至都开始以"森林—梯田—村寨—沟渠"的空间秩序讲述梯田的故事。

在从浑然一体的传统整体空间秩序观念逐渐向"四素同构"的机械切分的空间秩序观念转型的过程中，最显著的变化恰体现在梯田核心区内整体空

---

① ［法］爱弥儿·涂尔干、马塞尔·莫斯：《原始分类》，汲喆译，上海人民出版社2000年版，第89页。

间被切割。游客市场的结构性存在决定了"被观赏的梯田"从"耕作、生产的梯田"中抽离出来,梯田不断成为标志。当审美的眼光进入后,梯田当地的整体世界要被别人观察,而且是以整体中的部分得以重点观察的形式而存续的。这种新的转变具体可以参考分散在梯田景区各处的观景台的修建,浑然一体存在的梯田此刻已经经由"最佳视角"的雕琢而需要进行刻意的分离。

为了满足游客在旅游活动中的凝视需要,梯田整体被抽离,梯田的整体空间被切割。在多依树景点附近经营着两家精品客栈以及一家餐饮店的外地投资者非常坦诚地指出,"多依树'赢'就'赢'在了这里丰富的、有层次感的、比较具有观赏价值的梯田景观","既然都要到多依树看日出,大家肯定就愿意住在这里"。[①] WD相信,相比之下,若要见识梯田特有的日出之美,无论住在景区入口处的哈尼小镇,还是地势险峻的老虎嘴都不如多依树那么理想。恰如他的观点,非常多选择在多依树住下的游客也充分肯定了这个选择,指出多依树是哈尼梯田景区环线上的中间点,到箐口15公里、到老虎嘴17公里、到坝达8公里,就算是前往新近非常火热的爱春"蓝梯田"或是古村落阿者科都非常近。由此可见,梯田作为整体的空间在旅游的场域中尤其不能避免被碎片化地切割,而这种切割又是与梯田旅游时间秩序中"日出""日落"等抽象符号的构建紧密关联在一起的。

整体的梯田空间被切割开,也意味着碎片化的空间之间要重新形成合理的秩序关系。梯田核心区梯田片区所主要分布的新街镇及攀枝花乡的案例可以很好地说明这个问题。从景区入口至多依树再至爱春及阿者科沿线均属新街镇管辖范围,诸多经营较为成型的客栈与饭店基本都分布在这段旅游环线上。相形之下,老虎嘴景区所属的攀枝花乡的整体旅游空间的生成速度则缓于新街镇。也正因如此,攀枝花乡政府的干部认为攀枝花乡的空间价值还有较大的开发提升前景。国家级非物质文化传承人朱小和的家乡洞浦村、与之相邻的传统村落普朵村、乡政府所在地勐弄村等村寨分布在声名远扬的"老虎嘴"周边,相对便利的交通条件使这些村寨成为攀枝花乡目前外地游客与当地游客较多进入的村寨空间,它们分别关联着"非物质文化遗产""生态/养生庄园"以及"土司文化"等标签。经历了2016—2017年整整一年的修整,攀枝花乡政府到一碗水村委会的村道终于通车,一碗水所辖的重点传统村落垭口开始

[①] 访谈人:WD,男,汉族;访谈地点:胜村黄草岭;访谈时间:2017年2月11日。

作为文化的标识：哈尼梯田景观符号研究

成为攀枝花乡政府以及垭口村村民寄予厚望的空间，他们相信这里具有较大潜力，终有一日会成长为新的发展空间。垭口村村里有着五十栋保存完好的蘑菇房，村边造型奇特如同"W"字形的梯田也被重新改了"时光隧道"的名字，为的是通过这个名称激发游客来到这里穿越时光去遇见美好的兴趣。

2017年年初，攀枝花乡政府于春节期间（大年初二至初六）安排了以"体农事·赏民绣·探司署·品古宴"为主题的勐弄土司古宴。宴会举行前还专门安排了土司所辖的"六里"来到土司府朝拜并祈福的表演。这一活动吸引了近700名中外游客的参与，普朵村村民的生活空间、土司司署的历史空间一并承担着对"乡村旅游新方向"之尝试的责任。乡政府干部LB指出："相信未来三到五年，我们攀枝花的发展会赶上新街镇。"当然，不能为了发展而在村落中掀起盲目的空间竞争，"要避免同质化竞争"①。也因此，瞄准多依树发展的薄弱环节并在老虎嘴等地发展以餐饮为主的农家乐就成了攀枝花乡的"最佳发展路线"。2017年4月，攀枝花乡邀请了州、县两级的专业人才来到驻地专门针对当地已经从事以及有意从事餐饮业的村民展开"精准扶贫及劳动力专业技能（家庭餐制作）培训"。

距离勐弄村两公里远的彝族村寨马老贺也因为村中几乎每一家都有彝绣绣娘而变得名声大震，十年前就不断有欧美游客进入村中向彝族女性购买半成品的彝绣作品。在村中最著名的绣娘LF的家中，堂屋东西两面墙壁上贴满了近年来她与外国友人的合影（图4-14），也有外国游客带来送给她的明信片，明信片上印制着埃菲尔铁塔、巴西北部港口等（图4-15）充满异域风情的空间，LF并不清楚这些明信片所指向的具体空间，但显然通过这一个个微缩镜头充分地"走出了国门"。

图4-14 绣娘和外国朋友的合影

梯田核心区的空间因外来游客的到来而获得了更多的延展可能。比如，进入村寨写生的游客（图4-16）就极有可能使围观的村民们发现外来者特

---

① 访谈人：LB，男，哈尼族；访谈地点：新街镇；访谈时间：2017年5月2日。

有的感知与捕捉空间的方式。村民们在外来他者的眼中,发现了自己生活空间的另一种排序组合。生活在梯田里的当地村民在不断更新空间观的同时,也还保存着一些固有的空间价值观。新的观念总是在"内""外"人群的交往以及交往关系的拓展中不断获得的,而传统的观念则较为单一地囿于地方的社会文化之中。

图 4-15　外国朋友送给绣娘的明信片被贴在堂屋墙壁上

图 4-16　村民围观写生的游客

与"更方便""风景更好"等外部空间等级概念相比起来,当地人对何处空间"更好"的观点则更显淳朴,多数村民虽然知道大鱼塘更平、箐口更宽、麻栗寨最大,但不论他们来自哪个村,总会坚持指出"家在哪里,哪里就好在"。换言之，在当地人的世界里，并不会对核心区的固有村落生活空间做过多的等级区分。非要说出其中的区别，无非是哪些村子"在得更高一些"，这种海拔空间分布的不同带来的是耕作与收获时间前后数天的区别。更进一步地，对于当地村民而言，他们对空间的区分更多的是在自己村落的空间中展开的，而且对空间的区分是以禁忌的形式体现的。比如，"昂玛昂从"（寨神林）就不是谁都可以去的地方，尤其在祭寨神林的日子里，村中妇女更是不能踏入这个空间中，她们能够做的是，当家中男主人就要结束在寨神林中的祭祀活动时，要在从家到这片"圣地"途中的岔路口，端着一碗染作黄色的糯米饭，不断为家里男主人叫魂，以防止他们的魂魄流连在外而引起身心的不适。

总结梯田世界中哈尼空间秩序观念的发展变迁，可以发现在其他民族那里同样可以得到的类似规律，即人们对自然的认识与理解是不断循环的，对事物的认识是周而复始的，通过反复的操演不断向前。旅游场域中，整体的时间以及整体的空间都由于旅游资源的挖掘、凸显以及争夺等问题而不可避免地迎来碎片化的阶段。这种情形在全域旅游的推行之中得到了改变。

三 全域旅游的推行及时空格局新整体的重塑

对于村民而言，梯田在过去对他们而言是处于"自为"存在的状态，梯田文化的方方面面是全部合为一体的，可现在由于外界的介入，刺激着梯田的"自为"状态转化为"自觉"存在，村民开始有意凸显一些内容，同时也就隐藏了一些内容，有选择地呈现就意味着另一些东西被遮蔽了。比如，现在的"四素同构"作为一种公认的价值得到广泛宣传，那么"梯田""村寨""水"等元素就得到了凸显。而在过去，这所有的一切，在当地人眼中是一体化的，人与自然、梯田是作为一个整体被当地人所接收的。对于游客而言，因为多数人对梯田文化的理解与释读是浅尝辄止的，他们虽然进入当地，但呈现出与当地的生产、生活事项相脱离的特点，这也就使得他们对当地知识的接收更难。

生活世界作为背景知识的时候是清楚的，但如果一旦成为研究的"课题"则开始变得模糊起来，因为当生活世界某一组成部分成为课题，就意味着它与生活世界的抽离。这种抽离没有改变任何一种事实，但却改变了人们看待这个世界的方式。①"空间转向"背景下学者们急需透过"空间表面上的连续性和均质化，剖析不同空间主体在具体的空间时间中所建构的空间秩序"②，这对于景观标识的设立者以及旅游发展的从业者同样重要，对时空的新秩序的意识，能够为哈尼梯田社会文化的重新认识、重新想象提供新的维度。

正当梯田的"时间""空间"等主题由于从原本整体的生活世界中抽离出来而带来了游客以及当地村民的认知与实践难题时，掌握与引领梯田旅游发展动向的各种组织力量也迎来了自己的调适与变化。负责梯田景区管理与开发的 SY 公司系云南世博旅游控股集团的子公司，2017 年 4 月由国务院国资委直接管理的大型中央企业华侨城集团参与云南世博旅游控股集团、云南文化产业投资控股集团有限责任公司战略重组正式落定。作为中国文化旅游领军企业的华侨城集团宣布将以"全域旅游"为切入点展开对云南整体旅游业的升级。在此背景下，哈尼梯田连同轿子雪山等云南省其他知名景区将迎来"文化 + 旅游 + 城镇化"以及"旅游 + 互联网 + 金融"等创新发展模式的全域旅游时代。③

红河州、元阳县两级政府对哈尼梯田景区的发展动态负有不可推卸的发展方向之引领责任。2016 年 6 月 30 日，红河州旅游产业发展推进会召开，"正式拉开了红河全域旅游发展的大幕"，《红河州旅游产业转型升级三年（2016 年—2018 年）行动计划》《全域旅游创建项目名录》等文件相继出台并起步实施，"云上梯田·梦想红河"成为红河州全域旅游时代的主打品牌。④

全域旅游旨在将大量的资本、技术引入旅游产业，在学理的层面上，全域旅游的首要问题就是"打破旧的旅游空间格局"。⑤ 哈尼梯田在社会经济发展新常态下被纳入到全域旅游的政策导向之下，得益于其旅游资源富集区的先天优势，在富集区"建立以旅游产业为主导的区域发展新平台、新模式"

---

① 马翀炜：《作为敞开多元生活世界方法的民族志》，《思想战线》2014 年第 6 期。
② 朱凌飞、曹瑀：《景观格局：一个重新想象乡村社会文化空间的维度》，《思想战线》2016 年第 3 期。
③ 钱春炫：《华侨城携手云南三大国资平台 全力推进云南全域旅游》，新华网新华旅游频道，http://travel.news.cn/2017-05/03/c_1120912466.htm，2017 年 5 月 3 日。
④ 岳晓琼：《红河州全域发展 打造旅游新方向》，《云南日报》2016 年 12 月 26 日第 12 版。
⑤ 张辉、岳燕祥：《全域旅游的理性思考》，《旅游学刊》2016 年第 9 期。

作为文化的标识：哈尼梯田景观符号研究

是推进全域旅游的核心要务之一。① 这就意味着梯田世界各个时间点的所有空间都可能被囊括并构成特定的旅游"场域"。那么梯田世界中的一切时刻、一切空间都可能转化为旅游资源，这使得当地人获得前所未有的全方位的发展契机。在这里，我们就需要注意到一个双向的实践活动。一方面是全球标准的时空格局观念在哈尼梯田的落地生根；另一方面是哈尼梯田地方时空格局使得"全域"理念得以丰富化。

全球化时代，人们从彼此相对孤立的状态转向相互联系日趋密切的状态，在人类空间联系逐渐加强的进程中，人类也在建立着全球统一的时间体系，由于人类的时间是社会文化时间，这决定了时间的社会性必然导致交往层面上所使用的时间趋同。② 换言之，全球化时代之前，或者说全球交往展开之前，地方性的时间观亦是主导该同质社会的社会文化时间。生活在哈尼梯田地区的哈尼族有句口头禅很好地反映了这种特有的社会时间阶序："桃花开撒撒秧，梨花开懒人搬家，樱花开嫁女娶亲……"③ 在这里，看不到任何现代全球标准式的时间表述，哈尼族判断行事的时间节点全是取自自然的时间变换之表征。

哈尼族紧密贴合于自然的整体的时空格局在"全域"视角下焕发出了新的社会生命。此时，哈尼梯田的时空格局既不完全是传统时序观念的延续，也不是全然由外来游客所带来的新的秩序，而是成为内外人群综合建构的一种新的产物。2017 年 4 月 29 日至 5 月 1 日期间，元阳县举行了"开秧门"实景农耕文化节。

| 图 4-17 朱小和演出剧照 | 图 4-18 专为文化节新建的观众席 |

---

① 杨振之：《全域旅游的内涵及其发展阶段》，《旅游学刊》2016 年第 12 期。
② 俞金尧、洪庆明：《全球化进程中的时间标准化》，《中国社会科学》2016 年第 7 期。
③ 参见《哈尼梯田稻种的传说》，"元阳梯田网"微信公众号，2016 年 12 月 16 日。

第四章 景观标识对村落的影响

图4-19 国际哈尼族服饰展 　　　　图4-20 文化节宣传标识

图4-21 文化节活动介绍标识 　　　图4-22 巧遇开秧门的外国游客

在文化节期间，土锅寨村委会的男女老少共两百名村民在哈尼小镇附近的秧田里表演了"开秧门"的农耕仪式。按照当地人的传统，"开秧门"时节的祭祀活动是农历三月间，由每家每户根据自家的农事安排在栽秧前来进行的。主人家用植物将糯米饭染为黄色，又在饭头上放着鸡蛋一枚，端着碗来到自家秧田的出水口处，由老人简单念诵一些带有"祈福丰收"的祝愿话语。

2017年的"开秧门"仪式于4月30日上午十点半开始。仪式伊始时，来自攀枝花乡洞浦村的民间歌手朱小和身着靛蓝色徒步衣服并包着裹头巾坐在田头抽着水烟筒一语不发，而他的徒弟则负责整个仪式活动的系列祈福演唱。这个徒弟曾经于2015年赴意大利米兰世博会参加表演农耕文化原生态民族歌舞剧《哈尼古歌》，自2017年春节期间开始入驻哈尼小镇进行古歌的常态化表演。唱响开秧门之歌，朱小和师徒二人由在县文化传习馆工作的一名参与仪式演出的彝族小伙陪同着沿着新修的小路撤出梯田"舞台"的视野。接下来的五十分钟里，村民及传习馆的工作人员表演了迎接秧姑娘、扔稀泥大战、

· 249 ·

作为文化的标识：哈尼梯田景观符号研究

栽秧比赛，国际哈尼族服饰展穿插其中。当这些演出旋将结束时，朱小和三人又从田脚缓缓走出，为秧苗叫魂，随着"苏拉乌拉"（"回来吧，秧魂"）的呼唤声传遍山岭，仪式结束。

在整场展演中，很多非本地的元素相继展现在新鲜搭建的"舞台"上。① 代表金平县、红河县等其他哈尼族聚集地的哈尼族各支系的十一款、合计二百六十套哈尼服饰被编排到青壮年耕田竞赛、老人守望秧苗、姑娘相约田埂采野菜、年轻媳妇背孩子看望秧田以及摩批祈福等表演中。就连仪式展演中最为核心的要素，即将"嫁给大田的秧姑娘"也是从山下的邻县专门采买来的，据说这是因为土锅寨一带的秧苗因为气候原因尚未发育到可以栽种的时节，所以"个头"不如山下的秧苗那么高挑，从观众的观看效果考虑，还是"外地秧姑娘"更合适。与此同时，从外地引进的草坪被栽种到专门填平的位于舞台上方的观众席地面上，数十架无人摄影机盘旋在"舞台"上空对实景展演进行录制。

仔细考量这场实景农耕文化展演，相比昂玛突节时具有神圣色彩且趋向于封闭式的"寨神林"、苦扎扎节时具有神秘色彩而趋于半封闭式的"祭祀房"，开放式的秧田确实成为最具包容性的舞台。虽然"开秧门"实景农耕文化节所展演的仪式与传统的仪式有所不同，已经不再是各家各户的单独仪式，主持仪式的也不再是秧田的主人而是二十余公里外的陌生人，被栽种到秧田里的也不再是当地自种的秧苗，来到田边看望和守护秧苗的也有来自其他时空的形形色色的人，但所有这些元素经由紧密关联梯田农耕的"开秧门"的核心文化要素串联后，逐渐显得融合了起来。整个文化节安排在2017年五一期间，演出又专门被安排在4月30日上午，也就是假期的第二天，这更多的是考虑了游客的角度。来自土锅寨附近的水卜龙、全福庄以及胜村乃至山下各村的数百名村民也自发地来到哈尼小镇观看表演，他们连同来自国内外的三千名游客一起惊叹于演出的精彩。包括参与到展演中的当地村民，他们对被展演的"开秧门"这个独特时空场域中出现的一切外来元素都采取接受

---

① "开秧门"仪式表演以及服饰展的总导演周老师指出，相对其他景点的实景演出，"开秧门"的实景演出是唯一不使用钢筋水泥、无须搭建舞台的真正的梯田舞台。为了配合表演，编导人员是要在众多梯田中挑选出最利于展演观赏、拥有多条出入通道的一整片实景区。当编导组在表演前二十天确定了最终选点后，县政府专门从哈尼小镇下方的广场修建了一条石子路，穿过表演区并连接上箐口村至大鱼塘的小路。

态度。

"全域"视角下,梯田新的时空格局由于其整体性被不断得到还原而迎来了更多可能性——分布在梯田各海拔空间中各民族的节日都成为潜在的高度整合各族人民为多元一体的良好结点。2017年3月30日,攀枝花乡阿勐控村举行壮族"三月三"节日活动,多支由元阳县壮族、哈尼族、彝族、傣族组成的文艺队参加了歌舞表演。十余天后的4月12日,县城所在地南沙镇举行傣族"泼水节"活动,元阳各民族的代表性歌舞表演再次登台。这些活动当然也吸引了来自远近各地的游客,随着这些非本地的目光的聚焦以及各类网络"现场报道",元阳县民族团结示范区的形象不断向世界的远处进行传播。参加泼水节的一个外地游客就表示,他前年无意中碰见了这个喜庆热闹的节日,所以今年专门带着家人和朋友来到元阳,希望在获得开心愉快的同时也得到当地朋友们的祝福。

传统上,哈尼梯田这个自然世界中的一切存在与事实,"日月星辰、天空……以及它们的所有现象和要素,联通所有非生物体、植物、动物和人",都被划分、标注和指定到一个单一而整合的"体系"的固定位置上。[①] 如今,诸多新生的"力量"不断注入这个特定时空中,梯田新的时空格局也为此不断得以形塑,意味着新的整合的时空格局需要为一切存在与事实提供某种"位置"。对属于不同族群的事物加以划分的空间"显然不是宇宙空间"。[②] 于是,梯田世界里新的融合的"宇宙空间观"的生成就决定了更多的"文化他者"将不断在梯田的时空里赢得融入的机遇。因此,这也就为哈尼梯田内部信息的外部化表述行动带来了更多的机遇与挑战。

小　结

旅游并不是独立的实体而是一个系统,由旅游设施、旅游活动以及互动构成,这个系统成为很多欠发达国家或地区因缺乏别的选择而采纳的推动发

[①] [法]爱弥儿·涂尔干、马塞尔·莫斯:《原始分类》,汲喆译,上海人民出版社2000年版,第56页。

[②] [法]爱弥儿·涂尔干、马塞尔·莫斯:《原始分类》,汲喆译,上海人民出版社2000年版,第57—58页。

作为文化的标识：哈尼梯田景观符号研究

展的主要方式，在这个背景下，丰富的自然资源与文化资源就得到了开发并转换成为国内资本。① 确实，在现代世界体系中，处于世界边缘位置的民族无法重复中心国家的发展道路，他们需要动员更为广泛的社会文化资源，运用多种资本形式为自身的全面发展提供动力。② 更何况，越来越多的少数民族文化成为世界遗产使民族文化在国家内部得到更好的展示，被国家承认又代表国家在世界范围内得到认可，这对中华民族多元一体的文化符号意义重大。③

哈尼梯田成为人们公认的世界文化遗产，也成为广为世人所知的旅游目的地，梯田空间中不断增设的景观标识正是这些巨大变化的注疏。这个纽结了地方与世界、传统与现代、行动与表征的符号系统不断发挥着细腻而深远的村落影响，寨门、蘑菇房、生活世界不断呈现在他者面前并成为特征化的梯田标记。

民族文化资源向发展资本转化有助于实现多样化的发展道路，这也就意味着在具体的社会语境和场域中新的交往关系的搭建，有待多种多样的文化事象得到聚焦、阐释与交流。景观标识在较大程度上担任着这一重任，比如地名中所包含的表层文化信息、各类仪式中的"物"所包含的中层文化信息及婚嫁关系中所包含的深层文化信息都是这一系统可以尝试传达的。将过去服务于当地的内部信息展开外部化表述时，可以借鉴专业学者的结论，也可以借鉴专业学者的研究方法，当"深描"充满了张力，文化内涵的阐释就获得了较好呈现的机遇。

不同文化间的互动的产生以及新的交往关系的建立促使过去处于整体的梯田时空格局趋于碎片化，具象化的时序符号变得越发抽象化，浑然一体的空间秩序越来越经历着机械切分。"他者"的进入、旅游场域的确立以及挖掘、凸显甚至争夺旅游文化资源的现实都不断使得过去作为整体存在的梯田面临着切割、抽离的命运。蕴含着丰富多彩的自然、社会、历史、文化意蕴的事象由于全域旅游时代的到来及推行已经重新获得了整体性的关注，但它们指向的文化意义及价值内涵依然需要得到进一步的全面的、清晰的、准确

---

① Donald G Reid, *Tourism, Globalization and Development*, London: Pluto Press, 2003, p. 55, 70, 73.
② 马翀炜：《民族文化的资本化运用》，《民族研究》2001年第1期。
③ 参见马翀炜《世界遗产与民族国家认同》，《云南师范大学学报》（哲学社会科学版）2010年第4期。

的表征。他者虽然不断进入梯田,虽然看到了梯田也看到了梯田的各族主人,却依然面临着不可细数的文化理解的困难。为了探明深刻且丰富的梯田文化内涵如何通过景观标识获得清晰、准确的表述,对景观标识如何呈现梯田世界的变化以及如何进行信息再现,如何针对延时性及不确定性等信息传递逻辑而进行知识传播的创新等重要问题的思索与讨论是必不可少的。

第五章 梯田世界的变化与知识传播的创新

不单人类使用符号交流,然而没有任何其他动物形成像人类所具有的那么复杂的符号交流系统。[1] 人类符号系统的复杂性还表现在世界因人的创造活动日益复杂,表现人类社会发展的符号以及符号本身也日益复杂。在格尔茨那里,文化概念本质上是属于符号学的东西,把文化看作网就意味着对阐释的追求,即去阐释"表面上神秘莫测的社会表达方式"。[2] 对复杂的世界进行阐释,将过去那些内部世界的社会表达对外部世界进行阐释实质上就成为呈现文化的要求及内容。人们如何理解周围世界以及如何就周围世界的变化进行呈现等都是极具研究价值的重要议题。由于世界变化的复杂性,知识的生产时刻接受着延时性的挑战、信息的传递同时也经历着不确定性的影响,为此,知识传播的方式方法也需要随之发生变化与创新。创新的实现有赖于发讯者对知识生产、信息传递及知识传播的认知等观念的更新。从根本上说,景观标识的发讯者与收讯者都应当意识到,尽管他们对于世界变化的响应速度越来越快,但依然面临着延时性与不确定性的牵制。针对这些情形,需要积极探索对本土知识的征用与超越、努力拓展知识的接受路径并尽力克服知识生产的困境。

第一节 梯田知识生产的延时性

罗素说:"一个蠢人复述一个聪明人所说的话时,总是不会精确的,因为

---

[1] [美]威廉·A.哈维兰:《文化人类学》,瞿铁鹏、张钰译,上海社会科学院出版社2006年版,第13页。

[2] [美]克利福德·格尔茨:《文化的解释,纳日碧力戈等译》,上海人民出版社2000年版,第5页。

第五章　梯田世界的变化与知识传播的创新

他会无意中把他听到的话翻译成他所能理解的语言。"① 其实，即使聪明如罗素，在复述他人的话的时候，也是需要把他所听到的话翻译成罗素自己所能理解的语言的。因此，对世界的变化进行理解以及"翻译"的过程自然也就延迟了对这些变化的呈现，这种延时性尤其影响着知识生产。

哈尼梯田各类景观标识的设立类似于复述，景观标识所传播的知识源自人们对不断变化的世界的"翻译"及知识生产。文化总是包括了实体与观念两个方面。因此，观念的错误当然也属于文化的错误。在呈现文化的时候出现观念性的错误当然也就形成了一种文化的错误或不足。这些观念的错误从深层的角度而言，根源于呈现文化的人群（如景观标识设立者）不能及时发现世界的变化并相应地反映在文化的呈现媒介（如景观标识）之中。在哈尼梯田世界，各类景观标识的错误恰是观念的错误的表现。观念的错误是最常识性的错误，也是最严重的一种错误。哈尼梯田景观标识设立中的观念性错误主要源自人们对梯田传承保护的刻板理解以及对梯田发展变化的滞后把握。刻板理解及滞后把握都使得人们对哈尼梯田世界变化的知识生产表现出延时性的逻辑。此外，梯田世界的符号建构同样呈现着延时性的逻辑，因为梯田符号需要经历一个长期的建构过程，并非一蹴而就。

一　对梯田传承保护的刻板理解

哈尼梯田成为世界文化遗产之后，其传承保护更加成为这一区域中被高度关注的重要概念手段。概念长久以来在哲学家那里都拥有崇高的地位，概念被指出乃是逻辑的"真正的高峰和顶端"。② 海德格尔早已看清语言里各种各样的概念之本质力量，担忧着如若人们不立足于此，那么一切存在者就仍然对我们封闭着。③ 在古代中国，孔子也早在千年前就指出"名"的重要性，因为"名不正，则言不顺；言不顺，则事不成"。透过"名"、透过概念，曾经那些难以名状、朦胧缥缈的事象突然变得具体，人们也因此可以对这些事象进行实在的"触摸"。

---

① ［英］罗素：《西方哲学史》（上），何兆武、李约瑟译，商务印书馆2015年版，第104页。
② 《马克思恩格斯全集》（第三卷），人民出版社1957年版，第312页。
③ ［德］海德格尔：《形而上学导论》，熊伟、王庆节译，商务印书馆1996年版，第82页。

作为文化的标识：哈尼梯田景观符号研究

哈尼梯田的传承保护是建立在"千年哈尼梯田"这一概念的基础之上的。事实上，拥有长达千年历史的哈尼梯田的说法的提出也是较为刻板的。在当地哈尼族的语言中，并没有表示"梯田"的专有名词，最常使用的"香合"一词表示的是"田"之意。明代农学家徐光启曾经将圃田、围田、架田、梯田、柜田、涂田、沙田合起来归纳作为七大类田制。按照徐光启的分类，梯田具有非常明显的特征——"此山田不等，自下登陟，俱若梯磴，故总曰梯田。"① 显然，哈尼族、彝族在哀牢山上所开创的田制特征符合梯田的普遍特征。因此，若追溯《农政全书》成书于1730年代的历史，那么哈尼梯田也就顺势获得了拥有一千三百多年历史的依据。

近年来，哈尼梯田的传承保护突然被明确作为一个重要概念得以提出。按理说，联合国教科文组织以及各级政府出台的各类法律法规无疑要为梯田的一般性保护行动提供重要的工作方向，但是，对作为文化景观遗产的梯田进行保护必然是要与其他类型的文化遗产的保护有所区别的。也就是说，对梯田的传承保护既应当尊重文化遗产的一般性保护原则，同时也应当针对梯田的遗产独特性形成特殊性的保护原则。然而，当前人们对哈尼梯田传承保护的理解及推行却通常囿于对各类法规的刻板理解，采取"一刀切"式的保护。

人们对梯田传承保护的刻板理解集中表现在对哈尼梯田保护的主要责任机构的职责界定之中。哈尼梯田保护工作主要划归世界遗产哈尼梯田管理局（过去的哈尼梯田管理局）负责。在世界遗产哈尼梯田元阳管理委员会（下称"管委会"）最新制成并悬挂在办公楼一楼的"工作职责"标识牌上，管委会的第一项重要职责是"负责宣传贯彻执行《世界文化遗产保护管理办法》(2006)、《保护世界文化和自然遗产公约》(1972)、《中华人民共和国文物保护法》(2007)、《云南红河哈尼族彝族自治州哈尼梯田保护管理条例》等有关法律法规"；第二项职责是"负责监督组织实施《哈尼梯田管理保护规划》(2011—2030)、《遗产区村庄保护性规划》、《元阳县旅游发展总体规划》、《红河哈尼梯田文化遗产区可持续生态旅游策略》以及《红河哈尼梯田文化遗产区阐释展示策略》等保护性规划"。

---

① 徐光启撰、石声汉校注：《农政全书校注》（上），上海古籍出版社1979年版，第117页。

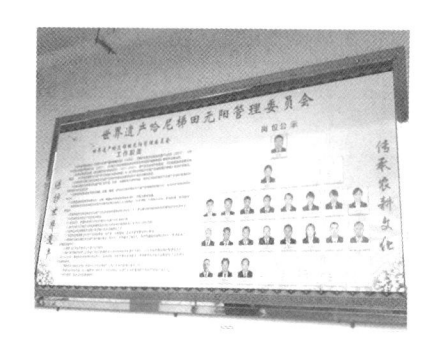

第五章　梯田世界的变化与知识传播的创新

图 5-1　管委会标识　　图 5-2　世界遗产哈尼梯田元阳管理委员会工作职责标识

标识中"保护"与"发展"并置，却并不意味着人们已经充分认识了不断处于变化中的梯田世界，或者说并不意味着人们已经充分理解了梯田的发展与保护二者间的相互关系。对传承保护的刻板理解很可能导致的结果就是人们意欲呈现的梯田世界，与人们对梯田世界的现实理解之间的不一致甚至矛盾。刻板地践行传承保护，从而将发展与保护相对立的做法往往招致梯田各族缔结者的发展受损。

梯田管委会的干部习惯于将梯田的保护置于梯田的发展之上。要实现保护，首先就要对村民的违规违章建筑进行管理与监测。管委会的干部们并非不了解一些村民是因为不断扩大的家庭规模而面临着新建或重建住房的需要，尽管他们明白对于多数普通家庭而言，辛苦建好且代价不菲①的房屋被强行拆除必然是一种沉重的打击，但是他们更加认定梯田的保护必须得到"一刀切"的实施。用他们的话来说，保护梯田就在于保护梯田景观的真实性与完整性，换言之也就是要维持景观的样态，尽量保证梯田景观不改变。②

管委会开展的梯田景观保护工作并不限于拆除不合理建筑，还包括对现有传统民居的保护。管委会将新街镇的全福庄中寨、阿者科、牛倮普、上主鲁老寨以及攀枝花乡的垭口村列作传统民居保护示范工作的五个重点村，对挂牌"传统民居"的村民农户每年补贴900元。事实上，一些村民却表示根本不愿意把自家房子变成传统民居，因为他们担心一旦挂上"传统民居"的标识（参见图5-3、图5-4），等想要翻修或重建时就难以通过相关手续的

---

① 由于很多房屋建盖地址并不在公路边，交通的不便要求建房者依靠人力运送建材，这使得建房的花销显著增大。
② 访谈人：GZ、CD；访谈时间：2016年11月25日、2017年7月31日；访谈地点：哈尼小镇。

作为文化的标识：哈尼梯田景观符号研究

审批，从而限制了发展的自由。

图 5-3　民居外墙上的多种标识　　图 5-4　已挂牌的传统民居

　　管委会开展的梯田景观保护工作还包括对梯田中种植物的实时监控。若是在水田里栽种水稻之外的其他经济作物就不符合梯田景观的维护精神，全福庄村民几年前曾经做过"水芹菜"（一种具有清热、降压功能的水芹属植物，也可作为中药全草入药）的栽种尝试，但后来很快被梯田管理局明确终止了。①

　　梯田景观管理者与梯田景观创造者间的矛盾与冲突不断使保护与发展这两个重要概念陷入势不两立的尴尬。虽然人们总是强调以发展的眼光看待世界，然而，在哈尼梯田不断获得外界关注并成为世界文化遗产之后，多数快速的发展变化却显现出没有得到及时、完整且准确的认识与呈现的窘状。毫无疑问，不论哈尼梯田是否成为世界文化遗产，生活在这一区域内的各族人民都需要不断赢得发展，而且整个区域的发展是不会轻易被放弃的。精准扶贫、全域旅游、示范区建设、小镇发展、传统村落改造、民族团结、遗产存续等是近年来不断植入哈尼梯田的时代话语。这些话语所道明的是千百年来耕作于梯田之上的村民们对美好生活孜孜以求的愿景。仅从这一点而言，保护与发展并不相互矛盾。

　　对哈尼梯田的传承保护是哈尼梯田世界融入时代、使用各类景观标识标记梯田丰厚的民族文化资源从而赢得外界的尊重、获得自我发展契机的重要基础。"导致范畴得以确立的根据已经被遗忘了。然而，范畴本身还一直存在

---

① 访谈人：LXG，哈尼族，44 岁；访谈时间：2016 年 11 月 16 日；访谈地点：箐口村。

· 258 ·

第五章　梯田世界的变化与知识传播的创新

着,并或准确或牵强地被应用在某些新的观念上,应用在像阉牛这样的最近才引入的新事物上。"① 涂尔干对世界变化及其呈现之间的信息不对称进行了阐释。这类现象并不少见,吉登斯也曾指出:"社会生活是变动不居的,当有魅力或有实践潜力的理论、假设与结论被应用于社会生活时,可以检验它们的原初根据已经发生了某种变化。"② 因此,对梯田文化的呈现也将滞后。

更进一步说,如果生活在哈尼梯田世界里的各族人民以及那些与他们一起将梯田世界对外界进行呈现的人都没有把自己当成是梯田世界里的"观念、思想的生产者",或者说梯田知识的生产者,而只不过是其他观念、思想的生产者的读者,或者说只不过是各种观念及知识的机械受众,那么哈尼梯田很可能就变成一片没有主人的飞地。这种倾向很可能使得各类保护之声在愈演愈烈的同时,绝大部分人却没办法真正认识梯田的遗产价值并加以保护和发展。

村民认为,一旦挂牌"传统民居",那么自己家未来的扩建或者改建计划就可能受到阻滞,他们以自己的理解首先斩断了矛盾可能产生的根源。他们的做法具有一定的启示意义。如果仅仅是一味地提倡保护,而忘却了接受保护的文化实体的内涵与价值通常要在更广的社会交往背景中才能得以发现与呈现,那么这可能进一步导致受保护的主体的内在发展需求遭遇忽视,所有这些做法都会引起传统与现代、地方与社会、行动与表征无法得到有效沟通、融通的局面,景观标识作为文化书写就越发不可能完成梯田知识的再生产以及准确呈现梯田世界的任务。

一些游客不无担忧,他们看到村民大量远走他乡,他们顾虑着梯田未来是否还有人坚持耕作。对于这种顾虑,地方精英给出了不同的答案,一些人认为村民的命运生来与梯田捆绑在一起,年轻力壮时的离开不意味着年老时依然飘离在外:"他们最后还是会回来的!"对于这种村民与土地的紧密联结的情感也被精英看在眼里,然而他们却把自己纳入反观范围:"我们的父辈把颜面、尊严都和梯田糅在一起——田地种不好就是对不起祖辈,但到我们这里好像没有那么强烈的感情了,只怕后代更没有这种感觉!""我看着父母很大年纪还种田,其实每年用在梯田耕作上的花销和种水稻的收入差不多,我

---

① [法]爱弥儿·涂尔干、马塞尔·莫斯:《原始分类》,汲喆译,上海人民出版社2000年版,第19页。
② [英]吉登斯:《社会的构成》,李猛译,生活·读书·新知三联书店1998年版,第55页。

作为文化的标识：哈尼梯田景观符号研究

想劝他们放弃种田，一年买米的钱花不了多少，但他们还是听不进去，说不能眼看着梯田放荒，否则就没有脸面。"在这样一些观点之中，可以看得到盲目的自负，也可以看得到淡淡的忧虑。没有人可以完全肯定在全球命运更加紧密捆绑在一起的时代背景下，一代代人的观念又会发生怎样的代际变化，这些观念将如何影响梯田的存续，又将如何向外人叙说梯田的变迁。

不论世界如何急速变化，不变的是这些发展变化得以发生的依托，即社会结构。"社会结构发生了变化，这种体系的组织也有了改变，然而，形式的改变还没有达到完全无法辨认的程度……所以，变化甚至有助于把分类揭示出来。"[①] 从这个意义而言，对于构成了新的梯田世界社会结构的标识设立者、村民以及游客而言，他们都有必要对梯田世界的变化进行内容的细分，从而实现对梯田世界变化的把握与理解，生产新的梯田知识并在景观标识等符号系统中进行梯田知识的准确呈现。

梯田世界中的村民正不断参与到梯田世界的呈现事业中。当地方社区被卷入旅游业之中，当地村民不仅加入"市场"参与交流，并且对于保护和管理文化资源发挥着极为重要的作用。[②] 当箐口小学教学楼墙壁上过去那些关于哈尼传统文化的绘画变得斑驳之时，小学门口悬挂出新的标识牌"哈尼四季生产调传承学校"。箐口村省级非物质文化遗产传承人大摩批家里早年悬挂的文化传承基站标识牌现在被摘下放到了地上，最近两年他为来宾演唱迁徙史诗的现场照片被印刷成卷轴式图片悬挂在家中进门处最醒目的地方。遗产资源的凸显是梯田世界中的一种新变化，作为动态发展的生态系统中的一个组成部分，遗产资源的维系有赖于社区参与。

各种各样的传承文化及呈现文化的尝试与努力不断成为新的知识生产方式走进梯田世界里的村民的生活之中，保护梯田、发展梯田也不再是悬停在梯田上空的口号，新行动开始不断促使保护与发展的概念落地生根，也许前方还有很长的路要走，但行动者们将真正意识到保护是需要纳入到发展的视野下进行的，发展也是需要纳入保护的视野下进行的。梯田世界里新的知识生产与文化呈现形式具有积极意义，努力避免对传承保护的刻板理解是不容

---

① [法] 爱弥儿·涂尔干、马塞尔·莫斯：《原始分类》，汲喆译，上海人民出版社2000年版，第34页。

② Audax Z. P. Mabulla, "Strategy for Cultural Heritage Management in Africa: A Case Study", *The African Archaeological Review*, 2000, 17 (4), pp. 211-233.

第五章 梯田世界的变化与知识传播的创新

置疑的重要事务。

二 对梯田发展变化的滞后把握

由于日益卷入现代化、城镇化以及全球化进程，受人群大幅流动而产生的观念的交换与相互影响，哈尼梯田世界的变化越发显示出不断加速的趋向，然而人们对加快的梯田发展变化的把握却呈现出滞后的延时特征。

梯田世界的发展变化通常而言都相应地体现到景观标识的更新之中，然而，由于标识设立的时间与其所标识的事件发生的时间有一定的时间差，因此人们通过景观标识这一途径对梯田世界发展变化的把握也需要面对延时逻辑的影响。此外，如果人们对梯田世界的发展动向缺乏充分地了解，景观标识意欲传递的即时性的变化信息也会被人们加以延时性的理解。

哈尼小镇入口处有元阳县旅投公司的两栋办公楼，公司曾在其中一栋建筑外悬挂着"元阳县旅游投资有限责任公司哈尼小镇管理部"以及"旅游咨询服务"的标识牌。由于这两块标识不够醒目，很多游客经过时其实并不清楚这栋建筑的特定功能。2017年7月，公司的另一栋办公建筑由县政府划拨给元阳商城工作团队，专司众创事业的推广。为此，公司在这两栋建筑前竖起了统一制作的两块标识牌，一个书写"旅游咨询服务中心 Tourists Information"，另一个书写"稻梦梯田众创空间 Hani Terrace Maker space"（图5-5）。距离哈尼小镇入口300米处是黄草岭村的停车场，停车场的一角于2017年上半年新增了"全国稻渔综合种养试验示范基地"标识牌（图5-6），这是土锅寨村委会辖区的梯田被全国水产技术推广总站、中国稻渔综合种养产业技术创新战略联盟共同列为示范区后表现出的新变化之一。

图5-5 哈尼小镇新设立的标识　　图5-6 黄草岭村停车场新设立的标识

作为文化的标识：哈尼梯田景观符号研究

游客经过这一巨大的石头标识走向梯田时，往往急于一睹梯田风韵而较少关注到标识上的信息。从这两个案例来看，功能区分割的变化、梯田的荣誉变化最直观地体现为景观标识的更迭。然而，虽然景观标识已经较快地反映着梯田世界的变化，但对于那些不清楚标识的更迭背景也不清楚梯田世界变化背景的人而言，他们多半依然会采取以静态眼光看待这些变化，使得梯田看似"无变化"或者"变化滞后"，地区的各类核心信息也就变得难以萃取。

梯田世界中较为显著的发展变化是不断出现的各类发展话语，以及由此引发的生活在这一世界里的各族人民头脑中的观念变化。把握快速变化的梯田世界换言之其实就是对这些观念变化的细节捕捉。然而，这系列变化更多地是以润物细无声的形式作用于梯田世界，微妙的观念变化也就成为当地普通大众难以捕捉的信息，这对于外来游客而言更非易事。从这个意义而言，对梯田发展变化的观念的把握更加强化了梯田世界变化的延时呈现逻辑。

对梯田发展变化的滞后把握在以下几类特殊情形中尤为突出：

首先，对梯田发展变化的滞后把握体现为多数发讯者对旅游市场动态变化的滞后认识。多数人认为哈尼梯田只不过是摄影爱好者的天堂，梯田旅游市场只不过对于摄影爱好者才成立。事实却并非如此。近两年来，不断进入哈尼梯田的游客不再局限于摄影爱好者，在难得的假期里，打算到空气清新的地方走动的都市人群、步入老年尚能自己行动的各国游客、带着孩子意欲寻回乡村气息的家庭、临时兴起想一睹世界文化遗产风貌的年轻人等都开始越来越多地选择深入哈尼梯田腹地，成为当前梯田旅游市场中不断增多的游客类型。此外，有意识组织的马拉松、梯田摄影无人机大赛、彝族火把节等活动更是将更多类别的游客带入梯田世界中。然而，梯田世界里的这些动态变化是很难被一般的发讯者快速发现并灵敏捕获的。

发讯者将梯田世界里的各类活动人群统一视为只为观览梯田风光而来，那么也就会在观念上将梯田旅游时节粗略地进行淡季与旺季的简单区分。旺季为每年11月至次年3月，在此期间，梯田里没有种植水稻，放满水的梯田表面的浮萍被微风拂过，辅以不同时光的照射条件，就会呈现出不同的视觉效果，若还有飘忽不定的云雾掠过，则更能凸显其瞬息万变的美韵。淡季自然就是一年里区别于旺季的其他时间。淡季旺季的时间分割在梯田旅游不断"热"起来的年份里越来越多地成为一种不争的事实，并充分体现在当地村民的言行

第五章　梯田世界的变化与知识传播的创新

中。前些年宾馆酒店多集中在新街镇，难以满足游客的需要，发现了这个重要的旅游市场需要的村民在经济条件、从业条件等要素允许的前提下，倾向于加入梯田旅游市场①成为梯田世界的旅游从业者以及梯田信息的发讯者。

然而，哈尼梯田淡旺季的旅游市场规律正快速发生着变化。核心区里知名的精品客栈老板指出，2017年以来，梯田旅游淡旺季之间的游客数量差异开始不断被抹平，这体现在多年来大家最不看好的夏季也开始有外国游客之外的很多中国游客持续进入梯田，这其中包括了很多开展乡村亲子游的家庭。② 当然，这种新变化的信息是很难被经营旅馆或是餐馆的当地一般村民所快速抓取的。在他们的认知中，依然坚持着旺季与淡季的区隔以及由此带来的不同的家庭工作重点。他们之所以难以尽快捕捉到市场新变化，一方面既在于他们十分大众的经营风格决定了他们所接触的游客类型过于单一，故而获得的信息较为单一化；另一方面也在于他们并非专业出身，对旅游业的理解与把握多采取经济实惠的"跟风"做法，而不是基于对行业未来发展的富有远见的判断。

其次，对梯田发展变化的滞后把握体现在发讯者难以创造性地挖掘并命名梯田文化资源。近两年来，攀枝花乡大力着手党建、人居环境、乡村旅游、脱贫攻坚"四推进"工作。在此背景下，攀枝花乡于2017年6月起在辖区境内重要的交通岔路口对本乡的旅游文化资源制作了宣传标识，得到宣传的包括位于普多上寨的蓝莓基地以及古村落垭口村。标识中使用了"喜摘蓝莓果、乐游蓝野谷""纯情垭口、穿越时光遇见你"等语句。与交通要道旁的旅游文化资源宣传标识同时推出的，还包括悬挂到村寨各类房屋门口的系列标识牌——"文明卫生示范户""店铺经营示范户""党员农家餐馆示范经营户""农家客栈示范经营户""示范公厕"以及"示范活动室"。可以说，整体的推进工作期望以各类示范单位的确立带来良好效应，其意义在于对内明确未来发展方向从而带动全体村民勤劳致富，对外明确旅游接待及旅游环境的标准化，从而使游客放心选择攀枝花乡。然而现实上，在别处也很常见的"喜""乐""纯情""穿越"以及"示范"等关键词其实是难以创造性地促使收讯者对旅

---

① 村民们常见的逻辑是这样的，他们认为旺季期间每天只要能接待几名游客，挣来的收入就能贴补家用，要是遇到情况好的时候，旺季一个月挣的钱就能顶上种一年梯田的收成。退一步说，自家的房子重建并装修好了，就算淡季没有游客住，自己住着也既舒服又体面。

② 访谈人：WD，男，汉族；访谈时间：2017年7月25日；访谈地点：多依树。

· 263 ·

作为文化的标识：哈尼梯田景观符号研究

游资源独特性引起足够重视的。

攀枝花乡"四推进"的成果之一是乡里第一个高标准化的特色客栈的落成。2017年7月，位于普多上寨的"××原舍"客栈进入试营业阶段。这个深藏在哈尼村寨里的客栈目前仅在老虎嘴至多依树环线岔路口以及普多上寨路边设置了相关标识。这个客栈太"新"，以至于多依树一带多数客栈、旅馆的经营者几乎不知道其存在。一些人听到"原舍"还误以为是即将在阿者科村建成的"原舍项目"——2014年阿者科被中国住房与城乡建设部列入第三批中国传统村落名录，"红米计划"以及"关注阿者科计划"随之很快得以推出，旨在完成古村落的经济与文化复苏。原舍计划也是这些计划中的一部分，目的在于对传统民居的改造探索。按照计划，5栋独立成片的蘑菇房届时可以不需拆除也能够变化为舒适的生活空间。当然，普多上寨的此"原舍"并非阿者科的彼"原舍"，虽然当前还很少看到攀枝花乡的原舍的相关标识，但命名的态度显示出攀枝花乡大力打造乡村旅游未来走向的决心。同时，取巧援用"原舍"的做法也揭示着挖掘梯田旅游文化资源的难度。当一个具有创造性的概念被提出后，其他人可能由于自己难以发展其他概念而直接借用这个概念，以此瓜分这类特殊符号所附带的利益。

对梯田发展变化的把握需要所有活动在哈尼梯田世界中的各类人群共同参与、勉力为之，但现实中较少发现作为梯田文化拥有者的村民的活动轨迹。由于"可持续的文化遗产保护是一种遗产再生产的过程，文化遗产持有者参与其中的遗产再生产是可持续遗产保护的基础性重要内容"[①]，当地人在梯田传承保护的理解以及梯田发展变化的把握等实践中的缺位，从根本上说是不利于梯田文化景观这一重要遗产的保护与再生产的。

最后，对梯田发展变化的滞后把握还表现在各群体在互动中对彼此的片面理解。法国人类学研究生HF在元阳展开田野调查后产生了几个疑问，其中最让她头痛的一个疑问是"哈尼人越来越只喜欢钱了么？"有一次，HF需要从元阳外出至蒙自，她有幸搭上了外地游客的自驾车。路途中，这名来自浙江的已经多次来过哈尼梯田的客人向她抱怨："哈尼人民越来越贪财，根本不像以前一样讲情分了！"后来，HF为了满足研究需要，在朋友的引荐下，从

---

① 阮云星：《文化遗产的再生产：杭州西湖文化景观世界遗产保护的市民参与》，《文化遗产》2016年第2期。

普高老寨搬到了全福庄一个非常熟悉梯田文化的当地文人家里住下。"我以为我们是朋友,但是他想多要我的钱。他们偷偷扣留了我的笔记本,还骗我说不见了。我真的很伤心。"就这样,HF 在哈尼梯田的第三次停留以不开心结束。① 当她从元阳返回到昆明时,一边纠结地将她从"资深"游客那里听来的以及自己遇见的问题加以倾诉;一边也还在为这种"表象"疑惑不已。她明白这种感觉很可能是以偏概全的,是对哈尼梯田世界里数以万计村民的不公偏见。

类似的情形在人类学专业人员的田野之中并不少见。李亦园的一个学生在兰屿教书,他自认为对学生无微不至的照顾一定能够换回家长们对他的肯定,没想到当他和学生一起钓了鱼并把鱼带回学校做饭时,学生家长却追着他来到学校索要鱼钱。当这个学生向李亦园倾诉伤心之时,李亦园也没有想明白这是为什么,但他相信雅美族人是不会没有人情的。直到后来李亦园亲自到兰屿做调查时,意外发现了雅美族人的礼尚往来关系只限定在自己的族中范围,鱼的馈赠以及各类禁忌等都是有一定范畴的。② 如果只是以自己的立场去判断当时的局面,很可能会误解双方互动之中产生的新信息。对于深入了解他者文化有着较好的理论与实践技术支撑的人类学家来说尚且难以摆脱误解,更毋提那些作为普通大众的游客会对旅游目的地的另类遭遇进行何等的曲解。因此,较好地呈现梯田景观、引导外来游客对梯田文化进行释读,更需要各类行动者的通力合作。

在呈现处于不断变化中的世界之时,延时逻辑的影响是深远的。发讯者对梯田旅游市场动态变化的滞后认识,发讯者难以创造性地挖掘并命名梯田文化资源以及各群体在互动中对彼此的片面理解,是人们对梯田发展变化进行滞后的知识生产的具体表现。在这些困难之外,梯田世界的符号自我需经历一个长期的建构过程。

三 对梯田符号自我的长期建构

符号学是世界性的课题,考察哈尼梯田的符号系统必须剖析其"符号

---

① 访谈人:HF,法国人类学研究生,女,1990 年生;访谈时间:2016 年 3 月 8 日;访谈地点:昆明园西路。
② 李亦园:《人类的视野》,上海文艺出版社 1996 年版,第 49—50 页。

作为文化的标识：哈尼梯田景观符号研究

自我"①。符号学就是意义学，是研究意义活动的学说，因此意义的发生、传送、理解就是符号学的基础问题。② 对于哈尼梯田而言，关注梯田世界所蕴含的意义如何得以传送和理解就成为极其关键的问题。在全球化的趋势之中，地方性的尽力挖掘、保持与发展十分重要，这决定着地方是否能够不为人们所遗忘、不为时代发展潮流所遗漏。因为当地方性更多表现为可替代性特征时，就容易面对因形就势地被替代的危险。景观标识等传播地方知识的符号正是检视地方标记其地方性是否成功的一种最外在、最直观的窗口。呈现梯田世界的变化需要不断经受延时逻辑的考验，需要正视梯田符号自我的长期建构这一事实。

希腊德尔菲神庙留下的最重要的遗产包括"认识你自己""凡事无过度"两条箴言。认识自我将主体性地位归还于人，为人灌注了自信的原动力，要求人们时刻保持对自我的反省。自信地认识自我并保持自省，不僭越不自卑不自负也成为各类丰硕文化得以持续成长的坚实底蕴。"作为一切思潮的牢固而不可动摇的中心，认识自我是哲学探究的最高目标。即便在怀疑者那里，认识自我是实现自我的第一条件。"③ 只不过，认识自我终究是一个漫长的过程，有必要对认识自我的结果展开显性的阐述，即对自我认识的再认识通常还要面对延时性的洗礼，这同时也是人们对世界知识生产的现实。

以哈尼梯田红米为例，试举自我认识的再认识的困难以说明梯田世界的符号自我经过长期建构而终于走向自信的难能可贵。

个案5-1：
2017年8月4日，中央电视台、云南省委宣传部在昆明主办了中央电视台"广告精准扶贫"云南省推介产品新闻发布会。红河哈尼梯田红米与鲁甸花椒、临沧永德坚果、云南核桃一并成为4个高原特色"云品"，赢得在国家级重要媒体上免费播出广告的"特殊通道"，同月起这四类特色产品

---

① 威利指出"自我是一个符号"。参见［美］诺伯特·威利《符号自我》，文一茗译，四川教育出版社2011年版，第1页。
② 赵毅衡：《当代符号学前沿译丛主编序》，载［意］苏珊·彼得里利、奥古斯托·蓬齐奥《打开边界的符号学——穿越符号开放网络的解释路径》，王永祥等译，译林出版社2015年版，第1—2页。
③ ［德］卡西尔：《人论》，甘阳译，上海译文出版社2004年版，第3页。

第五章 梯田世界的变化与知识传播的创新

陆续在中央电视台1套、2套、4套、7套、13套正式亮相。①

梯田红米并非一崛而起的"网红",红米的"发家史"也充满了挑战与困难。当哈尼稻作梯田系统先后荣获全球重要农业文化遗产以及第一批中国重要农业文化遗产等重要"标签"之后,梯田红米也迎来了更多的业界认可。元阳县与中国农业科学院合作成立红米种质资源基地,与中国农业机械化科学研究院合作成立红米产业技术合作基地。2016年元阳梯田红米经中国农业科学院首次检测出Y-氨基丁酸成分(GABA),这越发证明了梯田红米含有较高的功能成分和矿物质元素。然而,仅仅证明红米是当之无愧的宝贝也并不能在更大程度上使村民真正将红米视为引以为傲的梯田产物,要激发村民耕种红米的热情,从而实现对梯田的保护性生产目的就必须使村民实实在在地感知红米这一符号的价值。

元阳县近年来展开了积极塑造梯田红米"符号自我"的探索之路。一方面,元阳县通过哈尼梯田有机红米专业合作社与种植户签订产购合同、向种植户发放优质良种、对种植户进行培训等方式,积极鼓励和引导农户种植梯田红米,确保梯田红米的亩产量及亩产值得到显著提升。另一方面,为了突破梯田红米"藏在深山""不为外人所知"的窘迫局面,元阳县于2016年与龙润集团电商服务平台合作,尝试通过以"互联网+"的方式实现梯田红米的销售。便捷的线上营销、快速的物流传递、安全的支付环境和高效的平台管理等多重功能得以实现,"元阳商城"旨在以全新的形象与服务重新定义哈尼梯田核心产品的品牌印象。

在多方的通力合作之下,农产品线下营销困难、供应链过长、产品质量参差不齐、农民收益低、物流运输困难、劳动力外出务工等重重问题不断得到改善。商城模式研发、技术开发、供应链管理、人员培训等工作得以完成。截至2017年6月25日,元阳商城已经拥有193家店铺,销售额达6576689.82元人民币。② 在此背景下,梯田红米稻谷每公斤的收购价格已由过去的3—4元,提高到7—9元。越来越多的村民开始在将煮好的红米饭端上餐桌时,自豪地向远方来的客人们介绍着梯田里产出的宝贝。

---

① 参见《"广告精准扶贫"四款云南特产要上央视啦!》,"云南网"官方网站,http://yn.yunnan.cn/html/2017-08/04/content_4903455.htm,2017年8月4日。

② 资料来源:元阳商城电子商务平台。

作为文化的标识：哈尼梯田景观符号研究

在梯田红米这个符号的激励与推动下，村民梯田耕作的积极性得以提高，梯田人民对自己栽种的红米的信心得以树立，"红米手册"指出，每一粒红米都是一个传说①，采用哈尼族传承千年的传统耕作方式耕作，经由挖田、修水沟、犁、耙、施肥、铲埂、泡种、放水、撒种、薅草、拔秧、割谷、挑谷、打谷、晒谷等20余道无现代机械化的工序而成。红米起源的传说以及红米成长的四素同构的环境，意味着消费梯田红米等于消费着具有历史底蕴的梯田生态文化。红米成为最具代表性的梯田产品的同时，也成为成功的梯田符号。

"人类是双层符号"，也就是说，人类是能够运用符号的符号。② 1988年，哈耶克为著作《致命的自负》作序时指出："一个人即使列出他赖以获得个人知识和看法的全部著作，也不足以道尽他在漫长的治学生涯中承受的恩惠，更遑论编一份目录，把他所知道的、若想生成有资格涉足本书所讨论的这个广阔领域就必须研习的著作全部囊括其中。"③ 这样一种对参考文献信息的有意识的"隐去"似乎是为了满足悖论式的对原著作者的"致敬"，仿佛把参考文献一一写下，便诋毁了那些被记录下来以及没有被记录下来的前人思想的影响力。从这个意义而言，景观标识有着异曲同工之效。因为，标识所承载以及呈现的知识大多无须阐明其出处。更重要的是，标识系统需要发展为一个类似"著作"的整体，各部分都进行着各自的充分论证，总体上还能相互呼应、层层推进。标识信息阅读者或者说标识系统收讯者在很大程度上可以无须去纠结这些知识的出处，而更多地沉浸在标识系统所营造的知识环境中，对其解读的文化信息进行更好的理解。实现了这一目标，人们就更加成为能够运用符号的符号。

当然，考虑到哈耶克的做法会激起被人解读为过度"自负"的风险，景

---

① 红河南岸哈尼族聚居地流传着有关红米的传说——迁徙到红河南岸大山深处的哈尼族准备播撒种子的时候却发现籽种丢失了，此时月亮告诉族人可以在天上找到籽种，太阳也告诉族人需要派一只狗到天上取谷种，后来这只狗在星星的陪伴下终于从天上把红米的谷种拴在尾巴上带了回来。此外，相传远古时天神的女儿看到人类经常无法果腹的苦痛而打算将天宫的谷种送到人间供人栽种，不料被发现后天神大怒惩罚她变成了母狗，即便如此，她还是坚持将嘴巴里偷偷含着的谷种送到了哈尼人家。后来，为了感谢上苍的恩情，每年哈尼人在秋季过新米节时，一定要在自己尝新之前将新米饭献给狗。

② [美]诺伯特·威利：《符号自我》，文一茗译，四川教育出版社2011年版，第9页。

③ [英]哈耶克：《致命的自负》，冯克利、胡晋华译，中国社会科学出版社2000年版，序第Ⅰ页。

第五章　梯田世界的变化与知识传播的创新

观标识也要考虑到梯田世界符号自我可能存在的自卑或者自负的潜在威胁。发讯者对自我缺乏充足的认识，会引起自我解说的不自信和自卑，使得收讯者阅读了信息之后云里雾里、不知所云；发讯者对自我的认识过于自负，则引起自我解说的自负，收讯者在对或者隐忍晦涩，或者将自己"吹上天"的浮夸信息进行接触之后则变得更加不信任或者鄙视发讯者。

杜威靠效果来判断一个信念，而罗素自己则是根据原因来判断信念，他们都认为只要掌控未来，就可以掌控、改变一切被认定为事实的东西。为此，威利对罗素的观念展开了深刻的批判，因为罗素"高估了人操作未来的能力，同时也低估了人操纵过去的能力"①。在威利的符号学中，人们是立足于当下、结合过去而面向未来的。也就是说，我们对自我的理解，要包括对过去以及现在的理解，只有在这些理解不断精进并深入的过程中，理解才能够指向未来，服务于未来。基于此，威利提出了"符号能力"以及"身份的符号定位"两个重要概念。符号能力是指"赋予各种符号以权力的能力"，而身份的符号定位则意指良好的身份是自我融入世界的桥梁，定位不当可能引起"内容与结构之间的阻碍，扭曲符号能力的正常运作"。②

威利的智慧揭示了一个重要的道理——人的身份同样也需要符号化。换言之，身份是需要与符号相匹配的。受人尊重的身份自然需要受人尊重的符号与之相配，或者说，受人尊重的身份能够生成令人尊重的符号。相反，不受人尊重的符号暗示着错乱百出，人们相信这种符号所表征的身份不应当受到尊重。威利的重要发现有必要被借鉴到对哈尼梯田景观标识的认识之中，当景观标识避开了各类"低级错误"并做到准确、清晰地呈现梯田文化景观，及时地呈现反映了世界变化的梯田知识，外来者更有可能尊重塑造了梯田符号的各族人民。

第二节　梯田信息传递的不确定性

"人们按照世界似乎具有其客观的本质而行动，他们希望别人也这样行动"，由于人们认为任何时候都应该存在着这样一些固定的东西，因此就按照

---

① ［美］诺伯特·威利：《符号自我》，文一茗译，四川教育出版社2011年版，第24页。
② ［美］诺伯特·威利：《符号自我》，文一茗译，四川教育出版社2011年版，第38—39页。

作为文化的标识：哈尼梯田景观符号研究

这种认识去行动。① 正如人们所说的每件事几乎都包含着索引性的表达一般，标识的文本也理应包含着表述客观化的追求。基于此，现代社会的标识在提供及再现人们"想当然地"认为应该包含的信息时，是有其预设的发讯及收讯目的。标识的广泛设立本身在此意义上是人们理解世界（生产知识）、呈现自我（信息传递）以及实现发展（知识传播与交流）的一种行为表征。但从现实来看，社会世界确实像是"一种很脆弱的东西"，景观标识的信息传递面对着诸多的不确定性。这种不确定性充分表现在了哈尼梯田世界里，它由多个层面的因素促成，源于收讯者类型的多样性、交往关系的不稳定性以及"代言人""求知者"等中间人个性化的阐释。

一 收讯者类型的多样性

现代社会里几乎所有的发讯者都面临着收讯者类型日益多样化的挑战。华沙在二战期间遭受的大量破坏触发了重要的重建工作，华沙的皇家城堡作为一个纪念碑式的遗产被重建和修复。城堡入口处树立着标识牌，包括城堡曾经被损毁的照片，也含有波兰语和英语双语的介绍。波兰本土学者从这些巨幅的标识牌中发现了宏观层面上国家政府对城堡命运的态度，也发现了微观层面上遗产保护的专家话语与重建实践。比较有讽刺意味的是，直到论文末尾处，学者艾娃（Ewa）才将大幅的景观标识中的重要提示语"被损毁的城堡建筑是国家历史与文化的纪念碑建构的组成部分"视为这个"纪念碑"意义所在的高度总结。② 诚然，即便是深谙社会历史文化研究的人类学家也难免要去看标识牌，或者说正因为是人类学家，学者更自然地对这些用以揭示深层内涵的直观之物进行更加敏锐的把握。景观标识将那些前来见证波兰兴衰史的外来人群作为必然的预设的信息接收者，表明其重建国家身份的决心。现实情形与预期效果之间或有所出入，不同类型的收讯者在接收景观标识的信息后可能给出不同的反应与反馈，但总体来说，只要标识文本的意义得到了明确与宣扬，收讯者理应能够获得较为稳定与中肯的认知。

随着哈尼梯田日渐名扬天下，对村民而言"闻所未闻""见所未见"的

---

① ［美］兰德尔·柯林斯、迈克尔·马可夫斯基：《发现社会——西方社会思想评述》，李霞译，商务印书馆2014年版，第396页。

② Ewa Klekot, "Constructing a 'monument of national history and culture' in Poland: the case of the Royal Castle in Warsaw", *International Journal of Heritage Studies*, 2012, 18 (5), pp. 459-478.

多样性的游客不断成为活跃在梯田里的外来收讯者。虽然不断扩大游客的数量与规模是地方政府以及梯田旅游从业机构的共同心愿,但随着"意料之外"的收讯者的到来,哈尼梯田世界里的景观标识时常会出现一些无法有效传递信息的状况。"当氏族过于庞大的时候,它就倾向于分成几个环节,而且这种现象是沿着分类所划出的界限发生的。"[①] 游客群体不是"氏族",但不排斥可以借用这种比拟去激发对哈尼梯田外来游客类型变化的理解。对不同类别的游客,或者说标识接收者、收讯者进行细分,是十分必要的。

以2017年7月底至8月初的核心区为例。

2017年7月底,五个工作小组同时进入梯田展开无人机农药喷洒工作。这群刚从农校毕业的年轻人都是曲靖某高科农业科技公司的工作人员,此行是应元阳县植物保护站的邀请前来完成稻渔综合种养试验示范基地共5000亩梯田的三环唑等无公害农药喷洒。他们使用的无人机臂展宽度达3米,约载重10公斤,但通常情况下,只装载7—8公斤左右的药水。每一块无人机电池能够支撑20分钟的农药喷洒工作。7月26日,也就是工作人员开展工作的第一天,他们在7小时的时间里完成了600亩左右梯田的农药喷洒工作。无人机的嗡嗡声响引来了不少附近村民的围观。

正当年轻人们顶着烈日在田间进行无人机操作时,广东某骑行俱乐部引领着四十余名骑行爱好者进入到哀牢山深处,在景区入口图腾柱广场歇脚,一些人围着图腾柱拍照,一些人走到大型石头标识后了解哈尼梯田的概况。他们这群人中有的年近七十岁,有的年方二十岁,骑行队伍的平均年龄接近四十岁。在抵达梯田的一周前,他们从磨憨口岸出发,沿途经过西双版纳、普洱等地然后进入红河州,以平均每天一百公里的速度向河口口岸行进。这群被晒得黢黑的运动健儿在梯田的停留时间并不长,他们沿景区环线向前行驶了一段距离,在一个农家餐馆用过中餐便又接着向元阳新县城南沙出发。

几天以后,位于大鱼塘村附近的"哈尼仙草园"迎来了近百名来自

[①] [法]爱弥儿·涂尔干、马塞尔·莫斯:《原始分类》,汲喆译,上海人民出版社2000年版,第34页。

作为文化的标识：哈尼梯田景观符号研究

全国各地的客人，他们将要参加首届云南哈尼野果采摘狂欢美食节。采摘野果活动的头一晚，仙草园里举办了哈尼长街宴以及篝火晚会。在为客人们提供这些欢快的活动之余，活动主办方还请来了哈尼著名歌手李维到场助阵演出，与其同台演出的还有元阳县本土歌手曲艺阿旧等人。野果采摘最厉害的客人被授予"波郎""帕雅"及"追玛"奖（即冠、亚、季军）①，并获赠仙草园的哈尼酵素产品。

而与此同时，云南大学主办的教育部研究教育创新计划项目第九届（2017年）民族学人类学研究生田野调查暑期学校的二十余名来自全国各高校的学子（另外还有一名法国籍加拿大学生以及云南大学韩国留学生）已经在箐口村云南大学云南少数民族调查研究基地哈尼族调查点驻扎了数天并各自根据自己的研究主题展开着调查。这群年轻有活力的学生们的到来充实着箐口村孩子们的假期，小孩子们陪着大孩子们做调查，充任最高效的翻译，大孩子们则把从昆明带来的文具、糖果分发给这些热心善良的小孩子们以表示感谢。当大哥哥大姐姐们离开村子时，孩子们落下了伤心的泪水，同时又期待着下一批哥哥姐姐们的到来。

图5-7 分别前的合影　　　　图5-8 分别后孩子们背过身去掩面而哭

2017年7月底至8月初前后短短十天的时间里，土锅寨村委会的哈尼族村民以及彝族村民先后遇见了几类迥然不同的外来他者。箐口村因常年定期或不定期迎来专家学者或学子，村民们早已习惯了这些"编外"村民的到来，不管是长期驻扎或是短期访问，他们对这些"住在村口停车场"的人并不陌

---

① 这些所谓的冠亚季军的哈尼称谓，是由活动主办方咨询哈尼族人后决定使用的。

第五章　梯田世界的变化与知识传播的创新

生,有时还有着较强的亲切感,主动招呼他们"到家里去玩",一些村民甚至非常关心这些人在村口那栋房子里的日常起居,而新嫁入箐口村的小媳妇由于缺乏"背景知识"则还会主动了解这些每天忙碌着穿梭于各家各户、各村各寨间的人究竟是在做什么。对于这类十几年里持续不断访问村子的研究人员,村民们早已习以为常了。然而,另外几类外来他者却是他们未曾遇见也未曾预料过的——第一次出现的无人机农药喷洒作业者,平时少见的衣着统一、快速掠过梯田世界的骑行者以及看起来神神秘秘、进入一个平时很少对外开放的园子里就不再到村子里走动的远方的客人。

在收讯者类型日益多样化的同时,村民对这些"意料之外"的客人显示出不断熟悉的趋向。2016年3月底,300多名马拉松爱好者有组织地穿行在哈尼梯田核心区的田间地头。2017年3月,更多的参赛人员加入第二届梯田越野马拉松比赛中。可惜的是,他们与当地村民的交流十分有限。第一届比赛的时候,距离出发点(终点)较近的村寨里,大部分村民几乎不明白那群行动怪异的人究竟是何方人士。这种情形在第二届比赛时有所好转,沿途的男女老少甚至会陪着参赛选手跑上一段。第一届比赛时最为了解赛事发生的是村委会干部、面包车司机以及哈尼小镇附近的旅馆和客栈主人,第二届比赛时已经有村民准备了特色小吃售卖给参赛运动员。

在这个意义上,不论这些源源不断"冒出来"的他者对于村民而言如何陌生、如何意外,他们终究在吃喝住行以及梯田游览、梯田产品购买的过程中避不开与当地村民的直接与非直接的交流和接触。库利曾指明:"独立的个人是在经验中不存在的抽象物,脱离个人的社会也是如此。"[1] 这意味着即便是那些想要在哀牢山的重重雾霭里致力于寻求"与世隔绝"之自由的游客等收讯者,在进入梯田后也是不可能真正做到与梯田社会乃至与外界彻底断开关联的。曾将梯田的壮美景象带到世人眼前的杨·拉玛带着妻子离开家人来到梯田里度蜜月时,也是在当地友人的帮助下找到了合适的田棚生活了几个月,拍成了专题片。在这段逗留时间里,他们生活的地方虽然与村寨有一定的距离,但他们依然保持着与村民们的来往。毕竟,只有在我们与人类的直接交往中,我们才能洞察人的特性。要理解人,我们就必须在实际上面对着

---

[1] [美]查尔斯·霍顿·库利:《人类本性与社会秩序》,包凡一、王源译,华夏出版社1999年版,第27页。

作为文化的标识：哈尼梯田景观符号研究

人，必须面对面地与人来往。①

哈尼梯田的游客类型不断多样化，尽管村民在不断的接触中可以与之相互熟悉，但收讯者类型处于变化之中而带来的不确定性是难以被忽视的。不确定性的影响表现在哈尼梯田景观标识之中，最突出的就是信息传递的多样化赶不上游客类型的多样化。这就导致了景观标识的信息以及标识所蕴含的梯田旅游现状呈现出落后于收讯者实际需求的特点。比如，一些人需要最小众的摄影点地图，另一些人则需要最全面的梯田美食地图；一些人想要找到晚上可以喝着咖啡看梯田的清净地，另一些人则想找到能歌善舞还会手工刺绣的当地村民家……如果景观标识仅仅围绕这些单次的要求进行信息类型和内容的拓展，自然可能会面临着成本过高、效果过低的风险，理性的标识设立者也就因此进一步地需要在不确定性中寻找确定性，寻找外来者对梯田信息需求的最大公约数。也正是在这样一种指导思想之中，道路信息导向、景区信息说明、景点文化阐释也就成了哈尼梯田世界通过景观标识向外来游客提供的最为常见的几类基本标识信息。

如果说找寻并提供"最大公约数"式的信息是哈尼梯田核心区景观标识设立者的通行做法，那么核心区里的小型标识设立者则倾向于发布、传播个性化的潜在式信息以应对游客类型的不确定性难题。所谓个性化的潜在式信息，就是小型标识设立者根据自己的经营场域特征以个性化的信息目录规制了潜在信息接收者的类型。老虎嘴景区下观景台最下方处经营着一家咖啡馆。这个半开放式的咖啡馆在操作间外部的墙壁上悬挂着两列木制的格子架，木格里摆放着大小、款式、色调不一的陶罐。据咖啡馆主人说，这是他专门找有过交情的昆明某个知名的烧制陶罐的民间艺术家买来的特色作品，咖啡馆这里陈列出来的是来自两次开窑的作品。近年来，这类小巧玲珑而又精致的陶罐因为"多肉"植物②的种植日渐流行起来。按照 RH 的说法，他也不确定到他的咖啡馆消费的游客一定会购买这些多肉种植的周边产品。③ 只是，他愿意将自己喜欢欣赏的好东西分享给顾客。RH 并没有为这些陶罐制作更多的宣传标识，仅在每个陶罐下粘贴着价格标识。正如他不主动招徕顾客前来歇脚、喝咖啡一般，他也并不主动向顾客们推荐这些看似"不起眼"的小物件。只

---

① ［德］卡西尔：《人论》，甘阳译，上海译文出版社 2004 年版，第 8 页。
② 植物的根、茎、叶均属营养器官，多肉植物至少有一种营养器官肥厚多汁，能储藏大量水分。
③ 访谈人：RH，男，1985 年生，汉族，TT 咖啡馆经营者；访谈时间：2017 年 7 月 30 日；访谈地点：老虎嘴。

有当顾客表示出对这些陶罐的兴趣时，RH才会进一步给出更多的介绍信息。在这里，"陶罐"的出场反过来成为RH的个性化标识，使其他人能够通过他对陶罐的喜爱、他对陶罐的特定销售方式而对他进行理解。

事实上，TT咖啡馆个性化的信息传播现象在一定程度上也可以被理解为对公约数的寻求——集中表现为发讯者与收讯者之间公约化的情感诉求，外界潮流文化元素被公约化地移植进入梯田，信息流通时都公约化地注重时效性等。发讯者在面对不确定性的影响之时，采纳公约数的逻辑作为应对良策。若将RH的个人生活史纳入其中，则会更多地发现"不确定性"的影响与"公约数"的应对。

人之所以区别于禽兽，在于其"活动于人类一切行为里"的思想，而思想以"情感、直觉或表象等形式"出现。[①] 当越来越多的"意料之外"的游客不断向梯田走来，梯田里的行动者们需要回到起点，不能忘却这些分类范畴与日俱增的收讯者类型，依然是在一切行为里有着思想并运用这符号的人，依然是需要依靠情感、直觉或表象来沟通思想的人。因为，"符号化的思维和符号化的行为是人类生活中最富于代表性的特征，并且人类文化的全部发展都依赖于这些条件"[②]。

二 交往关系的不稳定性

人的社会生命起源于与他人的交流。[③] 在库利那里，"交流"甚至成为社会的三个意义中的一个重要组成。然而，交流并非人们的一种漫无目的的社会行为。人们虽然因与他人的交流而变成了名副其实的社会人、成为社会这个集体的一分子，但个体与他人的交流的层次、范围、深度以及主题、形式等多方面内容在趋于稳定的发展过程中难免呈现出不稳定性。

在个人生活史中通常能够发现关于交往关系不确定性的很多证据。

个案5-2：
RH是个"八零后"，他的咖啡馆最初是由他的姐姐与外国前男友合

[①] 张世英编：《黑格尔〈小逻辑〉译注》，吉林人民出版社1982年版，第33页。
[②] ［德］卡西尔：《人论》，甘阳译，上海译文出版社2004年版，第35页。
[③] ［美］查尔斯·霍顿·库利：《人类本性与社会秩序》，包凡一、王湲译，华夏出版社1999年版，第2页。

作经营的。"老虎嘴梯田摄影主题咖啡厅"是姐姐与前男友商定好的店名，当 RH 接管咖啡馆以后，他就把刻写了"TT 咖啡"字样的标识牌悬挂在咖啡馆门口。"TT"就是"梯田"的拼音首字母缩写，虽然在工商局注册时这个名字没有得到认可，但他希望简单一些。不知是因为姐姐当时对市场的错误判断还是一时兴起，她同意了前男友一次性运输整整一货车牛奶和果酱到老虎嘴的提议。由于资金链断裂加上与前男友感情破裂，RH 的姐姐决定让弟弟接手这个地方。据说，姐姐的前男友曾是美国国家地理的摄影记者，常年会到哈尼梯田一带取景摄影，正是这样才会与到处游玩的姐姐遇见。

　　RH 的家乡在云南西南部，一家三姐弟里唯有弟弟继承了爷爷的中医学问，留在了家乡的医院里工作。对于 RH，他先后尝试过很多商业项目，其中的一次是计划在家乡承包"山头"开设野战俱乐部，无奈因为产权不清的问题中途放弃，虽然没有亏损却也耽误了不少宝贵的时间。吸取了这一次经验教训，RH 的姐姐让他到元阳接管咖啡馆时，他就认准了权责关系一定要分明这一关键保障。当得知咖啡馆这个经营场所的租赁合同是与 SY 公司签的时候，他就更加放心。与此同时，他希望公司能够承诺他要求的特许独家经营权。

　　RH 想要求的独家经营权是难以实现的。在老虎嘴梯田的规律生活使 RH 忽然觉得自己像"隐士"一般。尽管如此，他还是不可避免地要与附近的村民打交道。每逢节假日，附近的勐品村民多半会用篮子背负着矿泉水、芭蕉以及一些批发来的旅游纪念品经小路进入景区向游客兜售。RH 认为他并不十分排斥村民们的这些做法，毕竟 SY 公司也确实需要和村民们处理好关系。不过，有时少数村民到他的店门口"抢生意"不说，还会出口骂他。这就让身为外地人的 RH 更加打消了在此扩大营业范围并与村民合作的念头。

　　RH 凭借他作为收讯者的经验而对作为发讯者的梯田世界的当地村民进行了预判，因为曾经产权不清的问题而造成的负面影响挥之不去，在到老虎嘴的第三个年头里，RH 依然不敢轻易相信自己能够与周边村民进行愉快的合作。在他看来，不轻易建立合作关系就是保持理性的一种表现，但这种所谓的理性事实上是以牺牲稳定的交往关系为前提的。由于对村民缺乏信任，RH

未曾想过村民所持有的彝族文化可以为咖啡馆营造出一个新的符号。他并未意识到,在店里帮工的彝族女孩身上穿着的绚丽服饰与他精心摆放在木格子里的"多肉"陶罐事实上正混搭出一种另类的场域,而这种新的奇特混搭足以使游客见证地方与世界的交流与交融。

在这里,人们所谓的理性似乎不断走向了交往关系的确立以及文化的交流交融的对立面。"对于理解人类文化生活形式的丰富性和多样性来说,理性是个很不充分的名称。但是,所有这些文化形式都是符号形式。因此,我们应当把人定义为符号的动物(animal symbolicum)来取代把人定义为理性的动物。只有这样,我们才能指明人的独特之处,也才能理解对人开放的新路——通向文化之路。"[①]

在一次聚餐中,KX 回忆了十多年前先后陪伴外国专家到元阳进行通信技术指导的故事——挪威专家到了元阳后,吃饭成了最大的问题,因为他不放心熟食特别是肉食的加工,并且也不愿意接受当地人的陪伴;而法国专家则完全没问题,非常容易相处,吃喝都与当地工作人员在一起,工作态度也很认真……说完这些故事,KX 话锋一转,对着在多依树一家客栈担任大厨的侄子交代,有空多走出厨房,多跟顾客打打交道,既可以了解自己菜的口味便于提高厨艺,同时还可以借机推介梯田菜品的独特文化。对于如何证明菜的"文化性",KX 认为可以从以下几个方面展开,包括这种菜有什么功用、这种菜只有元阳才有以及这种菜在梯田传统里有着什么样的故事,不管是哈尼族还是彝族故事都有利于让对方更多地了解梯田文化。最关键的是,KX 认为通过这样一些交流,他的大厨侄子一定可以通过增长见识而更好地提高自己。

以适切的语言交流为基础,以适切的方式推动交往的顺利进行,是由景观标识等各类文化书写及文化呈现形式协助人们敞开世界的过程所相伴的。戴尔·海姆斯提出"说话民族志"(Ethnography of Speaking)的概念,重点在于关注人们要具备什么样的知识才能在某个言语社群(speech community)中进行适切的语言交流。各种不同的语言原本在理论上应当处于平等的地位,然而语言的使用方式其实与语言间的相关关系密不可分,并且使用一种语言

[①] [德]卡西尔:《人论》,甘阳译,上海译文出版社 2004 年版,第 34 页。

作为文化的标识：哈尼梯田景观符号研究

也就意味着这种语言与其他语言之间潜在的竞争关系。[1] 希尔弗斯坦将语言人类学中的"语言意识形态"解释为"让某种语言的结构及其使用合理、合法的一系列语言信仰"[2]。当我们将眼光放诸哈尼梯田世界里进行检视之时，会发现对于哈尼梯田的村民而言，随着他们与来自外界的多种类型人群的交往经验增多，他们已经开始有意识地广泛培养一种对外交往的能力，他们越来越注重以对方能够听懂的语言以及说话方式来解释梯田的一切。当然，如果将村民们的这种努力视为一种以更深层的文化交流换取他者了解梯田文化的期望的话，那么此时他们对非本族语言的其他语言的使用也可以被视为一种让自己对某种语言的使用变得合理的行为，目的在于尽力通过平等交流赢得尊重。这些探寻适切的交流与交往的做法，其实是有助于交往关系的确立与稳定的。

然而，通过搭建稳定的交往关系从而走向文化之路充满曲折与挑战。与他人的交流有待于我们对符号的使用，有待于我们的符号自我发展得以建构，也有待于交往关系的构筑。TT咖啡的个案表明，交往关系的不稳定性，引发了更多的不确定，从而使景观标识的设立面临着更多更复杂的难题。尽管有人认为，人在社会中虽然有自己的意愿，但并不能真正完全对自己的言行负责，因为有一种无形的社会力量（即"合力"）在控制着历史结局和社会后果，从而产生不确定性。如果以此曲解"无主体性"，将语言的"惯习"提升至超越了人的主体性的地位，那么不确定性便失却了它本来可以滋养人类创造性的重要特征。对于沃勒斯坦而言，如果一切行动都落入确定性，人们就会陶醉于各种激情和追求利己主义。如果一切事物是不确定的，那么未来就向创造力敞开了大门。[3] 由于人们的创造力在梯田的各个角落里闪烁着迷人光芒，虽然交往关系尚处于不断的搭建之中，交流的符号化却在各种不同人群的互动中日渐明晰化，交流的符号化发展趋向在景观标识的视角下展露无遗。

SY公司一直以来最为苦恼的几个问题包括整个景区找不到比较合适的地点来统一推介哈尼文化以及彝族文化，更不要提专门以标识系统推动游客对

---

[1] Dell Hymes, *Ethnography, Linguistics, Narrative Inequality: Toward an Understanding of Voice*, London & Bristol: Taylor & Francis, 2004, p. 211.

[2] 纳日碧力戈：《语言人类学》，华东理工大学出版社2010年版，第173页。

[3] Immanuel Wallerstein, *The end of the world as we know it: Social Science for the Twenty-First Century*, Minneapolis: University of Minnesota Press, 2001, p. 4.

梯田文化的深入理解。"只有碰到某些节日时,可能会临时性地在游客中心进行解说介绍。"景区公司的工作人员非常肯定地指出,公司的文化产品暂时没有开发得很好,但文化产品的开发肯定是需要的,因为"大家都来看梯田,可能会产生厌倦,就开始想要了解这里的文化"。这些朴实而坚定的想法揭示着"内"与"外"两类人群互动时交往关系中的种种不确定性以及交流意愿的确定性。

阿道司·赫胥黎说,了解得越多,看到得越多。随着对对方文化的了解日益深入,自然能够在与别人看到同样景象的同时,挖掘不同景物所包含的深层文化内涵,进行理解甚至复述出来。哈尼梯田的景观标识有必要将收讯者类型以及交往关系的不确定性纳入分析视野,用以推动更进一步的整改工作,从而协助收讯者更好地在看到不断变化的梯田世界之时,建立起相应的文化理解从而收获欢愉。

三 "中间人"的个性化阐释

在梯田世界的变化之中,信息传递所面临的不确定性挑战还在于梯田世界里不断涌现出新的文化交流中间人以及他们充满个性化的文化阐释。"中间人"竭力用自己的方式进行信息传递及文化阐释,以此弥补景观标识的缺位或是不足,然而"中间人"的阐释却具有个性化的特点。

人们是在表达观点的过程中学习沟通的。[①] 对于一般人而言,哈尼族表达观点的任务似乎都被哈尼男人包揽了下来。一次,在大鱼塘无意中遇见编制竹背篓的村民张大哥时,他用下巴指向刚刚放牛回到家的大嫂,告诉笔者:"她就是真正的哈尼族了,不会说话!"张大哥所谓的不会说话,是指大嫂不会用汉话交流。张大嫂是箐口人,几十年前嫁给了大鱼塘村的张大哥,生有一儿两女,现在儿子、儿媳以及孙子一家三口在个旧生活。张大哥说,他编的背篓如果等镇上赶集的时候拿去卖,大概可以卖到一百元钱左右一个,他一般两天时间可以编好一个。而后,当笔者与箐口村的MZ闲聊时则发现,MZ认为竹背篓不可能卖到一百块一个,顶多五十元就可以买到比较好的背篓,而且真正编起来的话,一天就能编出一个。新街镇的集市上,竹背篓依

---

① [法]奥利维耶·阿苏利:《审美资本主义》,黄琰译,华东师范大学出版社2013年版,第17页。

作为文化的标识：哈尼梯田景观符号研究

大小、手艺、产地的不同，售价在20—50元浮动。这次小小的意见分歧很快使笔者注意到更多的类似个案，在这些个案中，村民努力表述着他们各自的不同观点。当越来越多的生动故事汇聚在一起时，笔者不得不发明"勤奋的代言人"与"焦虑的求知者"这两个称谓用以说明村民们尽力表达自己的理解的情形。

正当哈尼梯田现有的景观标识呈现出无法满足不断扩大的游客要求的问题，维系"内"与"外"两类人群互动的交往关系不尽成熟之时，人们对深入的面对面交流的具体做法是处于不断探索中的，活跃于其间的是文化交流的中间人。勤奋的代言人与焦虑的求知者以个性化的阐释调整着"内""外"两群人的距离。从学理的意义审视，这恰也印证了涂尔干的断言——"一个群体的内在因素越是纷繁复杂，这个群体就会不断进行自我重组，而这正是其自我更新的源泉。"①

哈尼梯田里大量活跃着"勤奋的代言人"，他们的做法恰如大鱼塘村张大哥以大嫂是"真正的哈尼人"为由将大嫂排除在笔者的直接交流对象之外一样，代言人们通常是将自己替代到直接交流中，并试图抓住一切机遇在他者与村民之间进行"传话"和"代言"。在过去的勐弄土司制度中，有一类特殊的专门负责传话的人员编制，叫作"三伙头"，他们专门负责通知开会、传达信息，村民们还要对他们支付一定的谷子作为报酬。现在梯田里的代言人们未必是为了抽取实物报酬，但通过勤奋的代言，他一定能有所收获。勐品村的MW（彝族，33岁）、上主鲁老寨的LP（哈尼族，37岁）、垭口村的YR（哈尼族，28岁）是这类代言人中的典型。

2016年1月，负责景区最新一批标识制作的WF带着几个朋友到了老虎嘴附近的勐品村，曾经在他的工作团队负责雕刻的MW虽然小学五年级就辍学了，但因为从小喜欢画画所以平时一有时间就到河里捞奇石、到山上寻异木，久而久之家中存下了不少"作品"，MW还为每个作品进行了命名。这一次，以前的老板带来了朋友，MW自然不放过好机会，尽力为这些省城来的潜在顾客讲解自己作品的立意（图5-9、图5-10），当听到有人提出想要看看彝族刺绣时，他立即打电话给附近村里有名的刺绣姑娘，让她带着刺绣过来。未等姑娘开口，

---

① [法] 埃米尔·涂尔干：《社会分工论》，渠东译，生活·读书·新知三联书店2000年版，第38页。

第五章　梯田世界的变化与知识传播的创新

他介绍说白鹇鸟还有几类特定样式的花草是彝族妇女服饰里的常见符号，待被问及其意义时，他一概答之以"吉祥""富贵"。当这些朋友一年以后再次来到勐品村，表示要把车停在村子的停车场再步行到景区里时，MW 从自家房子的建筑浇灌工作里抽身而出，主动表示可以陪朋友们到景区走一走。他带着这几个朋友抄小道直接进入了景区，并不断表示："你们是我的朋友，就像家里人，哪里有家里人进自家的地里还要掏钱的。"他并不知道，这几个朋友早已购买了景区的门票。只不过，MW 的"善意"考虑确实也打动了朋友们。

图 5-9　展示和介绍自己的"作品"　　**图 5-10　为自己的作品制作的"标识"**

2016 年 4 月，当笔者来到上主鲁老寨时，坐在家门口的 LP 看到笔者对着村子大水井上刻写的汉字拍照，便主动上前招呼我到家里坐一坐，喝口茶。LP 在明白了笔者的身份之后坦言，他原以为我是记者，本来还想带笔者看看家屋背后那面土墙——虽然听村里的人说了，要是他家可以改建成石墙，那么政府可以补贴一万，但是他实在没有能力了，可如果不把挡墙修好，墙上方的道路还有路另一侧的其他邻居可能会有塌方的危险。言归正传，LP 开始聊起了村里老人们的想法，他说听老人家讲主鲁的历史不短了，但是前几年里相对箐口等梯田名片，主鲁的基础设施比较落后，这一年主鲁终于迎来了改造工程，现在路修好了，老人家心里可高兴了，觉得自己的家乡不比别的地方差。在 LP 的话语里，主鲁所经历着的迷茫而朦胧的蜕变呼之欲出——作为一个有着三百年以上历史的哈尼村寨，不知在不久的未来，主鲁将会迎来怎样的历史底蕴的挖掘之旅。

2017 年 4 月，当笔者结束了在垭口村的调查与观察任务，正驱车从蜿蜒陡

作为文化的标识：哈尼梯田景观符号研究

峭的山路上赶回勐弄时，微信"联系人"一栏出现了一个新的好友申请。经过了解，才知道这位 YR 是当时和我一同在村口围观县里来的工作队如何展开精准扶贫工作的年轻村民。YR 热情地表示："我们垭口村就像睡着了好久的人，现在正在苏醒。欢迎老师你经常回来看看，我们哈尼人是很简单的，也很希望你多帮帮我们垭口村，让更多人晓得我们这里有片奇特的梯田。"（图 5-11）这片美丽的梯田有两个名字，一个叫"时光隧道"；另一个叫"大鹏展翅"。前一个名字正是攀枝花乡政府新的标识语中提及的穿越时光的所指，后一个名字则更多出现在一份流行于梯田客栈的梯田摄影点手绘地图里（图 5-12）。顾名思义，这是依山形坡度展开并由中间凸起的山脊紧紧相连在一起的两片卷曲的梯田。发生在箐口至坝达、多依树和阿者科范围内的显著的梯田旅游热也让相隔数十公里之外的垭口年轻人看到了自己家乡闪耀的希望。

图 5-11　被称为"时光隧道""大鹏展翅"的垭口村梯田

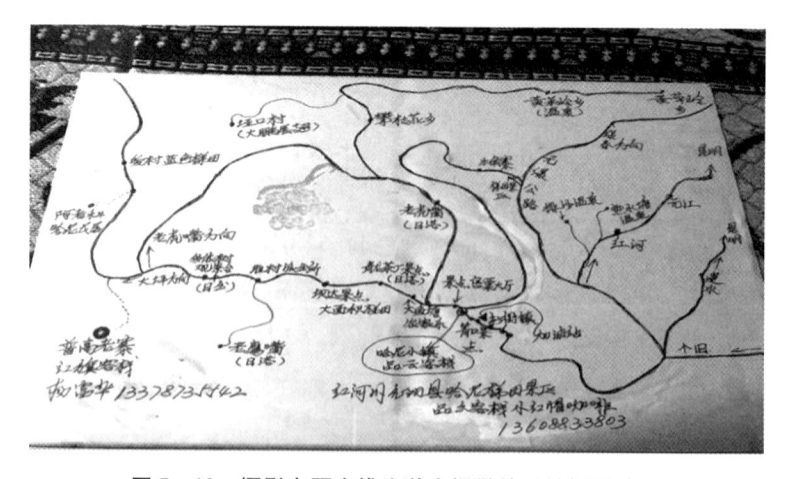

图 5-12　摄影主题客栈为游客提供的手绘摄影地图

第五章 梯田世界的变化与知识传播的创新

德国学者李峻石指出，各族群往往借助于可见的区分标志而建立起沟通体系，这些标志覆盖面极广，从服饰到装饰到家庭状态再到族群归属，甚至院子里的动物也有象征性意义。[1] MW、LP 以及 YR 的故事更表明了区分各族群的标志的范围之广泛。在这几位"勤奋的代言人"眼中，自己民族、自己村寨的一切都暗含着这样一些区隔标志，只要自己尽力讲解、努力阐释，就可以帮助外来的客人们更有效地增进对自己民族和自己村寨的了解。与此同时，"勤奋的代言人"个性化的阐释可能还指向了"村落权威的再生产"。当传统、国家、市场等多种力量"以具体的人和事物再次交织于具体的社区场景活动中时，行动者很可能策略性地运用结构性资本，在这里，权威得到了再生产，社会力量也进行了再生产"[2]。

"焦虑的求知者"是另一类活跃在"内""外"人群之间的"中间人"。他们由于高频率地活动于两个群体之间，故而不论是对内或是对外都表现出较为强烈的个性化的求知欲望。以 LY 为例。LY 在村委会工作，经常要进行上传下达、沟通内外的工作。LY 既需要与村民打交道，在传达各项信息之余可能还要为村民们树立把握时代信息的榜样；此外，LY 的日常工作还要求他与外来他者打交道并协助他们解决各类在梯田里遇见的问题，因此，LY 经常作为"报道人"对村寨的发展状况进行呈报。2016 年上半年，村里经常停电，每每停电，他总会相应地在微信朋友圈中表达焦虑。事实上，这种焦躁不安并非仅仅是停电而带来的生活不便引起的，这种焦虑更多地映射出 LY 了解外界的渴望。相对而言，此时进入村中游览的游客就并不为停电所烦闷。因为，对于游客来说，进入哈尼梯田可能主要是来审美和休闲的，也就是说游客进行的是非功利性的活动，因此了解哈尼梯田这个世界或许也就并没有成为他们的首要目的。当然，非功利性的诉求是以功利性的诉求在别处已经得到实现为前提和基础的。从这个意义而言，游客并非景观标识唯一的服务对象，在哈尼梯田的文化交流场景中，地方村民因在特定问题上具有更多了解外界的意愿而成为新的收讯者。

代言人与求知者未必只来自梯田里的村民群体，他们也可能来自外来的

---

[1] ［德］李峻石：《何故为敌——族群与宗教冲突纲论》，吴秀杰译，社会科学文献出版社 2017 年版，第 18 页。

[2] 何明、陶琳：《村落权威再生产的人类学分析》，《思想战线》2008 年第 3 期。

他者群体。代言人与求知者所归属的群体具有较大的浮动性。不同族群之间有常规性的转换形式,至少对于熟知当地文化、知道如何操纵和利用规则的人而言,族群归属是可以转换的。① 因此,当收讯者类型的不确定性以及交往关系的不确定性带来理解不完善、交流不深入等难题时,哈尼梯田里的代言人与求知者虽然在进行文化阐释时也存在谬误或偏离的问题,但总体上他们往往成为有力的问题缓解者。

要达成一种身份认同,仅有愿望是不够的。当人们要融入更大的单元时,理性就会以不同方式出场。② "代言人"与"求知者"进行的个性化阐释寓意着理性的出场、创造力的登台,他们服务于不同人群以确保这些人对梯田文化有所了解与理解,在此过程中,他们也促进了各类人群间的相互理解。此时,理性不再站在文化交流与交融的对立面,而开始为克服不确定性以及稳固交往关系服务。

第三节 梯田知识传播的创新原则

景观的变动不居决定了呈现梯田景观的困难,决定了景观标识引导游客对梯田景观进行认识、理解与欣赏的困难。梯田世界的复杂变化也决定着知识在生产与传播过程中不断面临着延时性与不确定性的影响。针对这些困难,哈尼梯田的文化信息传递、梯田知识的传播需另辟蹊径,征用与超越梯田本土知识、拓展梯田知识接受路径并克服梯田知识生产的困境,因而成为关键的知识传播创新原则。

一 梯田本土知识的征用与超越

景观标识在实质上就是采用多种方式传播本土知识。人们其实是依照自己的观念有选择地对信息进行甄选并不断利用这些信息构成自己的知识体系与价值观念的。演唱哈尼古歌的贝玛这样唱道:"祖传的古经,是真的我没亲

---

① [德]李峻石:《何故为敌——族群与宗教冲突纲论》,吴秀杰译,社会科学文献出版社2017年版,第12页。
② [德]李峻石:《何故为敌——族群与宗教冲突纲论》,吴秀杰译,社会科学文献出版社2017年版,第25—26页。

第五章　梯田世界的变化与知识传播的创新

眼见过，是假的我说不清，我把先祖的古歌传给后人。"从表面看，信息的真假并不是歌手们传播知识与否的考量依据。但事实上，根据《哈尼阿培聪破破》一书的后记，在史军超请哈尼歌手朱小和着手迁徙史整理的过程中，朱小和的演唱将那些针对汉人的记恨情节内容一两句就带过，直到后来他的疑虑被打消后，才把细节补充完整，从中足见人们对于任何信息都不是不加筛选地一味传递出去。因而，并非所有的哈尼梯田本土知识都一定在景观标识中得到呈现和解说，当然，收讯者更未必全盘接受景观标识中的所有梯田本土知识。换言之，通过景观标识传播梯田本土知识，也就意味着对梯田本土知识的征用与超越。

征用本土知识，即在传播知识时做到对本土知识的尊重。通常情况下，征用本土知识相当于征用了一套非正式规则。杰克·奈特（Jack Knight）曾论证过非正式规则与正式规则的关系，指出非正式准则"通过提供有关社会行为人预期行为的相关信息"而稳定社会预期并构建社会生活。非正式规则的有效性取决于社会行为人在多大程度上相信遵守这些规则是符合他们自身利益的，若行为人的自身利益驱使他们直接违反规则，或者试图去改变规则，那么此时非正式制度的稳定性就会受到威胁。正式制度是基于非正式规则而设计和创立的，一些时候正式规则的确立是作为"稳定或者改变现行的非正式规则的一种手段"；而有的时候，则是为了规范某些缺乏非正式制度框架的社会互动行为。[①]

然而，征用梯田本土知识并不等于照搬梯田本土知识而不考虑收讯者的知识接受逻辑。照搬本土知识往往会引起各种形式的语言谬误。2017年10月，元江羊街乡计划举办以"（阿郎邦克）梯田人家'喍奢扎'"为主题的罗槃王实景演出。相关活动安排很快在"玉溪风清花腰王子"等微信公众号中得到大力推荐，然而很多订阅者事实上却并不清楚"喍"字作何解。活动主办方在一定程度上自信地认为，将这个与庆祝丰收有着直接关联的节日，根据发音译写为生僻而拗口的"喍奢扎"，则更能够彰显其深刻以及特殊的意义。然而，"喍"（chái）字意为"狗露齿欲咬人的样子"。如此一来，原来欢迎各族人民到梯田里欢度佳节、共庆丰收的良好愿望就因为自以为是的表述而戏剧性地、颠覆性地生出了"恶犬露出牙齿准备咬人"的尴尬意味。

[①] ［美］杰克·奈特：《制度与社会冲突》，周伟林译，上海人民出版社2009年版，第178页。

作为文化的标识：哈尼梯田景观符号研究

照搬知识导致的语言谬误并不仅限于景观标识。云南大学民族学硕士在胜村对孔姓彝族进行调查时，发现孔家 2004 年第一次为祖坟立的墓碑上错将在全球孔姓排序第六十几代的字辈"闻"刻写成了九十几代的字辈"文"。对此，孔家人是这样解释的——当时立碑是从彝语音译过来的，"文"字巧合地与孔姓九十五代的字辈一致。待 2007 年修家谱时，族中长者才发现这相差很大的两代人的字辈不可能一样，所以家谱上只好根据汉语同音的规则将六十几代的字辈"文"改写为"闻"并以此进行区别，所以，如果先看过家谱再看墓碑就会认为一定是孔家人搞错了。① 笔者曾经参加过孔家 2016 年清明节祭祖活动，浩浩荡荡的祭祖"队伍"俨然表明这是一个庞大的家族。字辈的混乱看似"尴尬"，一旦"非正式"的谬误得到正式阐释或者正式校准，我们就需要认识人们这样做的目的在于将其影响最小化。这种行为可以被理解为知识生产以及信息传递惯习中的小插曲，但不容忽视的是非正式走向正式的相应问题。对于共同祖先的记载与记忆，服务于正式的家族历史知识谱系的生产。若"照搬"的惯习有悖于此，则将被人们有意识、有选择性地加以改变甚至超越。

在民族旅游场域中，本土知识得到征用后又在被阐释的过程中获得超越是景观标识进行知识生产以及知识传播时必须面对的问题。十余年前，有学者基于文化表达的分类（分为物化方式和非物化方式）指出，当实物可以进入博物馆获得收藏保存之时，非实物的内容则只有经过收集整理形成"数据库"才能保证有效的存留。大尺度的自然景观不适于单纯的以"观"为主的旅游方式，因此，可以在民族历史传说等基础之上，由旅游者扮演某种角色完成某种主题游戏旅游。② 将文化更好地融入旅游已经成为从一般民众到学者的广大人士所拥有的共同心愿，实现融合的目的不仅在于有效促进并实现经济利益，也不只在于提升旅游活动的内涵，更多的还在于确保文化知识透过丰富活泼的旅游形式得以传播与保存。

传播梯田本土知识时，实现对梯田本土知识的超越即特定意义的知识再生产所表征的是人们隐喻性的思维方式。由于人类的思维过程在很大程度上

---

① 访谈人：X 区，男，土家族，云南大学民族学硕士；访谈时间：2016 年 4 月 2 日；访谈地点：胜村。

② 李伟：《文化边缘地带旅游业的发展选择》，《民族研究》2004 年第 2 期。

第五章　梯田世界的变化与知识传播的创新

是隐喻性的，隐喻使人们采取一种经验来理解另一种经验，以至于可以帮助人们部分理解那些无法完全理解的事物。① 无法帮助人们进行理解的隐喻通常表现为特殊的标识信息表述形式。比如，哈尼梯田的旅游标识将"贝玛"译为"Beima""Pema"，这两种译法都并不会促成人们对宗教祭祀人员的理解。基于此，非常有必要在超越本土知识时对隐喻转换进行解释。唯有如此，直指民族文化内涵的隐喻式知识的传播才能得到较好的处理。以下以"寨神林"为例。

  根据箐口民俗村村口的标识牌，"位于寨子上方的寨神林是哈尼族一年一度为纪念除魔英雄而举行祭祀活动的场所"；而在箐口村旅游路线示意图中，却还出现了"龙树林"的称谓。"寨神林"与"龙树林"是否指向了不同的文化事象呢？其实，"祭寨神林"是重要的哈尼节日"昂玛突"的一项重要祭祀活动，而且"祭寨神林"目前已经成为国家级非物质文化遗产保护代表性名录项目。加之"昂玛突"本身是祭祀寨神的意思，按此逻辑，标示哈尼村寨过昂玛突节日时进行祭祀活动的树林为"寨神林"即可，也应该是可以为游客所理解的。②

  "龙树林"的说法之所以出现，与"昂玛突"被错误理解为"祭龙"有关，主持祭祀活动的"咪古"被误称为"龙头"，寨神林也被误称为"龙树林"。人们对这些活动进行"以汉文化之己度哈尼文化之人"式的理解，以为龙是神圣的，因此这类祈求神灵保护的仪式便是与龙有关的。事实上，哈尼族在神林里祭祀的并非"龙"，而是哈尼族神灵一般的祖先。③ 出生于堕脚村的哈尼歌手曲艺阿旧对此也有自己的看法。他指出，一些学者把"昂玛"视为"力量之神"也是错误的，"力量"一词的哈尼语发音与"昂玛"中的"昂"发音显然不同，"昂"表示"猪"，"玛"表示"母的"。当然，阿旧也不认为"昂玛"就是简单的"母猪"

---

① 乔治·莱考夫、马克·约翰逊：《我们赖以生存的隐喻》，何文忠译，浙江大学出版社2015年版，第3、193、236页。
② 郑佳佳：《通往文化消费空间的地名——红河哈尼梯田核心区地名标识的人类学考察》，《北方民族大学学报》（哲学社会科学版）2017年第3期。
③ 马翀炜、刘金成：《祭龙：哈尼族"昂玛突"文化图式的跨界转喻》，《西南边疆民族研究》第16辑。

作为文化的标识：哈尼梯田景观符号研究

的意思。尽管他的家乡就用黑色母猪作为寨神林里的祭祀品，他认为"昂玛"一定隐喻着村寨保护神的名字，这与创世神话中的说法相符。①

在维特根斯坦看来，正是由于语言，人类的社会活动才成为可能。一切活动都可以被视为语言游戏。所谓"语言游戏"，意即我们的语言是按照一定的规则在一定的场合中使用的活动，语言、规则和使用的活动就是它的基本要素。语言在使用中才有意义，语词的意义就是它的用法。② 孔家的墓碑及家谱揭示着，家族史的生产与再生产都是为了服务于孔家的凝聚力。哈尼梯田景观标识所进行的知识传播服务着远远大于当地人的社会群体，标识系统传播和再生产的知识也将成为这个分类日益多样化的人群之间的交往基石。深入考察哈尼梯田景观标识对梯田本土知识的征用与超越，需要更进一步地从人们对知识接受路径的理解及探索实践出发。

二 梯田知识接受路径的拓展

哈尼梯田知识传播的实现有赖于对知识接受路径的拓展。拓展知识接受路径即提升所传播知识的可解性（making sense）与可索性（being involved）③，可以化解知识受众实现文化理解过程中的重重困难、可以遣散知识受众接收特定知识时的陌生感和疏离感。拓展知识接受路径即确保景观标识协助外来他者等收讯者在知识的理解、文化的认识的基础上获得参与感与融入感。

"一样东西可以被理解的时候，你就会有参与感。一样东西如果无法理解，你就会觉得很疏离"④，缺乏地图、标牌等文明标识的引导，人们就会像

---

① 根据《窝果策尼果》，"昂玛"是寨神的名字。参见云南省少数民族古籍整理出版规划办公室《云南少数民族古典史诗全集》，云南教育出版社 2009 年版，第 495—505 页。
② 张志伟：《从维特根斯坦的"语言游戏"说看哲学话语的困境》，《中国人民大学学报》2001 年第 1 期。
③ 美国学者卡普兰夫妇（Stepehn Kaplan & Rachel Kaplan）认为，人们致力于从自己所处的环境中提取信息，既从其中寻求意义又使自己参与其中。因此，可解性与可索性成为衡量景观质量的重要维度。参见 Rachel Kaplan, Stephen Kaplan, *The Experience of Nature: A Psychological Perspective*, Cambridge: Cambridge University Press, 1989. 在这里，可解性与可索性也得以发展，成为景观标识的重要特性。
④ 原文为"When a thing is intelligible you have a sense of participation; when a thing is unintelligible you have a sense of estrangement."参见 E. F. Schumacher, *Small is Beautiful: Economics as if People Mattered*, New York: Harper & Row, 1989, pp. 89 – 90。

是步入了陌生的不毛之地，这里的一切都变得毫无意义。从这个角度而言，良好理解的实现需要切实可行的知识接受路径。现实中，公共标识与旅游标识虽然在有意和无意之间指向了文化事象的阐释并进行着文化信息的传播，但依然难以满足外来者进行文化释读的需求。原因既在于其多以平面静态的方式所进行，也在于现有的景观标识中表述错误过多的事实，这些不争的事实直接抑制着哈尼梯田知识传播的可解性与可索性。通过建设民俗村、将游客引向村民的日常生活空间与场景，又通过集中的有意的文化展演，可解性与可索性的疏落将得到有力补充。若没有村民日常生活的呈现以及专门的文化展演配合，景观标识是难以真正实现信息传递以及知识传播的——以指路标识为例，表面看导向标识的设立似乎并不困难，似乎只要做到"逢岔必标"就好，但事实上远非如此，不同的方向将会带给人们不同的旅游体验，深藏在简单的方向标识之后的是对不同的梯田文化内容、不同的梯田知识的指示性区分及提纲挈领式的标记。

事实上，力图彰显哈尼梯田文化特性的景观标识作为一种知识传播乃至知识再生产的系统，同时也被作为文化拥有者的村民所认识着。只不过，认识终究是一个长期的过程，人们在对特定事物展开认知的过程中，常常以自己熟悉的概念或事物对之进行替换。比如，参与了2014年批次景观标识制作的勐品彝族村民在回忆起这项工作时，依然习惯性地将之笼统称作"垃圾桶"，原因是所有这些标识设备中她最熟悉而且也最贴近其生活的部分就是垃圾桶。

经过十余年的接触与观察，村民开始接受哈尼梯田核心区不断涌现的各类标识特有的信息传递、知识生产与传播等模式。村民们贴在家中墙壁上的合影有很多就以图腾广场、民俗村等地的各类标识作为背景，这也表明了在漫长的认识梯田世界变化的过程中，由他人所协助搭建的梯田符号正不断获得内部与外部的认同，并再生产着村民的梯田知识。

图5-13中，到箐口村卢家参加婚礼的外村亲戚在陈列馆门前的"日月盘"前合影，此后他们沿着村内旅游小环线前行，在水碾、水磨、水碓及一旁的溪流边进行合影；图5-14中的两名哈尼族女性来自红河县阿扎河乡，她们是被逝者外嫁到如意大寨的女儿专门请来在箐口村父亲的丧事上表演的。她们在箐口村图腾柱合影。左边的女子先后到中国台湾、中国香港、荷兰等地表演，她专门印制了"国家级非物质文化遗产代表性传承

人（哈尼多声部民歌）"的个人名片。

图 5-13 箐口村合影一

图 5-14 箐口村合影二

村民试图以外部世界能够理解与参与的方式实现对梯田知识的传播成了创新哈尼梯田世界中梯田知识传播时所附带的新的梯田知识生产。有趣的是，若我们将村民作为哈尼梯田世界里信息传递及知识传播的服务对象，则会发现同样的逻辑，即拓展知识接受路径的必要性。以下为"元阳商城"的案例。

元阳县通过"元阳商城"平台大力推进梯田红米品牌化的过程中，工作

第五章　梯田世界的变化与知识传播的创新

团队有意做一个大胆的尝试——以众筹方式拉动外界人士对梯田的认知和归属感，届时人们可以通过安装在梯田边的高清摄像头，实时掌握自己"入股"的梯田里红米的生长状态。对于这种嫁接现代科技与通行的融资方式的计划，元阳县旅投公司的负责人十分有信心，他说当这类众筹成功推出，其意义就像是达成了梯田世界里常见的"牛亲家"关系。这个提法是有渊源的。哈尼族一般生活在半山上，傣族生活在山脚，相互之间有一千米的海拔差。栽种稻谷的时间是错开的，傣族是农历2—3月，哈尼族是农历4—5月，因此耕牛的使用就可以错开时间。这种山上山下结成的牛亲家关系一代代传了下来，保证了民族间的来往与和谐。"只要城里人'认领'了梯田，和梯田里的老百姓结为'亲家'，我们就会预支给老百姓一部分钱款，使他们有信心栽种红米。那么换句话，通过众筹，过去卖不出去的米和鸭，现在还没开始就已经直接给人预定了，这样就为老百姓提供了保障……如果我们通过众筹，使外面的人和梯田里的百姓结成这样的关系，那么就使得梯田产品的附加值提升，年轻人也就未必出门打工了。这实际上也解决了梯田的保护问题。"[①]

"走出去""请进来"是近年来元阳县借梯田旅游的发展与便利不断探索出的未来发展方针，既要邀请世界各地的人民深入到梯田世界、与梯田民族交朋友，同时也要将梯田里的"宝贝"送到世界各地，使之成为名副其实的梯田符号。在元阳县对梯田红米"走出去"的未来工作构想中，这种特别的众筹计划有着天然的有利条件：一方面梯田是文化遗产以及农业遗产双遗产，另一方面现代人普遍存有得到最好、最原生态的食材的希望。梯田稻作系统的"全球重要农业文化遗产"标签本身就意味着哈尼梯田的产品得到了认定，达到了绿色生态的标准。既然一方有需求，而另一方有产品，那么就已经构成了合作的条件。

2017年以来，元阳县委、县政府赋予了"请进来"更加多元化的内容与意义，被请到元阳梯田里来的不仅仅包括外面世界的人，也包括外面世界的产品、信息与思想。换言之，"请进来"的思想使得外来游客不再是标识系统唯一的服务对象和收讯者，生活于元阳县各村寨内的广大民众也开始变成了扩大化的服务对象和收讯者。

村民在哈尼梯田标识系统中身份的丰富表明了村民将越来越多地成为梯田

---

① 访谈人：XD，男，哈尼族，1978年生；访谈时间：2016年5月25日；访谈地点：元阳会堂。

作为文化的标识：哈尼梯田景观符号研究

旅游开发的直接受益者。服务于村民的"请进来"的实际做法是，元阳商城计划在全县 14 个乡镇设立"电商服务站"。服务站既要售卖生活用品，提供快递收发服务，同时也作为农产品销售体验中心得以运转。在元阳县的预设蓝图中，元阳县将用向村民收购来的红米统一置换外地的食用油并将油品放到服务站进行低价售卖。在食用油之外，服务站网络还将到生产商那里直接买入村民常用的生活品，保证产品价格不超出市场标价。届时，所有这些产品都将陈放在服务站，村民可以享受网上下单、统一由商城送货上门的服务。

截至 2017 年 8 月底，牛角寨及箐口两个服务站已经开始试营业，红色的服务站门口标有醒目的"××电商服务站"的白色大字，门头的标识牌配有"元阳商城 YUANYANG MALL"的标识。为了配合服务站的推出，元阳商城团队制作了形象有趣的操作示范视频。在工作人员的理解中，用复杂的语言解释操作步骤，远远不会比卡通形式的宣传视频发挥更好的指导和宣传作用。"元阳商城"团队负责人在展望未来发展规划时充满了期待——若元阳县的二十余万微信使用者充分信任服务站，每天只要有一万人下单成交，那么服务站模式就可以很快成为哈尼梯田各族人民不断熟悉并习惯的网购平台；只要保持这种发展方向，那么村民们将会成为电商时代的受益者，成为现代交流平台的参与者，并且通过多种方式而变身为直接面向广大顾客的、真正的梯田产品生产者。[①] 在服务站的兴建案例中，面向村民的可解性与可索性不断露出水面。通俗易懂以及可操作性是面向村民的标识系统所追求的必备品质，实现了这些要求，理解与参与之间才能真正架起桥梁。

不论知识的传播是朝向外来游客或是当地村民，提升知识的可解性与可索性从而拓展知识的接受路径是促使信息传递、知识传播迎来创新的有力保障。可解性、可索性与景观标识信息的传递以及知识的传播紧密相连。若是知识接受路径无法得到积极拓展，知识受众无法从中获得参与感及融入感，知识的传播也不过只是空谈而已。

引导并帮助游客对梯田知识进行接受是保障景观标识的设立转化为文化书写以及知识传播（再生产）行为的动力所在。促进村民在理解与接受外部知识的基础上再生产梯田知识是深化景观标识文化书写以及知识传播积极影响的努力方向。

---

① 访谈人：XQ，男，30 岁；访谈时间：2017 年 7 月 31 日；访谈地点：哈尼小镇。

三 梯田知识生产困境的克服

对于作为文化景观遗产的哈尼梯田而言,梯田知识的传播需要克服人们仅能看到却无法看见的知识生产困境。一直以来,"如何看待世界"以及"如何思考自身看待世界的方式"都并不是可以混为一谈的问题。[1] 人们致力于同时记录与讨论这两个不同问题。这种尝试比较集中地保存在民族志之中。民族志研究者试图了解特定文化的全貌,"没有特定范围的资料搜集"使得民族志扩展了我们关于人类多样性的知识,同时为解释人类行为与社会生活的普遍原则提供了基础。[2] 对于人们如何看待世界以及人们如何思考自身看待世界的讨论需要借鉴人类学家建立联系(establishing correlations)的研究方法。[3] 本着"建立联系"的知识生产诉求,"看"与"看见"也将被定位为哈尼梯田世界知识生产的两个端点,信息要获得较好的、准确的传播,需要克服知识生产的困境,保证收讯者既"看得到"又"看得见"。

福斯特(Hal Foster)严格区分 vision(视觉)与 visuality(视觉性),虽然二者都属社会和历史的建构,但总体上前者与自然感官相联系,后者具有强烈的社会事实的特征。因此,vision 更多的是指"看见/没看见",而 visuality 则意味着"可见性/被看见的可能"。[4] 换言之,仅仅具备可见性还不足以为然,在能够被看见到被看见之间还存有时间距离以及对象差距。所谓对象差距,就是说"能够被看见的"以及"最后看见的"之间的差距。更进一步地说,"能够看见"与"被看见"的区别意味着一种选择的机制。[5] 英国地理学家阿普尔顿(Jay Appleton)早在 1975 年发表的《景观体验》(*The Experience of Landscape*)一书中就以"能够看而不被看见"作为概念基础,提出"眺望—藏匿"理论(the prospect-refuge theory),旨在以适切的符号系统在美

---

[1] [英]安东尼·伍迪维斯:《社会理论中的视觉》,魏典译,北京大学出版社 2009 年版,第 1—2 页。

[2] Conrad Phillip Kottak, *Cultural Anthropology: Appreciating Cultural Diversity*, Columbus: McGraw-Hill Education, 2011, p. 51.

[3] "建立联系"的方法主要包括两个步骤,首先要在区别普遍性与特殊性、区别文化形式与文化事实的基础上对研究社区的各类社会现象进行分类,其次就是根据各类研究发现的事实形成特定结论。参见 E. E. Evans-Pritchard, "Introduction", Robert Hertz, *Death and the right hand*, trans. by Rodney and Claudia Needham, Oxon: Routledge, 2004, pp. 12–13。

[4] Hal Foster, eds., *Vision and Visuality*, Seattle: Bay Press, 1988, pp. 1–2.

[5] 高丙中:《海外民族志:发展中国社会科学的一个路途》,《西北民族研究》2010 年第 1 期。

作为文化的标识：哈尼梯田景观符号研究

学理论与具体景观实践之间搭建可能。①

一般而言，文字语言的超时空特征使文字文本变成了一种更宽广的"公共领域"。此时，文本的意义也从作者个人的语言表达中脱离开来，成为一种独立的存在。②哈尼梯田景观标识系统的标识文本由于其面向大众、服务大众的特点而更加获得了"公共领域"的意义。这一基本逻辑也越发决定了哈尼梯田景观标识需要"被看见"。只有被看见，标识文本所承载的梯田文化信息才能达致标识接收者或者说景观标识收讯者的世界。哈尼梯田景观标识系统使得过去主要依靠口耳相传的哈尼文化知识得到了书面形式的传播，并成为一种社会共享的知识。景观标识呈现了哈尼梯田、呈现了哈尼梯田的文化，也呈现了生活在哈尼梯田世界里各族人民的生活方式。

格尔茨早年曾发出呼吁，要求人们坦然面对人类在起居生活中所建构起来的多样生活方式——"我们的邻人既不是火星人，也不是我们自己的劣等复制品……以他人看待我们的眼光那样看我们自己，可能会令我们大开眼界。……置身于他人之中来看我们自己，把自己视作人类因地制宜而创造的生活形式之中的一则地方性案例，只不过是众多案例中的一个案例、诸多世界中的一个世界，却是困难得多的一种境界。"③然而，"看"却不简单等同于"看见"，因为看过之后究竟看见了什么与我们的主观诉求，以及客观对我们的呈现方式有着深远而密切的联系。在某种意义上，客观以何种方式呈现也在较大程度上取决于我们自己。

在普遍意义上，景观标识发讯者（既包括标识设立者也包括标识所涉知识的原生产者即学者）与景观标识收讯者（以外来游客为主）表现出了较为不同的"看"与"看见"的行事逻辑。尽管学者和游客都会受其原本的文化图式影响，但"看见什么"的环境有主动和被动的差别，而且"看见之后"的目的也不一样。发讯者强调"我看、我看见、我认为，大家接受"，收讯者强调"你呈现、我看、我看见你给我看的、我接受你的观点"；前者是为了让他人接受自己的认为，后者是为了接受他人的认为。作为发讯者的学者以及

---

① 参见柯嘉钧《不同景观空间类型之眺匿涵构比较研究》，博士学位论文，台湾国立中兴大学，2011年。
② 韦森：《语言与制序》，商务印书馆2014年版，第248页。
③ ［美］克利福德·格尔茨：《地方知识——阐释人类学论文集》，杨德睿译，商务印书馆2014年版，第19页。

第五章 梯田世界的变化与知识传播的创新

作为收讯者的游客看到的都是被呈现的世界，然而，前者的世界是自然呈现的，后者的则是人为呈现的；学者的看是"主动的看"，看的是自然呈现的世界，游客的看是"被动的看"，看的是人为呈现的世界。在学者那里，看者是主动的；在游客那里，看者是被动的。综其所以，学者等标识设立者的看是知识的生产，游客等标识接收者的看是知识的接受。如果景观标识在传播梯田文化信息与知识的过程出现问题，主要还是知识生产者的问题。当发讯者与收讯者在信息传递与知识传播过程中意义的生发逻辑得到厘清，景观标识"知识生产"的劳动价值也不断浮出水面。

作为文化书写的景观标识本身就是一种知识生产，或者说是对知识生产的再生产。"思想、观念、意识的生产最初是直接与人们的物质活动与人们的物质交往，与现实生活的语言交织在一起的。"① 毫无疑问，生产知识就是获得权力的路径。那么，作为一种特殊形式的景观标识，如果标识的知识没生产好，标识知识的生产者就不能获得权力从而也不能获得收益。此时，制作景观标识的劳动也就变成了低效乃至无效的劳动。事实上，知识若能通过书面语传播，那么掌握了这门书面语言的人就拥有了接触知识文本以及文本原著者之思想的可能，这种可能性使更广大的人群拥有了汲取新技术以及承载于语言之中的文化的权力。一旦作者让社会分享他的知识，那么大众对他的知识的使用就不再取决于他们是否同意了。②

哈尼梯田世界面临的知识生产困境还源于发讯者、收讯者以及村民暂未充分认识到景观标识等符号系统恰是一种知识传播（再生产）的实质。本来，人们已经针对梯田景观这个"初次创作"进行了"二次创作"，即对梯田世界的知识进行再生产，然而景观标识实质上恰是一种文化书写的现实并没有引起人们的注意。人们虽然创造了事物，但却不能认识到是他们创造了这一切，他们像傻子一样对各种事物顶礼膜拜，而看不到自身的创造力……③当前人们尚未赋予传递信息的景观标识以知识生产、知识传播等重要概念手段。概念手段可以"用以分析行动者在行事时在多大程度上了解自己为何如此，

---

① 《马克思恩格斯全集》（第三卷），人民出版社1957年版，第29页。
② Sue Ellen Wright, "Language and power: background to the debate on linguistic rights", *Journal of Multicultural Studies*, 2001, 3 (1).
③ ［美］兰德尔·柯林斯、迈克尔·马可夫斯基：《发现社会——西方社会思想评述》，李霞译，商务印书馆2014年版，第73页。

作为文化的标识:哈尼梯田景观符号研究

尤其是当他们没有自觉地意识到自己对行事缘由的了解,或是在其他情境下缺乏这样的自觉意识时,情况就更是如此"[1]。当命名及分类赋予世界以结构,语言竭力维持秩序并拒绝或压制随机性和偶然性的同时,矛盾性(ambivalence)被体验为一种语言特有的无序,"它在解决难题的同时又在创造着自身的难题"[2]。对哈尼梯田景观标识中知识生产困境的克服将转变为一个发现并运用恰当技术以解决矛盾性的问题。

小 结

旨在协助人们进行文化释读的景观标识面临着呈现处于不断变化中的梯田世界的诸多困难。我们所看到的一切,是被"从什么位置看"以及"用什么东西看"这两个因素所决定。[3] 即便对于人类学家而言,对特定文化的理解也是一个不断上升和深入的过程。长时间的田野调查是必要的,不断融入社区文化内部进行观察是必需的,更何况当地社会也处于动态的发展过程中,这加深了文化理解的难度。

在面对梯田世界时,人们对梯田传承保护的理解需要一定时间以防走向刻板,人们对梯田发展变化的把握同样需要一定时间以防趋于滞后,梯田世界的符号自我处于长期的建构过程之中,这些延时特点都使得呈现梯田文化、传递梯田信息、传播梯田知识的景观标识等符号不足以彰显地方与世界、传统与现代、行动与表征的纽结关系。梯田中不断多样化的收讯者类型以及不确定的交往关系使得梯田文化信息的传播面对更多难题,所幸梯田世界里不断涌现出各种以个性化的阐释弥补景观标识中知识缺口的"代言人"和"求知者",他们正不断发挥着文化交流中间人的积极作用。从根本上说,梯田世界的知识传播要克服延时性及不确定性的影响,必须创造性地实现对本土知识的征用与超越,必须拓展知识的接受路径,必须突破困境从而不断实现梯

---

[1] [英]安东尼·吉登斯:《社会的构成》,李康、李猛译,生活·读书·新知三联书店1998年版,第39页。

[2] [英]齐格蒙特·鲍曼:《现代性与矛盾性》,邵迎生译,商务印书馆2003年版,第1—7页。

[3] [美]克利福德·格尔茨:《地方知识——阐释人类学论文集》,杨德睿译,商务印书馆2014年版,第5页。

第五章 梯田世界的变化与知识传播的创新

田知识的生产与再生产。

景观标识等符号传递着梯田世界的变化信息,同时是与由更多行动主体共同塑造的新的文化空间相匹配的文化书写符号。知识的基础是相像(Resemblance),词语"没有相像,因此无法填补自己的空洞,也不再是事物的标记了",现代知识诞生于断裂之中,因此词语也"不再局限于它的再现性功能"。① 然而,这并不意味着梯田世界的发讯者可以用符号本身替代符号的再现功能。

景观标识若以简单的符号出场并不足以应付旅游场域中因空间的位移而造成的知识的非连续性。当工业社会带来的传统社会的断裂或是消失被人们感知时,人们普遍认定不应该任由事态如此发展下去,于是就要有所作为,提出非物质文化遗产等概念并围绕其运作设置一套系统,目的在于对非连续性的应对。哈尼梯田的旅游场域中,内部与外部两套文化在相互接触与互动时,非连续性是时有发生的常见情形。

景观标识的正确与否就绝对不仅仅是简单的翻译问题,景观标识其实就是建立知识谱系,从而帮助标识设立者、游客以及村民完成对非连续性的应对。

人类学者不能对景观标识出错常态化、对景观标识的社会文化作用之认识肤浅化等社会现象置若罔闻。人类学者可以"扎进社区搜寻社会事实",然后"使用精致方法和文本"呈现这种现象。② 因此,从景观标识出发,不断掌握特定文化的全貌,"努力扩展关于人类多样性的知识,同时为解释人类行为与社会生活的普遍原则提供基础"③ 就成为努力的方向。

---

① [法]弗朗索瓦·多斯:《从结构到解构》(上),季光茂译,中央编译出版社2004年版,第450、451页。
② 高丙中:《汉译人类学名著丛书·总序》,载[美]詹姆斯·克利福德、乔治·马库斯编《写文化——民族志的诗学与政治学》,高丙中等译,商务印书馆2006年版,第1页。
③ Conrad Phillip Kottak, *Cultural Anthropology: Appreciating Cultural Diversity*, Columbus: McGraw-Hill Education, 2011, p. 51.

结　语

经过对哈尼梯田景观标识长达三年有余的全面、深入、细致的调查与研究，景观标识多重的社会文化意义面向不断得到揭示。

首先，景观标识具有携带信息、表达意义的符号功能，景观标识的设立实践本质上是符号活动。从根本来说，创造符号、运用符号与理解符号等实践活动都是人的文化创造性活动。人与鸟兽虫鱼不断区分开，其中一方面就表现为人不断获得并拥有了发明创造、运用与理解符号的能力，信息的传递、知识的积累、智慧的培养以及真理的探索都离不开这种能力的养成。随着特定的文化信息逐渐被编织到各种符号之中，人们形成了自己的"意义之网"，不同的人群构建了各自的一整套表意系统，符号在世世代代的生产生活实践中不断积淀并迎来新生。

其次，景观标识的创造、运用与理解彰显着现代文明表意系统"百衲衣"式的特征。人若永远能够偏居于一隅、与世隔绝，那么或许他是不需要去接触、了解并认识别人的符号的，他甚至也不需要接触、了解及认识自己的符号。然而，彻底切断与他人的接触几乎是不可行的，也是不明智的。"因为任何民族的聪明才智究竟有限"，与他者的交往交流也就成为生活的必需，成为发展进步的必由之路，这也使得现代文明成为"从四面八方东拼西凑起来的一件百衲衣"[①]。兼容并蓄的现代文明汲取各种文化符号，是一套庞大的内容完善、组成多元的表意系统。这就意味着，在现代社会人们作为符号动物不仅需要像过去千百年来一样继续通过符号的建构与传承创造意义，而且也越发地需要比以往任何时刻都更为重视通过对其他人的符号的把握从而实现对

[①] [美] 罗伯特·路威：《文明与野蛮》，吕叔湘译，生活·读书·新知三联书店2015年版，第13—14页。

结　语

他人的意义的理解。创造符号指向的是文化的书写，运用符号指向的是文化的传承与延续，理解符号指向的是文化的获得与交往。

最后，景观标识的变迁过程与大地景观的变化过程同构。人的创造符号、运用符号及理解符号的活动轨迹同时也保存到了大地景观的变化之中。现代社会景观变化的重要标志之一就是大地上引导外来者进行文化释读的各种标识的出现，人们进行的引导文化释读的行动本身也成为大地上新的景观。

总的来说，各式各样的标识的出现正表明了人的社会性的不断实现和丰富，标志着人越来越从单一的、地方的、民族的即受到相当约束的状况向丰富的、世界的、人类的更具自由性的状况转变。这样的对历史上狭隘的人与自然，人与人之间困境的突破，正是社会生产力发展的结果，同时也是生产力水平进一步提高的重要基础。从这个意义来说，动态的景观标识与静态的景观标识都是景观呈现的浓缩，是引导文化释读的指示性符号。

景观标识普遍的社会文化意义得到梳理，哈尼梯田景观标识的详细情形有必要得到进一步总结，据此发现景观标识符号实践活动的独特内容与特殊逻辑。

今天，日益多样化的不同于以往的群体在哈尼梯田世界中活动。被列为世界文化遗产后，哈尼梯田越发需要面向来自世界各地的游客呈现由多民族共同塑造的梯田景观，揭示梯田景观丰富深刻的文化内涵。越来越多的外来者对梯田景观的价值及意义的认识与理解可以使哈尼梯田文化的传承获得更多的外部动力，可以使当地的经济获得长足发展并更好地保障哈尼梯田的保护与发展。在此背景下，大量的各类标识在十余年间不断进入哈尼梯田世界之中。在这里，作为文字标识的公共标识、旅游标识以及作为行为标识的文化展演及日常生活片段都因旅游场域的生成而充任景观标识，指述、表现与传递着信息并不断发挥着文化释读的引导功能。然而，由于呈现形式、手段、引导意图的不同，单独一类景观标识并不足以充分阐释梯田文化景观的深刻内涵，各类景观标识之间必须建立相互协作的关系才能够对哈尼梯田进行复调呈现，较好地引导人们认识、理解、欣赏哈尼梯田文化景观。

遗憾的是，通过观察哈尼梯田核心区公共标识、旅游标识、文化展演及日常生活四类景观标识，可以发现这些景观标识是良莠不齐的。无论是有意的文化书写（公共标识、旅游标识、文化展演）或无意的文化书写（日常生活）都存在误导和误解等问题。不解决这些问题就会对游客的文化释读产生

作为文化的标识：哈尼梯田景观符号研究

不好的影响，也不利于地方社会的发展。设立者并未真正认识到景观标识的引导功能，故而存在目的模糊、内容混乱以及随意规训的认知误区。景观标识在加工文化信息时出现了随意增补、无心删减以及族性修饰等纰缪。结果就是，广泛常见的公共标识、旅游标识等文字标识谬误重重，所有这些现实情形使得当前的景观标识难以准确传递哈尼梯田的文化信息，难以实现指引游客对梯田文化景观进行理解与释读的预期目的。

存在问题的景观标识不能使游客顺畅地完成对梯田景观的阅读与理解。文字景观标识的设立并没有真正尊重游客，即没有考虑拥有不同文化的游客在通过标识阅读与理解梯田文化时可能的困难。表层化的文化书写以及内涵性引导的缺位都阻碍着游客从景观标识中获得他们所希冀获得的文化信息。此时，他们往往就会更多地把眼光转向行为标识，试图在程式化的文化展演或者片段式的村民日常生活场景中发现意义。然而，视觉印象的赋魅使游客进一步跌落到理解的陷阱中，观览而不理解，内外人群间真正的交往的缺失不断形成了偏误信息。哈尼梯田世界里互动中的不同群体尝试以自己的方式去寻求文化理解，但探寻共享意义、创造融合契机以及寻找符号系统的道路并非坦途，文化理解的困境随时可能出现。

景观标识对传统村落发挥着细腻而深远的影响。景观标识的设立使得哈尼梯田文化获得了被凸显的机遇。寨门、蘑菇房以及村民的生活世界都迎来了呈现的变迁，然而深藏在不断显现的传统村落背后的各类文化意涵并没有得到充分的阐释。由于大量外来他者的进入，过去那些专门服务于当地人的内部信息需要进行对外的表述，处于交往结构中表层的地名信息、中层的仪式物信息以及深层的婚嫁信息若是借鉴专业学者的研究发现以及"深描"的呈现方式就能使信息的对外表述之路更加通畅。旅游场域形成后，整体的梯田时空观念由于他者的进入以及对文化的挖掘、凸显甚至争夺旅游文化资源的现实等因素而日益碎片化，传统的时序具象符号趋于抽象化，浑然一体的空间秩序被机械切分。全域旅游的推行试图将被切割开的哈尼梯田时空格局进行重新整合，形成新的整体性。

呈现及阐释不断变化的梯田世界以及梯田景观，就需要积极探索知识传播方式方法的创新，针对哈尼梯田世界中知识生产的延时性（如对梯田传承保护、梯田发展变化的理解以及符号自我的建构）以及信息传递的不确定性（如收讯者的类型多样性、交往关系的不稳定性以及"中间人"的个性化阐

结 语

释），征用并超越本土知识、拓展知识接受路径、不断克服知识生产的困境就都有可能成为新的创新原则。

哈尼梯田景观标识的人类学研究揭示着，原本能够由组成复杂、类别多元的行动主体所共享的文化书写形式的景观标识时常沦为一种为了书写而书写的文化表演活动。当人们不在乎这样的书写是否存在错漏的时候，这样的书写以及人们对这种书写的普遍接受也就必须成为人类学敢于挑战并进行否定的问题。缺乏对梯田文化的重新认识、缺乏对外部文化的充分认识、缺乏对内外文化交流交融之渠道与路径的深刻认识，都可能使得标识设立者、村民及游客等卷入文化书写行为中的各类人群忽视景观标识的重要性。对哈尼梯田景观标识及其现存的问题与错误进行深入的考察研究，目的也在于突破人们习以为常的一些所谓"常识"对人们获取知识、通达文化理解的限制与阻碍。对景观标识存在的错误以及景观标识为当地社区带来的变迁进行深入的分析，追溯这些纰缪生发的逻辑根源，剖析文化理解难以实现的深层原因就成为以反思常识为要义的、日益转向对传达某一种文化信息的表演活动之研究的人类学不能回避的重要任务。

景观标识研究亟待更多的深入。研究的现实价值在于探索有价值的文化书写、知识传播及相互尊重的实现得以保障的根本途径。景观标识作为面向大众的文化书写，卷入这一文化书写行为中的各类人群也是景观标识的各相关主体，各类主体必须认识到只有提高相互间的协作才有可能更好地保障景观标识文化书写的本质及发挥引导文化释读的功能。随着社会的发展，来自不同文化背景的各种人群的接触大幅增强，梯田景观的呈现、梯田世界的敞开并不是仅仅依靠卷入景观标识设立之中的标识设立者、村民及游客中的某一类人群就能实现的。意欲通过各类景观标识达成对哈尼梯田的复调呈现，就急需各类主体的相互协作。

在哈尼梯田景观标识设立的符号实践活动中，标识设立者、游客以及村民都应努力重新审视自身在文化呈现及文化释读中的主体性问题。设立者理应在深刻的标识设立及信息传递的认知指导下，设立文字标识、推出文化展演并准确传递梯田文化信息，而不是认为只需设立景观标识即可，标识的对错并不重要。游客理应在有效的、清晰的标识信息的协助和引导下，对梯田文化景观展开认识、理解与欣赏，进而实现理解他者、自我与世界的宏大目标，而不是在有限的停留时间里断章取义地、片段式地阅读和理解自己在梯

作为文化的标识：哈尼梯田景观符号研究

田世界中的一切所见所闻，也不是以自我的审美需要为中心而忽视了对梯田文化及其缔结者的真正尊重。村民理应承担起文化拥有者以及最根本的解说者的责任，帮助外来他者实现文化理解，树立对梯田景观及其创造者的尊重，并在此过程中赢得更多的发展机遇进而较好地保护梯田，而不是在进行自我文化的阐释时由于对管理部门话语的附和而表现出局促和失语。

研究的理论意义在于反思符号研究的范式。由于"并非每一项'反常'都会被人们当回事儿"①，需要在成果丰硕、具有洞见的符号学研究基础上深入地思考符号研究在现代社会知识传播事业中的运用及发展。在这里，单纯地针对哈尼梯田这一大地艺术完成"科学的两个部门"，即记述和解释②景观标识"持之以恒地犯错"的社会现象就不再是这个研究的唯一任务，探索性地将现代社会中各类景观标识视为人们新兴创造发明的表意系统，而非毫无意义的各式"牌子"就成为必要之举。

景观标识不断推动知识生产、实现知识传播，表现地方与世界、传统与现代、行动与表征等多重关系的纽结，具有满足及实现人们创造符号、运用符号以及理解符号的本质属性的根本目的。描述、分析、甚至探索景观标识的深层意涵，关键在于紧扣不同群体间所共同创造、使用及面对的符号以及他们对这些共享符号的把握及理解。

景观标识研究立足符号学，最具价值的理论发展不仅仅在于合乎逻辑地将文化展演、日常生活等行动方式纳入标识范畴，关键在于发现了以往不是符号的物象有可能会因为社会结构及文化变迁带来的群体组合新形式而生成新的符号，成为新的交往共同体得以成立的重要基础。随着人类交往的不断扩大，一些为人类共同拥有的表达意义的符号越来越多。人类共享的符号越多，意味着人类相互理解的越多、达成的共识就越多。不同于以往的人类群体也在不断组成（如游客群体），既然是一类群体，那就得共享一些符号，而这些符号恰是在群体生成过程中生产出来的。在边界被不断跨越的今天，呈现对全人类都具有普遍性价值的世界文化遗产的深刻内涵是保存人类重要文化价值的一项重要工作，对于追求平衡的、充分的发展以及实现美好生活意

---

① ［美］托马斯·库恩：《科学革命的结构》，金吾伦、胡新和译，北京大学出版社2012年版，第19页。

② ［德］格罗塞：《艺术的起源》，蔡慕晖译，商务印书馆2015年版，第2页。

义重大。当然，建构符号、掌握符号甚至争夺符号等行动，同时也成为人们获得新的象征资本从而获得新的利益、新的认同的外在表现。

　　语言可以传播智慧也可能传播愚昧，旨在分享与保存人类重要文化价值的景观标识如若充斥着问题，那么此时标识就更多的是传播着愚昧而非智慧。当然，由于人的生命的有限性和实践的未完成性，人们在社会实践中虽然不可能完全祛除愚昧，但不断反思常识、追求知识与智慧、探索真理等深层次的发展诉求使人的存在充满积极意义。敞开人的生活世界的语言正因为人的这样的追求而可能更多地传播智慧。这使人的生命永远充满创造的可能性而不断体现人的存在的价值。当人们卷入景观标识的文化书写实践之中，努力尝试去创造性地呈现文化也就变得无比重要，因为这意味着人们朝向传播信息、积累知识、培养智慧以及探索真理等目标坚定地迈出了更为切实又闪烁着人性光芒的新的一步。

参考文献

一 中文文献

（一）著作

[匈] 阿格妮丝·赫勒：《日常生活》，衣俊卿译，重庆出版社 2010 年版。

[斯洛文尼亚] 阿莱斯·艾尔雅维获茨：《图像时代》，胡菊兰等译，吉林人民出版社 2003 年版。

[法] 埃德加·莫兰：《时代精神》，陈一壮译，北京大学出版社 2011 年版。

[加] 埃里克·麦克卢汉，弗兰克·秦格龙：《麦克卢汉精粹》，何道宽译，南京大学出版社 2000 年版。

[英] 安东尼·伍迪维斯：《社会理论中的视觉》，魏典译，北京大学出版社 2009 年版。

[法] 奥利维耶·阿苏利：《审美资本主义》，黄琰译，华东师范大学 2013 年版。

[美] 保罗·莱斯特：《视觉传播：形象载动信息》，霍文利等译，中国传媒大学出版社 2003 年版。

[美] 保罗·莱文森：《数字麦克卢汉——信息化新纪元指南》，何道宽译，社会科学文献出版社 2001 年版。

[英] 本·海默尔：《日常生活与文化理论导论》，王志宏译，商务印书馆 2008 年版。

[美] C·赖特·米尔斯：《社会学的想象力》，陈强、张永强译，生活·读书·新知三联书店 2005 年版。

陈嘉映：《海德格尔哲学概论》，生活·读书·新知三联书店 1995 年版。

参考文献

陈嘉映：《语言哲学》，北京大学出版社 2003 年版。

[法] 德波：《景观社会》，王昭风译，南京大学出版社 2006 年版。

[德] 恩斯特·卡西尔：《人论》，甘阳译，上海译文出版社 2004 年版。

[德] 恩斯特·卡西尔：《人文科学的逻辑》，关子尹译，上海译文出版社 2004 年版。

樊绰：《云南志校释》，赵吕甫校释，中国社会科学出版社 1985 年版。

[德] 斐迪南·滕尼斯：《共同体与社会》，林荣远译，商务印书馆 1999 年版。

[瑞士] 费尔迪南·索绪尔：《普通语言学教程》，高名凯译，商务印书馆 1980 年版。

费孝通：《乡土中国》，人民出版社 2008 版。

[法] 弗朗索瓦·多斯：《从结构到解构（上）》，季光茂译，中央编译出版社 2004 年版。

[德] 格尔达·帕格尔：《拉康》，李朝晖译，中国人民大学出版社 2008 年版。

[德] 格罗塞：《艺术的起源》，蔡慕晖译，商务印书馆 2015 年版。

[美] 哈维兰：《文化人类学》，瞿铁鹏、张钰译，上海社会科学院出版社 2006 年版。

[英] 哈耶克：《致命的自负》，冯克利等译，中国社会科学出版社 2000 年版。

[德] 海德格尔：《形而上学导论》，熊伟、王庆节译，商务印书馆 1996 年版。

[德] 海德格尔：《林中路》孙周兴译，上海译文出版社 2008 年版。

韩非：《韩非子全译（下）》，张觉译注，贵州人民出版社 1992 年版。

[英] 韩礼德：《作为社会符号的语言：语言与意义的社会诠释》，苗兴伟等译，北京大学出版社 2015 年版。

[美] 赫伯特·马尔库塞：《单向度的人——发达工业社会意识形态研究》，刘继译，上海译文出版社 2014 版。

[德] 黑格尔：《美学》（第三卷），朱光潜译，商务印书馆 1979 年版。

[德] 黑格尔：《小逻辑》，黄昀等译，江西教育出版社 2014 年版。

[法] 亨利·奥尔良：《云南游记：从东京湾到印度》，龙云译，云南人民出版社 2001 年版。

红河哈尼族彝族自治周人民政府：《窝果策尼果》（一），云南民族出版社 2009 年版。

[英] 霍尔·斯图尔特：《表征：文化表象与意指实践》，徐亮、陆兴华译，

商务印书馆 2003 年版。

［英］吉登斯：《社会的构成》，李猛译，生活·读书·新知三联书店 1998 年版。

［美］杰克·奈特：《制度与社会冲突》，周伟林译，上海人民出版社 2009 年版。

［美］克利福德·格尔茨：《文化的解释》，纳日碧力戈等译，上海人民出版社 1999 年版。

［美］克利福德·格尔茨：《地方知识——阐释人类学论文集》，杨德睿译，商务印书馆 2014 年版。

［法］克洛德·列维－斯特劳斯：《面对现代世界问题的人类学》，栾曦译，中国人民大学出版社 2017 年版。

［美］库利：《人类本性与社会秩序》，包凡一、王湲译，华夏出版社 1999 年版。

［美］兰德尔·柯林斯、迈克尔·马可夫斯基：《发现社会——西方社会思想评述》，李霞译，商务印书馆 2014 年版。

［德］李峻石：《何故为敌——族群与宗教冲突纲论》，吴秀杰译，社会科学文献出版社 2017 年版。

李亦园：《人类的视野》，上海文艺出版社 1996 年版。

李幼蒸：《理论符号学导论》，社会科学文献出版社 1999 年版。

李泽厚：《批判哲学的批判——康德述评》，人民出版社 1984 年版。

李泽厚：《美学四讲》，生活·读书·新知三联书店 1989 年版。

［法］列斐伏尔：《亨利．空间与政治》，李春译，上海人民出版社 2015 年版。

刘安等著：《淮南子全译》，许匡一译注，贵州人民出版社 1993 年版。

［美］刘康：《对话的喧声：巴赫金的文化转型理论》，北京大学出版社 2011 年版。

［奥］路德维希·维特根斯坦：《逻辑哲学论》，贺绍甲译，商务印书馆 1996 年版。

［美］罗伯特·路威：《文明与野蛮》，吕叔湘译，生活·读书·新知三联书店 2015 年版。

［法］罗兰·巴特：《符号帝国》，孙乃修译，商务印书馆 1994 年版。

［英］罗素：《西方哲学史》（上），何兆武、李约瑟译，商务印书馆 2015

年版。

马翀炜:《云海梯田里的寨子——云南省元阳县箐口村调查》,民族出版社2009年版。

马翀炜:《最后的蘑菇房:元阳县新街镇箐口村哈尼族村民日记》,中国社会科学出版社2009版。

马翀炜:《中国民族地区经济社会调查报告——元阳县卷》,中国社会科学出版社2015年版。

马戎、周星:《二十一世纪:文化自觉与跨文化对话》,北京大学出版社2001版。

《马克思恩格斯全集》(第三卷),人民出版社1957年版。

《马克思恩格斯选集》(第一卷),中共中央马克思恩格斯列宁斯大林著作编译局编译,人民出版社2012年版。

[德]马克思:《1844年经济学哲学手稿》,中共中央马克思恩格斯列宁斯大林著作编译局编译,人民出版社2014年版。

[英]马林诺夫斯基:《未开化人的恋爱与婚姻》,孙云利译,上海文艺出版社1990年版。

[英]迈克·克朗:《文化地理学》,杨淑华、宋慧敏译,南京大学出版社2003年版。

[美]麦克尔·赫兹菲尔德:《什么是人类学常识——社会和文化领域中的人类学理论实践》,刘珩等译,华夏出版社2005年版。

《民族问题五种丛书》云南省编辑委员会:《哈尼族社会历史调查》,民族出版社2009年版。

纳日碧力戈:《语言人类学》,上海华东理工大学出版社2010年版。

纳日碧力戈:《万象共生中的族群与民族》,中国社会科学出版社2015年版。

[美]诺伯特·威利:《符号自我》,文一茗译,四川教育出版社2011年版。

[美]欧文·戈夫曼:《日常生活中的自我呈现》,冯钢译,北京大学出版社2008年版。

潘可礼:《社会空间论》,中央编译局2013年版。

[瑞士]皮亚杰:《发生认识论原理》,王宪钿等译,商务印书馆1985年版。

[英]齐格·蒙特鲍曼:《全球化——人类的后果》,郭国良等译,商务印书馆2001年版。

［英］齐格·蒙特鲍曼：《现代性与矛盾性》，邵迎生译，商务印书馆 2003 年版。

［英］齐格·蒙特鲍曼：《共同体》，欧阳景根译，江苏人民出版社 2007 年版。

［美］乔尔·科特金：《新地理：数字经济如何重塑美国地貌》，王玉平、王洋译，社会科学文献出版社 2010 年版。

［美］乔治·莱考夫、马克·约翰逊：《我们赖以生存的隐喻》，文忠译，浙江大学出版社 2015 年版。

石刚：《六祖坛经今注》，首都经济贸易大学出版社 2007 年版。

史军超：《梯田文化论》，云南大学出版社 1999 年版。

史军超：《文明的圣树——哈尼梯田》，黑龙江人民出版社 2005 年版。

史军超：《哈尼族文学史》，云南人民出版社 2016 年版。

［英］斯蒂芬·威廉斯：《旅游地理学》，张凌云译，南开大学出版社 2006 年版。

［意］苏珊·彼得里利，奥古斯托·蓬齐奥：《打开边界的符号学——穿越符号开放网络的解释路径》，王永祥等译，译林出版社 2015 年版。

［英］特里·伊格尔顿：《文学原理引论》，刘峰译，文化艺术出版社 1987 年版。

［法］涂尔干：《宗教生活的基本形式》，渠东、汲喆译，上海人民出版社 1999 年版。

［法］涂尔干：《社会分工论》，渠东译，生活·读书·新知三联书店 2000 年版。

［法］涂尔干、马塞尔·莫斯：《原始分类》，汲喆译，上海人民出版社 2000 年版。

［挪威］托马斯·埃里克森：《小地方，大论题——社会文化人类学导论》，董薇译，商务印书馆 2008 年版。

［美］托马斯·库恩：《科学革命的结构》，金吾伦、胡新和译，北京大学出版社 2012 年版。

王恩涌：《文化地理学导论（人·地·文化）》，高等教育出版社 1989 年版。

王美秀：《话说红河——元阳》，云南人民出版社 2009 年版。

王清华、史军超：《云海中的奇婚女性》，云南教育出版社 1995 年版。

王清华：《梯田文化论》，云南大学出版社 1999 年版。

［美］威廉·J·古德：《家庭》，魏章玲译，社会科学文献出版社1986年版。

韦森：《语言与制序商》，商务印书馆2014年版。

武和平：《打开天窗说亮话人民》，人民出版社2012年版。

徐光启：《农政全书校注》（上），石声汉校注，上海古籍出版社1979年版。

徐友渔：《语言与哲学——当代英美与德法传统比较研究》，生活·读书·新知三联书店1996年版。

［古希腊］亚里士多德：《形而上学》，吴寿彭译，商务印书馆1995年版。

［丹］杨·盖尔：《交往与空间》，何人可译，中国建筑工业出版社1992年版。

［美］伊曼纽尔·沃勒斯坦：《现代世界体系》（四卷本），郭方、刘新成、张文刚译，社会科学文献出版社2013年版。

［德］于尔根·哈贝马斯：《后形而上学思想》，曹卫东、付德根译，译林出版社2001年版。

元阳县民族事务委员会：《元阳民俗》，云南民族出版社1990年版。

元阳县人民政府（内部资料）：《云南省元阳县地名志》，云南省地质矿产局测绘队1992年版。

［美］约瑟夫·布伦特：《皮尔士传》，邵强进译，上海人民出版社2008年版。

云南省少数民族古籍整理出版规划办公室：《云南少数民族古典史诗全集》，云南教育出版社 2009年版。

云南省少数民族古籍整理出版规划办公室：《云南省少数民族古籍译丛》，云南民族出版社1986年版。

云南省元阳县志编纂委员会：《元阳县志》，贵州民族出版社1990年版。

［美］詹姆斯·格雷克：《信息简史》，高博译，人民邮电出版社2013年版。

［美］詹姆斯·克利福德、乔治·马库斯：《写文化——民族志的诗学与政治学》，高丙中等译，商务印书馆2006年版。

张俐俐：《旅游行政管理》，高等教育出版社2014年版。

张世英：《黑格尔〈小逻辑〉译注》，吉林人民出版社1982年版。

郑宇：《箐口村哈尼族社会生活中的仪式与交换》，云南人民出版社2009年版。

（二）期刊

曹意强：《后形式主义、图像学与符号学》，《美苑》2005年第3期。

曹意强：《图像与语言的转向》，《新美术》2005 年第 3 期。

陈东旭、唐莉：《民族旅游、民族认同与民族性的构建》，《贵州民族研究》2014 年第 6 期。

陈岗、黄震方：《旅游景观形成与演变机制的符号学解释》，《人文地理》2010 年第 5 期。

陈卫星：《关于中国传播学问题的本体性反思》，《现代传播》2011 年第 2 期。

陈志军、杨洪、刘嘉毅：《基于崀山游客旅游形象感知的形象重塑和传播研究——博客 + 文本挖掘法视角》，《中南林业科技大学学报》（社会科学版）2015 年第 9 期。

邓启耀：《民俗现场的物象表达及其视觉"修辞"方式》，《民族艺术》2015 年第 4 期。

董亮：《信息传播渠道对旅游形象感知的影响——以四川省三个世界遗产旅游地为例》，《西南民族大学学报》（人文社会科学版）2013 年第 2 期。

高丙中：《海外民族志：发展中国社会科学的一个路途》，《西北民族研究》2010 年第 1 期。

郭龙生：《略论中国当代语言规划的类型》，《语言教学与研究》2007 年第 6 期。

何明、陶琳：《村落权威再生产的人类学分析》，《思想战线》2008 年第 3 期。

何明：《走向阐释：学术研讨会综述的解构与建构》，《学术界》2008 年第 4 期。

何明：《艺术人类学的视野》，《广西民族大学学报（哲学社会科学版）》2009 年第 1 期。

何明：《中国少数民族农村的社会文化变迁综论》，《思想战线》2009 年第 1 期。

胡海霞：《凝视，还是对话？——对游客凝视理论的反思》，《旅游学刊》2010 年第 10 期。

黄惠焜、甘万莲：《文化生态旅游景区总策划——以元阳为例》，《思想战线》2002 年第 5 期。

角媛梅、程国栋、肖笃宁：《哈尼梯田文化景观及其保护研究》，《地理研究》2002 年第 6 期。

角媛梅：《哈尼文化区的特质——哈尼梯田文化景观》，《云南地理环境研究》

2003年第1期。

角媛梅、杨有洁、胡文英、速少华：《哈尼梯田景观空间格局与美学特征分析》，《地理研究》2006年第4期。

李巍：《象征符号视野中的民族旅游策划与旅游体验》，《西北民族大学学报》（哲学社会科学版）2008年第4期。

李伟：《文化边缘地带旅游业的发展选择》，《民族研究》2004年第2期。

刘丹萍：《旅游凝视：从福柯到厄里》，《旅游学刊》2007年第6期。

刘国华、王红国：《旅游目的地形象测量：基于国外文献的研究》，《旅游学刊》2010年第6期。

刘韫、沈兴菊：《民族旅游中的权利问题及其思考》，《北方民族大学学报》（哲学社会科学版）2013年第1期。

陆洋：《视觉文化与翻译》，《中国翻译》2003年第4期。

罗颖：《世界遗产地旅游解说系统规划与构建研究——基于安阳殷墟的调查数据》，《地域研究与开发》2011年第4期。

马成俊：《"许乎"与"达尼希"：撒拉族与藏族关系研究》，《西北民族研究》2012年第2期。

马翀炜：《民族文化的资本化运用》，《民族研究》2001年第1期。

马翀炜：《文化符号的建构与解读——关于哈尼族民俗旅游开发的人类学考察》，《民族研究》2006年第5期。

马翀炜：《福寿来自何方——箐口村哈尼族"博热博扎"宗教仪式的人类学分析》，《宗教与民族》2007年第5期。

马翀炜、潘春梅：《仪式嬗变与妇女角色——元阳县箐口村哈尼族"苦扎扎"仪式的人类学考察》，《民族研究》2007年第5期。

马翀炜：《村寨歌舞展演的路径选择——元阳县箐口村哈尼族歌舞展演的经济人类学考察》，《广西民族研究》2008年第4期。

马翀炜：《世界遗产与民族国家认同》，《云南师范大学学报》（哲学社会科学版）2010年第4期。

马翀炜、李晶晶：《混搭：箐口村哈尼族服饰及其时尚》，《学术探索》2012年第2期。

马翀炜、王永锋：《哀牢山区哈尼族鱼塘的生态人类学分析——以元阳县全福庄为例》，《西南边疆民族研究》2012年第10期。

马翀炜：《作为敞开多元生活世界方法的民族志》，《思想战线》2014 年第 6 期。
马翀炜、刘金成：《祭龙：哈尼族"昂玛突"文化图式的跨界转喻》，《西南边疆民族研究》2015 年第 16 期。
马翀炜：《村寨主义的实证及意义：哈尼族的个案研究》，《开放时代》2016 年第 1 期。
马翀炜：《遭遇石头：民俗旅游村的纯然物、使用物与消费符号》，《思想战线》2017 年第 5 期。
纳日碧力戈：《从皮尔士三性到形气神三元：指号过程管窥》，《西北民族研究》2012 年第 1 期。
纳日碧力戈：《艺术三维》，《内蒙古大学艺术学院学报》2012 年第 1 期。
纳日碧力戈：《心智生态、民族生态与国家共和》，《中国民族》2013 年第 8 期。
纳日碧力戈：《以名辅实和以实正名：中国民族问题的"非问题处理"》，《探索与争鸣》2014 年第 3 期。
潘宝：《旅游者与旅游目的地民族文化展演形态关系研究》，《广西民族研究》2014 年第 3 期。
潘植强：《标识牌解说效度对游客地方认同感和忠诚度的影响作用》，《旅游学刊》2016 年第 4 期。
彭佳：《论民族志影像的展演性与标出性》，《电影文学》2012 年第 16 期。
彭兆荣：《旅游人类学视野下的"乡村旅游"》，《广西民族学院学报》（哲学社会科学版），2005 年第 4 期。
邱忠善：《皮尔士的符号学人论探析——兼论阿佩尔对皮尔士的误读》，《上饶师范学院学报》2013 年第 5 期。
阮云星：《文化遗产的再生产：杭州西湖文化景观世界遗产保护的市民参与》，《文化遗产》2016 年第 2 期。
撒露莎：《论民族旅游场域中的跨文化交流与认知——以云南元阳青口哈尼村为例》，《云南民族大学学报》（哲学社会科学版）2012 年第 6 期。
撒露莎：《旅游场域下中外跨文化交流中的族群意识与族群认同——以云南省丽江市为例》，《中南民族大学学报》（人文社会科学版）2015 年第 1 期。
单波：《面向全球化的跨文化思维及其悖论》，《国外社会科学》2013 年第 1 期。
史军超：《读哈尼族迁徙史诗断想》，《思想战线》1985 年第 6 期。

史军超：《迥异有别的"诗史"——哈尼族迁徙史诗〈哈尼阿陪聪坡坡〉与荷马史诗》，《华夏地理》1987年第4期。

史军超：《哈尼族与"氐羌系统"》，《民族文化》1987年第5期。

史军超：《哈尼族的历史分期及文学史分期》，《华夏地理》1989年第1期。

史军超：《哈尼族神话中的不死药与不死观》，《民族文学研究》1989年第2期。

史军超：《中国湿地景点——红河哈尼梯田》，《云南民族大学学报》（哲学社会科学版）2004年第5期。

史军超：《红河哈尼梯田：申遗中保护与发展的困惑》，《学术探索》2009年第3期。

孙九霞：《族群文化的移植："旅游者凝视"视角下的解读》，《思想战线》2009年第4期。

孙信茹：《手机和箐口哈尼族村寨生活——关于手机使用的传播人类学考察》，《现代传播》2010年第1期。

孙信茹、杨星星：《"媒介化社会"中的传播与乡村社会变迁》，《传播学研究》2013年第7期。

孙信茹：《传媒人类学视角下的媒介和时间建构》，《当代传播》2015年第4期。

王大琼、角媛梅：《哈尼梯田文化景观遗产村寨的节庆文化多样性研究》，《云南地理环境研究》2013年第3期。

王浩、叶文、薛熙明：《遗产视角下的元阳哈尼梯田旅游开发——基于国内外梯田旅游发展模式的研究》，《旅游研究》2009年第3期。

王清华：《红河哈尼梯田生态及景观的现代修复》，《思想战线》2016年第2期。

王作亮：《从"分离"走向"对话"：共同体的价值诉求》，《学术探索》2011年第10期。

魏国彬：《德昂女人藤篾腰箍的考察与文化阐释——以云南保山市潞江坝德昂族村寨为例》，《民族艺术研究》2011年第2期。

吴茂英：《旅游凝视：评述与展望》，《旅游学刊》2012年第3期。

肖珺：《新媒体与跨文化传播的理论脉络》，《武汉大学学报》（人文科学版）2015年第4期。

徐友渔：《20世纪十大哲学问题》，《社会科学战线》1995年第5期。

杨柳：《跨文化交流中的普遍价值：追求和民族个性独立》，《贵州社会科学》2011年第3期。

杨振之：《邹积艺．旅游的"符号化"与符号化旅游——对旅游及旅游开发的符号学审视》，《旅游学刊》2006年第5期。

杨振之：《论旅游的本质》，《旅游学刊》2014年第3期。

杨振之：《全域旅游的内涵及其发展阶段》，《旅游学刊》2016年第12期。

尹伟：《藏族民俗文化中海螺的民俗符号解读——以口承语言民俗为参照》，《青海民族研究》2010年第1期。

俞金尧、洪庆明：《全球化进程中的时间标准化》，《中国社会科学》2016年第7期。

张爱平、侯兵、马楠：《农业文化遗产地社区居民旅游影响感知与态度——哈尼梯田的生计影响探讨》，《人文地理》2017年第1期。

张高军、吴晋峰：《再论旅游愉悦性：反思与解读》，《四川师范大学学报》（社会科学版）2016年第1期。

张辉、岳燕祥：《全域旅游的理性思考》，《旅游学刊》2016年第9期。

张机：《民族乡村旅游中文化展演的传统性与商业化冲突》，《西北农林科技大学学报》（社会科学版）2015年第6期。

张志伟：《从维特根斯坦的"语言游戏"说看哲学话语的困境》，《中国人民大学学报》2001年第1期。

赵刘、周武忠：《旅游景观的嬗变与视觉范式的转向》，《旅游学刊》2011年第8期。

赵树冈：《文化展演与游移的边界：以湘西为例》，《广西民族大学学报》（哲学社会科学版）2014年第6期．。

赵毅衡：《意图定点：符号学文化研究中的一个关键问题》，《文艺理论研究》2011年第1期。

赵毅衡：《符号学的一个世纪：四种模式与三个阶段》，《江海学刊》2011年第5期。

赵毅衡：《"媒介"与"媒体"：一个符号学辨析》，《当代文坛》2012年第5期。

郑佳佳：《通往文化消费空间的地名——红河哈尼梯田核心区地名标识的人类

学考察》，《北方民族大学学报（哲学社会科学版）》2017 年第 3 期。

郑佳佳：《世界文化遗产哈尼梯田景观标识的人类学考察》，《云南师范大学学报》（哲学社会科学版）2017 年第 4 期。

郑佳佳：《基于交往需要的民族符号人类学考察——以世界遗产红河哈尼梯田为个案》，《昆明理工大学学报》（人文社科版）2016 年第 3 期。

郑宇、曾静：《民族文化资源向文化产品的转化——以箐口民俗文化生态旅游村为例》，《民族艺术研究》2006 年第 5 期。

郑宇：《仪式、经济与再生产——以云南省红河州元阳县箐口村哈尼族"昂玛突"仪式为例》，《中南民族大学学报》（人文社会科学版）2011 年第 1 期。

郑宇、杜朝光：《哈尼族长街宴饮食的人类学阐释——以云南省元阳县哈播村为例》，《西南边疆民族研究》2014 年第 15 期。

周宪：《视觉文化与消费社会》，《福建论坛》（人文社会科学版）2001 年第 2 期。

周宪：《现代性与视觉文化中的旅游凝视》，《天津社会科学》2008 年第 1 期。

宗晓莲：《西方旅游人类学研究综述》，《民族研究》2001 年第 3 期。

宗晓莲：《布迪厄文化再生产理论对文化变迁研究的意义——以旅游开发背景下的民族文化变迁研究为例》，《广西民族学院学报》（哲学社会科学版）2002 年第 2 期。

朱良文：《从箐口村旅游开发谈传统村落的发展与保护》，《新建筑》2006 年第 4 期。

朱凌飞：《视觉文化、媒体景观与后情感社会的人类学反思》，《现代传播》2017 年第 5 期。

朱凌飞、曹瑀：《景观格局：一个重新想象乡村社会文化空间的维度》，《思想战线》2016 年第 3 期。

（三）析出文献

高丙中：《汉译人类学名著丛书总序》，载詹姆斯·克利福德、乔治·E·马库斯《写文化——民族志的诗学与政治学》，高丙中等译，商务印书馆 2006 年版。

华康德：《论符号权利的轨迹：对布迪厄〈国家精英〉的讨论》，载苏国勋、刘小枫《社会理论的政治分化》，上海三联出版社 2005 年版。

马翀炜：《梯田搭起的舞台——元阳县箐口村哈尼族歌舞展演的人类学观察》，载何明《走向市场的民族艺术》，社会科学文献出版社 2011 年版。

宋恩常：《元阳县哈尼族情况琐记》，《民族问题五种丛书》，载云南省编辑委员会《哈尼族社会历史调查》，民族出版社 2009 年版。

"新闻与传播学译从·大师经典系列"编委会：《新闻与传播学译从·大师经典系列总序》，载［法］加布里埃尔·塔尔德、特里·N·克拉克《传播与社会影响》，何道宽译，中国人民大学出版社 2005 年版。

赵毅衡：《当代符号学前沿译丛主编序》，载［意］苏珊·彼得里利、奥古斯托·蓬齐奥《打开边界的符号学——穿越符号开放网络的解释路径》，王永祥等译，译林出版 2015 年版。

（四）学位论文

樊莹：《族群如何记忆——六盘山泾河上游"陕回"族群的民族学研究》，兰州大学 2010 年版。

柯嘉钧：《不同景观空间类型之眺匿涵构比较研究》，国立中兴大学 2011 年版。

罗正副：《调试与演进：无文字民族文化传承——以布依族为个案的研究》，厦门大学 2009 年版。

麻三山：《隐藏在记忆里的文化符号——湘西苗族巴代文化研究》，中央民族大学 2010 年版。

周莹：《意义、想象与建构——当代中国展演类西江苗族服饰设计的人类学观察》，中央民族大学 2012 年版。

（五）报纸

陈卫星：《建构都市的传播空间》，《南方都市报》1998 年 12 月 28 日。

程玉琦：《哈尼梯田这一年》，《云南日报》2014 年 7 月 9 日第 2 版。

红河哈尼梯田可持续发展国际学术研讨会全体代表：《关于梯田文化景观可持续发展的红河倡议》，《红河日报》2014 年 11 有 1 日第 01－02 版。

黄晓峰、钱冠宇：《朱玉麒谈清代边塞纪功碑与国家认同》，《东方早报·上海书评》2015 年 7 月 12 日。

沈洋、谢樱、王建威：《张家界、庐山、五大连池被联合国教科文组织黄牌警告事件调查》，《重庆日报》2013年1月13日第01—02版。

岳晓琼：《红河州全域发展 打造旅游新方向》，《云南日报》2016年12月26日第12版。

二　外文文献

（一）著作

Auge, Marc., *Non-places: Introduction to An Anthropology of Supermodernity*, Trans., John Howe, London: Verso, 1995.

Austin, J. L., *How to Do Things with Words (William James Lectures)*, Oxford: Oxford University Press, 1962.

Barthes, Roland., *Empire of Signs*, Trans., Richard Howard, New York: Noonday Press, 1983.

Berger, John. eds., *Ways of Seeing*, London: Penguin Books, 1990.

Blommaert, Jan., *Ethnography, Superdiversity and Linguistic Landscapes: Chronicles of Complexity*, Bristol: Multilingual Matters, 2013.

Bremer, Thomas S., *Blessed with Toursits: The Borderlands of Religion and Tourism in San Antonio*, Chapel Hill and London: The University of North Carolina Press, 2004.

Classen, Constance., *Worlds of Sense: Exploring the Senses in History and Across Cultures*, London and New York: Routledge, 1993.

Collins, Randall, Michael Mako, *The Discovery of Society*, Beijing: Peking University Press, 2008.

Dewey, John., *Reconstruction in Philosophy*, New York: Henry Holt and Company, 1920.

Durkheim, Emile., *The Elementary Forms of Religious Life*, Trans., K. E. Fields, New York: The Free Press, 1995.

Eriksen, Thomas Hylland., *Tyranny of the Moment: Fast and Slow Time in the Information Age*, London: Pluto Press, 2001.

Eriksen, Thomas Hylland., *Globalization: The Key Concepts*, Oxford: Berg, 2007.

Featherstone, Mike ed., *Global Culture: Nationalism, Globalization and Modernity—A Theory Culture and Society Special Issue*, London: Sage Publications, 1990.

Featherstone, Mike., *Undoing Culture: Globalization, Postmodernism and Identity*, London: Sage Publications, 1995.

Featherstone, Mike., Lash, S. Robertson, R. (eds.)., *Global Modernities*, Newbury Park, CA and London: Sage, 1995.

Foster, Hal. eds., *Vision and Visuality*, Seattle: Bay Press, 1988.

Harris, Marvin., *Theories of Culture in Postmodern Times*, London: Sage, 1998.

Harris, Roy., *Rethinking Writing*, Bloomington: Indiana University Press, 2000.

Huxley, Aldous., *The art of seeing*, Berkeley: Creative Arts Book Company, 1982.

Hymes, Dell., *Ethnography, Linguistics, Narrative Inequality: Toward an Understanding of Voice*, London & Bristol: Taylor & Francis, 2004.

Jakobson, Roman., Shifter, *Verbal Categories, and the Russian Verb*, Cambridge, Massachusetts: Harvard University Press, 1957.

Kaplan, Rachel., Stephen Kaplan, *The Experience of Nature: A Psychological Perspective*, Cambridge: Cambridge University Press, 1989.

Kottak, Conrad Phillip., *Cultural Anthropology: Appreciating Cultural Diversity*, Columbus: McGraw-Hill Education, 2011.

Lefebvre, Henri., *Everyday life in the modern world*, Trans., Sacha Rabinovitch, New York: Harper & Row Publishers, 1971.

Lewis, J. Lowell., *The Anthropology of Cultural Performance*, New York: Palgrave Macmillan, 2013.

MacCannell, Dean., *Empty Meeting Grounds: The Tourist Papers*, London: Routledge, 1992.

MacCannell, Dean., *The Tourist: A New Theory of the Leisure Class*, Berkeley and Los Angeles: University of California Press, 1999.

Metro-Roland, Michelle M., *Tourists, Signs and the City: The Semiotics of Culture in an Urban Landscape*, Burlington: Ashgate, 2011.

Morris, Charles., *Signs, Language and Behavior*, New York: Prentice-hall, 1946.

Murakami, Daisuke., *National Imaginings and Ethnic Tourism in Lhasa, Tibet*, Kathmandu: Vajra Publications, 2011.

Rabinow, Paul., *Reflection on Fieldwork in Morocco*, Berkeley and Los Angeles: University of California Press, 1977.

Reid, Donald G., *Tourism, Globalization and Development*, London: Pluto Press, 2003.

Schumacher, E. F., *Small is Beautiful: Economics as if People Mattered*, New York: Harper & Row, 1989.

Shohamy, Elana., Durk Gorter, *Linguistic Landscape: Expanding the Scenery*, New York: Routledge, 2009.

Singer, Milton., *When a Great Tradition Modernizes*, New York: Praeger Publishers, 1972.

Turner, V., R. Schechner, *The Anthropology of Performance*, New York: PAJ Publications, 1988.

Urry, John., *The Tourist Gaze*, London: Sage Publication Ltd, 2002.

Wallerstein, Immanuel., *The end of the world as we know it: Social Science for the Twenty-First Century*, Minneapolis: University of Minnesota Press, 2001.

Wiley, Norbert., *The Semiotic Self*, Cambridge: Polity Press, 1994.

（二）期刊

Eriksen, Thomas Hylland., "In which sense do cultural islands exist", *Social Anthropology*, Vol. 1, No. 1b, 2010, .

Errington, Frederick., Deborah Gewertz, "Tourism and Anthropology in a Postmodern World", *Oceania*, Vol. 60, No. 1, 1989.

Frideres, James S., "Offspring of Jewish Intermarriage", *Jewish Social Studies*, Vol. 35, No. 2, 1973.

Klekot, Ewa., "Constructing a 'monument of national history and culture' in Poland: the case of the Royal Castle in Warsaw", *International Journal of Heritage Studies*, No. 5, 2018.

Landry, Rodrigue., Bourhis Richard, "Linguistic Landscape and Ethnolinguistic Vitality: An Empirical Study", *Journal of Language and Social Psychology*, Vol. 16, No. 1, 1997.

Mabulla, Audax Z. P., "Strategy for Cultural Heritage Management in Africa: A

Case Study", *The African Archaelogical Review*, Vol. 17, No. 4, 2000.

McGuckin, Eric., "Travelling Paradigms: Marxism, Poststructuralism and the Uses of Theory", *Anthropologica*, Vol. 47, No. 1, 2005.

Wright, Sue Ellen., "Language and power: background to the debate on linguistic rights", *Journal of Multicultural Studies*, Vol. 3, No. 1, 2001.

（三）析出文献

Abu-Lughod, Lila., "Writing Against Culture", in Fox, Richard G., *Recapturing Anthropology: Working in the Present*, Santa Fe: School of American Research Press, 1991.

Appadurai, A., "Global Ethnoscapes: Notes and Queries for a Transnational Anthropology", in Fox, Richard G., *Recapturing Anthropology: Working in the Present*, Santa Fe: School of American Research Press, 1991.

Basso, Keith H., "Stalking with Stories: Names, Places and Moral Narratives among the Western Apache", in Devlieger, Patrick J., *Between Structure and No-thing: An annotated reader in Social and Cultural Anthropology*, Garant: Antwerp-Apeldoorn, 2009.

Evans-Pritchard, E. E., "Introduction", in Hertz, Robert., *Death and the right hand*, trans. by Rodney and Claudia Needham, Oxon: Routledge, 2004.

Farah, Iffat., "The Ethnography of Communication", in Hornberger, N. H., P. Corson. eds., *Encyclopedia of Language and Education*, Volume 8: Research Methods in Language and Education, Dordrecht: Kluwer, 1998.

Featherstone, Mike., "Global Culture: An Introduction", in Featherstone, Mike., *Global Culture: Nationalism, Globalization and Modernity—A Theory Culture and Society Special Issue*, London: Sage Publications, 1990.

Peirce, Charles S., "CP 5.73", in Hartshorne, Charles Weiss, Paul., *The Electronic Edition of Collected Papers of Charles S. Peirce*, reproducing Vols. I – VI, Cambridge, MA: Harvard University Press, 1931 – 1935.

后　记

　　从我记事起，我的家庭就开始努力将"真金不怕火炼"这"六字真言"刻写在我的骨子里。在一向高标准严要求的母亲的引导下，"时刻准备好被冶炼"逐渐成为我的人生信条。与严苛的母亲不同，我慈祥的父亲总是笑眯眯地鼓励我，"你出生的那年是'大海水'，这是聪明的命"。感谢我的"活宝"父母，他们不但给了我生命，引导我练就一副好体魄，而且培养了我乐观向上的生活态度，塑造了我健康的人格。

　　如果曾经的我还自诩聪颖的话，那么，大概是接触了人类学之后我才觉得自己获得了智慧。2012年，尽管当时关于我的一切在旁人看来都在朝着好的方向发展，步入而立之年的我却开始觉察到内心深处似乎缺少了点什么。那时，刚被外派到泰国博仁大学工作一年的经历也让我试着去重新理解自己以及我们所身处的世界。追寻答案的过程中，我发现攻读语言人类学方向的民族学博士极有可能会为我指明新的奋斗方向。最初的人类学经典阅读是多么美妙的体验啊！那些幽默风趣的民族志竟能够在拥有如此朝气蓬勃的生命力的同时却又非常神奇地闪现着阅尽沧桑的成熟感。也正是因此，我做出了人生中至今仍觉最为聪慧的决定——决定奔向这让人欣喜若狂的迷人学科的怀抱之中。于是乎，我开始学着愉快地接受自己知识的愚陋并努力从如此多的好书中汲取智慧。我为终于明白了睿智的养成能够教人感到巨大的踏实而激动不已。哪怕即将步入不惑之年，现在的我依然要感谢当年的自己作出了这样一个美好的决定。

　　本书是在我的博士论文基础上修改而成的。非常感谢我的博士生导师纳日碧力戈教授在起点处为我敞开了通往知识殿堂的大门，感谢纳日老师多年来的悉心指导。

　　在十分顺利地被云南大学民族学专业录取后，我深深震撼于不断接触到

作为文化的标识：哈尼梯田景观符号研究

的各位学界前辈身上所释放的深邃思想的光芒，也越来越认识到在追逐知识、提升自我以及实现人生价值与意义的道路上，更要学会在热切的希冀与现实的打磨之间接受并享受循环反复的千锤百炼，否则"浴火重生""凤凰涅槃"都只会是别人众口一词的玄妙奥义而不是自己亲身经历后养成的对学术的敬仰。在此，我要特别感谢尊敬的何明教授、王文光教授、李晓斌教授等前辈对我的鼓励及提携。

尤其要感谢一直以来给予我巨大帮助的博士后合作导师马翀炜教授。2015年1月，当我开启人生中第一次正规的"下田野"时，马老师身为云南大学民族学硕博田野实习小队的带队老师，是他在第一时间肯定了我在箐口村中的"发现"，鼓励我将景观标识作为毕业论文选题，并在后来的时光里给予了我最无私的指导。马老师令人钦佩的渊博知识和治学态度也在鞭策着我不断进步。博士毕业后我又进入云南大学社会学博士后科研流动站开展研究工作，深入印度洋上的斯里兰卡腹地开展实地调查。

在攻读博士学位的日子里，我在田野点云南省红河州元阳县遇见的兄弟姐妹们给了我莫大的帮助，没有他们我是难以完成田野调查的。与良师益友持续深入的探讨交流以及思想火花的激情碰撞促使博士论文《哈尼梯田景观标识的人类学研究》逐渐成形。四年过去了，这篇论文也即将改编出版。考虑再三，我最终没有将答辩后的相关学术文献及各类数据进行更新，一来是想尽量维持博士论文的原貌，二来是希望当时的记录与思考能够为诸君理解世界文化遗产哈尼梯田提供一个"截面图"。若这样的处理有不妥当之处，也只能恳请诸君谅解。

相对于漫长又有限的人生，攻读博士学位的时光是短暂的。我生命中的重要人物们并没有因为我获得博士学位而停止对我的无条件支持。在这里，要特别感谢我的先生王嘎利，正是有他这样无怨无悔的关心爱护我才能"任性"地大胆追梦。也要感谢始终温暖陪伴着我的好友们，符广兴博士、张雨龙博士、罗丹博士、张晗博士、姚伟博士、曾亮博士、李步军博士、刘静佳博士、毛颖辉博士在过去那些难忘的日日夜夜里给了我数不尽的慰藉和鼓励。当然，我所在工作单位昆明理工大学国际学院的各位领导和同事也是我必须要感谢的，他们鼓励我攻读学位，也支持本书的出版。最后，要再次感谢我生命中的各位尊长，他们不离不弃的用心栽培使我有了不断向前的勇气，有了拥抱自己一直以来视若珍宝的多种可能性的机遇，有了获得更大的心灵自由的可能。正是有了这些最爱我的人以及我最爱的人作为"坚强后盾",一个个永恒的"刹那"才得以谱写。

"中人以上,可以语上也"。希望我的儿子王泺然能够领悟他母亲所拥有的这些伟大深沉的爱,但愿这些爱能够守护着他,让他健康茁壮成长!

郑佳佳
2022年6月5日于昆明莲花池畔